U0879442

石峰年鉴

SHIFENG NIANJIAN

2021

石峰年鉴编辑委员会 编

方志出版社
Publishing House of Local Records

图书在版编目（CIP）数据

石峰年鉴. 2021 / 石峰年鉴编辑委员会编. —北京：方志出版社，2021.12

ISBN 978-7-5144-5212-9

Ⅰ. ①石… Ⅱ. ①石… Ⅲ. ①区（城市）—株洲—2021—年鉴 Ⅳ. ①Z526.44

中国版本图书馆 CIP 数据核字（2022）第 089194 号

责任编辑：齐　笑
责任校对：刘玉霞
责任印制：赵　楚
出 版 者：方志出版社
地　　址：北京市朝阳区潘家园东里 9 号（国家方志馆 4 层）
邮　　编：100021
网　　址：http://www.zgfzcb.cn
发　　行：方志出版社图书营销中心（010）67110500
印　　刷：湖南金太阳印刷有限公司
开　　本：889 毫米×1194 毫米　1/16
印　　张：17.5
字　　数：430 千字
版　　次：2021 年 12 月第 1 版
印　　次：2021 年 12 月第 1 次印刷
定　　价：120.00 元

· **版权所有　侵权必究** ·

（如有印装质量问题，请与我社图书营销中心联系）

石峰年鉴编辑委员会

顾　　问　邹志超

主　　任　刘政凯

副 主 任　朱　斌

委　　员　（排名不分先后）

陈建峰	朱长喜	文　志	刘淑华	张建武
廖辉亮	曾　敏	魏丽华	张训贵	李津梁
李俊杰	胡建红	朱　晖	王　华	倪小波
黄　斌	韦　娜	陈　明	刘　虎	李文波
张沙洲	黄文斌	雷春明	董　勇	李　阳
杨　凌	王环宇	刘纲德	朱真理	易升文
宋　彪	康久清	田　亮	龙显革	陈新跃
杨湘红	周　明	陈　翔	李建武	黄勇军
言独立	唐湘平	周亚昕	黄　莺	江　泓
叶庆强	黄　波	黄孟星	罗　俊	张　莉
杨　昊	丁建国	殷　彬	付铁琪	覃志名
管响民	王　勇	汪海峰	谭玉明	刘迎春
胡登龙	王海峰	何卫国	李青山	陈玲辉
唐夏芳	廖荣武	王华荣	翁雄伟	凌江鹏
申　明				

石峰年鉴编辑部

总　　编	朱　斌			
主　　编	翁雄伟			
编辑部主任	李　俊			
编　　辑	李　俊	申解生		
审　　稿	陈建峰	朱长喜	文　志	刘淑华
	翁雄伟	刘君燕	曾　晖	
校　　对	翁雄伟	刘君燕	曾　晖	伍颖萍
	何颖沙	刘　峰		
编　　务	伍颖萍	何颖沙	刘　峰	

编辑说明

一、《石峰年鉴》以马克思列宁主义、毛泽东思想、邓小平理论、“三个代表”重要思想、科学发展观、习近平新时代中国特色社会主义思想为指导，坚持辩证唯物主义和历史唯物主义的立场、观点和方法，是真实反映湖南省株洲市石峰区自然、政治、经济、文化、社会等方面情况的年度资料性文献。

二、《石峰年鉴（2021）》采用分类编辑法，设类目、分目、条目等层次。全卷共设22个类目，各类目下设概况、条目、图表等，条目为主要载体。

三、《石峰年鉴（2021）》所载内容为2020年1月1日至2020年12月31日范围之内。均由各部门、各单位提供，并经各单位领导审核。石峰区档案馆（党史、地方志研究室）编辑人员加工整理编辑。

四、《石峰年鉴（2021）》统计资料由区统计局提供，主要机构部门负责人名录由区委组织部提供，彩图及说明由各相关部门提供并审核，为防止疏漏错误，照片只署提供单位名单。

五、《石峰年鉴（2021）》编辑工作得到全区各级领导、各部门和各单位的大力支持与协助，在此一并致以诚挚的谢意。由于编辑水平有限，难免有疏漏错误，恳请广大读者予以批评指正，并提出宝贵意见。

图

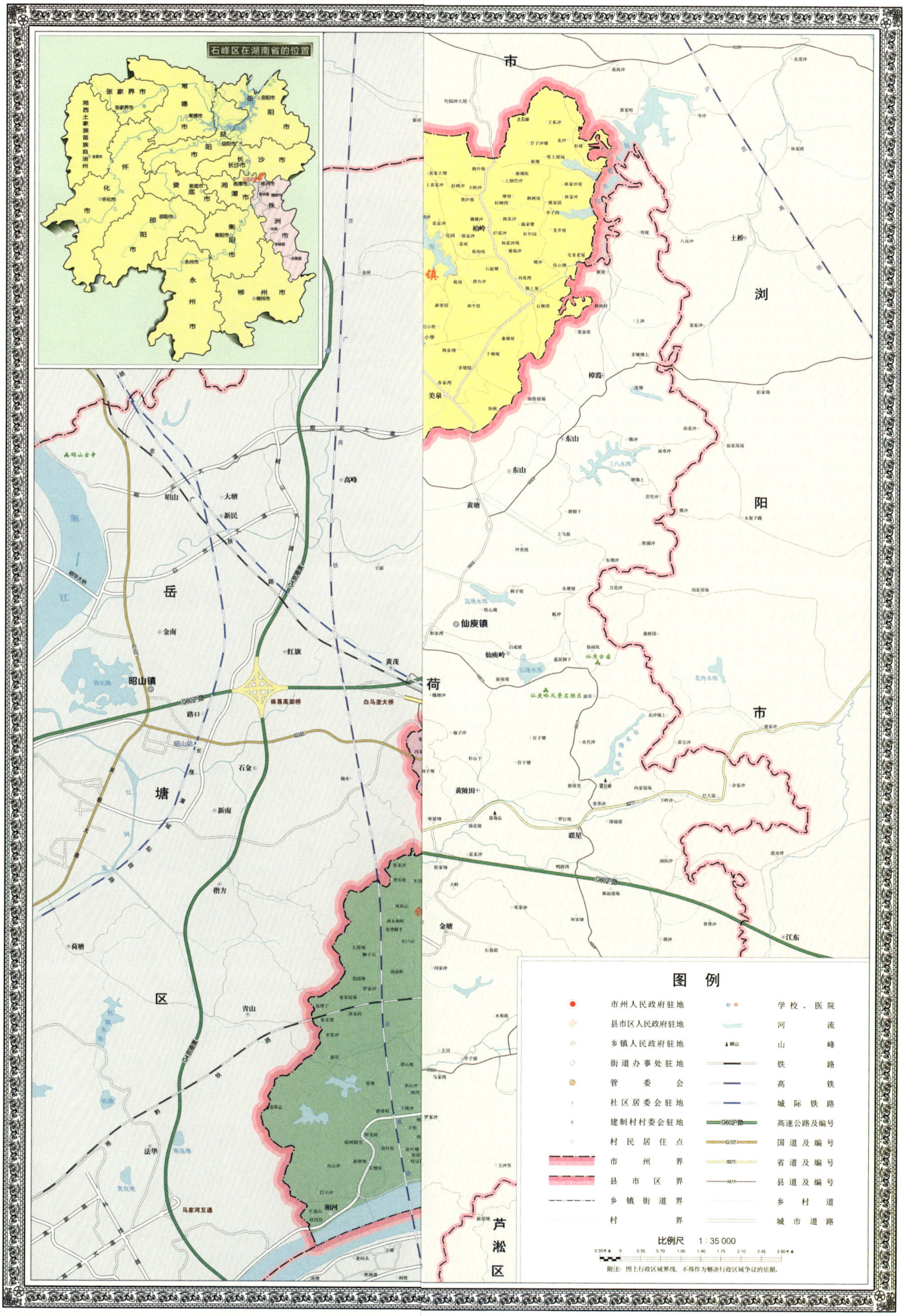

石峰区人民政府编制　　湖南省民政厅监制　　湖南省行政区划

2017年12月印刷

创新引领
CHUANGXIN YINLING

图为中车株洲电力机车研究所办公楼 （中车株所）

11月10日，国家能源局和省市有关领导到大唐华银株电调研指导工作　　（大唐华银株电）

10月16日，中车株洲电机有限公司携手“今日电机”平台举办第四届中国国际高效电机暨系统节能高峰论坛
（中车株洲电机）

4月，时代电气助力磁浮2.0版列车运行时速突破160公里　（中车株所）

10月25日，国家减灾委第四督导组到石峰区督查建辉石料厂生态修复工作和长石村地质灾害综合治理情况

（区自然资源局）

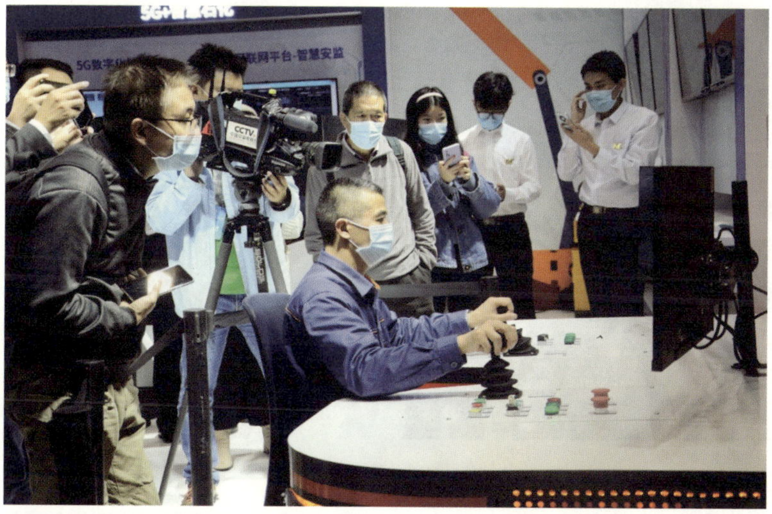

11月19日，株洲天桥起重5G+智慧天车亮相“2020中国5G+工业互联网大会”

（株洲天桥起重）

9月18日，大唐华银株电搬迁发展工作推进会在株洲市人大召开

（大唐华银株电）

11月5日，株洲市人大常委会领导到石峰区调研（区人大）

10月10日，株洲市政府办、国资委等部门负责人到株桥公司调研企业转型升级工作（株桥公司）

5月9日，株洲市先进轨道交通装备产业链推进大会召开（田心高科园）

10月21日，株洲天桥起重公司承办“全国起重机械标准化技术委员会桥式和门式起重机分技术委员会会议”

（株洲天桥起重）

7月29日，湖南铁道职院、湖南铁路科技职院与田心高科园管委会联合签约挂牌成立湖南铁道职院田心高科产业学院

（田心高科园）

6月，长沙地铁3号线、5号线一期工程载客运营，实现时代电气信号系统以及国内首条全线永磁牵引系统的“双线齐发”

（中车株所）

1月6日，中车株洲电机有限公司举行升格十周年非物质文化成果发布会
（中车株洲电机）

9月24日，中车株所制造中心员工获得2020年IPC中国区冠军
（中车株所）

12月5日，株洲中车特种装备科技有限公司员工汤敏以满分的成绩获得株洲市网络直播“技能天下”数控技能大赛一等奖 （株洲中车特种装备）

凝心聚力

NINGXIN JULI

图为秋瑾故居　（区融媒体中心）

5月4日，中车株洲所研究院基础中心团总支荣获“全国五四红旗团支部”称号　　（中车株洲所）

12月31日，株洲九方装备公司精制车间立车班获评2020年“全国模范职工小家”　　（九方装备）

8月26日，十三届全国人大代表株洲小组及湖南省十三届人大代表株洲第三小组2020年专题调研座谈会在石峰区召开
（区人大）

10月20日，石峰区人大常委会一行赴桃源县考察教育工作　　（区人大）

9月9日，区委党校2020年第二期主体班举办宣讲会

（区委党校）

8月27日，石峰区中小学生“红色故事宣讲员”训练营参观秋瑾故居

（区文旅体局）

石峰区开展国防教育进校园活动，10月23日，曙光小学举行小小国旗班授旗仪式

（区人武部）

11月20日，区自然资源局与中车株机开展党建共建红色教育活动 （区自然资源局）

6月17日，石峰区民兵参加株洲市首届“民兵活动日”启动仪式

（区人武部）

3月，区财政局工作人员与社区网格员共同开展防疫、爱卫工作 （区财政局）

2020年新冠肺炎疫情防控期间，石峰公安分局每日投入众多警力分布在各防疫检查点开展工作 （石峰公安分局）

5月29日，区法院邀请“小记者”参加法院庭审 （区法院）

7月3日，区税务局党委书记为干部上党课
（区税务局）

9月28日，区司法局组织“石峰和事佬”App网上平台操作培训会
（区司法局）

11月30日，株洲市首个“义警工作站”在石峰区井龙街道揭牌
（石峰公安分局）

2020年，区文旅体局
开办秋瑾讲坛特色活动
（区文旅体局）

12月22日，杨古老社区举
行党委换届选举党员大会
（响石岭街道）

6月24日，区作协创
作完成话剧《遇见秋瑾》
并举办红色主题教育活动
（区文联）

服务民生

FUWU MINSHENG

1月3日，湖南省总工会党组成员、副主席傅筝（右二）到大唐华银株电开展“送温暖”活动

（大唐华银株电）

6月17日，石峰区举行第五届“绿色九郎”职工健步行活动开幕仪式

（区总工会）

10月16日，第二届“石峰杯”轨道交通产业职工职业技能大赛举行闭幕式

（区总工会）

10月27日，区税务局开展宣传活动，为市民介绍“湘税通”智能涉税咨询平台
（区税务局）

2020年，石峰区先后完成3处立体停车场的建设，有效缓解区域交通出行难的问题（区城管局）

9月25日，中铁株桥公司1900多名退休人员人事档案交接仪式在区图书馆档案中心举行
（中铁株桥公司）

2月8日，中铁株桥公司将第一批2000公斤医用酒精和4000公斤84消毒液交接给区卫健局，助力区疫情防控阻击战

（中铁株桥公司）

9月，区城管局进社区开展垃圾分类宣传活动

（区城管局）

2月，“生态文明进社区——环保趣味晚会”走进杉木塘社区

（区环保局）

10月9日，区工商联工作人员到社区落实“进网格、解难题”专题活动动员会精神，协助解决网格内疑难问题　（区工商联）

宽敞整洁明亮、服务功能齐全的区优化营商环境协调事务中心服务大厅

（区营商中心）

3月，区土地事务服务中心工作人员深入项目现场解决实际问题　（区土地事务中心）

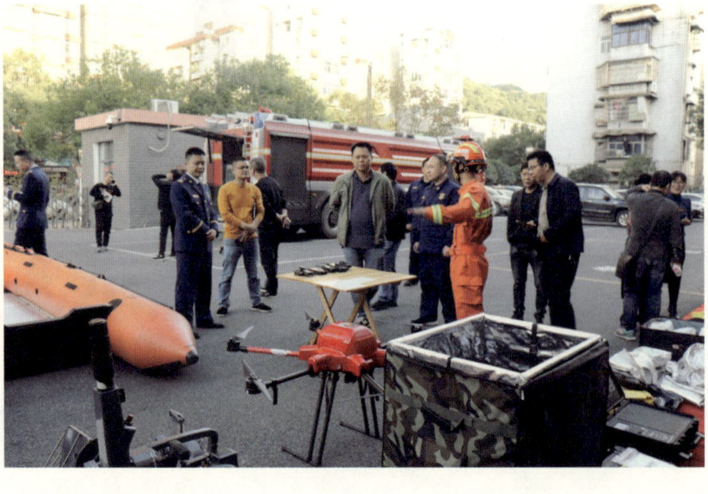

11月，区消防救援大队开展全民消防宣传教育活动，展示消防器械　（区消防救援大队）

文体活动

WENTI HUODONG

1月1日，区图书馆庆元旦联欢活动
（区文旅体局）

1月3日，区关工委等联合组织的寒假素质拓展亲子活动　（区文旅体局）

6月1日，区图书馆开展儿童手绘风筝活动　（区文旅体局）

6月21日，区朗诵协会举行成立大会，并开展朗诵艺术专题讲座活动　　（区文联）

7月1日，石峰区文化馆举办居民形体舞公益培训
（区文旅体局）

8月8日，在2020年湖南省第十二个全民健身日主会场活动暨株洲市第七届全民健身节现场，石峰区获市曳步舞比赛第一名
（区文旅体局）

8月23日，石峰区图书馆君悦分馆揭牌　（区文旅体局）

9月9日，区文化馆举办古典舞公益培训活动
（区文旅体局）

9月23日，区文化馆“迎中秋·庆国庆”非遗公益培训
（区文旅体局）

9月27日，株洲读书月主题活动之石峰区图书馆读书分享会
（区文旅体局）

10月10日，区文化馆开展“文化家家亲”送戏到社区活动
（区文旅体局）

10月，石峰区举办“李映明剪刻纸”非遗展览
（区文旅体局）

10月31日，区文化馆开展“乡韵石峰区·送戏下乡”活动

（区文旅体局）

12月23日，区文化馆团队参加“株洲美”文化进万家活动表演

（区文旅体局）

2020年株洲市健身气功交流比赛，石峰区机关代表队取得马王堆导引术一等奖、八段锦二等奖

（区文旅体局）

目 录

特 载

大 事 记

石峰概览

中共株洲市石峰区委员会

株洲市石峰区人民代表大会

石峰区人民政府

政协株洲市石峰区委员会

人民团体

军 事

法　治

经济社会管理

农业·农村·水利

工业与信息化建设

商贸和粮食

财政·税务·审计

城乡建设与环境保护

园区建设

社会事业

街　道

石峰区主要机构部门负责人名录

重要文件选登

统计资料

特　　载

加快转型升级　打造一极三区
开启全面建设社会主义现代化新征程

——石峰区委五届十次全体（扩大）会议暨区委经济工作会议

（2021 年 1 月 8 日）

一、总结回顾 2020 年工作

2020 年是极不平凡的一年，注定是一个被历史铭记的特殊年份。面对复杂形势、严峻挑战，特别是突如其来的新冠肺炎疫情影响，区委常委会坚持以习近平新时代中国特色社会主义思想为指导，深入贯彻落实中央和省委、市委决策部署，全力以赴做好“六稳”工作，全面落实“六保”任务，在大战大考中交出了一份满意答卷。预计全年 GDP 同比增长 6%左右，固定资产投资同比增长 8%左右，规模工业增加值同比增长 7%左右，社会消费品零售总额同比下降 2%左右，地方一般公共预算收入完成 6.31 亿元，地方税收占比 73.2%，城乡居民人均可支配收入同比增长 6%左右。一年来，区委常委会重点抓了六个方面工作：

（一）加快清水塘新城建设，“产业项目建设年”活动扎实有效。坚持把清水塘新城作为“产业项目建设年”活动主战场，深入开展“百日攻坚”行动和“双比双看”竞赛活动，新的城市形象和产业格局日益彰显。一是清水塘新城加速蝶变。完成 16 个项目、1100 余亩土地清零交地，“一桥一塘一带二十二路”全面推进，三一石油智能装备园、绿地滨江科创园、产业服务中心、恒和工贸等产业项目形象进度凸显，国际会展中心、数字智造产业园和数智科技创新中心等项目落地开工，阿里、百度等 367 家企业陆续进驻，清水塘新城呈现出一片机声隆隆、热火朝天的建设景象。二是轨道交通产业集群实现突破。建立链长制、产业协会、企业联合党委“三方发力、同频共振”工作机制，新增规上企业 17 家、高新企业 14 家，轨道交通产业链条不断延伸拓展。引进江苏润垚公司，组建产业基金，入股广州骏发，助推项目签约落地；总投资 3 亿元的中车尚驱混改项目在石峰注册；国创中心市场开拓能力逐步提升，在零部件 3D 打印、城轨车辆智能运维、大功率激光清洗装备等领域新签订单、营收分别同比增长 50%、30%；IGBT 二期竣工投产；成功创建湖南省知识产权强区。中车株机签下墨西哥过百亿地铁订单，天力锻业首批车轴出口德国，“走出去”取得新突破。三是园区营商环境更加优化。坚持统筹疫情防控和经济社会发展，深入开展“温暖企业”行动，搭建中小企业服务平台和线上惠企政策服务“直通车”，助力企业迅速复工复产。中车大道南段一期、时代大道南辅道、藏龙路一期等一批主干道路竣工通车；开工建设标准厂房 11 万平方米，新竣工标准厂房 13 万平方米，产业承载能力大幅提升，全年引进 36 个项目落户园区，其中 5 亿元以上 9 个，10 亿元以上 3 个，营商环境和产业生态持续优化。

（二）突出黑臭水体治理，区域生态环境持续好转。认真落实中央和省环保督察“回头看”整改要求，深入开展污染防治攻坚战“夏季攻势”，全年优良天数达 308 天，同比增加 56 天，改善率城区第一。一是生态绿心保护成效进一步彰显。成立区生态环境建设领导小组，统筹整合生态绿心、林业管理、农业农村、两型建设等职能，实行一套工作机构、一个指挥平台、一支执法队伍“三个一”管理模式，实现生态文明建设由“多头管”转变为“一家管”。完成九郎山人造林抚育工作，推进绿心地区坟墓退硬生态修复。完成湘江流域退捕禁捕工作，建成可视化智慧河湖监控系统，“一江三港八水库”实现精管长治。二是黑臭水体整治取得阶段性成果。加快推进污水管网改造，完成荷叶塘干渠、田心干渠、新民路、建设北路、红旗北路和日新路南段等污水干管建设，实现区域污水干网互联互通。以“三供一业”和老旧小区改造为契机，完成田心和清水塘等片区小区雨污分流改造。全面开展田心干渠“治水、治污、治岸”行动，完成堤岸清表 3.5 万平方米、疏浚清淤 10.6 公里，治理直排口 22 个，昔日的“臭水沟”变成了“清水溪”。三是农村人居环境明显改善。坚持以创建中国美丽休闲乡村为统揽，全面推行垃圾上户清运有偿收费模式，完成九塘、九郎山等 4 个村农村生活污水处理，农村“四治”更加深入彻底。结合乡邻空间站建设，成功打造茅太新村农民公园、长石村湘莲基地，九郎山片区逐渐成为党建拓展和市民休闲的首选地。

（三）注重改革创新，发展活力和潜能不断激发。坚持把全面深化改革作为推动高质量发展的“关键一招”，大力推进重点领域、关键环节改革，持续提升管理效能。一是实施园区“亩均效益”评估改革。制定出台《田心高科园入园企业亩均效益评价实施办法（试行）》，科学设置亩均税收、亩均产值、新增固定资产投资、企业外向度等评价指标，根据评估结果在财政扶持、金融服务等方面实行差别化政策，淘汰落后产能企业 9 家，进一步强化了“亩均论英雄”的发展导向。二是推进平台公司转型改革。成立区国资中心，制定《石峰区国有企业监管暂行规定》等文件，聚焦公司经营主业，完成“1+1+4”业务重组，推行项目工程建设委托管理模式，实现了减员增效和去机关化、行政化。全面落实“151”化债工作机制，地方综合债务率下降200%，守牢了债务风险底线。三是深化财政管理改革。坚决落实过“紧日子”要求，成立增收节支领导小组，出台增收节支规范财政管理系列文件，严控一般性支出，全年压减专项数量 171 个、压减幅度 41%，机关运行经费下降 15%、一般公共预算支出同比下降 23%，厉行节约成为全区上下的良好风尚和行动自觉。四是完善事业单位绩效改革。完善“五问工作法”考核，推行“三看三比”活动，按照“一单位、一方案”要求，对工程服务中心等 6 个事业单位实行绩效目标考核。深化教育系统“量补质奖”、卫健系统绩效分配积分管理考核等改革，充分调动干部职工干事创业积极性。

（四）深化网格化管理，基层治理效能更加彰显。坚持和发展新时代“枫桥经验”，持续创新基层社会治理，深入开展平安石峰建设，人民群众的安全感、满意度持续提升。一是全面落实“一件事一次办”。全面完成社区（村）“一门式”综合服务场所升级改造，梳理 25 个领域 347 项政务公开事项目录，发布“就近办”事项目录 77 项，在全市率先实现公安出入境等审批事项集中办理、“一窗受理”，精简办事环节 142 个，累计完成 11 万余件“一件事一次办”事项办理，服务评价满意率 99.8%。二是探索社区治理“三张清单”。制定《石峰区网格服务管理工作规则》，梳理 6 大类 81 项社区公共服务清单、26 项群众自治性事务、11 项有偿服务清单，不仅强化了网格员责任意识，而且调动了工作积极性，更减轻了基层负担，初步构建了多元协同共治的基层治理新格局。三是大力开展平安建设“三大行动”。深入开展平安建设“大排查、大化解、大整治”三大专项行动，打好扫黑除恶专项斗争收官战，全面完成国有企业退休人员社会化管理移交工作，安全稳定形势持续向好。顺利实现全省综治工作先进“三连冠”，荣获全省平安县市区，连续五年获省安全生产优秀单位。

（五）坚持人民至上，民生福祉明显改善。始终坚持以人民为中心的发展思想，切实解决群众最急最忧最盼的紧迫问题。一是坚持把稳就业摆在民生之首。搭建石峰就业服务平台，开发“淘工码头”“就业地图”“名师带徒”等功能模块，打通网上数据平台，有效促进就业培训和招聘用工信息互通共享。组建清水塘社区学院，成立田心高科产业学院和轨道智谷产业学院，统筹整合各方资源，开展精准培训就业。全年举办各类培训班 73 个，实现新增就业 9304 人、新增创业主体 1626 户。二是坚持“四位一体”推进老旧小区改造。完成 22 家中央和省属企业“三供一业”移交改造，全区 67 个老旧小区改造全面开工，拆除违章建筑 1500 多处、13 万多平方米，全面完成油烟治理和电梯加装任务，同步组建小区业委会并加强物业管理，老旧小区环境和品质实现大幅提升，相关经验做法在全省城镇老旧小区改造工作现场会作典型推介。三是用心办好社会事业。田心院区住院部建成投用，响石岭社区卫生服务中心提质升级为社区医院，建成核酸检测中心，新增医养结合床位 300 张；雪峰岭学校主体工程封顶，新建 2 所公办幼儿园，新增园位 330 个；新建 3 个社会足球场，新增 3 家图书馆分馆，开展槐庭书院秋瑾讲坛 10 期，持续推进“双十文明行动”；成立石峰区慈善会；完成 144 个惠民实事项目。

（六）从严管党治党，发展保障坚实有力。一是始终把政治建设摆在首位。严格落实区委常委会第一议题制度，及时传达学习中共十九届五中全会、习近平总书记考察湖南重要讲话等精神，扎实开展“进网格、解难题”专项活动，以实际行动践行“两个维护”。全面开展5个街道和54个区直机关政治建设考察，对部门领导班子和领导干部进行精准“政治画像”，推动党的政治建设向纵深发展。二是全面夯实基层基础。认真落实省委“1+5”文件，在全市率先完成社区（村）书记主任“一肩挑”，扎实推进社区（村）党组织换届工作。探索轨道交通产业链党建和小区党建，加强链上企业结对共建，推进105个小区党支部建设。区委党校实体化运转，打造《清水塘蝶变》等精品党课，举办培训班16期，有效提升干部能力素质。三是持续净化政治生态。配合做好迎接省委巡视工作，以巡视带动巡察上下联动，对38个单位党组织开展巡察，发现整改问题256个。始终保持正风肃纪和反腐败工作高压态势，准确运用“四种形态”处理41人次，党纪政务处分16人，坚决查处文米娜、蔡东等腐败案件，形成了强大震慑。四是营造良好干事氛围。区人大及其常委会依法开展监督，审议决定重大事项；区政协聚焦政治协商、民主监督、参政议政，不断凝聚全区共识；区人武部坚持党管武装，促进军民融合再上新台阶；意识形态领域正气充盈、健康向上；统一战线推进团结大院建设，画出最美“同心圆”。与此同时，区关工委获评全国先进集体，机关事务、对口扶贫、史志档案、外事侨务、工青妇、残联、文联、科协、计生协、红十字等工作务实有效，全区上下汇聚起推动石峰转型升级、高质量发展的磅礴伟力。

一年来，区委常委会一班人以身作则、以上率下，带头讲政治、守规矩、严纪律，坚持把方向、谋全局、抓大事，忠诚践行“两个维护”，扎实办好石峰的事情。坚持民主集中制，自觉落实“三重一大”集体决策、重大事项请示报告等制度，带头遵守执行党内法规制度，全面履行“一岗双责”，认真贯彻落实中央八项规定精神，力戒形式主义、官僚主义，深入基层一线推动解决实际问题，打造政治坚定、能力过硬、作风优良、奋发有为的坚强领导集体。

回顾过去一年的工作，成绩来之不易，经验珍贵，我们深深体会到：习近平新时代中国特色社会主义思想是前行的指南针；新发展理念是引领发展的指挥棒；改革创新是推动发展的根本动力；人民至上是作出正确抉择的根本前提；党的领导是做好各项工作的根本保证。

在肯定成绩、总结经验的同时，我们也清醒认识到，我们的工作中也存在一些差距和不足，主要是：清水塘新动能培育尚需时日，新不足以补旧、小不足以补大的局面依然没有转变；民生领域还存在不少短板，满足人民对美好生活的向往、解决发展不平衡不充分问题还需进一步增强针对性实效性；企业关停搬迁、棚改征拆、企业改制等矛盾交织，信访维稳压力依然较大；部分党员干部能力作风与新阶段新形势新要求仍有差距。解决好这些问题，需要我们高度重视，紧抓不放。

二、科学谋划“十四五”发展

站在“两个一百年”的历史交汇点和开启全面建设社会主义现代化的新起点，必须准确把握石峰在新发展阶段面临的新形势新要求，科学谋划“十四五”时期经济社会发展。

当前，世界正经历百年未有之大变局，经济全球化遭遇逆流，疫情大流行影响深远，外部环境不稳定性不确定性明显增加。国内经济转向高质量发展阶段，经济潜力足、发展韧性强、制度优势显著、市场空间广阔，稳中向好、长期向好的趋势没有改变，加快形成国内大循环为主体、国内国际双循环相互促进的新发展格局中迎来了战略新机遇、发展新空间。

“十四五”期间，我们既面临前所未有的历史机遇，也面临巨大的风险挑战，但总体上机遇大于挑战。石峰区位优势明显、产业基础坚实、科技实力较强，长江经济带、中部地区崛起、长株潭一体化等国省战略叠加实施，特别是习近平总书记赋予了湖南“三高四新”定位要求，石峰将担负更重的历史使命，拥有更广阔的发展空间，更多的政策机遇，石峰发展未来可期、大有可为。

“十四五”时期，全区经济社会发展的主要目标是：“一极三区”建设取得重大突破，建设社会主义现代化新石峰实现良好开局。经济实力迈上新台阶，区域发展形成新格局，生态文明取得新成效，基层治理得到新提升，民生福祉达到新水平。到 2035 年，“一极三区”建设取得决定性成效，全区经济实力、科技实力、人民生活水平实现大幅跃升，成为“株洲•中国动力谷”建设最具影响力和竞争力的增长极，率先在全市基本实现社会主义现代化，建成经济强区、科教强区、文化强区、生态强区、开放强区和法治石峰、健康石峰，奋力谱写新时代坚持和发展中国特色社会主义的石峰新篇章。

实现这一目标任务，要牢牢把握以下几个方面：

建设现代化新石峰，我们必须坚定不移践行新发展理念。深刻认识石峰要走好现代化之路，必须大力践行创新、协调、绿色、开放、共享的新发展理念，加快推动质量变革、效率变革、动力变革，在提升城区经济密度、提高投入产出效率上下功夫，加快经济发展由要素驱动向创新驱动转换、产业结构由中低端向中高端跃升、民生福祉由非均衡型向包容共享型转变，实现高质量发展、高效能治理、高品质生活。

建设现代化新石峰，我们必须坚定不移融入新发展格局。加快构建新发展格局是新发展阶段把握发展主动权的先手棋，我们必须主动服务和融入以国内大循环为主体、国内国际双循环相互促进的新发展格局，发挥区位、交通、产业等比较优势，深度对接长株潭一体化战略，紧紧扭住扩大内需战略基点，进一步优化城市空间格局、产业经济格局和产城融合格局，以构建新发展格局引领经济高质量发展。

建设现代化新石峰，我们必须坚定不移实施“三高四新”战略。实施“三高四新”战略是省委贯彻习近平总书记关于湖南工作系列重要讲话指示精神作出的重大决策，加快建设“一谷三区”是市委落实“三高四新”战略的具体实践，我们必须坚持把大力实施“三高四新”战略作为今后工作的主题主线，以实干扛起新担当，以实绩展示新作为，努力在全市建设“一谷三区”新征程、奋力谱写新时代坚持和发展中国特色社会主义石峰新篇章中干在实处、走在前列。

建设现代化新石峰，我们必须坚定不移加快“一极三区”建设。立足新发展阶段，贯彻新发展理念，融入新发展格局，必须与时俱进，不断拓展丰富“一极三区”新内涵，把加快“一极三区”建设作为石峰高质量发展的鲜明特征和突出标志，作为建设社会主义现代化新石峰的主体内容和重要支撑，做到一张蓝图绘到底、一以贯之抓落实。

——加快建设全市经济高质量发展重要增长极。聚焦清水塘生态科技产业新城和轨道交通城建设，加快轨道交通产业集群建设，大力发展 IGBT、新能源汽车动力、数智经济和现代服务业等新兴产业，着力构建“1+4”现代产业体系，为全市建设“一谷三区”贡献石峰力量。

——加快建设世界先进轨道交通装备制造创新发展引领区。聚焦打造国家重要先进制造业高地，加快实施“技术创新、数智转型、企业培育、人才引进”四大工程，实现十大核心领域技术攻关取得重大突破，新增 100 家以上规模企业，全区轨道交通装备制造产业产值突破千亿元。

——加快建设清水塘国家老工业基地转型发展示范区。围绕智能制造、科技创新、工业文旅、口岸经济等四大产业板块，培育形成数智科创、数智制造、数智文旅、数智商贸等新经济新业态，把清水塘新城打造成为集园区、城区、景区于一体的转型发展典范、“三高四新”样板。

——加快建设内陆地区开放发展先行区。依托区内开放平台，主动对接湖南自贸区和长株潭一体化建设，深度融入长江经济带、“一带一路”等国家发展战略，勇当内陆地区开放发展的先行探索者。

“十四五”期间，我们将集中精力办好“十件大事”。一是全区轨道交通装备制造产业产值突破千亿，建成世界级产业集群。二是加快建成清水塘生态科技产业新城，打造成为落实“三高四新”战略样板区。三是加快长株潭铁路货运枢纽建设，形成对外开放发展新优势。四是加快建设 IGBT 应用产业园，打造动力核“芯”。五是建成国际会展中心，中国国际轨道交通和装备制造产业博览会办出国际影响。六是加快清水塘工业遗址和中车株机国家工业遗产文旅文创开发，擦亮工业文化名片。七是创建九郎山森林公园国家 AAA 级旅游景区，建设九郎山休闲农业经济带。八是引进 1—2 所教育名校，加快建设教育强区。九是开展医养结合示范区创建，加快建设健康石峰。十是推进市域社会治理现代化试点工作，形成基层网格治理“石峰模式”。

三、确保实现“十四五”良好开局

2021 年是全面开启现代化建设新征程的第一年，是“十四五”开局之年，是中国共产党建党 100 周年，也是实施“三高四新”战略的首战之年。做好 2021 年工作，要坚持以习近平新时代中国特色社会主义思想为指导，全面贯彻中共十九大和十九届二中、三中、四中、五中全会精神，深入落实习近平总书记对湖南工作系列重要讲话指示精神和中央、省委、市委经济工作会议精神，坚持稳中求进、进中争先工作总基调，立足新发展阶段，贯彻新发展理念，构建新发展格局，以推动高质量发展为主题，以深化供给侧结构性改革为主线，以改革创新为根本动力，以满足人民日益增长的美好生活需要为根本目的，大力实施“三高四新”战略，坚持创新驱动、转型升级，坚持系统观念和底线思维，坚持精准施策，扎实做好“六稳”工作、全面落实“六保”任务，巩固拓展疫情防控和经济社会发展成果，保持经济平稳健康运行、社会和谐稳定，加快建设“一极三区”，加快建设现代化新石峰，确保“十四五”开好局，以优异成绩向建党 100 周年献礼。

综合各方面情况，区委考虑 2021 年经济社会发展的主要预期目标是：经济增长 8%左右，地方一般公共预算收入增长 5%，规模工业增加值增长 9%，固定资产投资增长 10%，社会消费品零售总额增长 10%。城镇调查失业率低于全市，城乡居民收入增长高于经济增长。

实现上述目标任务，必须抓好以下 5 个方面重点工作，全力确保“十四五”开局之年迈好第一步、见到新气象。

（一）聚焦实体经济，在建设“一极三区”上见到新气象。打造“一极三区”核心在产业，根基在实体经济，必须把做实做强做优实体经济作为主攻方向，持续深入推进“产业项目建设年”活动。一是在企业培育上见实效。大力开展“个转企、小升规、规转高、高上市”培育行动，建立“个转企”培育库和“专精特新”中小微企业梯度培育体系，引导一批企业向各类新技术、新产业、新业态、新模式发展转型，着力培育一批“小巨人”企业和制造业单项冠军、隐形冠军，新增四上企业 100 家、高新技术企业 20 家；支持 1～2 家自主创能力强、技术水平先进、市场占有率高的大企业加快上市步伐。二是在新兴产业发展上见实效。加快启动 IGBT 应用产业园建设，力促智能科技示范园、高端动力新材产业园等项目全面开工，实现三一石油智能装备园一期、环湖科创园、恒和工贸总部等项目竣工投产；大力培育数智经济，加快数智科创中心、百度智能交通应用示范等项目建设，推动数字产业化、产业数字化；着力发展新能源汽车动力产业，促进中车尚驰混改项目落地，支持时代电驱做大做强；加快 5G 文化未来中心、国际会展中心、火炬总部经济等项目开工建设，重点引进 1～2 个国内知名物流企业，带动现代服务业蓬勃发展。三是在提升产业链上见实效。强化企业创新主体地位，发挥国创中心、南方中心等创新平台作用，围绕“卡链处”“断链点”，集中攻克碳化硅半导体材料、高速永磁电机、低压电器、轴承等一批“卡脖子”关键技术，增强产业链供应链自主可控能力。调优人才政策，探索建立靶向引才、专家荐才机制，让人才服务更暖心。同时，重点加快中车特装、中车智能涂装、智能风源系统等项目建设，促进转向架城轨构架整合升级、九方铸造、道岔二期等项目竣工投产，提升轨道交通产业链现代化水平。四是在产业生态建设上见实效。全面落实链长制、产业协会、企业联合党委“三方发力、同频共振”工作机制，精准开展产业链服务，实现轨道交通产业链上中下游贯通融合，为产业集群发展营造良好生态。依托中小企业服务平台，组建企业服务专员，把网格化治理模式推广运用到企业服务中去，实现“项目引进—落地开工—投产服务”一站式服务。同时，清水塘新城要加快基础配套设施建设，基本实现“三基本一同步”目标；轨道交通城要实现中车大道、田心大道、藏龙路等道路互联互通，完善城市候机厅、小天鹅戴斯酒店等服务功能，提升园区整体功能品质。

（二）推进产城融合，在构建新发展格局上见到新气象。构建新发展格局是以全国统一大市场基础上的国内大循环为主体，不是各地都搞自我小循环。为此，我们必须找准石峰在国内大循环和国内国际双循环中的位置，立足自身产业结构和区位优势，以产城融合为主要抓手，畅通生产、流通、消费、分配等环节，形成发展新优势。一是主动融入长株潭一体化，提升石峰整体区域价值。要把长株潭一体化作为更好融入新发展格局、提升石峰整体区域价值的有力抓手，探索与长沙雨花区、湘潭岳塘区和昭山示范区建立联席会议机制，推进产业发展协力协同、综合交通互联互通、物流枢纽共建共赢、生态绿心共护共享，在全方位联动中实现一体化发展，在一体化发展中提升石峰区域竞争力。特别是当前，省委、省政府正在研究出台长株潭一体化五年行动计划，我们要主动对接，统筹谋划，争取更多项目进入计划“笼子”。二是重点推进“一城四片区”开发建设，扩大有效投资。长期以来，石峰区形成了清水塘、田心、九郎山三大发展板块的历史格局，但是随着清水塘企业关停搬迁，为新一轮产城融合发展腾出了空间。我们要按照资源整合、要素集聚、片区开发的思路，引进战略投资者，撬动社会资本，运用市场化手段，加快清水塘新城建设和雪峰、铁东、白石港、清水四大片区开发，进一步扩大有效投资，优化空间布局，完善城市功能，着力构建产城融合发展新格局。三是着力打造15分钟社区生活圈，促进消费升级。15分钟社区生活圈即以家为中心，在15分钟步行可达范围内，配备较为完善的养老、医疗、教育、商业、交通、文体等基本公共服务设施。15分钟社区生活圈也是一个规模较大的消费圈，通过有效集成各类服务资源，可以激活消费潜力，畅通消费堵点，促进消费升级。石峰作为老工业区，曾经企业办社会形成的厂矿型小区较多，打造15分钟社区生活圈有基础，更有需求。重点抓好“七个一”服务设施全覆盖，即一所幼儿园、一个便民服务站、一个购物场所、一个养老服务中心、一个文化活动中心、一个小游园、一条游步道，打造宜居、宜业、宜学、宜游社区生活服务圈。同时，坚持把教育作为产城融合发展的切入点，大力实施“三名工程”，力促清华附中落地清水塘并开工建设，实施教师收入递增计划，让教育成为产城融合强有力支撑。

（三）坚持绿色发展，在推进生态惠民上见到新气象。习近平总书记强调，良好生态环境是最普惠的民生福祉。要坚持生态惠民、生态利民、生态为民，加快建设生态宜居的“美丽石峰”，让百姓更有幸福感和获得感。一是实施生态惠民工程。围绕“五园五带”生态空间布局，五园即石峰公园、清水塘公园、雪峰岭公园、九郎山森林公园、轨道交通城中央公园，五带即湘江风光带和霞湾港、田心干渠、白石港、茅太渠景观带。2021年重点推进清水塘公园和霞湾港、田心干渠、白石港景观带建设，启动金盆岭湿地公园建设，新建一批“口袋公园”和“微绿地”，连通九郎山与雪峰岭绿道，让更多市民“推窗见绿”“移步进园”。二是打造九郎山休闲农业经济带。在抓好九郎山生态绿心保护的前提下，大力实施乡村振兴战略，扩宽改造白马至长石公路，连通茅九路，成为九郎山片区交通主干道；以创建中国美丽休闲乡村为抓手，加快游客服务中心、绿心之峰等项目建设，带动九郎山片区乡村发展柚子、湘莲等特色种植，拓展餐饮、采摘、游玩一站式休闲体验，打造集休闲农业、生态观光、红色研学等功能于一体的九郎山休闲农业经济带，切实把生态效益更好转化为经济效益、社会效益。三是持续推动污染防治。继续打好蓝天碧水净土保卫战，坚持精准治理、标本兼治，加快株洲电厂搬迁步伐，启动霞湾港提质改造和4家企业地块污染土壤修复，完成清水片区历史遗留废渣治理，全面推行垃圾分类，深化农村人居环境整治，持续巩固环保督察问题整改成效，推进更高水平的生态文明建设。

（四）统筹发展与安全，在提升社会治理现代化水平上见到新气象。以市域社会治理现代化试点为抓手，持续深化社会治理，有效防范化解各类风险，牢牢守住安全发展底线。一是实施“一网统管”。持续完善“一中心四平台”

功能，链接归集石峰发布、欣石峰等平台，发挥指挥中心的监控、调度、运行指挥作用，实现“一屏观天下、一网管全区”。组建大数据中心，加强部门数据信息共享互通，强化系统整合和数据汇集治理，着力提升态势全面感知、趋势智能预判、资源统筹调度、行动人机协同能力。持续深化“一件事一次办”改革，加强“诸事达”App、政务小程序的推广应用，构建多端融合、一网通办政务服务体系，使“一网通办、一网统管”成为石峰基层治理的关键支撑和重要标志。二是做精小区治理。小区是社会治理的基本单元，因此，社会治理必须从居民小区抓起。以报亭生活区、选矿生活区、仁和小区为重点，积极开展小区物业管理示范试点，围绕小区停车位、充电桩、快递代收点、儿童托管等居民需求，制定小区服务清单，设置小区物业星级标准，探索可复制、可持续的小区治理模式。全面推进智慧小区建设，搭建线上、线下服务平台，充分调动小区党支部、业委会、物业公司、社会组织等多方力量，构建小区共建共治共享新格局。三是防范发展风险。深化平台公司市场化转型，严格控增量，加快去存量，不断降低政府性债务风险。全面落实安全生产三年行动计划，健全应急管理体系，重点抓好道路交通、建设工地等领域安全生产。深化大排查大整治大化解专项行动，健全社会矛盾排查预警、多元化解机制，下大力气化解一批信访难题。构建立体化智能化治安防控体系，持续开展常态化扫黑除恶专项斗争，严厉打击各类违法犯罪活动，不断提升市域社会治理现代化水平。

（五）回应民生关切，在改善人民生活品质上见到新气象。把民生关切作为努力方向，用心办好群众得实惠的好事实事，努力让石峰发展更有“温度”，让民生幸福更有“质感”。一是提升就业实效。就业是最大的民生，牵动千家万户。要落实就业优先政策，完善石峰就业服务平台功能，深入开展“点亮万家灯火”“一对一就业困难帮扶”等活动，有针对性地加强职业技能培训，促进清水塘下岗失业人员、高校毕业生、返乡务工人员、农民工等重点人群就业，全年实现新增就业5000人以上。二是办好惠民实事。完善惠民实事票决制，适应群众需求变化，持续加大民生投入，在交通“微循环”、老旧小区改造、社区卫生服务、丰富文体生活等方面，精细精准实施一批重点民生实事，用心用情解决群众“急难愁盼”问题，以看得见的方式、摸得着的实惠回应群众期待，不断提升民生福祉水平。三是兜牢民生底线。兜住底线，老百姓才更有底气，社会才能更加和谐。要健全社会保障体系，落实全民参保计划，加强基本医保、大病保险和医疗救助的有效衔接，切实提高医疗保障水平。在做好政府保障的基础上，发挥区慈善会、教育基金等作用，健全社会救助体系，分类做好专项社会救助工作，保障各类困难群众基本生活。

这里，就几项重要工作再强调一下：

一是关于做好常态化疫情防控工作。严格控制大型会议活动数量规模，各级领导干部要带头在本地过年过节，严格管理单位和企业人员省外出行。

二是关于做好企业改制工作。目前，我区还有9家企业未完成改制工作，决不能一拖再拖，必须下决心解决。要多方筹集改革资金，力争完成水泥管厂、建陶厂等国有企业改制扫尾工作。想方设法帮助集体企业盘活资产，全力推进职工安置工作，优先解决职工社保、医保等方面问题。对一些历史遗留问题，要成立专门班子，专题进行研究，切实推动问题解决；对企业困难职工，要整合部门政策资源，充分给予关怀救助，切实维护社会稳定。

三是关于做好省委巡视整改工作。目前，省委巡视组先后交办了信访件和立行立改事项，我们要把省委巡视作为解决问题、推动发展的重要契机，坚决扛起巡视整改的政治责任，切实做到边巡边改、立行立改，以实实在在的整改成效回应群众期盼。巡视结束后还将反馈整改意见，我们要认真开展专题民主生活会，深刻剖析原因，细化整改方案，切实做好巡视“后半篇”文章，以巡视整改成效促进石峰高质量发展。

四是关于做好纪念建党100周年相关工作。2021年是建党100周年，我们必须从讲政治的高度做好各项工作，以“十四五”良好开局献礼建党100周年。加强正面宣传和舆论引导，切实维护政治安全、社会安定、人民安宁、网络安靖，为建党100周年营造良好环境。以简朴又不失庄重的方式，组织开展系列庆祝活动，大力弘扬红色基因和优良传统，从党的百年光辉历史中汲取不忘初心、砥砺奋进的精神力量。

四、纵深推进全面从严治党

实现高质量发展，关键在党要管党、从严治党。我们要认真贯彻新时代党的建设总要求，锻造过硬能力，淬炼优良作风，为高质量发展提供坚强政治保证和组织保证。

（一）不断提高政治“三力”。习近平总书记指出，讲政治必须提高政治判断力、政治领悟力、政治执行力。要提高政治判断力，始终做到在重大问题和关键环节上头脑特别清醒、眼睛特别明亮，善于从一般事务中发现政治问题，善于从倾向性、苗头性问题中发现政治端倪，善于从错综复杂的矛盾关系中把握政治逻辑，坚持政治立场不移、政治方向不偏。提高政治领悟力，对“国之大者”了然于胸，坚持用党中央精神分析形势、推动工作，始终同党中央和省委、市委保持高度一致。提高政治执行力，切实做到党中央提倡的坚决响应，党中央决定的坚决执行，党中央禁止的坚决不做，坚决维护党中央权威和集中统一领导。

（二）不断提高基层组织力。全面贯彻落实新时代党的组织路线，持续抓好机关、社区、小区、医院、学校和产业链、“两新”组织等党建工作，建强以党组织为核心的组织体系，推动基层党组织扭成“一股绳”、合成“一张网”，形成高效的组织和工作全覆盖。认真落实“三会一课”、党员积分制、主题党日等党建工作制度，分类开展企业移交党员、机关党员、网格员、村（社区）党员等培训，深入开展党建结对共建活动，全面提升党员队伍整体素质，发挥基层党组织战斗堡垒作用和党员先锋模范作用，全面增强基层党组织组织力和凝聚力。

（三）不断提高专业化能力。抓工作既要有高度的行动自觉，又要有过硬的能力本领。尤其是进入新发展阶段，科技变革速度很快，经济社会复杂性全面上升，如果我们对科技变化趋势不掌握，对新兴产业情况不了解，对群众期待诉求不敏感，处于盲人摸象或者追风少年的状态，是无法作出工作成效的。要时刻保持求知若渴的学习心态，坚持干什么学什么、缺什么补什么，充好政策研究、企业管理、项目策划等专业知识的电，补好系统谋划、产业思维、应急处突等能力短板的课，加快知识更新、加强实践锻炼，使专业素养和工作能力跟上时代节拍，避免少知而迷、无知而乱，努力成为做好工作的行家里手。

（四）不断提高抓落实能力。对中央、省委和市委的决策部署，要扭住不放、狠抓落地，同时要创造性地开展工作，不能光喊口号、不见落实，更不能搞形式主义、官僚主义。要全面落实“一岗双责”，持之以恒正风肃纪，坚持中心工作开展到哪里，作风建设就跟进到哪里，纪律防线就延伸到哪里，打通中梗阻，提高执行力，营造风清气正抓落实的良好环境。认真落实新时代好干部标准，把在产业招商、项目建设、企业服务、信访维稳等火热实践中勇挑重担、善抓落实的干部选出来、用起来，引导全区广大干部沉下心来、扑下身子抓落实。

鲲鹏展翅凌万里，逐梦扬帆再起航。让我们更加紧密地团结在以习近平同志为核心的党中央周围，在省委、市委的坚强领导下，勠力同心、锐意进取，为打造“一极三区”、加快建设现代化新石峰而努力奋斗，以优异成绩向中国共产党建党 100 周年献礼！

株洲市石峰区人大常委会工作报告

——株洲市石峰区第五届人民代表大会第六次会议

（2021 年 2 月 2 日）

过去一年的主要工作

2020 年是极不平凡的一年。在区委的坚强领导下，区人大常委会坚持以习近平新时代中国特色社会主义思想为指导，围绕中心、服务大局，依法履职、守正创新，圆满完成区五届人大五次会议确定的各项工作目标。全年共召开常委会会议 8 次、主任会议 11 次，听取和审议专项工作报告 24 次，组织开展执法检查、履职综合评估、视察调研、专项评议 30 次，作出决定决议 8 个。

一、高举旗帜，坚定正确政治方向

（一）持之以恒强化理论武装。坚持把学习习近平总书记重要讲话精神作为“第一议题”，召开党组会议 11 次，组织理论学习 15 次，第一时间学习中共十九届五中全会精神、习近平法治思想、习近平总书记考察湖南重要讲话精神，在跟进学、系统学中明方向、强信念，不断增强“四个意识”、坚定“四个自信”、做到“两个维护”，确保常委会工作正确的政治方向。

（二）坚定不移服从区委领导。及时传达贯彻区委全会、区委常委会有关精神，坚决落实区委决策部署，做到区委有号召，人大就有响应；区委有决策，人大就有贯彻；区委有部署，人大就有行动。按照区委统一安排，积极参加区级领导“五个一”活动，围绕建筑及房产、商贸三产、IGBT 等产业链发展主动作为，围绕“十四五”规划、项目建设、清水塘老工业区搬迁改造等中心工作靠前服务，指导做好村（社区）“两委”换届选举工作。及时向区委请示报告重大事项、重点工作 11 次，提请区委常委会研究人大工作 4 次。

（三）率先垂范发挥党组作用。注重发挥常委会党组把方向、管大局、保落实作用，加强对常委会工作的统筹协调，及时研究解决重大问题。严格落实意识形态工作责任制，围绕“既要讲好党言党语，也要讲好法言法语”的要求，常委会党组成员带头讲党课，认真学习、大力宣传、深入贯彻习近平法治思想，更好凝聚法治共识。认真抓好区委巡察反馈问题整改，成立机关党组和离退休干部党支部，完成机关支部换届选举，增强机关党组织政治功能，提升常委会及其机关的政治性、思想性、时代性。

二、依法行权，助推高质量发展

（一）审议决定重大事项。一年来，常委会依法审查和批准 2019 年区级财政决算方案，听取和审议审计整改情况报告、财政增收节支情况报告、2020 年财政预算执行情况报告，审查批准区级预算调整方案，审议2019年政府性债务管理情况和2020年政府性债务总体安排，推动做好“六稳”“六保”工作，落实惠企纾困政策，确保经济社会持续健康发展。听取和审议全区国有资产管理情况，积极助推区级平台公司市场化转型，推动国有资产管理更加规范有序。

（二）开展正确有效监督。听取区政府2019年度环境状况和环境保护目标完成情况汇报，重点督查新民干渠黑臭水体整治项目，接续推动污染防治攻坚战。组织区人大代表参加老旧小区改造工作座谈会，督办株塑小区旧改等建议，助推人居环境进一步改善。按照“有件必备、有备必审、有错必纠”的要求，完善备案审查工作报告制度，实现政府规范性文件报备常态化，主动审查报送备案的区本级规范性文件5件。听取区法院一站式多元解纷机制、一站式诉讼服务中心建设以及区检察院认罪认罚从宽制度专项工作报告，组织市区人大代表听审评议区法院公开开庭案件和区检察院公开听审会活动4次，促进司法机关提高案件质量，提升司法公信力。首次将城乡居民大病再次补偿及医疗救助、帮扶救助、城市管理、农林水、产业发展、教育事业发展、计生项目经费补助7个预算专项资金使用情况纳入重点监督范畴，跟踪监督问题整改，开展满意度测评，推动财政资金使用更加规范有效。首次对区政府办主任等7个政府工作部门负责人开展履职综合评估，采取评估对象自查、听取汇报、调查走访、查阅资料等方式，进行量化评估，评出了压力，促进了工作。配合全国、省、市人大开展传染病防治法、突发公共卫生事件应急条例、湖南省爱国卫生条例、株洲市城市养犬管理条例等立法修法专项调研。

（三）依法行使任免权。坚持党管干部与依法任免相统一，认真做好干部任免工作。对所有拟任人员，严格按照任前调查、任前考试、任前表态、审议表决、宪法宣誓等程序进行，增强被任命人员的法律意识、人大意识和公仆意识。一年来，共任免国家机关工作人员55人次，圆满实现区委人事安排意图。组织32名被任命人员进行7次宪法宣誓仪式。依法做好代表辞补工作，开展代表资格审查5次共14人次。

三、突出主体，发挥人大代表作用

（一）在大战大考中彰显担当作为。面对突如其来的新冠肺炎疫情，广大代表亮出身份，立足本职，发挥所长，展示风采，踊跃捐款捐物，带头复工复产，践行“人大代表为人民”的庄严承诺，为打赢这场人民战争作出了积极贡献。同时，紧盯脱贫攻坚、债务化解、污染防治等方面突出问题、薄弱环节，采取专题调研、集中视察、听取审议专项工作报告、执法检查等方式，积极作为，助力打好三大攻坚战。

（二）在丰富活动中增强履职能力。在区委党校举办了“不忘初心，不负重托，做尽职的人大代表”专题培训班，共有40名市区人大代表参加。组织街道人大工委主任参加全市举办的《湖南省乡镇人大代表工作条例》专题学习。组织全国、省、市代表活动4次，协助承办省人大代表、省委常委姚来英来我区深入基层参加代表小组活动。通过培训交流，进一步拓宽了代表工作视野，提升了履职水平。区人大代表第三小组等6个先进小组，凌斌等12名优秀区人大代表，《关于在石峰区现有老旧小区加装电梯的建议》等4件优秀代表建议获得区人大常委会表彰。出台《株洲市石峰区民生实事人大代表票决制工作实施与监督办法》，开展社区民生项目票决制，加强票决事项的跟踪监督，推动区财政投入720万元，完成民生实事项目144个。深入开展代表进社区活动，进一步畅通社情民意表达和反映渠道，密切人大代表同人民群众的联系。

（三）在督办建议中推动问题解决。完善代表意见建议的提出、交办、督办机制，代表建议的提出和办理质量不断提升。实行常委会主任会议成员牵头督办，专委会归口督办，对建议较多的单位，采取上门、跟踪、会商等方式重点督办，并对建议办理情况进行审查，督促相关责任部门开展“回头看”。代表提出的40件建议，已全部办结，办复率、满意率均为100%，建议所提问题解决率有新的提高。

四、守正创新，不断提高整体效能

（一）完善工作机制。坚持人大工作“一盘棋”，与上级人大联动开展执法检查、调研视察，加强对街道人大工作的指导。全面清理常委会及机关工作制度和相关文件，健全理论学习、会议组织、服务保障、联系沟通等多项制度，提高人大工作的科学化制度化规范化水平。注重年轻干部培养，进一步增强机关活力。

（二）传播人大声音。成功举办庆祝区人大常委会设立40周年暨区委人大工作座谈会，组织编印《光辉岁月——纪念石峰区人大常委会设立40周年》，弘扬优良传统，强化人大意识。重视人大制度和人大工作宣传，在省市人大刊物及各类媒体发表多篇理论文章。围绕“十四五”规划，组织开展路网交通规划、清水塘老工业区环境污染治理、教育发展、人口发展四个专题调研。

（三）转变工作作风。开展“进网格、解难题”活动，帮助解决老旧小区改造等问题。组织到外地调研教育工作，到湘西开展扶贫助学，在对外交流中借鉴经验、建树形象。配合完成市“产业项目建设年”活动和园区建设情况、部分优势产业链建设情况、财税贡献情况等专题调研，得到市人大的好评。多次接待外地人大来石峰参观考察，提升了我区知名度。

回首2020年，我们深刻感悟到，必须坚持党对人大工作的全面领导，坚持党的领导、人民当家作主、依法治国有机统一，坚持根本政治制度自信，牢牢把握人大工作的正确前进方向。我们深刻感悟到，必须坚持人民至上，坚持以人民为中心的思想，把一切为了人民、依靠人民、服务人民作为人大工作根本价值追求，凝聚起坚不可摧的磅礴力量。我们深刻感悟到，必须深入贯彻习近平法治思想，在法治轨道上扎实推进人大各项工作，把制度优势更好转化为治理效能。

常委会工作取得的成绩，是区委坚强领导、高度重视的结果，是全体人大代表履职尽责、共同努力的结果，是“一府一委两院”和各街道人大工委密切配合、通力协作的结果，是区政协、区人武部、全区人民及社会各界充分信任、大力支持的结果。在此，我代表区人大常委会表示衷心感谢并致以崇高敬意!

常委会工作还存在一些薄弱环节。主要是：监督工作在督促解决热点难点问题上还不够有效；联系人大代表和人民群众还不够深入，发挥代表在监督工作中的作用还不够充分；常委会及其机关工作效率、工作作风还不能完全适应新形势新要求。我们将虚心听取意见，努力改进工作。

2021年主要工作

2021年，是“十四五”开局之年，是中国共产党建党100周年，是我国现代化建设进程中具有特殊重要性的一年。做好今年的人大工作，要以习近平新时代中国特色社会主义思想为指导，全面贯彻中共十九大和十九届二中、三中、四中、五中全会精神，深入贯彻习近平法治思想、习近平总书记关于坚持和完善人民代表大会制度的重要思想，牢牢把握新发展阶段新发展理念新发展格局的实践要求，坚定跟党走，紧紧盯住法，全力抓落实，为大力实施“三高四新”战略、打造“一极三区”、加快建设现代化新石峰贡献智慧和力量。

重点抓好以下五个方面的工作：

一、突出政治引领，践行“两个维护”。坚持以习近平新时代中国特色社会主义思想统领人大工作，深入学习习近平法治思想，不断提高政治判断力、政治领悟力、政治执行力。坚持常委会党组集体学习“第一议题”制度，切实增强“四个意识”、坚定“四个自信”、做到“两个维护”。始终坚持党对人大工作的全面领导，自觉服从服务大局，严守党的政治纪律和政治规矩，严格执行重大事项请示报告制度。紧紧把握全力实施“三高四新”战略、高位推进长株潭一体化、加快建设“一谷三区”给石峰带来的新机遇，充分发挥人大监督、重大事项决定等职能作用，全面贯彻落实好中央、省委、市委、区委重大决策部署。

二、助力“十四五”迈好第一步，见到新气象。突出问题导向，坚持正确监督、有效监督，依照法定职责，限于法定范围，遵守法定程序，奔着问题去、追着问题查、盯着问题改，让法律法规的“牙齿”有力“咬合”，增强监督实效。聚焦助推经济高质量发展开展监督。认真审查和批准区“十四五”规划纲要，依法依规完成计划、预决算、审计等方面的监督工作，开展预算绩效监督评议、化债机制监督和国有资产管理监督。组织开展产城融合、长株潭一体化、开放发展、农村生态环境治理、绿心地区保护等专项监督调研。聚焦解决群众“急难愁盼”问题开展监督。开展《中华人民共和国残疾人保障法》《中华人民共和国安全生产法》执法检查，围绕中小学校和幼儿园规划建设、退役军人服务保障等方面开展专题调研和专题询问，确保“专”出水平、“问”出实效。严格落实《株洲市石峰区民生实事人大代表票决制工作实施与监督办法》，继续开展社区民生实事项目票决制，加强对民生实事开展情况的监督检查，把一桩桩、一件件人民群众“看得见、摸得着、可参与”的民生实事办好办实，真正办到老百姓的心坎上。聚焦社会治理痛点难点问题开展监督。做好规范性文件备案审查工作，推动政府抓好《中华人民共和国军事设施保护法》《株洲市城市养犬管理条例》的贯彻实施。配合市人大开展物业管理、非机动车通行停放、文明行为促进、农村饮水管理、消防等立法调研和《中华人民共和国社区矫正法》贯彻实施情况执法检查。

三、依法有序抓好人大换届选举。换届选举是全区人民政治生活中的一件大事，也是人大常委会履行政治责任的重大任务。按照统一部署，始终坚持党的领导，充分发扬民主，严格依法办事，做好组织、协调、指导工作。贯彻新修订的选举法，建好代表资源库，把好代表连任关，完善代表结构，提高代表素质。认真做好区本级换届选举工作，会同相关部门做好人大代表选举的基础工作。围绕换届选举中出现的新情况、新问题，加强法律监督和工作指导，确保换届选举依法有序、风清气正、圆满成功。

四、进一步提升代表工作质效。完善四级代表进社区、下网格制度，推动代表联系群众工作平台“建、管、用”升级，进一步激发代表履职为民的责任感和使命感。聚焦“六稳”“六保”重点工作，督促政府及有关部门办好人民群众的操心事、烦心事、揪心事。认真组织代表小组开展调研视察活动，提高代表建议质量，加大代表建议督办力度，实现代表建议内容高质量、办理高质量。进一步创新街道监督体制，提升基层治理能力。评选表彰区人大代表履职先进个人，加强代表履职宣传，讲好代表故事，展示代表风采。

五、进一步加强自身建设。人大及其常委会作为党领导下的重要政治机关、地方国家权力机关，必须胸怀“两个大局”，心系“国之大者”，在任何时候、任何情况下，只要涉及人大职责，需要人大担当，都必须闻令而动、冲到一线，勇敢地伸出肩膀扛起应尽的责任。坚持学思用贯通、知信行统一，加强政治理论和业务知识学习，以始终在一线、在状态、在路上的精气神，全面担负起宪法法律赋予的各项职责。坚决落实意识形态工作责任，坚守宣传思想阵地，始终把党的主张和人民心声统一起来。坚持全面从严治党，坚定不移反对“四风”，筑牢法纪和思想道德防线，打造忠诚干净担当的人大干部队伍。

开启新征程，扬帆再出发。让我们更加紧密团结在以习近平同志为核心的党中央周围，在区委的坚强领导下，忠诚履职，惟勤惟行，为打造“一极三区”、加快建设现代化新石峰作出更大贡献，以优异成绩庆祝建党100周年！

政府工作报告

——石峰区第五届人民代表大会第六次会议

（2021年2月2日）

一、2020年和“十三五”工作回顾

2020年是极不平凡、极其不易的一年。面对严峻复杂的宏观形势、新旧动能转换的繁巨任务，特别是新冠肺炎疫情的严重冲击，我们始终坚持以习近平新时代中国特色社会主义思想为指导，牢牢把握高质量发展要求，在市委、市政府和区委的坚强领导下，勠力同心，攻坚克难，大考之年守住了“保”的底线，筑牢了“稳”的基础，凝聚了“进”的力量，较好地完成了全年目标任务。

（一）统筹推进疫情防控和经济社会发展成效好于预期。面对突如其来的新冠肺炎疫情，始终坚持人民至上、生命至上，第一时间建立疫情防控体系，1370余名党员干部下沉到277个小区，采取“一人一专案”流调、“白天看条、晚上看灯”等措施，扎实推进联防联控，实现了确诊病例零死亡、医务人员零感染、境外疫情零输入。注重常态化疫情防控，加强重点场所和人群管控，开展冷链食品排查，外防输入、内防反弹，切实巩固防控成果。全力做好“六稳”“六保”，梳理涉疫惠企政策36条，为企业减税退税9.6亿元，协调银行提供纾困资金1.7亿元，助力市场主体复工复产，同步实施“奋战一百天、冲刺双过半”攻坚行动，推动经济企稳回升。全年实现地区生产总值310.4亿元，同比增长4.9%；实现规模工业增加值156.8亿元，同比增长7.2%；城乡居民人均可支配收入达52069元，同比增长5%；GDP、规模工业增加值、居民收入增幅位居全市前列；完成固定资产投资199.7亿元，同比增长8.2%。新培育“四上”企业66家。在共克时艰的日子里，无数平凡的石峰人用负重前行守护了岁月静好，用担当作为开创了发展新局。

（二）产业项目建设扎实推进。以“双比双看”大竞赛为抓手，深入开展“产业项目建设年”活动。创新产业链招商、总部招商等模式，建立链长制、产业协会、企业联合党委“三方发力、同频共振”工作机制，成功引进株机维保、中锐智能等31个实体项目，新增国储石油等30家轻资产企业，合同引资额突破150亿元。主动抢抓央企混改机遇，中车尚驱成功落户。完成征拆交地4061亩，数字智造产业园、九方铸造等45个项目顺利开工，永磁电机、新能源电驱等22个项目竣工。持续开展“温暖企业”行动，出台上市企业扶持政策，时代电气、

九方装备等 5 家企业列入培育计划。全面推行入园企业亩产效益综合评价，9 家落后企业淘汰退出。充分发挥创新引领作用，国创轨道、南方中心等创新平台孵化项目 29 个，世界最大功率电力机车、全球首列机场捷运储能式有轨电车等一批重大创新成果问世，国内首条 8 英寸车规级 IGBT 芯片生产线下线，中车株机成为全省首家国家级智能制造标杆企业。

（三）城市更新改造深入实施。持续完善交通组织，清水塘大道一期、中车大道南段一期、藏龙路一期、田心大道等主干道路竣工通车，响石广场立体改造顺利完工。“三供一业”改造全面扫尾，“美丽社区”建设（2018—2020 年）三年行动圆满收官。坚持“一小区一方案”“一片区一特色”，68 个老旧小区、89.36 万平方米房屋完成改造，厂矿工业文化不断彰显，报亭、选矿生活区等成为全市旧改样板。创造性提出小区拆违、改造提质、物业管理、公共服务“四位一体”工作思路，拆除违章建筑 13 万平方米，加装电梯 19 台，160 个无人管理小区成功组建业委会或引进物业公司，昔日“工业锈带”加快向“生活秀带”蝶变，经验做法在全省城镇老旧小区改造工作现场会上作典型推介。

（四）生态环境保护取得重大成果。中央和省环保督察“回头看”68 件交办任务全部办结，污染防治攻坚战“夏季攻势”成效显著。投入 1.8 亿元实施黑臭水体治理，完成田心干渠 3.5 万平方米堤岸清表、10.6 公里河道疏浚清淤，全面整治 22 个直排口。有力推进老旧小区雨污分流改造，完成 300 户农村生活污水治理，新民路、果园路—清水路等 4 条污水干管建成投用，区域污水干网实现互联互通。34 户渔民全部退捕，湘江石峰段稳定保持Ⅱ类水质。全面启动清水塘厂区内污染场地治理，企业残渣废液处置顺利扫尾，金盆岭重金属污染土地治理项目通过国家验收。“蓝天保卫战”深入推进，重点企业挥发性有机物治理达标，9800 户老旧小区家庭油烟净化机加装到位，全区空气优良天数达 318 天，创历史新高。完成九郎山人造林抚育工作，推进绿心地区坟墓退硬生态修复，绿心保护成效持续巩固，石峰蓝、石峰绿成为发展鲜明底色。

（五）平安建设水平稳步提升。制定完善网格服务管理工作规则，梳理社区工作“三张清单”，全面推行全科网格服务，办理网格事项 14908 项，77 项居民事项实现社区（村）“一门式”受理，完成“一件事一次办”事项办理 11 万余次。基层治理效能更加彰显，获评全国社会治理创新典范区。深入开展平安建设“大排查、大化解、大整治”专项行动，应急管理持续加强，安全生产工作实现全省“五连优”。突出抓好房地产办证等重点信访件办理，有效化解 20 件信访积案。打好扫黑除恶专项斗争收官战，禁毒民调排名跃升全市第二，综治工作连续三年获评全省先进，石峰区成功晋升全省平安县市区。

（六）民生事业保障有力。搭建石峰就业服务平台，成立清水塘社区学院、田心高科产业学院和轨道智谷产业学院，统筹整合资金资源，举办各类培训班 75 期，实现新增城镇就业 9340 人、失业人员再就业 5636 人，“零就业”家庭动态援助全覆盖。中心医院田心院区住院部建成投用，响石岭社区卫生服务中心升级为社区医院。建成核酸检测中心，新增医养结合床位 300 张。雪峰学校主体工程封顶，2 所公办幼儿园建成开园，新增园位 330 个，公办园在园幼儿占比达到 43.3%。新建 3 个社会足球场，新增 3 家图书馆分馆，槐庭书院秋瑾讲坛开讲 10 期。区慈善会成立运行。村（居）委会换届选举基本完成。144 项票决惠民实事全部办结。

一年来，我们坚持把政治建设摆在首位。持续巩固“不忘初心，牢记使命”主题教育成果，高度重视省委巡视反馈问题整改，坚决落实区委决策部署，主动接受人大法律监督、政协民主监督和社会舆论监督，高质量办理人大代表建议 40 件、政协委员提案 47 件，办结率、满意率均达 100%。努力建设务实政府、法治政府、廉洁政府。严格按照“三重一大”决策要求议事干事，认真落实重大民生决策事项民意调查、法律顾问等制度，39 个部门的 1139 项责任清单完成合法性审查并上网公布。制定区政府党组党风廉政建设责任清单，汲取反面教训，强化正面引领。积极发挥财政检查和审计监督作用，强化财政预算刚性约束，坚持过“紧日子”，全区机关运行经费下降 15%。注重工作统筹推进和平衡发展。顺利完成第七次人口普查登记工作。全面落实“151”化债机制，政府债务率明显下降。全方位、深层次推进平台公司市场化改革转型。国防动员和后备力量建设不断加强，大学生征兵入伍比例全市第一。此外，人事、人防、档案区志、民族宗教、消防、机关事务、妇女儿童、残疾人事业、文联、红十字、侨联、对台等工作都取得了新的进步。

2020 年各项工作目标任务的顺利完成，为“十三五”画上了圆满的句号。过去的五年，我们在砥砺奋进中建设轨道城，在攻坚克难中重振清水塘，谱写了足以载入石峰发展史册的宏伟篇章。

五年来，我们抓搬迁、转动能，清水塘成为全国老工业区转型升级的靓丽品牌。坚决贯彻习近平生态文明思想，以壮士断腕、背水一战的决心和意志，打响清水塘老工业区搬迁改造攻坚战。坚持企业关停和土地收储、搬迁转型、人员安置、污染治理、新城建设“五位一体”同步推进，261 家企业全部退出，816.74 公顷土地征拆收储，3 万多居民棚改搬迁，5 万多职工成功再就业，如期实现“三年腾出空间”目标。高标准编制清水塘生态科技产业新城规划，项目建设如火如荼，三一、绿地、阿里、百度等近 400 家企业纷纷入驻，“六年大见成效”全速推进，清水塘正蝶变成世人喜欢的样子。搬迁改造、新旧动能转换工作于 2017 年、2019 年两次获得国务院“真抓实干”激励表彰。

五年来，我们抓项目、优生态，轨道交通产业成为中国装备制造的“金名片”。牢固树立产业链思维，加大建链、强链、补链、延链力度，创新实施“9685”精准招商，五年累计引进 80 个产业项目。中车电机研究院、轨道交通制动系统产业化等 52 个重点产业项目竣工投产，IGBT、新能源汽车动力等新兴产业加速成长。全社会科技研发投入经费占比始终保持 10%左右高位水平，位居全省前列。五年新增高新技术企业 52 家、省级以上创新平台 35 家，国创轨道获评湖南第一家、行业唯一的国家级制造业创新中心，轨道交通产业引领全市建成首个千亿产业集群，成功中标国家先进制造业集群项目。此外，轨道交通城“3234”路网工程基本完工，“人才 20 条”“商贸 7 条”“轻资产 8 条”等政策出台，亩产效益评估等改革顺利推进，雪峰岭、金盆岭等公园建成开园，小天鹅戴斯酒店成功入驻，城市候机厅投入运营，园区营商环境综合评价排名全市前列。

五年来，我们抓修复、强保护，九郎山绿心成为更具影响力的“城市后花园”。高起点编制九郎山片区村庄规划，采取“1+1+N”实体运作模式，统筹推进绿心保护与乡村建设。按照“三年造林、五年复绿、十年成林”的思路，投入7000万元，完成造林498.32公顷。推进绿心地区工业企业退出和矿坑、山体护壁生态修复，构建九郎山森林防火防毁全时段监控体系，辖区绿心范围内未发生一起大规模森林火灾。按照“路从景中过、景在路边建”的思路，每年安排1000万元用于基础设施完善，建成生态绿道13.5公里，绿化道路41.2公里，秋瑾故居、知青小院、九郎山绿道、茅太农民公园等成为网红打卡地。

五年来，我们抓改革、提效能，初步形成基层治理的“石峰模式”。大力推行网格化社会治理创新，建立健全“一中心、四平台”社会治理体系，全面推行“五员合一”“1+N”网格工作模式，基本实现“人在格中走、事在格中办、情在格中聚、难在格中解”。“放管服”改革不断深化，257个事项实现“一件事一次办”，184个事项做到市境“跨域通办”。连续出台规范财政管理、促进增收节支规章制度，政府债务风险得到有效防控。教育系统“量补质奖”、卫健系统绩效分配等改革成效显著，新一轮政府机构改革顺利完成，政府运转更加务实、高效、有序。

艰难困苦，玉汝于成。这些成绩的取得，是中央、省委、市委坚强领导的结果，是区委团结带领全区上下众志成城、奋力拼搏的结果，是区人大、区政协监督与支持的结果，饱含了各位代表、各位委员的智慧和力量，凝聚了全区人民的心血和汗水。在此，我谨代表区人民政府，向所有参与和支持石峰发展的同志们、朋友们，表示衷心的感谢、致以崇高的敬意！

回首五年奋斗历程，我们深刻体会到：无论形势怎样变化，无论环境多么复杂，党的领导始终是我们战胜一切艰难险阻的制胜法宝，人民群众始终是我们推动事业发展的力量源泉，改革创新始终是我们建设“一极三区”的根本动力，新发展理念始终是我们拨雾前行的指挥棒，实体经济始终是我们站稳脚跟的立足点。

我们也清醒认识到，全区经济社会发展还面临着不少困难和问题：推动新旧动能转换、实现高质量发展步伐还不够快；发展风险交织叠加，政府债务、生态环境、公共卫生、应急管理、信访维稳等方面隐患不容忽视；公共服务供给保障能力仍需加强，群众就业、教育、医疗、养老等方面的“急难愁盼”问题还有待化解；基层治理体系和治理能力现代化水平与新时代要求还有一定差距，少数干部服务企业和群众的主动性不够。对此，我们将高度重视，采取有效措施，切实加以解决。

二、“十四五”目标任务和总体要求

“十四五”是开启全面建设社会主义现代化国家新征程、向第二个百年奋斗目标进军的第一个五年，也是石峰区深入贯彻“三高四新”战略、加快建设“一极三区”的重要五年。放眼全国、纵观全省、立足全市，石峰发展仍处于重要战略机遇期。长江经济带、“一带一部”、中国（湖南）自由贸易试验区、长株潭一体化等重大战略和政策机遇叠加，为区域发展拓展了新的空间。国内大循环为主体、国内国际双循环相互促进的新发展格局下，城轨和城际铁路市场需求稳步增长，轨道交通产品和服务迎来“国产替代”新机遇；功率半导体、永磁动力、数智创新等新兴产业发展势头迅猛，清水塘新城产业导入纵深推进，区域多元发展、多极支撑的产业格局加速构建，石峰发展前景可期、大有可为。只要我们辩证认识发展大势、牢牢把握利好机遇、沉着应对风险挑战、饱含激情干事创业，就一定能在危机中育新机、于变局中开新局，创造更加辉煌的前景！

“十四五”时期，全区经济社会发展的主要目标是：“一极三区”建设取得重大突破，建设社会主义现代化新石峰实现良好开局。经济实力迈上新台阶，区域发展形成新格局，生态文明取得新成效，基层治理得到新提升，民生福祉达到新水平。到 2035 年，“一极三区”建设取得决定性成效，全区经济实力、科技实力、人民生活水平实现大幅跃升，成为“株洲•中国动力谷”建设最具影响力和竞争力的增长极，基本实现社会主义现代化，全面建成经济强区、科教强区、文化强区、生态强区、开放强区和法治石峰、健康石峰，奋力谱写新时代坚持和发展中国特色社会主义的石峰新篇章。

实现上述目标，我们将坚持遵循以下要求：

——科学把握新发展阶段。新发展阶段仍是社会主义初级阶段，发展仍是第一要务，高质量发展是开启未来的金钥匙。经过“十三五”时期的腾笼换鸟、凤凰涅槃，区域新旧动能转换逐步形成，“四新”经济形态加速成长，石峰区已经拥有开始做加法、开启新征程、实现新的更高目标的支撑基础。

——深入践行新发展理念。坚持目标导向和问题导向相结合，在轨道交通装备制造业创新发展上下功夫，在加速构建“1+4”产业体系上出实招，在打造美丽新石峰上见成效，加快经济发展由要素驱动向创新驱动转换，加快民生福祉由非均衡型向包容共享型转变，推动实现创新、协调、绿色、开放、共享发展。

——主动融入新发展格局。发挥石峰区位、交通、产业等比较优势，主动融入长株潭一体化。紧紧扭住扩大内需的战略基点，持续推进“一城四片区”更新提质，始终坚持教育优先发展，着力打造“15 分钟社区生活圈”，全面提升区域竞争力和人口吸附力，加快形成投资引领消费、消费带动就业的良性循环。

——大力实施“三高四新”战略。坚持把实施“三高四新”战略作为今后工作的重中之重，围绕奋力打造“三个高地”，上接“天线”，下接“地气”，真抓实干，以系统观念谋划落实、以奋斗精神推动落实、以科学机制保障落实，努力在全省实施“三高四新”战略、全市建设“一谷三区”中干在实处、走在前列。

——着力加快“一极三区”建设。坚持把“一极三区”建设作为石峰高质量发展的鲜明特征和显著标志，作为建设社会主义现代化新石峰的主体内容和重要支撑，加快建设世界先进轨道交通装备制造创新发展引领区、清水塘国家老工业基地转型发展示范区、内陆地区开放发展先行区，全力打造株洲经济高质量发展重要增长极。

“十四五”期间，我们将全力办好以下大事：上市企业增加 10 家以上，规模工业企业新增 100 家以上，区内轨道交通装备制造业产值突破 1000 亿元；“一城六园”特色更加鲜明，初步建成清水塘生态科技产业新城和 IGBT 应用产业园；推进田心、铁东、白石港、清水四大片区开发建设，基本完成田心老城区升级改造，配合完成株洲电厂“退城进郊”；建成国际会展中心，争取中国国际轨道交通和装备制造产业博览会永久落户石峰；建成清水塘工业遗址公园，打造国内知名工业文旅目的地；创建九郎山森林公园国家 AAA 级旅游景区，打造以九郎山为核心的中国美丽休闲乡村；引进 1—2 所教育名校，教育强区效应初步彰显；建设 10—15 个“15 分钟社区生活圈”，创建医养结合示范区；推进市域治理现代化试点工作，形成具有较高知名度和影响力的基层网格治理“石峰模式”。

三、2021 年工作安排

2021 年是“十四五”规划开局之年，是中国共产党建党 100 周年，也是落实“三高四新”战略的首战之年。做好 2021 年工作，我们将坚持以习近平新时代中国特色社会主义思想为指导，全面贯彻中共十九大和十九届二中、三中、四中、五中全会精神，深入落实习近平总书记对湖南工作系列重要讲话指示精神和中央、省委、市委、区委经济工作会议精神，坚持稳中求进、进中争先工作总基调，立足新发展阶段，贯彻新发展理念，构建新发展格局，以推动高质量发展为主题，以深化供给侧结构性改革为主线，以改革创新为根本动力，以满足人民日益增长的美好生活需要为根本目的，大力实施“三高四新”战略，坚持创新驱动、转型升级，坚持系统观念和底线思维，坚持精准施策，扎实做好“六稳”工作、全面落实“六保”任务，巩固拓展疫情防控和经济社会发展成果，保持经济平稳健康运行、社会和谐稳定，加快建设“一极三区”，确保“十四五”开好局，以优异成绩庆祝建党 100 周年。

今年经济社会发展的主要预期目标是：经济增长 8%左右，地方一般公共预算收入增长 5%，规模工业增加值增长 9%，固定资产投资增长 9.5%，社会消费品零售总额增长 10%。城镇调查失业率低于全市平均水平，城乡居民收入增长高于经济增长。

实现以上目标，我们将重点抓好以下七个方面的工作：

（一）坚持产业强区，加快建设世界先进轨道交通装备制造创新发展引领区

发挥龙头企业带动效应。充分发挥中车株机、株所、电机三大主机企业和联诚、九方等核心配套企业的引领作用和集聚效应，紧盯轨道交通关键零部件以及设备维保、工业设计等领域，吸引一批“高、精、特、专”产业链上下游企业投资。加快凯斯智能产业园等 8 个已供地项目开工，提速株机智能涂装、株所创新试验平台、城轨及动车牵引电机等重点项目建设，力争全年开工项目 40 个以上、竣工 18 个以上。支持时代电气科创板如期上市，启动 IGBT 应用产业园建设，依托中车尚驱等企业做大做强永磁动力产业，推动中车特装、铁建道岔、中铁电气物资等扩能项目投产达效，支持中铁株桥搬迁重建、多元经营。加大企业混改支持力度，推动一批混改项目落户石峰。通过延链、补链、强链，构建具有国际竞争力的现代产业体系，着力打造世界级轨道交通产业集群。

实施中小企业培育工程。制定出台企业培育扶持政策，全力推动“个转企、小升规、规转高、高上市”，力争新增“四上”企业 60 家、高新技术企业 20 家、上市后备企业 2 家以上。大力实施中小企业“两上三化”行动，加快企业数字化改造、网络化协同、智能化升级，积极引导中小企业向专业化、高端化、品牌化发展。支持博雅实业、兴华轨道等企业转型发展，充分挖掘企业内部闲置厂房等资源，发挥产业基金的引导和带动作用，引进战略合作伙伴，推动企业做大做强。

强化企业核心竞争能力。充分发挥企业主

体作用，引导企业提升科技创新、精益管理、文化建设、人才培养、市场培育等方面能力。鼓励企业加大研发投入，加快新一代高效智能电力机车、400公里动车组牵引电机及变压器等一批重大科技创新项目研发，奋力突破新一代中高速磁悬浮列车等关键共性技术和产业引领技术，力争全社会科技研发投入达到30亿元以上。加强知识产权保护和运用，推动核心企业、创新平台、科研院所等优质资源开放共享，加速产业链上中下游、大中小企业融通创新，完成科技成果转化和孵化项目30个以上。

提升园区服务保障水平。深入推进园区“135”工程升级版，完成产业发展所需73.37公顷土地征拆，实现中锐智能等17个产业项目、60.03公顷土地挂牌出让，建成井龙茅太基地等15万平方米标准厂房，提升田心高科园承载能力。分类完善亩产效益评估指标，通过正向激励、反向倒逼，加快园区“腾笼换鸟”。调优区人才政策，探索建立柔性引才、靶向引才机制，让人才服务更暖心、更动心。鼓励各银行金融机构支持企业稳贷、增量、扩面、降息，力争80家企业进入市中小微企业信贷风险补偿基金扶持“白名单”，争取累计放贷1.5亿元以上。升级城市候机厅功能，实现小天鹅戴斯酒店开门营业，布点一批停车位、加油站、充电桩。尽快推动市国投集团与华升公司合作落地，完善工业设计、检测、咨询等生产性服务业，让入园企业落得下、留得住、发展得好。

（二）坚持项目引领，加快建设清水塘国家老工业基地转型发展示范区

基本建成基础设施。组建清水塘综合服务平台，建立发改、财税、土地事务、市场监管等部门协调联动机制，为新城建设提供“保姆式”服务。紧扣“三高四新”战略，高起点高水平编制清水塘新城“十四五”总体规划。以“一桥一塘二十二条路”为重点，完成清水塘大桥主体施工，实现清水塘城市公园一期开园，拉通清霞路三期、老工业路一期、株冶路二期、清水塘大道二期等骨架路网，同步建成铜霞路电力综合管廊。推动原旗滨玻璃厂片区开发，加快石峰大桥东匝道建设，扮靓新城门户形象。

基本完成生态修复。启动霞湾污水处理厂除臭工程和外立面改造，加快完成世行贷款土壤修复项目、株冶厂区环境治理和PPP项目范围内企业场地治理工作，全面完成关停退出企业残渣废液安全处置。启动湘江清水塘段生态保护带、石峰大桥西侧景观带建设，完成霞湾港生态修复和新桥高排河道提质改造，持续优化片区公共景观。

基本形成产业格局。在高端智造产业区，推动三一石油智能装备园一期投产并吸引更多上下游企业落户，力促数字智造产业园、高端动力新材产业园等项目全面开工，年内建成标准厂房50万平方米。在科技创新产业区，加快推进产业服务中心、数智科技创新中心项目建设，强化阿里、百度等龙头企业带动，加快形成科创企业集聚效应。在文创商贸产业区，着力推进当红齐天科技文化未来中心项目，实现爱国主义教育馆开馆，同步启动文创商业街建设。在口岸经济产业区，开工建设火炬总部项目，助力恒和工贸招引企业500家以上，打造长株潭较具影响力的总部经济产业园。

同步推进公共配套。抢抓“新基建”机遇，谋划布局5G基站、智慧城市、工业互联网等新型基础设施。依托百度“自动驾驶创新区”等项目，开建一批数字化智慧化应用场景。推动清华附中尽早落地，加快新城消防站和霞湾、映峰等社区（村）党群服务中心建设，重点导

入品位医疗、商务服务、娱乐休闲等项目，实现新城公共服务与生活配套同步推进。

（三）坚持双轮驱动，加快建设内陆地区开放发展先行区

实施“引进来”“走出去”战略。主动融入中国（湖南）自由贸易试验区体系，加快培育壮大内外贸主体，构建“引进来”“走出去”双轮驱动工作格局。坚持更有实效地“引进来”，创新招商方式，加强与清水塘集团、国投轨道等平台对接，强化信息互通、职能互补、资源共享，构建协同高效的大招商体制，力争全年引进项目30个，其中亿元以上项目22个，当年开工率30%以上。推动更大力度地“走出去”，加大区内轨道交通产业国际合作步伐，鼓励制造标准、研发技术、产品服务等对外输出，支持主机企业实施海外并购，深度参与全球产业分工协作，提升综合竞争力。

完善对外开放平台功能。高质量编制大物流开放平台规划，强化中车物流、长株潭国际物流等货源支撑，优化运输组织，助力中欧（株洲）班列健康发展。加快广铁物流基地建设，整合株洲北站、株洲港、B保物流等开放平台，完善跨境电子商务功能，协同争取高铁货运枢纽落户株洲，加快打造以铁水路空等为重点的多式联运体系。建成株洲国际会展中心，举办中国国际轨道交通和装备制造产业博览会，着力培育会展经济增长点。

营造更优营商环境。强化政策引领，争取省市研究出台现代物流、跨境电商等行业支持政策，兑现减税降费、稳岗援企等惠企政策。深化“最多跑一次”改革，优化办事流程，提高行政效能。深入开展“温暖企业”行动，借鉴推行网格化治理模式，组建企业服务专办队伍，实现项目招引落地一站式服务。大力弘扬企业家精神，组织开展企业家论坛、学习沙龙等交流活动，保护企业家合法权益，构建亲清政商关系，营造安心舒心暖心的投资环境。

（四）坚持产城融合，着力提升整体区域价值

主动融入长株潭一体化。积极构建区际联席会商机制，加强与长沙雨花区、天心区，湘潭岳塘区、昭山示范区以及株洲经开区的交流合作。加快推进重点产业协作融合，探索轨道交通产业“飞地经济”发展模式，建立创新平台开放共享、主打工业品相互采购、新产品示范运营等“互惠清单”，着力打造长株潭东部先进制造业协同产业带。加快城际交通便利互联，协调推进铜霞路—湘潭大道、田心大道—黄兴大道、湘潭沪昆高速岳塘收费站对接清水塘的交通连线工程，进一步优化“半小时通勤圈”。探索建立共同保护机制，共建高品质长株潭城市生态绿心。

有序推进四大片区建设。坚持“一个片区就是一个产业功能区、一个新型城市社区”理念，按照“总体规划、完善功能、统筹平衡、市场运作”的思路，引入城市合伙人参与到田心、铁东、白石港、清水四大片区城市设计、产业规划等前期工作，建立政府、产权单位与居民合理共担的多元筹资机制，实施片区综合开发，推进产城融合，促进城市资源结构有序重组和效益最大化。按照“特色鲜明、产业聚集、功能互补”原则，加快明确四大片区产业功能定位，全力推进片区重点项目建设。田心片区重点是引进战略投资者实施综合开发，推动时代大道“降高”改造，完善路网等基础设施，全面提升片区功能，加快建设与世界一流轨道交通产业相匹配的特色幸福小镇。铁东片区重点是加强与市级平台对接协调，启动铁东

路征拆，加快响田大桥拓宽与匝道建设。白石港片区重点是实现万博珑建材家居市场二期竣工营业，配合推进电厂搬迁和洗煤厂、中铁株桥“退二进三”。清水片区重点是完成整体规划布局，导入体教融合产业，加快清水地块征拆扫尾，推进水泥管厂、中盛塑胶等企业改制和资产处置。

精心打造“15 分钟社区生活圈”示范点。按照市民 15 分钟步行可达范围内，配备一所幼儿园、一个便民服务站、一个购物场所、一个养老服务中心、一个文化活动中心、一个小游园、一条游步道“七个一”公共服务设施的标准，进行项目填充或服务提质，充分利用网格化平台和信息化手段，提高各类服务资源的集成水平，畅通购物、出行等生活服务堵点，构建较为完善的养老、医疗、教育、商业、交通、文体等基本公共服务体系。坚持“以点带面、试点先行”，按照“市场运作为主，政府奖补为辅”的原则，在科学摸底、群众自愿的基础上，打造 1—2 个示范点，实现“小事不出圈、消费就近找”。同时，继续抓好老旧小区改造，完成筛分厂等 8 个小区、2.2 万平方米改造，让城市变得更美好，居民生活更幸福。

（五）坚持绿色发展，着力推进生态文明建设

实施生态惠民工程。着眼“五园五带”生态布局，加快推进田心干渠、白石港等景观带建设，新建 10 个“口袋公园”、15 块“微绿地”，让更多市民“出门见绿”“移步进园”。强化河长制落实，加强湘江饮用水源地保护，加快田心、湘天桥等区域雨污分流改造，完成新民路口主排渠黑臭水体治理验收。持续打好蓝天保卫战，严厉打击焚烧垃圾、露天烧烤、油烟直排等群众反映强烈的环境污染行为，着力打造石峰蓝的亮丽风景。

大力推进乡村振兴。抓好中国美丽休闲乡村创建，加快建设绿心之峰等标志性生态景点，完成长白路提质改造，全面贯通九郎山片区游览路线。巩固生活垃圾收集转运、改水改厕、生猪退养等成果，建立农村人居环境整治长效机制。加大福柚、湘莲等特色种植扶持力度，培育一批乡村精品民宿，推动研学旅游、康养祈福、休闲体验等多态融合发展，打造集休闲农业、生态观光、红色研学于一体的九郎山休闲农业经济带。促进农村产权有效流通，着力提升农村闲置资源利用率，增加集体经济收入。全面落实林长制改革，让青山有人管、绿树有人护。

倡导绿色生产生活方式。深入推进节能行动，强化政府、学校、医院等公共机构示范带头作用，推行绿色采购、绿色出行、绿色办公。严把项目环保入口关，督促园区企业推广绿色生产方式，健全以排污许可证为核心的固定污染源管理制度，引导企业节能降耗减排。倡导简约适度、绿色低碳、全民节能的生活方式，制止餐饮浪费行为，建成 2 个街道生活垃圾分类示范片区，形成文明健康的生活风尚。

（六）坚持治管并重，着力提升社会治理效能

做大做实网格平台。牢固树立“将网格平台作为一种资源、一个抓手、一项机制”的理念，组建网格平台大数据中心，加强与民政、社保、物业、城管、交通、市场监管等部门数据共享互通，强化系统整合和数据汇集，进一步凸显信息平台集成作用，打破信息孤岛。以网格“1+N”联动为抓手，做实政府职能下沉，推动水、电、气、通信等公共服务部门进网格、办实事，不断壮大网格治理合力。

抓细抓精城市管理。全面推进智慧小区建设，充分调动小区党支部、业委会、物业公司、社会组织等多方力量，构建小区共建共治共享新格局。出台星级物业创建办法，制定小区服务清单，引导物业规范管理，创建报亭等一批小区物业管理示范点，打造北城、九方等一批星级物业公司。强力推进市容环境、渣土运输、违法建设等专项整治，切实做好国家卫生城市复审迎检工作。开展城市“体检”，用心办好小区亮化、管网疏通、破损路面修补等群众身边的“关键小事”。

守牢守稳安全底线。切实抓好新冠肺炎疫情常态化防控，完善公共卫生应急管理体系。深入推进“八五”普法教育，完善公共法律服务体系，完成法律援助 260 件以上。深化安全生产专项整治三年行动，开展全国自然灾害综合风险普查，坚决防范遏制较大以上安全生产事故。防范化解重大风险隐患，严格落实平台公司改革转型系列举措，加强政府债务全生命周期管理，稳步降低政府债务风险。强化部门联动，严厉打击各类非法金融活动。以省委巡视信访交办事项为抓手，着力化解征地拆迁、企业改制、房地产办证等领域的一批重大信访案件。常态化开展扫黑除恶专项斗争，打好禁毒人民战争，健全社会治安立体化防控体系，常亮法治利剑，筑牢平安基石。

（七）坚持人民至上，着力改善群众生活品质

强化就业优先导向。深入开展“点亮万家灯火”“一对一就业困难帮扶”等活动，促进清水塘下岗失业人员、高校毕业生、返乡务工人员、农民工等重点群体就业，完成职业技能培训 3000 人以上，新增城镇就业 8700 人以上，确保“零就业家庭”动态清零。严格落实农民工工资保障相关规定，积极构建和谐劳动关系，确保每一位农民工的血汗钱都能一分不少及时发放！

办好人民满意教育。着力推动义务教育优质均衡发展，提质枫叶中学、曙光学校配套设施，确保雪峰学校秋季建成开学。弘扬尊师重教传统，实施教师收入递增行动，实现教师工资年度普涨 2000 元，让教师成为阳光下最光辉的职业！扩大普惠性学前教育覆盖面，新建先锋、荷花家园等公办幼儿园，新增园位 600 个，公办园在园幼儿占比超过 50%。

健全社会保障体系。推进基本养老保险、医疗保险全民参保，构建集基本医疗、大病保险和医疗救助于一体的多层次医疗保障体系。充分运用省市家庭经济状况信息核对平台，健全社会救助体系，保障各类困难群体基本生活，确保分散供养特困人员实现 100%委托照料，有集中供养需求的生活不能自理特困人员实现 100%集中供养。提质改造养老服务设施，建立健全多层级养老服务体系。

持续发展社会事业。大力实施“民生 100”工程，落实好人大代表票决通过的民生实事，让人民群众看到变化、得到实惠、感到幸福。完善村卫生室功能，推动区域健康联合体建设，构建更加成熟的分级诊疗体系。建成雪峰岭全民健身中心。加强国防动员、国防教育、后备力量、人民防空工作，抓好优抚政策落实和军转干部及退役士兵安置。进一步推动妇女儿童、民族宗教、机关事务、档案区志、统计、物价、外事侨务等各项社会事业全面进步。

时光总是向前，奋斗永不停歇。站在“两个一百年”交汇的新起点，开启建设“一极三区”新征程，要顺应新形势新任务新要求，不断提升治理能力现代化水平，努力建设人民满

意的服务型政府。在此，我们承诺：始终坚持忠诚干事。把讲政治放在更加突出位置，切实增强“四个意识”、坚定“四个自信”、做到“两个维护”。坚决执行中央、省、市和区委的决策部署，主动做好省委巡视交办问题整改，自觉从政治上看问题、定政策、干工作，确保政令畅通、令行禁止。始终坚持真抓实干。实施干部业务素养提升行动，通过集中学、实践比、年终评，锤炼一批想干事、会干事、能成事的行家里手。强化工作执行，对确定的事项，以目标倒逼进度、时间倒逼程序、督查倒逼落实，做到政策定一条是一条，条条算数；承诺说一个做一个，各个兑现；工作干一件成一件，件件落实。始终坚持依法行政。严格依法行使权力，坚决执行区委决策部署，主动接受人大法律监督、政协民主监督，以及群众监督和舆论监督，认真办好人大代表建议、政协提案。健全学法用法长效机制，严格执行“三重一大”事项民主决策制度，强化法律顾问、专家咨询、公开听证等制度落实，把依法行政、依法办事贯穿于政府决策、执行全过程。始终坚持清正廉洁。把纪律和规矩挺在前面，深入推进政府系统全面从严治党，压实“一岗双责”。坚持节用裕民，压减一切不必要的政府投资和行政开支，保障民生支出，以政府的“紧日子”换取老百姓的“好日子”。完善政府采购、招投标管理、政府投资项目等重点领域、关键环节规章制度，强化巡察和审计结果运用，严防严惩各类腐败问题，做到干部清正、政府清廉、政治清明。

实干托起梦想，奋斗成就未来。让我们更加紧密地团结在以习近平同志为核心的中共中央周围，在市委、市政府和区委的坚强领导下，大力发扬为民服务孺子牛、创新发展拓荒牛、艰苦奋斗老黄牛精神，奋力谱写石峰“一极三区”崭新篇章，以优异成绩庆祝中国共产党百年华诞！

解释说明：

1. 六稳、六保：“六稳”即稳就业、稳金融、稳外贸、稳外资、稳投资、稳预期。“六保”即保居民就业、保基本民生、保市场主体、保粮食能源安全、保产业链供应链稳定、保基层运转。

2. “四上”企业：规模以上工业企业、资质等级以上建筑业企业、限额以上批发零售住宿餐饮企业、规模以上服务业企业。

3. “双比双看”大竞赛：比项目建设，看推进力度；比全年任务，看完成进度。

4. 三供一业：企业的供水、供电、供热和物业管理。

5. 三张清单：社区公共服务清单、群众自治清单、有偿服务清单。

6. “151”化债机制：株洲市化解政府债务风险的工作机制。“1”个公益性资产置换管理协议；“5”项机制：土地整理委托服务机制、基础设施委托建设机制、委托业务动态监测机制、平台公司治理机制、政策工具箱储备机制；“1”套政策工作。

7. “9685”精准招商：围绕“制动、车门、贯通道、PIS、照明、司机室设备、空调、安防、信号”9大核心系统，“铝型材、齿轮、齿轮箱、轴承、联轴节、抗侧滚扭杆”6大精密制造领域，“连接器、接触器及按钮、制动闸片、司控器、紧固件、高隔高新、铜产品、绕组线”8大关键零部件领域，“运营、维保、监理与咨询、车辆修造采购平台、车辆段设备”5大服务领域，开展精准招商。

8. “3234”路网工程：《石峰区轨道交通产业三年行动计划纲要(2017—2019)》中提出“用

3年时间、完成20个项目、建设30公里道路、投资40亿元”的行动计划。

9. 人才20条:《石峰区关于引进培育创新创业人才,加快推进产业转型升级的实施意见(试行)》的简称,共有20条政策。

10. 商贸7条:《石峰区促进商贸服务业发展扶持政策(试行)》的简称,共有7条政策。

11. 轻资产8条:《株洲市石峰区轻资产招商引资优惠政策》的简称,共有8条政策。

12. “1+1+N”:“1”绿心办,“1”绿色九郎公司,“N”相关政府部门。

13. 一中心、四平台:“一中心”区网格指挥中心(综治中心),“四平台”综合治理平台、综合执法平台、市场监管平台、便民服务平台。

14. 五员合一:网格员兼职“网格五员”,分别是网格党建员、网格环保员、网格卫健员、网格应急员、网格两保员。

15. “1+N”网格工作模式:“1”网格员,“N”网格城管员、网格保洁员、网格警员、网格市场监管员等。

16. 量补质奖:根据教师工作量和业绩(即教育教学质量)定酬,按照“多劳多得、优劳优酬、不劳不得”原则,完善教师绩效管理和分配。

17. 一极三区:“一极”指全市经济高质量发展重要增长极,“三区”指世界先进轨道交通装备制造创新发展引领区、清水塘国家老工业基地转型发展示范区、内陆地区开放发展先行区。

18. “三高四新”战略:“三高”指国家重要先进制造业高地、具有核心竞争力的科技创新高地、内陆地区改革开放的高地。“四新”指在推动高质量发展上闯出新路子,在构建新发展格局中展现新作为,在推动中部地区崛起和长江经济带发展中彰显新担当,奋力谱写新时代坚持和发展中国特色社会主义的湖南新篇章。

19. 一带一部:东部沿海地区和中西部地区过渡带、长江开放经济带和沿海开放经济带接合部。

20. “1+4”产业体系:“1”轨道交通产业,“4”功率半导体产业、永磁动力产业、数智产业、现代服务业。

21. 一城四片区:“一城”清水塘生态科技新城,“四片区”即田心片区、清水片区、铁东片区、白石港片区。

22. 15分钟社区生活圈:以家为中心,在15分钟步行可达范围内,有效集成养老、医疗、教育、商业、交通、文体等各类服务资源。

23. 一城六园:“一城”清水塘生态科技产业新城,“六园”轨道交通创新创业园、IGBT应用产业园、现代物流产业园、结构件产业园、应急安全产业园、数智创新产业园。

24. 两上三化:“两上”即上云上平台,“三化”数字化改造、网络化协同、智能化升级。

25. 一桥一塘二十二条路:“一桥”清水塘大桥;“一塘”清水塘城市公园;“二十二条路”清水塘大道一期、株冶路一期、清霞路二期、霞湾路一期、观湖路一期、临江路一期、清港路一期、喻家坪路一期、口岸一路、临江路二期、老工业路一期、老工业路二期、清水塘大道二期、清霞路三期、株冶路二期(株冶厂区段)、观湖路二期、老工业路三期、霞湾路二期、株冶路三期、株冶路四期、湾塘路、株化路。

26. 五园五带:“五园”石峰公园、清水塘公园、雪峰岭公园、九郎山森林公园、轨道交通城中央公园,“五带”湘江风光带和霞湾港、田心干渠、白石港、茅太渠景观带。

中国人民政治协商会议
株洲市石峰区委员会常务委员会工作报告

——政协株洲市石峰区第五届委员会第六次会议

（2021 年 2 月 1 日）

一、2020 年工作回顾

过去的一年，区政协常委会坚持以习近平新时代中国特色社会主义思想为指导，在中共石峰区委的坚强领导下，紧紧围绕“一极三区”战略目标，在把握大势中明晰思路，在服务发展中准确定位，在履职实践中积极作为，为推进石峰区转型升级注入了政协力量。

（一）践行“三个第一”，坚定政治方向

把加强理论学习作为第一议题。坚持把学习中央精神和习近平总书记重要讲话作为区政协党组会议、常委会议的第一议题。认真组织学习中共十九届五中全会精神和习近平总书记关于加强和改进人民政协工作的重要思想以及在湖南考察时的重要讲话精神等内容。全年开展集中学习 12 次、集中研讨 3 次、调研成果交流会 1 次，着力推动深学深悟，筑牢思想政治基础。

把提高政治站位作为第一纪律。区政协常委会始终坚持将党的领导贯穿到政协全部工作之中，旗帜鲜明讲政治，坚守履职制高点，进一步增强“四个意识”，坚定“四个自信”，做到“两个维护”，笃定履职方向。区政协的重点工作、重要事项、重大问题及时向区委请示报告，主动邀请区委、区政府的主要领导参加和指导政协重要会议和活动。

把促进团结民主作为第一主题。区政协加强与各民主党派、工商联和无党派人士的经常性联系，支持党派团体在政协全会、界别协商、提案督办等履职活动中发挥集体作用。建立同党外知识分子、非公有制经济人士、新的社会阶层人士的沟通联络机制，畅通意见诉求表达渠道，深化团结合作，最大限度把各方面力量凝聚在党的周围。注重掌握了解新闻媒体的舆情动态，利用“政协云”“石峰发布”等新媒体传播好声音、传递正能量。发挥文史资政育人作用，完成《石峰工业人物》的编撰和评审。

（二）突出“三个聚焦”，助力石峰发展

聚焦发展重点，开展政治协商。将科学编制“十四五”规划列为政协常委会议协商议题，举行专题会议与区委、区政府协商。就“清水塘新城建设”开展主席会议协商，提出了相应

的意见和建议。就“农村四类房整治”“养老服务体系建设”“应急预案体系建设”开展专题协商，并向区委、区政府报送协商信息专报。

聚焦改革绩效，开展民主监督。紧扣区委、区政府推行的机构改革，组织政协委员对区网格化管理服务中心、优化营商环境协调事务中心、机关事务服务中心、土地事务服务中心、物业服务指导中心、工程建设服务中心 6 个单位进行绩效评议。向石峰公安分局、区医保局、生态环境石峰分局 3 个单位委派了 9 名民主监督员，对机构改革后部门履职效能和作风建设等情况，提出了意见和建议。组织主席会议成员和部分政协委员就“扫黑除恶专项斗争”和“黑臭水体治理”进行了专题视察。

聚焦社会热点，积极参政议政。围绕石峰区“十四五”发展规划编制，区政协充分发挥界别作用，组成十个专题调研组，分别就教育发展、开放型经济、工业文旅、社会治理、环境保护、交通路网、园区产业、社区养老、三产商贸、清水塘下岗职工再就业 10 个课题开展调查研究，为区委、区政府科学决策提供参考依据，部分意见和建议已被采纳。广大政协委员紧扣群众关注的热点、难点问题，积极撰写提案和微建议。区政协五届五次会议立案提案 47 件，均在规定期限内办理完毕。其中解决或采纳的 21 件，占比 44.7%，列入计划解决或采纳的 26 件，占比 55.3%，委员们对提案办理态度和办理结果的评价满意率均为 100%。

（三）着力“三个加强”，锻造过硬队伍

加强纪律作风建设。切实加强政协党组和政协机关的自身建设，深化全面从严治党，严格落实中央八项规定精神，扎实开展纪律作风问题专项整治，营造风清气正的良好氛围。切实加强政协委员队伍的纪律和作风建设，保持政协委员的先进性、纯洁性。一年中，共辞免委员 11 人，增补 9 人，撤销委员资格 2 人。

加强履职能力提升。从解决政协履职的两个薄弱环节入手，成立了委员活动中心和街道政协工作联络处，经区委提名，区政协常委会任命了 4 名街道政协工作联络处的负责人。注重委员的学习培训，组织界别召集人和近两年新增补的委员，就贯彻习近平总书记关于“懂政协、会协商、善议政”的精神、如何撰写提案和微建议、《民法典》解读、推进基层社会治理现代化等内容，进行了系统的学习培训。

加强委员作用发挥。区政协切实为委员履职创造良好条件，支持委员们在各自的岗位上建功立业。在年初抗击新冠疫情的关键时期，湖南金卫龙生物科技集团有限公司黄智志，利用自己的专业知识和专业队伍，第一时间奔赴抗疫一线；九方通讯信息有限责任公司董事长曹劲宾，为助推就业，坚持人员聘用不减反增。湖南中兴律师事务所魏勇，积极履职，参与小区治理，发挥专业所长，为香博堡业主发声，妥善解决了业主和开发商多年未决的矛盾。政协委员“聚是一团火，散是满天星”，在新时代作出新表率，彰显新担当。

在极不平凡的 2020 年，我们在区委的坚强领导下，戮力同心，忠诚履职，力克疫情，决胜小康，生动诠释了风雨同舟、和衷共济的团结合作初衷。

这一年，我们发挥政协作用，合力抗击疫情。区政协专门发出倡议，号召全区政协系统积极投身疫情防控。全体机关干部下沉小区，开展人员摸排，进行岗亭值守，切实做好社区疫情联防联控；广大政协委员发挥自身优势，帮助做好复工复业保障、人员流动管控、款物募集捐赠、疫情防控宣传等工作，为打赢疫情防控阻击战作出了积极的贡献。

这一年，我们凝聚政协力量，致力扶贫帮困。对口帮扶炎陵县策源乡荣塘村，该村除保障兜底的1户3人外，建档立卡的其他23户93人已全部实现脱贫。积极开展“湖南政协人助力巩固脱贫成果万户帮扶行动”，157名委员和机关干部组成41个帮扶小组，重点针对就业困难、就学困难和因病致贫的家庭，自掏腰包，开展帮扶行动。

这一年，我们彰显政协担当，协力服务大局。按照区委统一部署，认真做好清水塘新城建设协调、三供一业及旧城改造、联点社区（村）换届指导、“进网格、解难题”等中心工作，为全区经济社会发展，贡献了应有的力量。

过去一年取得的成绩，是中共石峰区委正确领导，区人大、区政府和社会各界大力支持的结果，是广大政协委员共同努力的结果。在此，我谨代表五届政协常委会，向全体政协委员，向所有关心支持区政协工作的各位领导和同志们、朋友们，表示衷心的感谢和崇高的敬意！

面对新时代加强和改进人民政协工作的新要求，我们的工作还存在不少差距，如调查研究不够深入，建言献策水平有待进一步提高；专委会牵头作用发挥不够，界别活动特色有待进一步彰显；委员履职参差不齐，政协履职质量有待进一步提升，等等。我们一定努力改进，继续砥砺前行。

二、2021年工作安排

2021年是中国共产党建党100周年，是“十四五”规划的开局之年，也是五届区政协的收官之年。新一年政协工作的总体要求是：以习近平新时代中国特色社会主义思想为指导，深入学习贯彻习近平总书记关于加强和改进人民政协工作的重要思想，在中共石峰区委的坚强领导下，坚持发扬民主和增进团结相互贯通、建言资政和凝聚共识双向发力，紧扣“三高四新”战略，高质量履行政协各项职能，盯准问题搞协商，盯紧底线搞监督，盯住发展搞调研，为加快建成“一极三区”、加快建设现代化新石峰贡献政协力量。

（一）坚持政治引领，筑牢思想基础

坚持党的正确领导。坚持在中共石峰区委领导下谋划、推动工作，坚决贯彻落实区委的各项决策部署，确保政治上同向，思想上同心，工作上同步。在“百年未有之大变局”的新形势下，准确把握政协性质定位、使命任务、工作要求，牢牢把握新型政党制度的特点优势，切实把好新时代政协工作的着力点和方向舵。努力使政协成为坚持和加强党对各项工作领导的重要阵地，成为用党的创新理论团结教育引导社会各界代表人士的重要平台，成为在共同思想政治基础上化解矛盾和凝聚共识的重要渠道。

强化理论武装。坚持政协常委会政治理论学习第一议题制度，自觉以习近平新时代中国特色社会主义思想武装头脑、指导实践。重点学习和领会习近平总书记关于加强和改进人民政协工作的重要思想以及在湖南考察重要讲话精神，自觉运用党的先进理论指导新时代政协工作实践。

加强党建引领。坚持党建工作和业务工作“两手抓”，以抓党建凝聚人心，以强党建形成合力。落实党的组织对党员委员的全覆盖、党的工作对政协委员的全覆盖。切实加强机关党支部建设，充分发挥支部的战斗堡垒作用和党员的先锋模范作用。

（二）创新工作机制，拓展履职平台

推动协商民主向基层延伸。针对人民群众关心关注的、普遍存在的、有代表性的问题，比如划分小区、打造“15 分钟社区生活圈”等民生实事，由责任主体单位邀请相关专业的政协委员开展协商，充分发挥政协委员的专业作用和身份作用，为有效解决各类问题出谋划策。群众的“急、难、愁、盼”在哪里，协商平台就搭建到哪里。

推动政协委员进网格解难题。健全政协委员进网格“三个一”工作机制，即进一个网格居民微信群、联系一个民生实事项目、参加一次社区活动，及时反映民情，汇集民意。推动委员“网上履职”，通过“政协云”平台提“微建议”，同时打通“微建议”与网格化管理对接渠道，及时解决群众身边的烦心事、操心事、揪心事。

推动界别开展团结联谊活动。充分利用界别交流平台，认真做好各界别人士的团结引导、沟通联系、交流联谊等活动，促进各种社会力量良性互动，为化解矛盾、维护稳定、汇聚力量贡献智慧。

（三）发挥制度优势，突出协商作用

围绕产业发展协商。政协常委会议重点围绕 IGBT 应用产业园建设开展协商。各专委会、各界别要紧扣“十四五”规划纲要，结合石峰区产业发展实际，重点围绕轨道交通、新能源、数智、现代服务业发展和新技术、新产业、新业态、新模式经济培育，开展调研协商，提出高质量的意见和建议。

围绕民生改善协商。政协主席会议重点围绕旧城改造（三供一业）开展协商。各专委会、各界别要围绕公园建设、乡村旅游以及群众关注的民生问题，进行多方位协商，多谋良策，多出实招。

围绕基层治理协商。专题协商围绕助力市域社会现代化试点工作，以小区治理为重点，在提升物业公司服务水平、提高小区自治能力等方面想办法、出思路，为建设和谐有序、绿色文明、创新包容的幸福家园建言献策。

（四）紧盯民生关切，抓实民主监督

紧盯社会事业发展。区政协常委会重点对业委会的组建及作用发挥进行监督。各专委会、各界别要重点就群众关注的教育、医疗、卫生、食品安全、就业帮扶等问题，有效开展监督。

紧盯效能作风建设。结合区政协今年协商、调研的主题，主要向田心高科园、区物业服务指导中心、区清水塘关停企业事务中心三个单位委派民主监督小组，从效能和作风等方面开展监督。

紧盯清水塘新城建设。区政协主席会议对清水塘新城建设进行专题视察，在基础设施建设、公共服务配套、产业导入进度等方面，开展监督和协商，及时提出意见和建议。

（五）助推区域发展，积极参政议政

抓住重点，深入调研。重点围绕协商民主向基层延伸开展调研，推动“协商民主向基层延伸方案”落地落实，形成石峰特色的“有事好商量”基层治理模式，创建湖南贯彻习近平总书记关于加强和改进人民政协工作重要思想的实践基地。充分发挥政协各专委会的牵头作用，组织各界别紧紧围绕“三高四新”战略的实施，围绕加快建设“世界先进轨道交通装备制造创新发展引领区”“清水塘国家老工业基地转型发展示范区”“内陆地区开放发展先行区”，围绕开局之年区委、区政府的工作重点，就企业培育、产城融合、九郎山休闲农业经济带发展等课题，深入调查研究，提供决策参考，贡献智慧力量。

关注热点，精准建言。指导各专委会、广大委员在推进长株潭一体化项目和开放型经济发展等方面，多提有价值、有分量的提案。加强提案的办理和督办工作，通过重点督办、跟踪督办、协商办理、办理“回头看”等形式，促进提案的办理实效，提高提案成果的转化率。

以史鉴今，资政育人。充分发挥政协文史资料“存史、资政、团结、育人”的作用，完成《石峰工业人物》的出版，讲好石峰工业故事，弘扬石峰工业文明。

（六）加强队伍建设，树立良好形象

提高委员履职能力。举办委员业务知识学习培训，使委员掌握必需的基本理论和基本知识，推动委员学习经常化、专题化、特色化。以“11142”为标准严格开展委员考核，即全年参加1次主题调研、提交1件提案、报送1条社情民意信息、参加4次区政协活动、参加2次协商议事活动，实现以考核管理倒逼委员履职。以区绩效考核工作为抓手，对相关单位和街道进行考评，为政协委员履职提供有力保障。

提高服务委员水平。落实习近平总书记在湖南考察时提出的“政协委员要更好联系和服务所在界别的群众”重要指示。引导委员积极主动联系服务界别群众，宣传党和国家方针政策。了解界别群众思想状况，在协商、建言和监督中营造凝聚共识良好氛围。开展本届优秀政协委员评比，推动履职特别优秀的委员留任形成机制。建立委员向所在专委会述职机制，加强履职量化考核动态管理和结果运用。

提高机关工作效能。落实省委巡视组反馈意见和问题整改，加强政协机关干部队伍建设，提高干部政治素养和业务能力，持续改进工作作风。进一步优化机关服务方式、丰富服务内容、提升服务水平，全力打造“责任政协、务实政协、活力政协”。

2021年区政协面临换届，各位委员一定要以饱满的政治热情，浓厚的政协情怀，站好最后一班岗，为构建石峰发展新格局履职尽责。

“潮平两岸阔，风正一帆悬”，让我们以习近平新时代中国特色社会主义思想为指导，在中共石峰区委的坚强领导下，以更加坚定的信念、更加振奋的精神和更加扎实的工作，为全面实施“三高四新”战略，实现“一极三区”总目标，加快建设现代化新石峰作出新的更大的贡献！

大 事 记

1月

5日 中共株洲市石峰区委员会第五届八次全体（扩大）会议暨区委经济工作会议召开。

11日 石峰区召开“不忘初心、牢记使命”主题教育总结会议。区委副书记、区长邓元连主持会议，株洲市委第六指导组组长颜莉芝出席会议并讲话。来自全区各行业系统的7名党员代表立足自身工作实际，深情讲述自己积极投身石峰转型升级大建设，勇于担当，攻坚克难的故事。

2月

23日 石峰区召开防疫工作电视电话会议，深入传达贯彻习近平总书记在全国统筹推进新冠肺炎疫情防控和社会发展工作部署会议上强调“要毫不放松抓紧抓实抓细防控工作，统筹做好经济社会发展各项工作”的重要讲话精神。全体在家县级领导、各街道班子成员、各部门和社区（村）负责人、网格员及企业联络员参加会议。

是月 石峰区持续推进重点项目有序复工，截至2月20日，全区已有106家工业企业复工，响石广场、清水塘大桥等10个省市重点工程复工，复工复产人数达2.4万人。

3月

3日 石峰区举行2020年“产业项目建设年”集中开工活动暨中国动力谷功率半导体配套产业园项目开工仪式。

11日 国家新冠肺炎疫情防控机制湖南指导组到株洲市指导工作，石峰区委副书记、区长邓元连陪同调研。

13日 首列株洲—莫斯科国际货运班车从株洲中车株机物流基地启程。这是中欧（株洲）国际货运班列在春节后首发。

4月

12日 湖南省委常委、省委政法委书记李殿勋一行到石峰区考察。

14日 湖南省委常委、省纪委书记、省监委主任傅奎一行到株调研清水塘污染防治和生态文明建设工作。

16日 和天厦工贸总部项目开工庆典在石峰区铜霞路461原海利公司内隆重举行，标志着清水塘老工业区原有企业首个就地转型项目开工。

是月 国内首台混合动力船舶直流组网兆瓦级永磁发电机在中车株洲电机有限公司成功下线。

5月

9日　株洲市先进轨道交通装备产业链推进大会暨企业联合党委成立大会在石峰区轨道交通创新创业园召开，探索链长制、产业协会、企业联合党委“三方发力、同频共振”的新模式，加速打造世界级轨道交通装备产业集群。

20日　湖南省人民政府副省长陈飞到石峰区调研。

22日　石峰区田心高科园亩均效益评价暨复工复产银企对接大会在南方中心一楼大厅隆重举行，田心高科园和轨道交通创新园多家负责人和区委、区政府、市直机关、区直相关部门负责人相聚一堂，展示发展成果、强化以亩均论英雄导向，助推园区企业高质量发展。

是日　湖南省人社厅二级巡视员马一方一行到石峰区调研考察再就业帮扶工作，株洲市委组织部副部长、市人社局局长蒋湘晖等陪同调研。

是日　株洲智轨技术荣获2020年度湖南省技术发明奖一等奖。

26日　湖南省人民政府副省长朱忠明到石峰区调研科技创新工作。

6月

1日　石峰区首个立体停车场开始试运营，该停车场位于湘天桥农贸市场旁，占地面积1300平方米，共有9层，采用垂直升降机械设计。

8日　石峰区第五届人民代表大会第五次会议在区政府机关报告厅隆重开幕，近200名全区各行业人大代表肩负全区人民的信任和重托出席盛会。

是日　政协石峰区第五届委员会第五次会议在区政府机关报告厅隆重开幕，来自全区各界别的政协委员齐聚一堂，共商发展良策。共有147名委员出席本次大会。

12日　由石峰区总工会举办的“展运动风采，赏绿色九朗”第五届职工健步行活动在城铁九朗山站前坪举行，有1000多名职工参加了此次活动。

17日　国家发改委评估组赴清水塘考察。

是日　株洲（首届）工业老物件交流会暨工业文化市场开业仪式在清水塘广场举行，活动吸引各地近百位摊主前来赶集摆摊，一些老物件在清水塘广场进行了一次“聚会”。

19日　中车株洲所、株洲电机、海利化工等19家中央、省属、市属国有企业与石峰区政府签订国有企业退休人员社会化管理移交协议。株洲市国资委副主任刘建荣，市人社局副局长田智思，区委常委、区委办主任朱斌，市相关部门及全市五区四县相关负责人共同见证。

24日　湖南省人民政府副省长吴桂英到石峰区调研省管高校毕业生就业、高三备考情况及文旅产业发展活动。

30日　石峰区委党校2020年第一期主体班举行开班仪式，标志着区委党校正式投入使用。株洲市委党校常务副校（院）长唐卫湘为区委党校揭牌。

是日　株洲市中心医院田心院区新住院大楼正式启用。

7月

1日　我国首列商用磁浮3.0版列车正在株洲做整车测试，献礼建党99周年。

9日　清水塘环湖科创园一期——产业服务中心项目举行开工仪式。中共株洲市委常委、市纪委书记、市监委主任邓为民宣布项目开工，市人大常委会副主任冯建湘出席并讲话，市政协副主席余群明主持开工仪式。

是日　石峰区慈善会成立大会在区机关报告厅举行，市慈善总会会长姜玉泉、副会长张长高出席。

14 日　中车株机公司为伊斯坦布尔新机场线研制的首列地铁列车下线。这是中国首个交付伊斯坦布尔的地铁项目，创造了 6 个月实现新造地铁列车下线的世界纪录。

29 日　湖南铁道职院、湖南铁路科技职院与石峰区田心高科园管委会联合签约挂牌成立湖南铁道职院田心高科产业学院、湖南铁路科技职院轨道智谷产业学院两所学院，对接株洲市轨道交通装备产业，共同培养轨道交通装备制造产业的技术技能型人才。

是日　株洲田心再一次吸引央视聚焦，中车株机公司与国家能源集团联合研制全球最大功率“神 24”电力机车在中车株机公司下线，再次刷新轨道交通装备的世界纪录。

是日　湖南（株洲）职业教育科技园产业学院举行签约及挂牌仪式。

8 月

10 日　湖南省常务副省长谢建辉到石峰区督导防汛抗旱工作。

18 日　湖南省委常委、省委统战部部长黄兰香到株开展“看巨变、凝共识、谋发展”考察活动。

20 日　“2020 年第四届中国国际高效电机及系统节能高峰论坛”活动开幕式在株洲举行，区委常委、常务副区长宋长征等出席开幕式。

24 日　石峰区召开领导干部大会，株洲市委常委、市委组织部部长羊贵平宣布省委、市委关于石峰区人民政府主要领导调整的决定：邹志超提名为区长候选人。市政协副主席、市委组织部常务副部长晏首先主持会议，石峰区人民政府提名候选人邹志超作表态发言。

26 日　围绕“稳就业”主题，十三届全国人大代表株洲小组及湖南省十三届人大代表株洲第三小组联动开展 2020 年专题调研活动来到石峰区。湖南省人大代表、省委常委、省国资委党委书记姚来英，省人大代表、株洲市委书记、市人大常委会主任毛腾飞，石峰区人民政府区长提名候选人邹志超参加调研。

是月　石峰区司法部门调解了一起国有企业职工再婚引发的财产和感情纠纷事件，中央电视台社会与法频道《小区大事》栏目组在石峰区田心街道进行实景拍摄，全程记录调解过程。

9 月

8 日　全国党外知识分子工作组织载体活动载体建设推进会考察株洲，区委常委、区委统战部部长陪同考察。

9 日　中国出口欧洲多流制电力机车在中车株机公司下线。这是按照欧盟铁路互联互通技术规范研制的满足多种供电制式的高端绿色牵引装备，将承担欧洲干线铁路货运的重任。

是日　中央电视台社会与法频道的系列节目播出《中国之治》第三集《多元共治》，对株洲市的现代化基层社会治理工作进行了专题报道。其中，节目的前 12 分钟讲述了发生在石峰区的故事。

13 日　中国城乡融合发展联盟考察团一行到株洲市石峰区考察。

24 日　中央办公厅赴湖南省挂职小组到株洲市石峰区调研。

25 日　以“走进新国企 探秘火车头”为主题的中国中车全球开放日活动在中车株机公司启动。

27 日　西藏山南市党政代表团到株洲市石峰区考察。

29 日　备受广大市民关注的株洲市响石广场改造工程举行通车仪式，市委常委、市委秘书长何朝晖主持仪式，市委书记、市人大常委会主任毛腾飞宣布通车，湖南省建工集团副总经理谭丁，市人大常委会副主任冯建湘，副市长谭可敏和石峰区领导出席仪式。

是月 农业农村部发布了2020年中国美丽休闲乡村拟推介名单，湖南有10个村庄入选，石峰区井龙街道九朗山村名列其中。

是月 继学峰岭公园之后，石峰区又开建一个集运动休闲、亲子互动于一体的区级公园金盆岭公园。公园建设项目位于轨道科技城中部，总投资1000万元，总用地5.25公顷。

10月

1日 清水塘大道一期建成通车，该大道直接连接建设路和铜霞路，全长2.3千米，采用双向6车道设计，道路标准路幅宽度42米。

11日 江西省党政代表团到石峰区考察。

14日 湖南省政协副主席贺安杰到石峰区开展政协专项督查活动，代区长邹志超、区政协主席钟水根参加陪同。

16日 第二届“石峰杯”轨道交通产业暨全国和省职工职业技能大赛（部分项目）株洲选拔赛闭幕式暨颁奖典礼在石峰区政府报告厅举行。大赛历时5个月，共吸引了全市轨道交通产业领域21家主体企业和23家配套企业的316名职工参赛。

20日 西门子交通技术（北京）有限公司株洲分公司乔迁暨揭牌仪式在石峰区轨道交通创新创业园举行，区长邹志超参加揭牌仪式。

23日 湖南省委宣讲团株洲分团在石峰区举行学习贯彻习近平总书记考察湖南重要讲话精神报告会。省委宣讲团株洲分团成员、市委常委、市委宣传部部长聂万红作宣讲报告，全区470名党员干部现场聆听宣讲。

是月 石峰区的基层治理模式登上央媒，人民论坛网举办的“大国小鲜@基层之治”网络主题宣传活动以“基层治理的湖南株洲‘清水塘样本’”为题，深度报道了石峰区基层治理的新模式。

11月

3日 株洲市委书记、市人大常委会主任毛腾飞到石峰区调研国创中心。

5日 株洲市人大常委会党组书记、副主任彭建忠一行到石峰区，就“产业项目建设年”活动和园区建设情况开展调研。区人大常委会主任颜曼文等区领导参加调研。

9—10日 以“引领聚力创新——双循环新发展格局下的企业文化担当”为主题的2020中国企业文化建设峰会在广州隆重举行。此次峰会上，中车株洲电机有限公司荣获“2020年度企业文化建设示范单位”，公司董事长、党委书记周军军荣获“2020年度企业文化建设功勋人物”。

10日 石峰区清水塘片区主干道清霞路二期竣工通车。

16日 株洲先进轨道交通装备产业链党建工作培训班在石峰区举行，产业链上70家企业党组织负责人参加培训并分享经验。先进轨道产业链企业联合党委副书记李铁生参加开班仪式并讲话，石峰区委副书记李军，石峰区委常委、区委组织部部长何柢参加分组讨论并进行现场指导。

26日 温暖企业“国企带民企•大手牵小手”系列活动之“中国动力谷十大消费品牌暨北汽地产车”走进石峰区进行现场推进会，“千金药业”等13家企业就地“摆摊”，直面客户进行自我展示与销售。

是月 由法治日报社、法治周末报社共同开展，中国人民大学、中国人民公安大学学术支持的“第六届社会治理创新博鳌论坛”正式启动，报道一批优秀的经验案例，石峰区“社区网格一套人马理清职责‘三张清单’打造基层治理现代化‘清水塘样本’”的经验做法名列其中。

12 月

3 日 第 45 届国际质量管理小组大会（简称 ICQCC）在孟加拉国圆满落下帷幕。由中车株洲电机有限公司 Windbell QC 小组申报的《海上直驱永磁风力发电机磁极注胶脱泡新工艺研发》课题，从来自全球 249 个 QC 小组中脱颖而出，获得大会最高奖项——铂金奖。

6 日 湖南省委副书记、代省长毛伟明到株洲调研，在石峰区先后考察了中车株洲电力机车研究所有限公司、中车株洲电力机车有限公司和清水塘老工业区，省政府秘书长王群参加调研。

13 日 石峰区召开社区（村）“两委”换届选举工作推进会暨业务培训会。区委副书记、代区长邹志超主持会议。

16 日 石峰区庆祝区人大常委会设立40周年暨区委人大工作座谈会召开。区委副书记、代区长邹志超主持会议，区人大常委会主任颜曼文作人大工作报告。

22 日 长沙市雨花区——株洲市石峰区“区域一体化发展座谈会”在石峰区召开，两地负责人签订“一体化合作发展框架协议”，两地将在一系列重点领域展开合作，释放“1+1＞2”的叠加效应。

23 日 中车株洲电机有限公司荣获2020年全球 MIKE 奖。

25 日 石峰区举行“清水塘数字智造产业园项目开工仪式”，株洲市政协副主席余群明主持仪式，市委常委、市政府常务副市长何剑波宣布项目开工，市人大常委会副主任冯建湘、区委副书记、代区长邹志超等参加仪式。

是月 中车株洲电机有限公司联合浙江大学开展的“非平稳载荷永磁电机近限设计技术及应用”项目荣获“2020 年度中国机械工业科学技术特等奖”。

是月 中车株洲电力机车有限公司获得 ISO/TS22163:2017 管理体系银级认证证书，是全球首批、国内首家获此银级认证的企业。

是年 株洲九方装备股份有限公司邹毅荣获“全国劳动模范”荣誉称号。

是年 中车株洲电力机车有限公司获中国铁道学会科技进步奖 2 项、湖南省科技进步奖 2 项、中国交通运输协会科技进步奖 2 项、全国设备管理与技术创新成果奖一等奖 1 项、湖南省制造强省专项资金项目奖 1 项、中国中车科技进步奖 9 项。

是年 中车株洲电力机车有限公司党委书记、董事长周清和获评“全国劳动模范”；公司总经理傅成骏获评“中国优秀企业家”。

石 峰 概 览

自然地理

【区域位置】 石峰区因境内石峰山而得名。位于北纬 27° 50′ 58"～28° 01′ 56"，东经 113° 01′ 52"～113° 28′ 41"。地处株洲市北部，东与荷塘区接壤，南与天元区隔江相望、与芦淞区隔港为邻，西连湘潭市岳塘区，北接长沙市长沙县。区人民政府驻响田东路 268 号，距株洲市政府 5 千米。总面积 101.71 平方千米。

【地形地貌】 石峰区境内中部高，四周低，呈山丘地形。高丘陵高程大于 100 米，分布于石峰公园、霞湾一带。石峰山海拔 163.9 米，是石峰区最高点，西北角的仰天湖海拔标高 32 米，是全区最低点。全区森林覆盖率 32.77%。区内有九郎山森林公园、巾帼英雄秋瑾故居、美丽乡村大冲村四季花海等旅游景点。

【水系水文】 湖南省第一大河流——湘江，从石峰区西部流过，境内河道全长 17.5 公里；主要支流有白石港和霞湾港。白石港古称江山渡，水源始于浏阳潘仙，全长 35.5 千米。霞湾港至新桥支流全长 2.2 千米。

【气候特点】 石峰区属亚热带湿润性气候，具有气候温和、夏热冬冷、生长季节长、四季分明、降水充沛、旱涝频繁、光照充足的特点。年平均气温 17.4℃，1 月是全年最冷月，平均气温 5℃；7 月是最热月，平均气温 29.6℃，气温年温差为 24.6℃，春秋两季平均气温在 17℃～19℃。

行政区划・人口

【建置沿革】 根据清光绪十五年（1889）《湘潭县志》记载，石峰区境内原来仅白石港河街、清水塘老街两处设有通往湘潭、长沙的驿站。民国时期，白石港以北属湘潭县东一区昭阳乡管辖，白石港以南属株洲镇管辖。中华人民共和国成立后，属湘潭县清水乡管辖。1951 年 7 月成立株洲市，境内属郊北区管辖。1956 年撤区并乡，境内属清水乡。1957 年成立人民公社，境内属朱田铺公社管辖。1958 年 3 月成立清水塘办事处，管辖石峰山以北的城区范围，办事处驻地株洲冶炼厂生活区一区八栋。1959 年 3 月，组建清水塘区，株洲桥梁厂以北划归清水塘区管辖。

1960 年 4 月更名为清水塘人民公社。1969

年7月筹建株洲市北区。1970年7月，经国务院批准为县级城市区，管辖范围为原清水塘区和原中心区的贺家土办事处，驻地天桥街80号。1971年9月，区政府搬至建设北路70号。后经国务院批准，株洲市城区进行区划调整，撤销北区，于1997年8月1日成立石峰区。石峰区辖响石岭、清水塘、田心3个街道办事处和清水、荷花、龙头铺、云田4个乡镇，区人民政府驻地不变。

2001年10月，经省民政厅批准，清水、荷花两乡合并，成立白马乡。2003年4月，区人民政府整体搬迁到响田路先锋村新楼办公。2005年2月，撤销白马乡，增设铜塘湾、井龙街道。2009年，云田乡、龙头铺镇被划至云龙示范区。2007年12月，国家发改委、国家环保总局、科技部、财政部、商务部、国家统计局六部委批准株洲清水塘循环经济工业区为国家第二批发展循环经济的试点园区。株洲市委、市政府于2009年2月成立株洲清水塘循环经济工业区党工委和管委会，为市委、市政府派驻机构，与石峰区委、区政府合署办公。

2020年，撤销株洲清水塘循环经济工业区。

【行政区划】 2020年，行政区划为5个街道，即铜塘湾街道、响石岭街道、田心街道、井龙街道、清水塘街道，辖有36个居委会，9个村委会，619个居民小组，163个村民小组。清水塘街道办事处辖华垅、湘天桥、井墈、沈家湾、果园、花果山、报亭7个社区，大冲、白马、九塘3个村。响石岭街道办事处辖金盆岭、新建村、杉木塘、白石港、万泥塘、石峰头、杨古老、李家冲、响石岭、云峰阁、先锋11个社区。田心街道办事处辖北岭、东门、南峰、泉塘湾、田心村、田心、叫鸡岭7个社区。铜塘湾街道办事处辖湘河、铜塘湾、丁山、杨梅塘、清霞、清水塘、映峰、清竹8个社区，建设、霞湾新、长石3个村。井龙街道办事处辖新民、时代、井龙3个社区，九郎山、茅太新、郭家塘3个村。

【人口数量】 1972年，石峰区（原北区）首次开展人口调查统计，有人口8.39万人；1982年7月，全国第三次人口普查时，全区有人口11.19万人；1990年7月，全国第四次人口普查时，全区有人口13.9万人。2020年末，全区常住人口为22.36万人，比上年末减少0.87万人。

经济状况

【交通运输】 石峰区地处湖南省长株潭城市群的核心区域，北接长沙、西接湘潭。京广线、沪昆线、武广高铁3条铁路和沪昆、京港澳等4条高速公路穿越而过；境内拥有南方最大的列车编组站——株洲北站，14条铁路专用线连接区内大中型企业，湘江白石港、铜塘湾码头入湘江、出洞庭、达长江，境内交通发达，运输便捷。

【工业规模】 民国27年（1938），范旭东创办的南京永利久大化学工业公司，从江苏迁入境内，定名株洲永利久大化学工业公司，计划生产水泥、玻璃、硫酸亚焦炭。至1949年9月，仅建成一座水塔、一个简易仓库和厂区简易道路。中华人民共和国成立后，株洲被列为国家重点建设城市之一，当时苏联援建的156个项目中就有4个项目安排在株洲，境内占了其中2项，即株洲洗煤厂、株洲电厂，从而揭开了开发建设现代工业区的帷幕。经过几年的大规模建设，以冶炼、化工为主的清水塘工业区开始形成，白石港工业区也初具雏形。到 1965 年，一个烟囱高耸、厂房林立的新型重工业区在境内已具规模。至 1997 年 7 月，全区有各类工业企业 117 家，产业工人 7 万人，年创工业总产值 50 亿元，占株洲市工业总产值的 1/3 以上。许多产品在国内外享有盛名，有 60 种产品获省、部级优质产品奖，有 22 种产品获国家金、银质奖，有 20 种产品远销 40 个国家和地区。株洲冶炼厂生产的铅、锌在英国伦敦金属交易所注册，畅销世界五大洲。

21 世纪，经过产业结构的调整，境内形成轨道交通、有色冶金、精细化工、新型建材四大支柱产业，是株洲市的工业集聚区和湖南省工业化标志性区域，也是全国著名的冶炼化工基地和电力机车的摇篮。2019 年全区工业经济迎难而上，尽管冶金化工全部退出，但经济总体呈现稳中向好态势，主要指标稳步增长。全年完成工业总产值 557.6 亿元，同比增长 11.2%，规模工业增加值 153.5 亿元，同比增长 13.9%（不含株冶）。新增规模以上工业企业 14 家、高新技术企业 10 家。轨道交通产业总产值 532.9 亿元，占工业总产值比重达到 95.6%。

2020 年，经济运行总体平稳。全年实现地区生产总值 310.4 亿元，同比增长 4.9%；规模工业增加值 156.8 亿元，同比增长 7.2%；城乡居民人均可支配收入达 52069 元，同比增长 5%；GDP、规模工业增加值、居民收入增幅位居全市前列；完成固定资产投资 199.7 亿元，同比增长 8.2%。新培育“四上”企业 66 家。在共克时艰的日子里，无数平凡的石峰人用负重前行守护了岁月静好，用担当作为开创了发展新局。

【商业贸易】 境内商贸经营历史悠久。清朝末年，境内白石港河街就有经营粮食和杂货的店铺，民国时期，又有数家经营中药、食杂、煤炭和烟酒的店铺相继开业。1951 年，新成立的株洲市人民政府，着手在境内筹建副食、百货、肉食、蔬菜等配套商业网点，以解决居民的日常生活问题。至 1961 年，境内共开办国有百货商店 3 个、副食品商店 5 个、蔬菜商店 4 个、肉食商店 3 个、饮食店 4 个。1970 年建区后，境内的商业进入了重要的发展期，商贸和物流取得令人瞩目的成就。区内有多个国家重要物资仓库，有国有、集体商店 49 家（其中市属商业企业 32 家，区属商业企业 17 家），职工队伍 3000 人，年经营额 3 亿元。个体工商户 2000 个，分布在各个集贸市场和大街小巷。有响石岭百货商店、湘天桥百货商场、田心百货商场和副食商场等国有商店，商品琳琅满目。集贸市场繁荣，有湘天桥、田心、铜锣湾、响石岭、杉木塘等 8 个集贸市场，商品品种繁多，其中湘天桥集贸市场为封闭型连贯结构，建筑面积为 1.05 万平方米，每天人员流动在 2 万人次以上，日成交额超过 10 万元。商业从无到有，从 20 世纪 70 年代的“三代店”“经销店”，发展到 80 年代初的区办批发、零售商业体系，至 1997 年，经营总额达 3000 万元。2000 年以后，商业更加发达，有以株百石峰超市、步步高湘天桥店、新一佳石峰店等连锁超市为主的大型超市，有中南金属材料物流市场、株洲商城、铜锣湾家居广场、石峰住宅产品大市场等大型商贸物流企业，年社会商品销售总额达 50 亿元以上。

2020 年，全年实现社会消费品零售总额 59.5 亿元，比上年下降 2.5%；批发零售业实现增加值 20.8 亿元，比上年增长 6.3%；住宿餐饮业实现增加值 2.9 亿元，比上年下降 8.5%。

2020 年国民经济和社会发展（统计公报）

2020 年，全区上下在区委、区政府的正确领导下，以习近平新时代中国特色社会主义思想为指导，克服疫情带来的负面影响，按照高质量发展要求，脚踏实地，埋头苦干。经济运行呈现低开高走、总体平稳的局面，现代化建设持续推进，人民生活水平不断提高，社会发展更加和谐稳定。

一、综合

初步核算，全区地区生产总值完成 310.4 亿元，比上年增长 4.9%。其中，第一产业增加值 2.1 亿元，比上年增长 2.8%；第二产业增加值 203.4 亿元，比上年增长 5.5%，其中工业增加值比上年增长 6.1%；第三产业增加值 104.9 亿元，比上年增长 3.3%。

图 1　2016—2020 年地区生产总值增幅图

全区三次产业结构的比例由上年的 0.6∶65.2∶34.2 调整为 0.7∶65.5∶33.8，与上年相比，工业增加值比重上升 0.3 个百分点，第三产业比重下降 0.4 个百分点。第一、二、三次产业对 GDP 的贡献率分别为 0.3%、79.8%和 20%。

市区商品零售价格指数为 100.9 %，较上年回落 1.2 个百分点。市区居民消费价格指数（CPI）为 101.9%，较上年回落 1 个百分点。其中，食品价格涨幅比上年上升 0.7 个百分点。

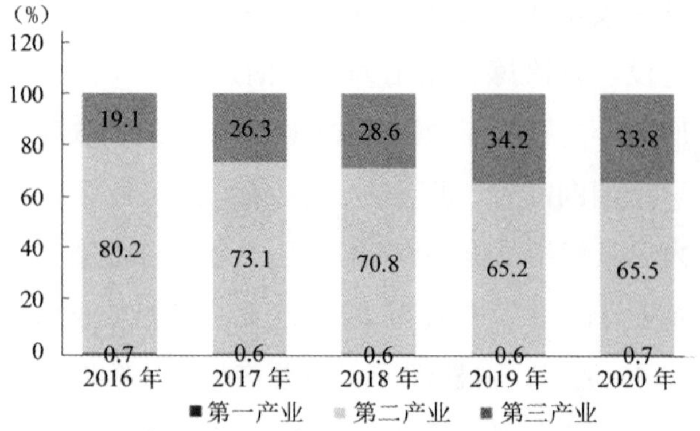

图 2　2016—2020 年三次产业结构图

表 1　2020 年居民消费价格指数一览表

单位：%

指标名称	累计指数
市区居民消费价格指数	101.9
#食品烟酒	108.1
衣着	99.4
居住	99.5
生活用品及服务	99.7
交通和通信	96.4
教育文化和娱乐	98.8
医疗保健	100.6
其他用品和服务	105.1

全年完成公共财政预算收入 11.6 亿元，比上年下降 23.1%。其中地方财政收入 6.3 亿元，比上年下降 21.6%。财政收入占 GDP 比重为 3.8%。地方税收收入完成 4.6 亿元，比上年下降 21%，地方税收收入占地方财政收入比重为 73.23%。全年公共财政预算支出 17.5 亿元，比上年下降 23%。其中一般公共服务支出 1.8 亿元，比上年下降 22.8%；教育支出 2.2 亿元，比上年下降 43.8%；社会保障和就业支出 2.3 亿元，比上年增长 33.1%；卫生健康支出 1.2 亿元，比上年增长 42.1%；城乡社区支出 3.3 亿元，比上年下降 62.3%。

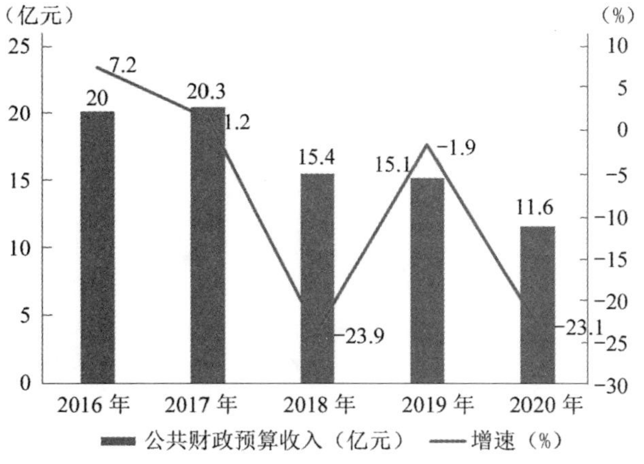

图 3　2016—2020 年公共财政预算收入及增长速度图

二、农业

全区完成农林牧渔业总产值 28053 万元，（可比价，下同）比上年同期增长 2.1%。农业总产值 15195 万元，同比增长 4.5%；林业总产值 4542 万元，同比增长 5.3%；畜牧业总产值 6103 万元，同比增长 0.1%；渔业总产值 1641 万元，同比增长 6%；农林牧渔服务业总产值 572 万元，同比增长 3.6%。

全年秋收面积 440 公顷，其中中稻和一季晚稻 400 公顷；全年秋收产量 3302 吨。蔬菜种植面积 1150 公顷。全年主要农副产品产量保持基本稳定。

三、工业和建筑业

2020 年工业增加值同比增长 6.1%，其中规模以上工业增加值同比增长 7.2%。

分行业看，在 11 个行业大类中，7 个行业的全年增加值同比呈上升态势。占比前十位的行业共完成工业增加值占全部规模以上工业增加值的比重达 99.9%。其中铁路、航舶、航空航天和其他运输设备制造业完成增加值总量居各行业之首，比上年增长 6%，占工业增加值比重为 57%；计算机、通信和其他电子设备制造业增加值比上年增长 12.3%，占比 32.5%；电力、热力生产和供应增加值比上年下降 5.3%，占比 2.4%。

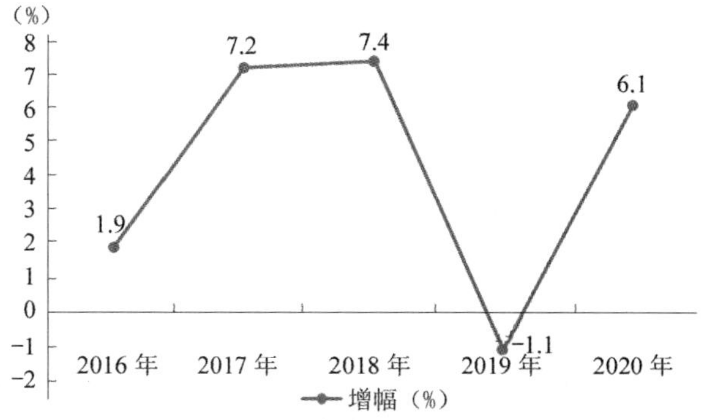

图 4　2016—2020 年工业增加值增幅图

全区化学原料和化学制品制造业、非金属矿物制品业、有色金属冶炼和压延加工业和电力、热力生产和供应业等高耗能行业增加值比上年下降 5.5%，占规模工业比重为 4.6%。

表 2　2020 年规模工业主要行业增加值及增长速度一览表　　单位：%

指　标	增速	比重
合计	7.2	
化学原料和化学制品制造业	−20.4	0.3
橡胶和塑料制品业	−24	0.1
非金属矿物制品业	−3.8	1.7
有色金属冶炼和压延加工业	3.6	0.2
金属制品业	13.2	1.3
通用设备制造业	12.8	2.2
专用设备制造业	8.5	1.1
铁路、船舶、航空航天和其他运输设备制造业	6	57
电气机械和器材制造业	26	1.2
计算机、通信和其他电子设备制造业	12.3	32.5
电力、热力生产和供应业	−5.3	2.4

全年规模以上工业企业产销率为 99.4%，与上年相比下降 0.1 个百分点。

全年规模工业企业经济效益综合指数为458.8%，比上年上升27.31个百分点。规模工业企业实现主营业务收入比上年上升1.87%；实现利税总额比上年下降3.75%；实现利润总额比上年下降9.11%。其中国有及国有控股工业企业实现利润总额比上年下降6.9%。主要行业中，轨道交通行业实现利润比上年下降9.7%。全区亏损工业企业亏损面为13%，比上年下降13.3%。

表3　2020年规模以上工业企业主要产品产量一览表

名　称	单位	累计增长（%）
铁路机车轴	件	13.8
铁路机车	辆	－41.9
城市轨道车辆	辆	34.6
金属压力容器	吨	7.7
炼油、化工生产专用设备	吨	－16.3
工业电炉	台	5.8
混凝土轨枕及铁道用混凝土制品	根	－53.8
商品混凝土	立方米	－9.3
铝材◇	吨	－11.3
涂料	吨	144
钨钴钛硬质合金	吨	4.4
电力电缆	千米	42
起重机	吨	58.5

高新技术产业实现增加值比上年增长22.95%（现价），占规模以上工业增加值比重达到129.3%。规模工业新产品产值比上年下降8.8%。

全年46家资质建筑企业完成建筑业总产值53.35亿元，比上年下降7.53%。房屋建筑施工面积351.1万平方米，与去年基本持平；房屋建筑竣工面积23.9万平方米，比上年下降169.3%。

四、固定资产投资和房地产开发

全年完成全社会固定资产投资总额比上年增长8.2%。

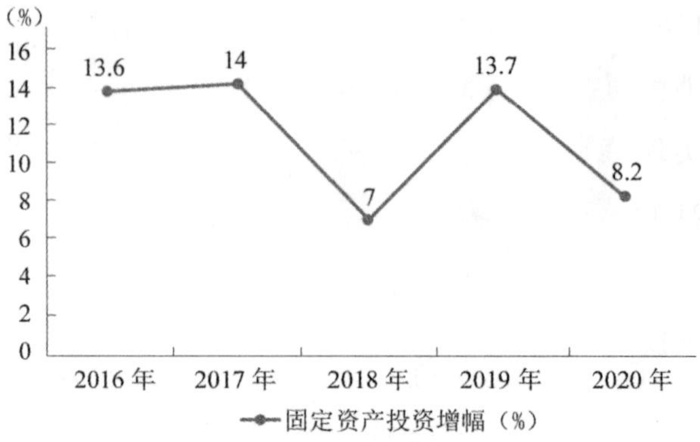

图5　2016—2020年全社会固定资产投资增幅图

表4　2020年固定资产投资分行业产业增幅一览表　　单位：%

项目类别	比重	比上年增长
固定资产投资（亿元）	100.0	8.2
按投资方向分		
产业投资	62.9	13.7
工业投资	47.2	5.8
#工业技改投资	53.2	1
房地产投资	14.1	－10.9
基础设施投资	22.7	－1.3
按产业划分		
第一产业	—	—
第二产业	47.2	5.8
第三产业	37.3	25.4

分投资方向看，工业投资比2019年增长5.8%，占比为47.2%，其中工业技改投资比2019年增长1%。基础设施投资比2019年下降1.3%，占比为22.7%。房地产投资比2019年下降10.9%，占比为14.1%。产业投资比2019年增长

13.7%，占比为 62.9%。

房地产开发完成投资比上年下降 10.9%，占固定资产投资的比重为 14.1%。房屋施工面积 176 万平方米，比上年下降 27.9%。全年商品房销售面积 31.8 万平方米，比 2019 年增长 40.1%；实现商品房销售额 19.3 亿元，比上年增长 21.1%。

分产业看，第二产业投资比上年增长 5.8%，占投资总额比重为 47.2%；第三产业投资比上年增长 25.4%，所占比重为 37.3%。全年重大产业项目 68 个，完成投资 98 亿元。

五、贸易、服务业和对外经济

全年实现社会消费品零售总额 59.5 亿元，比 2019 年下降 2.5%。批发零售业实现增加值 20.8 亿元，比 2019 年增长 6.3%，住宿餐饮业实现增加值 2.9 亿元，比上年下降 8.5%。

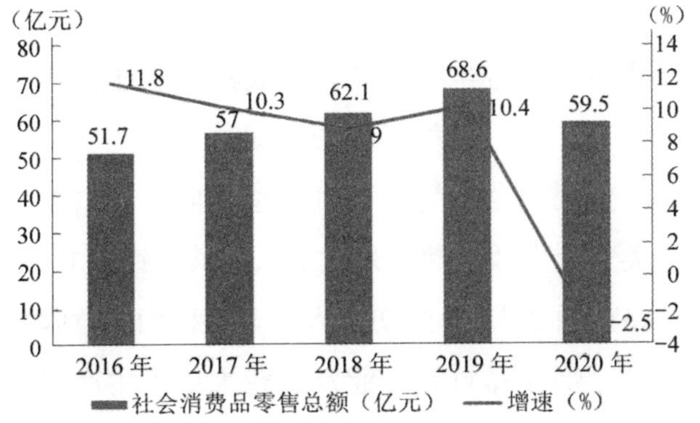

图 6　2016—2020 年社会消费品零售总额及增长速度图

限额以上主要商品销售中，金属材料类销售额为 47.1 亿元，比 2019 年增长 2.1 倍；化工类销售额为 12.4 亿元，比 2019 年下降 11.5%；汽车类销售额为 4.0 亿元，比 2019 年下降 23.7%。

2020 年末全区限额以上贸易企业 102 家，全年实现营业收入 146.1 亿元，实现利润总额 1.1 亿元。2020 年末共有商品交易市场 5 个，实现成交额 61.1 亿元，比 2019 年增长 23.7%。

重点服务业 42 家（剔除无效企业），实现营业收入 163.4 亿元，较上年增长 100.9%。

全年实际利用外资 20702.7 万美元，比上年增长 17.63%。实际引进境内省外资金 77.8 亿元，比上年增长 23.41%。

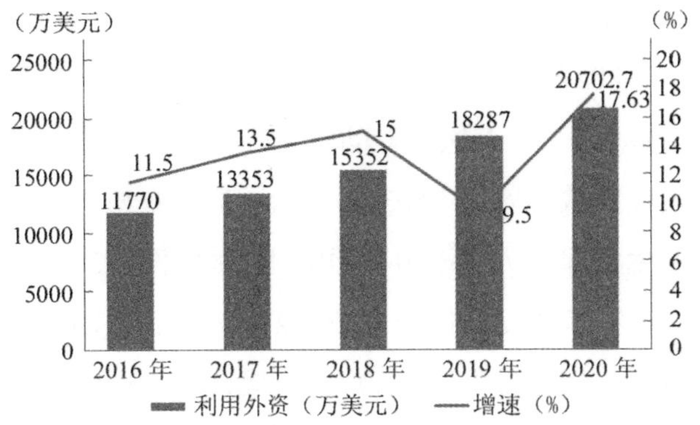

图 7　2016—2020 年实际利用外资及增长速度图

六、人民生活、就业和社会保障

2020 年末全区常住人口为 22.36 万人，比上年末减少 0.87 万人。

据初步统计，全区常住人口抽样调查中，居民人均可支配收入 52069 元，比上年增长 5.0%。全年居民文教娱乐服务消费支出 4930 元，占消费总支出比重 13.8%，人均自有现住房面积 26.6 平方米。

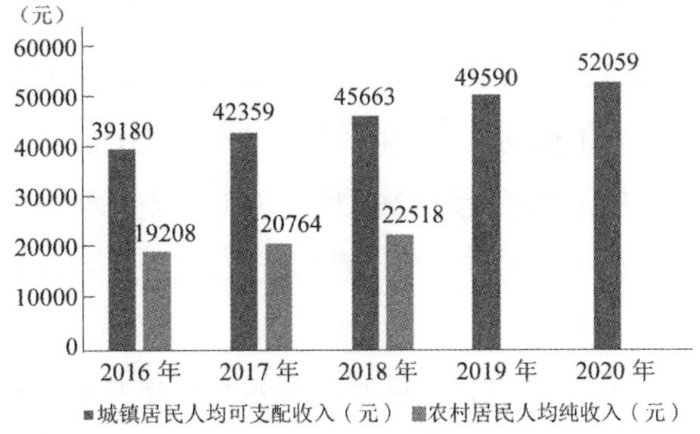

图 8　2016—2020 年居民收入图

全年城镇新增就业人员 9200 人，比上年下降 11.15%。城镇登记失业率为 2.71%，比上年末减少 0.06 个百分点。年末参保单位共计 844 家，参保人数 4.34 万人，发放金额 30765 万元。企业养老、机关养老、城乡居保、失业保险人数分别为 4.34 万人、2191 人、8626 人、17084 人。参加新型农村合作医疗的人数为 20777 人，参保率为 98.7%。

2020 年底全区享受城镇居民最低生活保障人数为 2959 人次，救助水平为 440.4 元/人，年累计发放保障金 1563.66 万元；享受农村居民最低生活保障人数 590 人次，救助水平为 280 元/人，年累计发放保障金 198.211 万元；特困供养 61 人，救助水平 780 元/人，年累计发放金额 57.1 万元。农村低保覆盖率 100%。

七、教育、科技和卫生

2020 年末共有九年一贯制学校 1 所，初级中学 3 所，小学 10 所。小学、初中在校生共 18641 人。全年小学适龄儿童入学率和毕业生升学率继续保持在 100%，九年义务教育巩固率 100%；教育经费支出占公共财政预算支出的 12.7%；全年救助贫困幼儿及学生 745 人次。（以上只含九年制义务教育数据）

2020 年末共有 2 家国家重点实验室、1 家国家级工程技术（研究）中心、5 家国家认定企业技术中心、6 家省重点实验室、10 家省工程技术研究中心、9 家省级企业技术中心、4 家院士专家工作站，2 名中科院院士。至 2020 年 11 月，专利申请量为 2363 件，专利授权量为 1619 件，其中发明专利申请量与授权量分别为 1135 件和 413 件。

2020 年末，全区共拥有各类医疗卫生机构 128 个，其中医院 8 个；共有社区卫生服务中心（站）7 个。拥有床位 1853 张。有各类专业卫生技术人员 2299 人，其中执业医师 606 人，执业助理医师 82 人。孕产妇死亡率为 0，婴儿死亡率为 4.52‰，5 岁以下儿童死亡率分别为 5.52‰。适龄儿童免疫规划疫苗接种率为 95%。

八、环境和安全生产

空气质量优良率为 86.89%；空气良好天数为 318 天；PM_{10} 浓度每立方米 49 微克，较去年改善 22.22%。生活垃圾无害化处理率为 100%。

规模以上工业综合能源消费量为 70.2 万吨标准煤，比上年增长 6.4%；产值能耗为 0.12 吨标准煤/万元，比上年下降 0.3%；万元规模工业增加值能耗降低率为－0.7%。

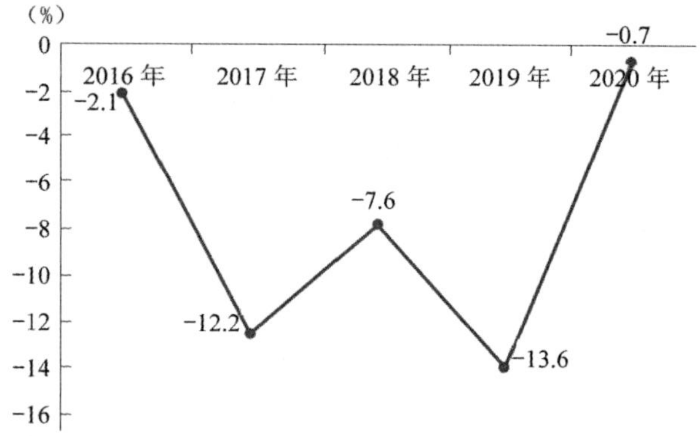

图 9 2016—2020 年万元规模工业增加值能耗降低率图

全区安全形势平稳可控总体向好。共发生各类安全事故 7 起，死亡 5 人（其中铁路 0 人、道路交通 2 人），受伤 7 人；非煤矿山、危险化学品、烟花爆竹等行业发生较大以上生产安全事故 0 起。

注释：

1. 本公报中 2020 年数据均为初步统计数，正式统计数据以《石峰区统计年鉴数据》为准。

2. 地区生产总值及其中各行业增加值绝对数按现价计算，增长速度按 2016 年不变价计算。

3. 规模以上工业企业是指年主营业务收入 2000 万元及以上的全部法人工业企业，限额以上批发零售企业是指年主营业务收入 2000 万元及以上的批发企业和年主营业务收入 500 万元以上的零售企业。

4. 数据来源：本公报中安全生产数据来自区应急管理局，对外经济数据来自区商粮局，财政数据来自区财政局，教育、卫生、科技分别来自区教育局、区卫健局、区科工信局、区市场监督管理局，社会保障数据来自区人社局、区民政局、区医保局。

中共株洲市石峰区委员会

【概况】 2020年，中共石峰区委坚持以习近平新时代中国特色社会主义思想为指导，深入贯彻落实中央和省委、市委决策部署，全力以赴做好“六稳”工作，全面落实“六保”任务，在大战大考中交出了一份满意答卷。

加快清水塘新城建设，完成16个项目、73.37公顷土地清零交地，“一桥一塘一带二十二条路”全面推进，三一石油智能装备园、绿地滨江科创园、产业服务中心、恒和工贸等产业项目形象进度凸显，国际会展中心、数字智造产业园和数智科技创新中心等项目落地开工，阿里、百度等367家企业陆续进驻。轨道交通产业集群实现突破，建立链长制、产业协会、企业联合党委“三方发力、同频共振”工作机制，新增规模以上企业17家、高新企业14家，轨道交通产业链条不断延伸拓展。引进江苏润垚公司，组建产业基金，入股广州骏发，助推项目签约落地；总投资3亿元的中车尚驱混改项目在石峰注册；国创中心市场开拓能力逐步提升，在零部件3D打印、城轨车辆智能运维、大功率激光清洗装备等领域新签订单、营收分别同比增长50%、30%；IGBT二期竣工投产；成功创建湖南省知识产权强区。中车株机签下墨西哥过百亿地铁订单，天力锻业首批车轴出口德国。

坚持统筹疫情防控和经济社会发展，深入开展“温暖企业”行动，搭建中小企业服务平台和线上惠企政策服务“直通车”，助力企业迅速复工复产。中车大道南段一期、时代大道南辅道、藏龙路一期等一批主干道路竣工通车；开工建设标准厂房11万平方米，新竣工标准厂房13万平方米，产业承载能力大幅提升，全年引进36个项目落户园区，其中5亿元以上9个，10亿元以上3个。

认真落实中央和省环保督察“回头看”整改要求，深入开展污染防治攻坚战“夏季攻势”，全年优良天数达308天，同比增加56天，改善率城区第一。完成荷叶塘干渠、田心干渠、新民路、建设北路、红旗北路和日新路南段等污水干管建设，实现区域污水干网互联互通。以“三供一业”和老旧小区改造为契机，完成田心和清水塘等片区小区雨污分流改造。全面开展田心干渠“治水、治污、治岸”行动，完成堤岸清表3.5万平方米、疏浚清淤10.6千米，治理直排口22个。

大力推进重点领域、关键环节改革，制定出台《田心高科园入园企业亩均效益评价实施办法（试行）》，淘汰落后产能企业9家。成立区国资中心，制定《石峰区国有企业监管暂行规定》等文件，聚焦公司经营主业，完成“1+1+4”

业务重组，推行项目工程建设委托管理模式，实现了减员增效和去机关化、行政化。全面落实“151”化债工作机制，地方综合债务率下降200%，守牢了债务风险底线。坚决落实过“紧日子”要求，成立增收节支领导小组，出台增收节支规范财政管理系列文件，严控一般性支出，全年压减专项数量171个，压减幅度41%，机关运行经费下降15%，一般公共预算支出同比下降23%。完善“五问工作法”考核，推行“三看三比”活动，按照“一单位、一方案”要求，对工程服务中心等6个事业单位实行绩效目标考核。深化教育系统“量补质奖”、卫健系统绩效分配积分管理考核等改革，充分调动干部职工干事创业积极性。

全面落实“一件事一次办”，完成社区（村）“一门式”综合服务场所升级改造，梳理25个领域347项政务公开事项目录，发布“就近办”事项目录77项，在全市率先实现公安出入境等审批事项集中办理、“一窗受理”，精简办事环节142个，累计完成11万余件“一件事一次办”事项办理，服务评价满意率达99.8%。探索社区治理“三张清单”，制定《石峰区网格服务管理工作规则》，梳理6大类81项社区公共服务清单、26项群众自治性事务、11项有偿服务清单，初步构建了多元协同共治的基层治理新格局。深入开展平安建设“大排查、大化解、大整治”三大专项行动，打好扫黑除恶专项斗争收官战，全面完成国有企业退休人员社会化管理移交工作，安全稳定形势持续向好。实现全省综治工作先进“三连冠”，获评全省平安县市区，连续五年获评省安全生产优秀单位。

坚持以人民为中心的发展思想，搭建石峰就业服务平台，组建清水塘社区学院，成立田心高科产业学院和轨道智谷产业学院，统筹整合各方资源，开展精准培训就业。全年举办各类培训班73个，实现新增就业9304人、新增创业主体1626户。坚持“四位一体”推进老旧小区改造，完成22家中央和省属企业“三供一业”移交改造，全区67个老旧小区改造全面开工，拆除违章建筑1500多处、13万多平方米，全面完成油烟治理和电梯加装任务，同步组建小区业委会并加强物业管理，老旧小区环境和品质实现大幅提升，相关经验做法在全省城镇老旧小区改造工作现场会作典型推介。用心办好社会事业，田心院区住院部建成投用，响石岭社区卫生服务中心提质升级为社区医院，建成核酸检测中心，新增医养结合床位300张；雪峰岭学校主体工程封顶，新建2所公办幼儿园，新增园位330个；新建3个社会足球场，新增3家图书馆分馆，开展槐庭书院秋瑾讲坛10期，持续推进“双十文明行动”；成立石峰区慈善会；完成144个惠民实事项目。

坚持推进全面从严管党治党，严格落实区委常委会第一议题制度，及时传达了学习中共十九届五中全会、习近平总书记考察湖南重要讲话等精神，扎实开展“进网格、解难题”专项活动，以实际行动践行“两个维护”。全面开展5个街道和54个区直机关政治建设考察，对部门领导班子和领导干部进行精准“政治画像”。认真落实湖南省委“1+5”文件，在全市率先完成社区（村）书记主任“一肩挑”。探索轨道交通产业链党建和小区党建，加强链上企业结对共建，推进105个小区党支部建设。区委党校实体化运转，打造《清水塘蝶变》等精品党课，举办培训班16期。配合做好省委巡视工作，以巡视带动巡察上下联动，对38个单位党组织开展巡察，发现整改问题256个。准确运用“四种形态”处理41人次，党纪政务处分

16 人，坚决查处文米娜、蔡东等腐败案件，形成强大震慑。

【区委常委会会议】 2020 年，石峰区委常委会共召开二十六次会议，共研究贯彻中央、省、市重要会议精神和党的建设、经济发展、生态环境、安全生产、疫情防控、社会民生、配合省委巡视整改等 9 个方面 118 个议题。主要事项有：

1 月 22 日，学习贯彻习近平总书记重要指示和李克强总理批示精神，以及全市干部监督工作会议精神，研究部署新型冠状病毒感染的肺炎疫情防控工作，听取全区三级干部大会筹备情况及 2019 年度全区各条战线工作表彰方案，审议《关于开展 2020 年“每周一晚”学习活动的实施方案》、政府工作报告、国民经济计划执行情况报告。

2 月 16 日，传达贯彻习近平总书记近期重要讲话精神，传达学习省委书记杜家毫到株洲讲话精神和省委、市委常委会等有关会议精神，研究石峰区新冠肺炎疫情防控工作。

3 月 12 日，研究听取 2020 年区委常委会工作要点和党务部门工作要点，审议五届五次纪委全会方案和工作报告、区人大常委会党组和区政协党组 2020 年工作计划、2020 年区本级财政预算编制情况，研究石峰区慈善会组建工作方案，审议《关于促进慈善事业健康发展的实施意见（草案）》。

4 月 22 日，传达学习习近平总书记 4 月 17 日在中央政治局会议上的重要讲话精神、《纪检监察机关处理检举控告工作规则》以及县市区及市直行业系统党（工）委书记抓基层党建和意识形态述职评议会议精神，研究听取 2019 年四季度、2020 年一季度“五问工作法”考核结果、社区专职工作者岗位定级有关情况，审议《关于深化区纪委区监委派驻机构改革的实施意见》《区纪委区监委派驻机构改革的方案》《关于调整“五问工作法”考核有关工作的意见》。

5 月 21 日，传达贯彻习近平总书记 5 月 11—12 日在山西考察、5 月 14 日主持中共中央政治局常委会会议、5 月 15 日主持召开中共中央政治局会议的讲话精神。传达贯彻《求是》 2020 年第 10 期发表的《习近平：在第十三届全国人民代表大会第一次会议上的讲话》重要文章精神。传达学习湖南省公安厅长许显辉关于落实“一报告两意见”加强县域警务工作、坚决防控县域风险的重要讲话精神。听取《石峰区轨道交通三年行动计划纲要（2017—2019 年）》《石峰区“美丽社区”建设三年行动总体方案（2018—2020 年）》《石峰区改善农村人居环境推进乡村振兴三年行动方案（2018—2020 年）》《石峰区棚户区改造三年行动计划（2018—2020 年）》和《农贸市场改造及新建三年行动计划（2017—2019 年）》落实情况，以及关于从连续任满三个任期的现任社区（村）党组织书记中考核招聘事业编制人员有关情况，研究审议《石峰区第五届人大代表补选工作实施方案》。

6 月 23 日，研究听取安全生产工作情况汇报 2019 年绩效评估情况，审议《石峰区突发事件总体应急预案》《开展重点工作集中攻坚行动方案》及《关于对落实区委区政府部署攻坚克难成效明显的单位和个人予以表彰的通报》。

7 月 3 日，学习贯彻习近平在中央政治局第二十一次集体学习时的讲话精神（深入学习领会和贯彻落实新时代党的组织路线），通报省委脱贫攻坚干部考察组反馈情况，研究听取交通运输工作情况汇报。

8 月 17 日，传达学习省安全生产典型案例通报文件精神，审议《石峰区安全生产专项整治三年行动实施计划》、区委五届九次全会方案及报告、《石峰区 2020 年重点工作绩效评估实施方案》《2020 年市对区重点工作绩效评估指标任务分解》，研究听取秋冬季新冠肺炎疫情防控、平安建设“大排查、大化解、大整治”三大专项行动、石峰区村（社区）书记主任“一肩挑”、自然保护地整合优化工作情况。

9 月 8 日，研究听取教育工作、“坚持政治建警全面从严治警”教育整顿情况汇报，审议石峰区教育工作暨教师节表彰大会方案，以及《实施“三名”工程提升教育软实力的“新六条”政策》《关于进一步加强教育绩效管理考核的指导意见》和《石峰区教师流动相关规定》等文件。10 月 22 日，传达贯彻习近平总书记在深圳经济特区建设 40 周年庆祝大会、在广东考察时重要讲话精神，以及中央政治局第二十四次集体学习和中共湖南省委《关于深入学习贯彻习近平总书记考察湖南重要讲话精神 奋力谱写新时代坚持和发展中国特色社会主义湖南新篇章的决定》等有关会议文件精神，湖南省委关于力戒形式主义、官僚主义文件精神，全省、全市组织系统深入学习贯彻习近平总书记重要讲话精神、贯彻落实新时代党的组织路线电视电话会议精神，报市委第七巡察组对石峰区党政机构改革专项巡察工作反馈有关问题，审议《关于市委第七巡察组对石峰区党政机构改革专项巡察工作反馈问题的整改意见》，研究审议《株洲市石峰区 2020 年信访工作“三无”单位创建活动考核办法》、有关公职人员违纪违法问题处理意见。

11 月 28 日，学习习近平总书记关于巡视工作重要论述、党章，以及中央和省委有关文件精神，研究部署迎接配合省委第三巡视组巡视工作具体安排，听取区委工作情况汇报、上轮巡视整改情况汇报，以及纪检监察、组织人事、意识形态、机构编制、统计工作、“三大攻坚战” 6 个专题汇报。

12 月 21 日，传达学习 12 月 16 日至 18 日中央经济工作会议精神、市委十二届十四次全会精神，研究审议村（社区）党组织委员会成员调整方案，听取省委第三巡视组第一批、第二批信访交办件办理情况。

【重要会议】 1 月 5 日，召开区委五届八次全体会议暨区人民政府五届四次全体会议、区委经济工作会议。

1 月 9 日，召开石峰区委直属党工委书记履行基层党建和意识形态工作责任述职评议会。

2 月 3 日，召开区新型冠状病毒感染的肺炎防控工作调度会议。

2 月 27 日，召开县级领导重要会议。

3 月 4 日，召开区新型冠状病毒感染的肺炎防控工作视频会议。

3 月 13 日，召开中国共产党石峰区第五届纪律检查委员会第五次全体会议。

3 月 17 日，召开 2020 年石峰区组织、宣传、统战、政法工作视频会议。

3 月 31 日，召开 2020 年产业项目建设年暨温暖企业行动动员大会。

4 月 24 日，召开 2019 年四季度“五问工作法”考核讲评会。

5 月 6 日，召开全区领导干部工作部署会议。

6 月 5 日，召开石峰区 2019 年文明建设表彰暨 2020 年建设全域化更高水平文明城市工作部署视频会议。

6 月 8 日、9 日，召开区两会。

7 月 21 日，石峰区平安建设“大排查”“大化解”“大整治”工作部署会议。

8月19日，召开中共石峰区委五届九次全体（扩大）会议暨区委政协工作会议2020年二季度“五问工作法”考核讲评会。

8月24日，召开石峰区领导干部大会。

9月9日，召开区委教育工作暨庆祝第36个教师节大会。

10月22日，召开石峰区领导干部大会。

10月30日，召开区委常委会（扩大）会议暨2020年三季度“五问工作法”考核讲评会。

11月13日，召开石峰区“进网格、解难题”专题活动推进会暨旧改工作调度会。

11月30日，湖南省委第三巡视组巡视石峰区工作动员会议。

12月13日，召开石峰区村（社区）“两委”换届选举工作推进会。

【领导活动与接待】 3月11日，国家新冠肺炎疫情防控机制湖南指导组到石峰区指导工作，区委副书记、区长邓元连陪同调研。

4月12日，湖南省委常委、省委政法委书记李殿勋一行到石峰区考察活动。

4月14日，湖南省委常委、省纪委书记、省监委主任傅奎一行到石峰区调研清水塘污染防治和生态文明建设工作。

4月21日，湖南省委统战部副部长一行到石峰区调研考察。

5月20日，湖南省副省长陈飞到石峰区调研。

5月26日，湖南省副省长朱忠明到石峰区调研科技创新工作。

6月17日，国家发改委评估组赴清水塘考察。

6月24日，湖南省副省长吴桂英到石峰区调研省管高校毕业生就业情况、高三备考情况及文旅产业发展活动。

7月3日，株洲市委常委、市纪委书记邓为民到石峰区视察防汛工作、慰问党员活动，区委常委、区纪委书记汤小红参加陪同。

7月10日，湖南省委常委、常务副省长谢建辉到石峰区督导防汛抗旱工作。

7月29日，湖南（株洲）职业教育科技园产业学院举行签约及挂牌仪式。

8月10日，株洲市委书记、市人大常委会主任毛腾飞调研新时代全域更高水平文明城市建设工作。

是日，湖南省委常委、常务副省长谢建辉到石峰区督导防汛抗旱工作。

8月18日，湖南省委常委、省委统战部部长到石峰区“看巨变、凝共识、谋发展”考察活动。

8月20日，第四届中国国际高效电机暨系统节能高峰论坛开幕式，区委常委、常务副区长宋长征出席开幕式。

8月26日，十三届全国人大代表株洲小组及省、市人大代表株洲第三小组2020年专题调研活动，区长邹志超、区人大常委会主任颜曼文参加陪同。

9月8日，全国党外知识分子工作组织载体活动载体建设推进会考察株洲活动，区委常委、区委统战部部长陪同考察。

9月11日，江西省党政代表团到石峰区考察，区委书记陪同考察。

9月13日，中国城乡融合发展联盟考察团一行到石峰区考察活动。

9月24日，中央办公厅赴湖南省挂职小组到石峰区调研。

是日，中共湖南省委党校第92期厅干班到石峰区调研。

9月25日，中国中车全球开放日活动启动。

9月27日，2020年株洲市工业旅游节开幕。

是日，西藏山南市党政代表团到石峰区考察。

9月29日，湖南省2020年第二次重大项目集中开竣工活动株洲会场暨株洲市2020年“产业项目”第四次集中开竣工活动。

10月11日，江西省党政代表团到石峰区考察。

10月13日，湖南省委党校中青年干部培训班到石峰区调研。

10月14日，湖南省政协副主席贺安杰到石峰区开展政协专项督查活动，区长邹志超、区政协主席钟水根参加陪同。

10月17日，召开“不停顿、不大意、不放松　打好收官战”国家扶贫日主题活动。

10月20日，西门子交通中国株洲分公司乔迁暨揭牌仪式，区长邹志超参加揭牌仪式。

11月3日，株洲市委书记毛腾飞调研国创中心。

11月12日，长春市绿园区党政代表团一行来株座谈交流。

11月18日，全国人大常委会首长一行到石峰区调研。

12月1日，知名民营企业家株洲行活动。

12月6日，湖南省委副书记、代省长毛伟明到石峰区调研考察活动，区长邹志超陪同考察。

（陈建峰）

表5　2020年度石峰区委发文一览表

序号	文　号	文件标题
1	株石委〔2020〕4号	关于批转《石峰区民生实事人大代表票决制工作实施与监督办发》的通知
2	株石发〔2020〕3号	关于印发《株洲市石峰区贯彻落实中央生态环境保护督察“回头看”反馈意见整改方案》的通知
3	株石发〔2020〕4号	关于印发《石峰区网络服务管理工作规则》的通知
4	株石发〔2020〕5号	关于传达学习省委第三巡视组巡视株洲市石峰区工作动员会精神的通知

纪检·监察

【概况】 石峰区纪委与石峰区监委合署办公，一个机构两块牌子，履行党的纪律检查和国家监察两项职能。区纪委监察委核定编制39名，其中行政编制34名，事业编制5名，实有干部32人。纪委监委机关设办公室、党风政风监督室、信访室、案件审理室和3个纪检监察室。另设驻区财政局、驻区教育局、驻区委政法委、驻区卫健局4个纪检监察组，对区直单位实施综合派驻。

2020年是极其不平凡的一年，面对突如其来的新冠肺炎疫情和错综复杂的国内外形势，全区纪检监察系统认真履行党章和宪法赋予的职责，自觉担负起“两个维护”政治责任，充分发挥监督保障执行、促进完善发展作用，纪检监察工作呈现出良好的发展态势。

【政治监督】 坚守政治机关定位，始终把“两个维护”作为根本政治任务。学懂弄通习近平新时代中国特色社会主义思想。区纪委常委会坚持第一议题学习制度，把学习贯彻习近平新时代中国特色社会主义思想作为首要政治任务。建立班子成员领学制度，安排机关室主任、派驻纪检监察组组长固定列席。结合履行职责使命，重点学习习近平总书记关于坚定理想信念、坚持和加强党的领导、加强党的建设、全面从严治党等重要论述。聚焦贯彻落实习近平总书记重要指示批示精神及视察湖南重要讲话精神，扎实推进人防、供销系统腐败问题、违建别墅、违法占用耕地等专项治理，确保党中央政令畅通、令行禁止，以实际行动做到“两个维护”。

闻令而动，奋力投身疫情防控阻击战。区纪委监委机关全员发动，既参与社区值守，又负责防控督查，紧盯防疫措施落实、医疗物资调配、群众生活保障等环节，对防控责任重在督促落实、对发现的问题重在督促整改、对基层干部重在督促担责，协助区委督促推动各级各部门凝心聚力抗疫情、稳经济、促发展。

全力以赴服务保障中心大局。聚焦推动复工复产、长江流域“十年禁渔”、老旧小区改造、生态环境保护等重点工作开展监督，围绕“六稳”“六保”加强监督保障落实，确保中共中央大政方针和省委、市委重大决策部署在石峰落地落实。及时开展新提拔任职领导干部廉政谈话，认真办理廉政意见回复，强化选人用人监督。开展村居“两委”换届工作“回头看”，对信访举报再起底、线索核查再回炉，以严明的纪律确保村居“两委”换届顺利完成。

【作风建设】 坚持从落实中央八项规定精神入手，持续深入纠正“四风”问题。严肃整治形式主义、官僚主义。着力查处维护群众利益不担当不作为、敷衍塞责、弄虚作假、阳奉阴违，在疫情防控中不服从组织安排、防控措施不到位、服务企业不深入等问题，发出通报2期，通报批评9个单位和6名党员干部，诫勉谈话2人，约谈5人。紧盯重要时间节点，开展清明防火值班纪律督查、“五一”值班和项目建设情况督查。给予6名违反值班纪律的党员干部通报批评。紧盯重点领域，结合双随机一公开检查，牵头开展了全区合同专项检查、工程项目前期费用专项检查，督促相关单位整改问题122个。

严防享乐主义、奢靡之风反弹回潮。聚焦“厉行节约”开展系列监督检查，通过明察暗访、突击检查、专项检查、交叉检查、随机抽查、定期检查等多种方式，对违反中央八项规定精神问题设立专门台账，优先受理、优先处置、优先审查。2020 年全年查处违反中央八项规定精神问题 7 起，党纪政纪处分 5 人，诫勉谈话 2 人。

坚决纠治漠视侵害群众利益的行为。通过“互联网+监督”累计采集公示 5 个街道 45 个社区（村）收入 1212 笔，支出 4772 笔，票据 46410 张。通过网格微信群系统平台生成交办微群工单 1052 件，核实办结 1050 件，办结率为 99.8%。发出专报 4 期，推动各职能部门解决居民反映强烈的路灯不亮、道路破损、污染扰民、安全隐患、下水道堵塞等问题。在三供一业改造和老旧小区改造过程中，通过微信群收集群众意见建议，及时反馈给指挥部，推动相关问题顺利解决。

【惩贪治腐】 推进不敢腐、不能腐、不想腐，不断提高治理腐败效能。保持高压态势，惩贪治腐更加严紧硬。完成纪检监察系统检举举报平台的建设和运行，实现举报、受理、承办全程监控。区纪委监委领导班子成员带头接访，对信访举报情况深入分析，通过研判各项指标数据的增减变化，把握党风廉政建设和反腐败工作态势、规律。2020 年全年共受理信访举报 174 件，其中检举控告类 61 件，办结 52 件。全年党纪政务立案 15 起，党纪政务处分 16 人，退还群众资金 19.52 万元。

贯通运用四种形态，日常监督更加精细实。加强问题线索集中管理、动态更新和集体研究，综合运用谈话函询、组织处理、纪律处分等方式精准处置。2020 年，全区纪检监察机关运用“四种形态”处理 41 人次。其中，运用第一种形态处理 26 人次，占总人次的 63.4%；运用第二种形态处理 8 人次，占总人次 19.5%；运用第三种形态处理 5 人次，占总人次 12.2%；运用第四种形态处理 2 人次，占总人次 4.9%。切实使红脸出汗解决问题成为干部管理的常态，有效实现由“惩治极少数”向“管住大多数”拓展。

将廉政教育融入日常、抓在经常。将廉政教育纳入区委党校主体班、入党积极分子、社区（村）干部等培训的重要内容，挺纪在前，防微杜渐。通过组织观看警示教育片《严重违纪违法党员领导干部案件警示录》等方式，以案明纪，警钟长鸣。积极推进以案促改，针对问题查找“病灶”，下发纪检监察建议书 4 份，达到了“查处一案、警醒一片”的效果。

【巡察质效】 全面贯彻巡视巡察工作方针，把握政治巡察内涵、方向、重点，聚焦“四个落实”开展政治体检、纠正政治偏差。全力配合省委巡视工作。把配合省委巡视作为重要政治任务，督促推动有关党组织和党员领导干部自觉接受巡视监督，为巡视组开展工作、了解情况提供支持，配合省委巡视组对井龙街道、铜塘湾街道开展巡察“回头看”。对转交的具体事项、问题线索和信访反映，第一时间研究、处置、反馈。

坚守政治巡察定位。全年共开展巡察 3 轮次，对 19 个单位党组织开展常规巡察，对 10 个社区开展专项巡察，对 9 个单位党组织开展巡察“回头看”，发现“三个聚焦”方面问题 256 个，向被巡察党组织提出整改意见 71 条，向有关职能部门提出意见建议 7 条，清退违规资金 51714 元。

压实巡察整改责任。完善巡察整改日常监督机制，纪委纪检监察室和派驻机构把被巡察党组织巡察整改落实情况作为日常监督的重要内容，督促责任单位即知即改，推动各级党组织举一反三、对照整改，确保巡察反馈问题如期有效整改到位。

【体制改革】 坚持做实做细监督职责，将监督的制度优势转化为治理效能。持续深化派驻机构改革。出台《区纪委区监委派驻机构改革实施方案》，重新调整4个派驻纪检监察组的监督范围，明确派驻机构的职能、权限和监督方法，为派驻机构更好履职尽责建立坚实的制度支撑。

推动监察职能向基层延伸。制定《关于株洲市石峰区监察委员会向街道派出监察办公室的实施方案》，在全市城区率先实现向街道派出监察办公室全覆盖，派出监察办公室与纪工委合署办公，推动全面从严治党向纵深发展。提高规范化、法治化水平，坚持党对纪检监察工作全覆盖、全方位、全过程领导，强化上级纪委监委对下级纪委监委的领导，完善对街道纪工委、派驻纪检组“两为主一报告”工作机制。严格执行监督执纪工作规则和监督执法工作规定，进一步推动纪法贯通、法法衔接。加强与司法、执法、审计等单位沟通，建立问题线索移送快速通道。

【自身建设】 坚持严管厚爱、激励约束并重，教育引导督促纪检监察干部知责思为、担责敢为、尽责有为。强化政治建设。巩固拓展“不忘初心，牢记使命”主题教育成果，持续加强机关党建，突出政治引领，严肃组织生活，锤炼过硬政治品格，充分发挥战斗堡垒作用，1名工作人员在疫情防控工作中荣记三等功。

提升能力素质，扎实开展全员培训，按照“缺什么补什么”的要求，举办监督能力提升专题班，邀请省市相关领导进行授课。开展全员业务知识测试，强化以案代训，把年轻干部放到办案一线，在实战中积累经验，提升水平。因业务突出、作风过硬，1名纪检监察干部被中纪委抽调到新疆参与专案办理，工作成绩受到上级充分肯定。

严格监督管理。认真执行“一法三规”，以“十不准”规范言行，不断完善内控机制。牢固树立法治意识、程序意识、证据意识，从监督执纪执法各环节的风险点入手，健全完善监督制约机制。积极向人大代表、政协委员、党外人士通报党风廉政建设情况，自觉接收监督。

（谭　涛）

石峰区委办公室

【概况】 根据《中共株洲市委办公室株洲市人民政府办公室关于印发〈石峰区机构改革方案〉的通知》（株办〔2019〕8号），中共株洲市石峰区委办公室《关于印发〈中共株洲市石峰区委办公室职能配置、内设机构和人员编制规定〉的通知》明确规定，石峰区委办公室是区委的日常办事机构，作为区委工作机关，为正科级，统一领导区委保密委员会办公室，对外使用区政府外事办公室、区政府港澳事务办公室、区委保密委员会办公室（区国家保密局）、区委机要局（区国家密码管理局）、区委台湾工作办公室（区政府台湾事务办公室）名称，加挂株洲市石峰区档案局牌子。区委全面深化改革委员会办公室、区委财经委员会办公室设在区委办公室。至此，石峰区委办公室下设督查室、综调和信息室、秘书室（区委总值班室）、机要室（保密室）、外事港澳台室5个内设机构，核定行政编制13名，设主任1名（由区委常委兼任），副主任3名，其中常务副主任1名（正科级），副主任2名（副科级）；督查专员1名兼任督查室主任（副科级）。石峰区委办所属事业单位2个，其中，区档案馆为区委办公室所属正科级公益一类事业单位，对外加挂区党史和区志研究室牌子，核定全额拨款事业编制6名，其中馆长1名，副馆长2名；区绩效考核办公室调整为区绩效评估事务中心，为区委办公室所属副科级公益一类事业单位，核定全额拨款事业编制2名，其中主任1名。设立石峰区轨道交通产业服务中心，为区委直属公益一类事业单位，正科级，主要职责为围绕轨道交通产业全球发展态势和最新方向，国家和省级层面宏观政策，以及全国轨道交通产业集聚地先进经验和做法，编辑轨道交通产业信息资讯，为区委决策提供智力支持；配合株洲动力谷发展研究中心开展涉及轨道交通产业发展的调查研究有关工作。核定事业编制4名，设主任1名，副主任2名，与区委办合署办公。

【综合调研】 围绕轨道交通产业高质量发展、清水塘新城建设、市域社会治理试点等重点难点问题，深入一线开展专题调研，起草调研报告10余个，为区委决策提供参考。定期向市委报告情况，上报专报23个，其中，平安建设“三大行动”、智慧农贸等专报得到市委主要领导批示。

【深化改革】 坚持系统集成、协调高效，在统筹推进市委部署的9大领域21个方面的92项改革任务的同时，结合石峰实际，重点谋划实施经济体制、生态环保、社会体制、党的建设等四大板块15个方面的特色改革，各项改革取得明显成效。其中，基层治理“清水塘样本”入选全国2020年社会治理创新典范，农贸市场“小菜篮”牵手“大数据”纳入省100例典型改革案例。

【小康建设】 深入开展“全面小康决胜年”活动，制定《石峰区2020年全面建成小康社会工作方案》《石峰区2020年小康指标责任分解表》，聚焦“一脱贫、三促进、六覆盖”三大板块36项指标，实行“每月工作一调度、指标一测评”，统筹做好利用内外资、农产品加工、税收占比、防范化解政府性债务风险、污染防治、公办幼儿园占比、饮水安全7项短板指标工作，着力补齐短板、提升质量，高质量完成了全面建成小康社会收官战各项任务。2020年9月以来，石峰区小康指标实现程度稳定保持全市第一。在全省一类县市区中，全面小康工作荣获两项殊荣，其中，指标实现程度全省排名第一，指标提升幅度全省排名第二。

【文稿信息】 制定《石峰区办公室系统积分制考核管理办法（试行）》，以发表文章、报送信息为重点进行积分管理考核，定期将积分结果抄报区委组织部和区委主要领导，并强化结果运用，与干部日常考核、评优评先和选拔使用挂钩，引导全区办公室系统干部和年轻干部树立正确工作导向，努力提升以文辅政水平。全年共起草工作文稿200余篇，向省市报送信息600余条次，全区刊发稿件4486篇次，其中，中央媒体62篇次、省级媒体230篇次、市级媒体1375篇次，文稿信息质量稳步提升。

【督查落实】 围绕区委全会、区委常委会、专题会议及领导批示等一系列重点，落实快办快结督查机制，推动工作有效落实。2020 年，全年督查市级交办件 52 件、区委书记批办批示件 43 件以及区委全会报告 28 项责任分解事项，实现整体工作把控到位不缺失、重大工作督查到位不缺位、专项工作跟踪到位不缺信。围绕群众诉求，践行“马上就办、真抓实干”工作理念，通过网络派单及线上反馈、随机抽查等方式，全年对 156 件网格事件进行核查落实，推动一大批群众诉求落到实处，有效提升群众的幸福感、获得感。

【绩效考核】 调整完善“五问工作法”考核，坚持分类考核、精准评估，实行“三看三比”，即看数据比排名、看亮点比特色、看进度比绩效，考核内容更加紧扣重点，考核方式更加简便客观，考核作用更加有效明显。试行事业单位绩效考核，按照“一单位一方案”，完成对区内 9 个事业单位绩效考核方案的审核批复工作，全面深化教育系统“量补质奖”、卫健系统绩效分配积分管理考核，充分调动干部职工干事创业的积极性。同时，坚持常规考核与专项考核并重，将全面小康、房地产办证等中心工作纳入专项考核，取得明显成效。

【公文处理】 2020 年全年接收各级公文 616 件，其中明电 453 件，无一差错，获评 2019 年度全省党政机要密码工作先进单位，相关经验在中办《机要工作》2020 年第 8 期刊载。强化发文源头管控，实行发文前置审核，严格执行“三审”，2020 年全年以区委政府和两办名义的发文数量同比减少 23.33%，切实为基层减负。积极稳妥推进信创工作，加快电子政务内网建设，如期完成内网机房及内网中心节点改造建设，以及内网视频会议系统接入、相关部门专网应用迁移。

【会务接待】 认真贯彻落实上级关于精简文件会议的精神，切实整治文山会海，大型会议资料在确保信息安全的前提下，提倡推行二维码制码发放，厉行节约。严格公务接待活动，高质量、高效率承办株洲市先进轨道交通装备产业链推进大会等一系列重要活动、圆满做好省委第三巡视组巡视株洲市石峰区工作，接待各级领导到区考察活动 113 次，统筹组织全区重要会议 200 余次，获得各级领导的一致好评。

【综合服务】 进一步加强领导干部节假日带班值班和规范领导干部请销假制度，严格落实应急值班工作责任制，实行常委领导带班、值班人员双值班制度。全年编发《2020 年 1—12 月区委常委双休日、节假日值班安排表》，严格执行《石峰区委办公室关于进一步严格领导干部外出请假等重大事项请示报告制度的实施办法》，规范全区领导和干部会议请假和外出报备。坚持县级领导工作动态每日一报送一整理，全年整理印发《四大家领导每日工作汇编》251 期。加强党办系统干部队伍建设，全年选派 5 位优秀干部到市委办跟班学习，每季度从基层党办系统选派人员到区委办跟班学习，竭力抓好党办系统干部培养。

【支部建设】 坚持打造“火车头”党支部，强化支部“五化”建设，深入开展“每周一晚”“每月一日下网格集中办公”等活动，积极参与常态化疫情防控，党员先锋模范作用充分彰显。同时，大力推行网上办公和一线办公，推动外事侨务、港澳台、档案管理信息化建设、年鉴编纂等各项工作高效落实。

表 6　　2020 年石峰区委办文件一览表

序号	文　号	文件标题
1	株石办发〔2020〕7 号	关于印发《石峰区政府投资项目管理办法》的通知
2	株石办发〔2020〕8 号	关于印发《落实化债工作要求加强增收节支管理的六条措施（试行）》的通知
3	株石办发〔2020〕9 号	关于做好区内政府性投资项目统筹管理的通知
4	株石办发〔2020〕11 号	关于印发《株洲市石峰区“奋战 100 天 冲刺双过半”攻坚行动实施方案》的通知
5	株石办发〔2020〕12 号	关于印发《石峰区 2020 年“产业项目建设年”活动实施方案》的通知
6	株石办发〔2020〕13 号	关于印发《石峰区 2020 年温暖企业行动工作方案》的通知
7	株石办发〔2020〕15 号	关于印发《关于进一步促进慈善事业健康发展的实施意见》的通知
8	株石办发〔2020〕16 号	关于印发《株洲市石峰区国有及集体企业退休人员社会化管理工作实施方案》的通知
9	株石办发〔2020〕25 号	关于印发《株洲市石峰区生态环境保护工作责任规定（试行）》的通知
10	株石办发〔2020〕27 号	关于实施“三张清单”的通知
11	株石办发〔2020〕28 号	关于印发《石峰区 2020 年度“一件事一次办”改革工作要点》的通知
12	株石办发〔2020〕29 号	关于印发《开展重点工作集中攻坚行动方案》的通知
13	株石办发〔2020〕33 号	关于印发《2020 年石峰区“民生 100”工程实施方案》的通知
14	株石办发〔2020〕35 号	石峰区办公室系统文秘队伍积分制考核管理办法（试行）
15	株石办发〔2020〕40 号	开展学习贯彻落实习近平总书记考察湖南讲话精神暨进网格解难题专题活动
16	株石办发〔2020〕41 号	关于印发《“双比双看”大竞赛活动工作方案》通知
17	株石办发〔2020〕52 号	关于印发《关于规范区属国有企业经营管理的暂行规定》的通知
18	株石办发〔2020〕55 号	关于进一步规范石峰区被征地农民社会保障政策的通知
19	株石办发〔2020〕16 号	关于印发《石峰区 2020 年机关、村（社区）、行业、系统软弱涣散党组织整顿工作方案》的通知

（陈建峰）

巡察工作

【概况】 区委巡察工作领导小组办公室是中共株洲市石峰区委巡察工作领导小组的日常办事机构，为正科级，设在区纪委。2020 年，区委巡察办坚持以习近平新时代中国特色社会主义思想为指引，全面贯彻中央、省、市、区委有关巡察工作的重大决策部署，突出巡察政治定位，坚持发现问题、形成震慑、推动改革、促进发展工作方针，落实政治巡察要求，充分发挥了从严治党的利剑作用。

【压实巡察主体责任】 区委书记认真履行第一责任人的职责，全面部署党委巡察工作。亲自审核把关每轮被巡察党组织名单，对巡察方案提出意见建议。在书记专题会上直接点人点事点问题，要求被巡察单位的主要负责人参加专题会的最后一个议题，面对面地对被巡察党组织的主要负责人提整改要求，责令在整改期内高质量完成整改，责成分管部门的县级领导跟踪、督促落实巡察整改。区委巡察工作领导小组切实发挥统筹作用，召开领导小组会议研究制定巡察工作年度计划、研究巡察方案等各项工作，及时听取巡察办、巡察组工作情况汇报，指导和监督巡察组工作开展。

【提升巡察工作能力】 加强巡察办组学习交流，传达并学习全国巡视会议精神、王鸿津在全国市县巡察办主任提级培训班上的讲话精神、株洲市巡察办主任会议精神，全面深入掌握巡视巡察工作的新精神、新部署、新要求，把中央提级培训的新精神新要求转化成推动工作的具体行动，不断提升巡察工作质效。加大对巡察干部的指导培训力度，在每轮巡察前进行系统的业务培训，邀请经验丰富的巡察干部、部门业务骨干传授经验和做法、分享心得体会，为巡察干部树立标杆和榜样。在巡察期间不定期地下到每个巡察组对巡察干部进行业务指导和作风督查，努力打造一支政治强、作风硬、敢担当的巡察铁军。

【推进巡察全覆盖】 抽调巡察干部配合省委第三巡视组开展巡察“回头看”。配合市委第七巡察组开展对石峰区党政机构改革专项巡察。区内巡察在方式上打好组合拳，除常规巡察外，还采取了专项巡察、巡察“回头看”等方式。2020 年全年共开展巡察 3 轮次，对 19 个单位党组织开展常规巡察，对 10 个社区开展专项巡察，对 9 个单位党组织开展巡察“回头看”，发现“三个聚焦”方面问题 256 个，向被巡察党组织提出整改意见 71 条，向有关职能部门提出意见建议 7 条，清退违规资金 51714 元。截至 2020 年底，已完成对 84 个单位党组织的巡察，覆盖率为 93%。以专项巡察或“巡街带村”方式完成对 45 个社区（村）级党组织的巡察，覆盖率为 100%。

【强化巡察成果运用】 建立区领导推动巡察整改工作机制，将巡察发现的问题和整改督查情况，以“交办函”的形式直接向分管区领导反馈，由区领导组织跟踪、检查、督促被巡察党组织落实整改。将巡察整改纳入纪委监委和组织部门日常监督机制，出台了《石峰区加强巡察整改情况督促检查工作的实施方案》等制度文件，由纪委和组织部门联合成立督查组，根据每轮被巡察单位党委（党组）报送巡察整改情况，开展常态化督查。由纪委监委 3 个纪检监察室牵头，联合 4 个派驻纪检组与 5 个街道纪工委，指导、督促巡察整改工作，构建联动高效的巡察整改工作新机制。严格审核整改方案和报告。整改方案、整改清单、整改报告、整改台账报区纪委监委相关监督监察室审核，并抄送巡察办，巡察办及时送相关巡察组审阅。巡察整改情况及时公开，接受监督。

【推动开展“巡审联动”】 区委巡察办和审计局积极探索进一步凝聚监督合力，力求达到“1+1>2”的效果，每轮巡察开展前，审计局及时与区委巡察办沟通对接，选定部分被巡察单位列入审计项目计划，根据工作需要进行动态调整，同时突出对重点人、重点事、重点问题、重点领域的联动监督，发挥巡察、审计“双剑合璧”的作用。（谢　莹）

组织工作

【概况】 中共株洲市石峰区委组织部（以下简称区委组织部）是区委工作机关，为正科级。加挂区委直属机关工作委员会、区委老干部局、区委非公有制经济组织和社会组织工作委员会以及区公务员局牌子。下设党建组、干部组、人才组、办公室，下属事业单位有区党员教育中心、区老干部服务中心。在编在岗 16 人，其中行政编制 12 人，事业编制 3 人，机关工勤编制 1 人。

2020 年，区委组织部以习近平新时代中国特色社会主义思想为指导，贯彻落实习近平总书记考察湖南重要讲话精神，按照省、市组织工作会议精神和区委工作要求，以党的政治建设为统领，大力弘扬“火车头”精神，扎实推进党建、干部、人才等组织工作，为实现“一极三区”的新石峰提供坚强的组织保证。

【加强基层党组织政治功能】 小区党建工作稳步推进。科学规划顶层设计，成功打造 10 个小区党建示范点，拨付奖补经费 20 万元。全区 145 个党支部已组建完成 131 个，其余 14 个小区党支部已初步确定支委拟任人选和阵地建设选址，正以示范点小区为样板，深挖各自特色文化，打造“三位一体”（即小区党支部、业委会、物业阵地一体推进）功能阵地。啤酒厂小区党支部首创的“居民议事会制度”获市委组织部充分肯定，被选为全市基层党建“看学议”观摩点，评为全市五星级小区党支部。按照“打造示范、推动一般、整顿后进”的工作思路，全区 310 个党支部“五化”全部达标。

轨道交通产业链党建工作成效显著。2020 年，先后出台了“关于擦亮‘火车头’品牌，坚持党建引领，推进株洲先进轨道交通装备产业高质量发展”的“1+5”系列文件（“1”指总文件，即《关于擦亮“火车头”品牌　坚持党建引领推进株洲先进轨道交通装备产业高质量发展的意见》；“5”指 5 个子文件，分别为《关于建立株洲先进轨道交通装备产业链企业联合党委工作机制的通知》《关于推进株洲先进轨道交通装备产业链企业党组织全覆盖的行动计划》《关于在株洲先进轨道交通装备产业链开展结对共建活动的通知》《关于在株洲先进轨道交通装备产业链开展党建“看学议”活动的通知》《关于举办先进轨道交通装备产业链“党建论坛”的通知》）、产业链企业联合党委工作机制、2020 年工作要点等相关文件，推动了工作的规范化和制度化。同时，以企业联合党委为纽带，完成企业结对 7 对、党支部结对 8 对、研发人员结对19对、购销人员结对26对，组织现场观摩2次（20余家企业）、举办全市产业链党建首个培训班。通过结对共建、组织观摩、专题培训，有效提升民营企业党组织党建业务水平，提升民营企业运用党建思维思考、分析、解决问题的能力。

党员教育管理工作有效加强。全年累计投入500多万元把原十六中改造成区委党校。6月，区委党校作为全市首家实体化运作的区级党校正式投入使用。精心打造《清水塘蝶变》《秋瑾的故事》《推进基层社会治理现代化》等精品党课，其中，《清水塘蝶变》在神农大剧院演出获省市相关领导肯定。按照“常规+特色”的方式，不断优化培训班次，建立领导干部讲课制度，丰富培训内容，确保每期党员培训班既有习近平新时代中国特色社会主义思想、党性教育解读等培训内容，又有项目调研、实践拓展等培训项目，取得了全方位培训实效。

基层基础不断夯实。稳步推进社区（村）“两委”换届工作，作为全市“一肩挑”试点单位，采取一村一策、因地制宜的原则，45个社区（村）已于8月底前100%实现党组织书记、主任“一肩挑”，为社区（村）“两委”换届选举打下坚实的基础。研究制定换届工作实施方案，建立县级领导联点工作制度，召开推进会、业务培训会，成立工作领导小组、督导组，稳步有序推进换届工作。进一步打通基层干部晋升通道，全面落实省委、市委“1+5”文件精神，1名社区书记通过比选提拔为街道副主任，面向社区（村）干部、大学生村官定向招聘事业编制人员4人。核定社区专职工作者员额总数为263名，根据考核结果，已分两批将149名网格员（含49名老体制身份网格员）纳入社区专职工作者队伍管理，选优配强基层党组织干部队伍。

【培养专业化干部队伍素质】 根据新的形势任务统筹推进选贤任能。注重政治把关，树立正确用人导向。严格按照上级工作要求和标准，认真完成区委对5个街道和54个区直机关的政治建设考察工作，全面及时开展对贯彻落实总书记重要讲话精神和中共中央决策部署情况、干部遵守政治纪律和政治规矩情况等，坚持把考察了解干部做到“两个维护”（即坚决维护习近平总书记党中央的核心、全党的核心地位，坚决维护党中央权威和集中统一领导）的实际表现摆在首位，对政治上不合格的干部“一票否决”。精准对各部门领导班子和领导干部“政治画像”，建立政治素质档案。坚持事业为上，补齐队伍短板。推行“三个一批”[即在重点工作攻坚中提拔重用一批机关干部、招聘入编一批基层干部、选拔一批年轻社区（村）书记]，突出在重点工作攻坚中提拔重用一批机关干部、招聘入编一批基层干部、选拔一批年轻社区（村）书记，引导广大干部积极参与到老旧小区改造、“双过半”及保运转、清水塘老工业区搬迁改造等七项重点工作中建功立业。全年共调整干部179人次，其中提拔正科职干部10人、副科职干部22人，重用13人，调任7人，全年共职级晋升15人次，干部队伍人岗适配度持续增强。面谈考察选任“干将”。区委拿出7个综合型和专业型岗位开展“面谈考察”来发现、了解年轻干部，逐一对符合条件并报名参加干部的综合素质和岗位匹配度进行总体评价，为广大干部提供一个公平竞争平台。

注重素质培养，着力提高治理能力。加强干部专业能力培训，聚焦增强“六项思维”（即战略思维、历史思维、辩证思维、创新思维、法治思维、底线思维）、锤炼“八大本领”（即学习本领、政治领导本领、改革创新本领、科学发展本领、依法执政本领、群众工作本领、狠抓落实本领、驾驭风险本领）和斗争本领、提升“七种能力”（即政治能力、调查研究能力、科学决策能力、改革攻坚能力、应急处突能力、群众工作能力、抓落实能力）。注重干部能力培养，探索完善年轻干部培养锻炼机制。创新方式组织 20 名机关干部和 20 名社区网格员进行“双向轮岗”，在提升理论水平、思想格局和统筹能力的同时，实现干部综合素质和网格化管理效能双提升。用党的科学理论武装干部头脑。共选派 10 名优秀干部参与市委党校“中青班”“街道党政正职班”和“组工干部班”等培训，督促全区 625 名学员按时按量完成干部教育培训在线学习任务，完成率达 100%。组织参加《疫情防控与应急管理能力提升专题培训班》《学习贯彻党的十九届四中全会精神培训班》等专题培训班。切实发挥区委党校教育干部的主阵地作用，区委党校全年共举办新提拔科职干部、年轻干部，新进干部主体班 3 期、专题班 2 期、能力提升班和各系统业务班 10 期，共培训学员 1254 人。

科学高效管理公务员队伍。顺利完成法、检两院公务员职级套转工作，区法、检两院共套转综合管理类公务员 18 名，助理和书记员类公务员 22 名，司法警察类公务员 8 名。完成选调生、省公务员考录工作，全年共办理 130 多名公务员工资福利异动审批，为 14 名公务员办理退休手续。强化干部信息档案管理，完成全年提拔、重用、调任等情况 80 多人次的任前审核、档案专项审核和认定。完成 4000 多份干部档案零散材料的入档装订及电子档案目录系统及决策系统更新，完成全区干部家庭信息采集表收集及决策系统信息更新、全国公务员信息统计工作。

从严从实开展干部监督。坚持严管就是厚爱，严格落实领导干部因私出国（境）登记备案和证照集中保管工作要求，积极开展 376 名人员信息补录工作，开展“一人多证”专项整治，新增职级公务员、平台公司班子成员等备案人员 117 人。严格落实《干部选拔任用工作监督检查和责任追究办法》，全年完成 11 名干部的经济责任审计和 45 名县级领导个人事项报告上报。防疫期间，组织对部分单位和少数党员领导干部政治站位不高、责任意识缺失、工作作风等情况进行督查、批评教育和通报。全年共受理群众投诉举报问题 1 件，积极跟进 2019 年上级移交匿名举报 1 件，积极营造风清气正的政治环境。

【提升人才服务工作质量】 落实奖补政策，积极推进人才服务。向中车株机公司、中车株洲所等 10 家企业的 847 名人才发放 2019 年优秀青年人才生活补贴和购房补贴资金共 1260 多万元。根据市级人才政策调整情况积极完善修订石峰区人才政策。积极协调解决 162 名优秀职工子女就学、建宁驿站扩建、园区员工就餐条件改善，2 名市高层次人才配偶工作调动等问题。按要求组织开展海外人才安全保护调度会和基本情况摸排，积极推进海外人才安全保护工作。

开展人才调研，助推人才交流学习。组织辖区内 10 家轨道交通重点企业开展急需专业引进摸底，4 月底配合市委人才办组织召开了轨道交通重点企业人才工作座谈会，6 月底配合省委组织部人才处、市委人才办在中车株洲所开展长株潭人才工作协调发展调研座谈会。12 月初，《中国组织人事报》副社长丁向阳一行实地考察了中车株机超级碗、中车株洲所陈列室和国创科技中试基地并召开座谈会。根据成立区慈善会工作安排，组织开展了轨道交通重点企业人才募捐活动，向 8 家轨道交通企业人才募集慈善捐款 12 万元。

【引导老干部发挥“余热”】 稳步推进离退休干部工委建设。围绕“金秋党旗红”“金秋志愿汇”“金秋幸福家”“金秋风采园”四个版块，扎实推进“美在金秋”老党员之家建设。整合现有的老干部活动中心、街道、社区党员活动室、居家养老服务中心，打造响石岭云峰阁社区等 2 个老党员之家，为离退休党员提供开放式、多功能活动场地。11 月底，全区 18 个单位离退休干部支部“五化”建设全部完成验收，其中，区委组织部离退休干部党支部获评省级示范支部，清水塘街道办事处离退休干部党支部、科工信局离退休干部党支部获评市级示范支部，石峰区《开展志愿服务彰显“不老”担当》被评为全省离退休干部党建工作优秀案例。

全力保障老干部待遇。宣传发动离退休干部关注“三湘老干部 e 家”微信服务号和“株洲老干部”等信息化平台，帮助老干部实时了解时政资讯。为离退休干部提供“上门式”“圆梦式”“慰问式”精准服务，切实做好离休干部“一人一策”服务，为 28 名离休干部办理居家养老服务卡。2020 年全年走访慰问离退休干部及老干部遗孀 3000 多人次，接待离退休干部来访 100 多人次，看望住院老干部 60 多人次。还对 5 名易地安置（居住）的离休干部进行了慰问走访，为 7 名逝世离休干部遗属办理抚恤金。结合节日组织开展书法、征文、钓鱼比赛、健步行等 15 次文体活动，不断丰富老干部精神文化需求。

引导老干部在基层治理中发挥“余热”。引导全区离退休干部结合“涉老”组织开展书法、朗诵等各类活动，20 余篇老党员征文作品、书法作品被省、市媒体选用刊登。组织 200 多名退休党员组建石峰区“不老松”志愿者服务总队，分设 7 个志愿服务组深入各社区、中小学校园、敬老院、康复医院等开展政策宣传、法律援助、慰问演出、结对帮扶、创文值守、疫情防控等 1000 余次志愿服务活动。湖南电视台 3 月份在“帮女郎”栏目以《战“疫”玫瑰 逆风绽放：银发特工队　最美夕阳红》为题对时代社区老党员抗疫事迹进行了专题报道。区关工委被评为全国关心下一代先进集体。

【打造模范组织工作队伍】 坚持用党的创新理论武装头脑。深化部务会政治理论学习第一议题制度，用习近平新时代中国特色社会主义思想武装头脑，组织开展“每周一晚”，定期开展“三会一课”（即党员大会、支委会、党小组会以及党课），第一时间学习传达中央、省、市重要会议及政策文件精神，带头研讨习近平总书记考察湖南重要讲话精神，抓实“学习强国”学习，不断提高组织工作干部的政治敏锐性，提高组织工作干部政治理论水平。

带头争当“五个表率”。深入开展省、市组织部门“五个表率”（即在做到“两个维护”上争作表率，在敢于担当斗争上争作表率，在锤炼过硬本领上争作表率，在弘扬严实作风上争作表率，在永葆清廉本色上争作表率）活动，引导组织工作干部在疫情防控、旧城改造、为民服务中争当先进，选派组织工作干部参与巡察、国企党员移交、疫情防控、旧城改造、绿心退出等中心工作。做实做细“每月一日下网格”和“进网格解难题”活动，每月定期开展政策宣传、走访慰问、社区治理等工作。全年按季度按月以“五问工作法”统筹推进20多项部门重点工作、160多项个人预安高质量销号，扎实推进党风廉政建设，节约型机关创建、平安石峰建设等。组建组织系统网评队伍，全年在红网等论坛上发表评论文章200多篇，极大地传播网络正能量。（刘　铮）

机构编制

【概况】　中共石峰区委机构编制委员会办公室（以下简称区委编办）于1997年7月成立。区委编办核定行政编制3名，实有人员2人。部门所属副科级事业单位1个：机构编制事务中心，核定事业编制3名，实有人员1人。2020年，区委编办紧紧围绕区委、区政府中心工作，按照省市要求做好综合执法体制改革，推动城市管理高效化科学化；完成承担行政职能事业单位改革，规范事业单位职能设置；扎实推进公办中小学教职工编制管理顽疾治理，保障教师队伍力量，推动义务教育健康发展。

【深化编制理论学习】　加强对《中国共产党机构编制工作条例》的学习宣传和贯彻落实。邀请市委组织部副部长、市委编办主任欧阳瑞丰为区委理论中心组成员、编委会成员单位负责人开展《中国共产党机构编制工作条例》专题辅导。在区机关大厅设置《条例》宣传展板。在区委常委会和编委会上组织学习习近平总书记关于机构编制工作的讲话精神，增强全区领导干部和相关工作人员的机构编制工作理论水平。

【综合执法体制改革】　2020年，成立区城市管理综合行政执法大队，出台了“三定”规定，厘清新组建区城管大队职能，明确其内设机构、直属中队和派驻中队，完成编制调整、人员转隶、干部任免等工作。调整后，区城管大队核定事业编制80名。

【行政职能事业单位改革】　2020年，通过单独设置、部分归并、系统整合等多种方式，成立党委政府直属事业单位10个，制定“三定”规定，明确机构和编制，将行政职能划归行政机构，厘清各部门职能职责，解决职责边界不清和职责越位等问题。

【中小学教职工编制与管理】　2020年，完成机关事业单位抽借调、公办幼儿园借调、民办学校任教人员等在编不在岗人员共37人的回流工作。清退临聘教师52人。（汪　军）

宣传工作

【概况】　2020年，全区宣传思想文化工作以习近平新时代中国特色社会主义思想为指导，深入学习贯彻中共十九大和十九届二中、三中、四中、五中全会精神，着力抓好了意识形态、理论武装、舆论引导、文明文化建设等工作，牢固树立“四个意识”，坚定“四个自信”，把握主基调、弘扬主旋律，各项工作呈现出向上、向新、向好的局面。

【理论学习】　全年共举行11次区委理论学习中心组学习会，召开16次常委会会议，开展专题辅导13次，先后学习了习近平总书记系列讲话精神、“两会”精神、中共十九届四中、五中全会及中央政治局系列会议精神。积极开展“全国两会精神”“战疫密码——中国之治”微视频宣讲、黄诗燕同志先进事迹报告会、习近平总书记考察湖南重要讲话精神宣讲等系列活动，切实用讲话精神武装头脑、指导实践、推动工作。

【意识形态工作】 为切实推动意识形态工作责任制落地落实，2020 年制定下发《石峰区意识形态工作责任制实施细则》，把意识形态工作纳入“大党建”和党建工作责任制，将其作为监督检查、执纪问责的重要内容。2020 年，坚持意识形态工作联席会议制度，对 17 个部门开展意识形态专项巡察。编印《石峰舆情》共 11 期，举报有害信息 262 条，全年未发生网络舆情炒作事件。

【对外宣传】 2020 年，区融媒体中心顺利通过省级达标验收。区级新媒体不断拓展丰富，建成“石峰融媒”官方微信、微博、抖音等 6 个宣传平台并实现“一网打通”，“欣石峰”App 于 5 月下旬正式上线。区级融媒矩阵共刊发各类报道稿件 4486 篇次，制作短视频 100 条。在中央媒体刊发报道 62 篇次、省级媒体 230 篇次、市级媒体发布 1375 篇次，组织 17 家中央、省、市媒体报道株洲先进轨道交通装备产业链推进会，彰显株洲轨道交通产业链的影响力。

【文明创建】 2020 年，完成新时代文明实践 1 中心、5 所、45 站挂牌建设，形成“区级中心、街道所和社区（村）站”点面结合的三级网络。成立 18 支机关志愿服务队、5 支街道志愿服务队、45 支村（社区）志愿服务分队，志愿者人数达到 6938 人。以庆祝传统节日、“每月一日下网格”“主题党日”、认领“微心愿”为载体，全年开展“我们的节日”、睦邻节、“我的中国梦•文艺进万家”等志愿服务活动 230 余场。

【文化文艺】 创作长篇报告文学《动力谷》，编撰出版《魅力九郎山•民俗风情》。发动各文艺协会用镜头和笔头“以艺抗疫”，以“众志成城战疫情”为主题，推出抗疫文艺作品网络展播活动 27 期，发表会员抗疫文艺作品 700 余件。2020 年，还组织创作话剧《遇见秋瑾》，举办首届工业版画展览，举办“秋瑾讲坛”10 期。

（杨　艳）

网信管理

【概况】 石峰区委网络安全和信息化委员会办公室为石峰区委网络安全和信息化委员会的办事机构，为正科级，列区委序列。编制 3 个，设主任 1 名，副主任 1 名。

2020 年，区委网信办坚持以习近平新时代中国特色社会主义思想为指导，充分发挥网信工作职能，努力营造良好的网络氛围，荣获 2020 年度湖南省和株洲市网络舆情信息工作先进单位称号。

【落实网信责任】 坚持把网络意识形态工作当作一项事关全局发展的政治任务来抓，有力推动网络信息安全工作责任制落地落实。召开了区网信委第二次会议，全面加强党对网信工作的领导权和管控力，明确部门分管领导，配齐街道网信工作专干，推动工作责任落实。认真落实“四个纳入”（即纳入社区议事日程、纳入党建工作范畴、纳入精神文明创建、纳入全年工作目标），健全责任落实机制，结合意识形态工作督查与考核，倒逼网络意识形态工作责任制落实到位。严格执行“两项制度”，利用意识形态工作联席会议和“大宣传”工作会议进行风险研判，全面梳理甄别各类问题，对网络意识形态潜在风险做到早预警、早防范、早处置。

【做好网信服务】 助力全民战“疫”。2020年，网信战线全力以赴投入疫情防控工作，加强值班值守，24小时密切关注疫情发展情况，疫情期间报送正能量网评文章28篇，依托347个网格微信群稳民心、暖人心、增信心，为疫情防控工作顺利开展创造良好的舆论氛围。奏响正面强音。建立宣传机制正面引导制度，积极策划主题宣传，在项目建设、棚户改造、三供一业、美丽乡村建设，关停企业职工就业等方面，积极在线策划主题，开辟专栏，挖掘放大网络“美丽网事”“点滴感动”，顶起“平凡英雄”，宣传“最美人物”，倡导“最美精神”。突出网格惠民。充分发挥网格化平台优势，全面实行“石峰发布+网格微信群组+网格化信息管理平台”模式，推进网络民生，确保群众心声“无障碍、原生态、多途径”表达。

【筑牢网络安全】 巩固网络阵地建设。建立网络舆情周研判月例会制度，舆情交办回复率达到100%。推动网络生态治理。组织开展2020年国家网络安全宣传周活动，营造浓厚的网络安全宣传氛围。联合区公安分局对网格中心、教育局等10家区直部门进行网络安全检查，对辖区企业单位开展网络安全检查17次，登记报备90家，对全区开展网络等级保护，进行等级专业测评25家，行政处罚违法单位4家。

（魏丽华）

统战工作

【概况】 2020年，区委统战部以“不忘初心，牢记使命”主体教育活动为载体，认真贯彻落实习近平总书记加强和改进统一战线工作的重要思想，按照“区委中心工作部署到哪里，统战工作就助力到哪里”的工作思路，进一步加强党对统战工作的领导，抓机制促落实，进一步夯实统战工作基础，积极构建统战工作新格局。

【基层统战工作】 进一步健全统战工作机制。经区委常委会专题研究，重新调整了区委统战工作领导小组，对“五问考核”中的统战工作考核内容进行了调整，考核指标更加量化，明确了各级党委书记是统战工作第一责任人，把统战工作列入了党委工作述职内容，切实增强基层统战工作的责任感。

进一步夯实基层统战工作力量。加强对统战干部的理论武装、党性教育和能力培训工作，将新时代统战理论纳入党校干部培训课程。通过培训，着力提高统战干部的政治引领能力、政策把握能力、研究问题能力、联谊交友能力、推动落实能力，练就开展新时代统战工作的真本领，锻造一支政治坚定、业务精通、作风过硬的统战工作队伍。

构建社区统战网络。继续开展统一战线思想理论进企业、进社区（村）活动。各街道、社区充分利用网格化办公系统，多方动员，整合资源，实现街道、社区一体，部门联动，上下贯通的统战工作新格局，推动了统战工作在社区（村）和学校的延伸，有力地拓展了统战工作领域，扩大了统战工作的社会影响。

【中心工作】 抓好统战领域新冠肺炎疫情防控工作。2020 年，区委统战部认真贯彻中央、省委、市委、区委各项决策部署，把疫情防控作为统一战线当前的中心工作抓好抓实，为打赢疫情防控阻击战贡献力量。

闻令而动，迅速部署防控工作。成立了石峰区统一战线新型冠状病毒肺炎疫情防控工作领导小组，制定了《石峰区委统战部新型冠状病毒疫情防控工作方案》，明确工作职责和具体要求，班子成员到岗到位，深入一线调研指导查看，严格执行值班制度，及时应对突发事件，通过通知、电话、微信等渠道及时传达中央、省、市、区有关精神，增强防护意识、做好科学防控。

聚焦重点，加大联防联控力度。全力做好广大信教群众的宣传教育引导工作，引导广大教职人员和信教群众积极主动配合做好疫情防控工作。在疫情期间全区 9 个宗教场所全部按要求做到了“两个暂停”(停止对外开放，停止一切宗教活动)，全区统战各领域新冠肺炎疫情零报告。

发挥优势、积极筹措防控物资。区委统战部向全区统一战线各界人士发出《为防控新型冠状病毒疫情捐款捐物的倡议书》。株洲联诚集团有限责任公司、株洲九方装备股份有限公司向湖南慈善总会捐款 200 万元，建筑业协会民营企业捐款 10.5 万余元，唐朝餐饮配送服务有限公司为一线城管、环卫工作人员免费送盒饭 3000 余份，金额达到 5 万余元。统一战线各界人士捐款 12 万余元，捐赠价值 3 万余元的抗疫物资。区民宗局为各宗教场所赠送一次性口罩、84 消毒液等防疫物资共计 2 万余元，对因疫情造成生活困难的宗教场所送去米、油等生活物资共计 1 万余元。

助力民企发展，切实提供协调服务。聚焦非公有制经济“两个健康”发展，积极推动各级有关民营经济改革发展的文件精神的落实。

开展企业走访帮扶工作。建立县级领导联系民企考核体系，开展“万企大走访”活动，走访企业［含商（协）会 4 家］52 家，组织召开各行业座谈会 6 次，对企业反馈的 47 个问题，由区级部门承办的 43 个问题已全部办理并回复，回复率 100%。为株洲盛大实业有限公司、株洲兴晟新材料科技有限公司等 13 家企业减免租金共计超 60 万元；为 22 家餐饮或住宿业纳税人（含个体工商户和企业）免征增值税 270.40 万元，切实为企业减轻了负担。

助推银企合作共赢。组织政银企对接会，万博珑商业广场与中国农业银行株洲分行签署战略合作协议，授信万博珑商业广场 3000 万元；石峰区建筑装饰行业协会、市建材家具行业商会代表区内三个专业建材市场的 100 多家会员商户，与建设银行签订合作协议，授信 5000 万元；两场金融对接活动，给中小企业发放小额信贷 3000 万元，为广大商户开辟低息小额贷款绿色通道，有效缓解中小微企业融资难问题。

完成上级安排调研任务。组织 30 余家非公经济企业完成全国工商联办公厅组织开展的第九次民营企业军民两用高新技术及产品研发生产情况专项调查、民营企业社会责任调研及新增财政资金直接惠企情况专题等调研工作。

【重点工作】 积极推动政党制度落实。加强对民主党派人士的政治引领。支持各民主党派继续开展“不忘合作初心、继续携手前进”主题教育活动，在各民主党派工委、支部广泛开展“当前形势怎么看、服务大局怎么办、立足岗位怎么干”为主题的研讨活动，举办了统一战线“讲统战故事，聚奋斗力量”统战故事专题报告会，组织召开了各民主党派工委主委座谈会，传达学习了习近平总书记在党外人士座谈会上的讲话精神，布置调研课题任务，听取各民主党派工委主委关于在调研、理论学习、党外干部的推荐等方面意见和建议。

加强民主党派基层组织建设。支持各民主党派基层支部开展“五有三好”示范创建活动，建立完善民主党派成员信息库，协助全区43个民主党派基层支部完成换届工作。区委一把手主持召开统战工作专题座谈会，对“团结大院”建设工作作出指示和部署，在轨道交通创新创业园内租用了150平方米的场地，建成凸显石峰特色和党派特色的区“团结大院”。10月，“团结大院”挂牌正式投入使用，彻底解决石峰区七个民主党派工委无专用办公场地的问题。

引导各民主党积极参政议政。制定下发《株洲市石峰区委2020年度政党协商计划》及《2020年石峰区统一战线课题调研方案》，组织由相关部门负责人、各民主党派石峰工委（总支）主要负责人、无党派人士等参加的“十四五”规划征求意见等协商座谈会、通报会共计5次。组织各民主党派基层组织、党外代表人士对农村“四类”房专项整治、养老体系建设、应急预案体系建设等议题开展参政议政专题调研，收到调研材料15篇。引导各民主党派基层参与同心美丽乡村创建工作，促成了省、市民盟与“九塘村”结成“同心美丽乡村”帮扶联系单位，10月，在清水塘街道九塘村成功举办了“助力乡村振兴，共筑同心家园”民盟助力乡村振兴实践基地授牌和中华蜂捐赠暨蜂蜜直播带货活动。

引导新联会充分发挥作用。成立了石峰区首个新联会创新创业实践基地，选取南方中心众创空间试点，以田新高科园内众多民营企业和外商投资企业中的管理技术人员、中介组织和社会组织从业人员群体为工作对象，通过强化组织领导、搭建载体平台，举办各类培训、论坛、联谊等活动60多次，吸引全区800余名新的社会阶层人士参加，成功打造了石峰区首个“新的社会阶层人士联谊会创新创业实践基地”，充分显现新联会创新创业实践基地在思想引领、社会服务、联谊交友、共建共享方面的重要作用，为推动石峰高质量发展汇聚强大动能，走出一条具有区域特色的新阶层人士统战工作的新路径。

全面推进党外知识分子统战工作。成立石峰区党外知识分子联谊会，吸纳轨道交通行业的资深技术专家，医院、教育等多个行业的优秀知识分子代表，包括正高级职称、博士、博士后，组建了党外知识分子专家服务团，为加快建成世界先进轨道交通装备制造创新发展引领区，充分发挥智库作用。知联会的成立为广大党外知识分子搭建了更广阔的发挥自身作用的平台。

积极推进民族团结创建工作。开展民族团结进步主题教育进机关、进社区、进企业、进学校活动，指导南峰社区完成民族团结进步创建示范点申报工作，同时开展板报宣传、文艺表演、互帮互助等丰富多彩的创建活动10余次，营造增进民族团结进步良好氛围。完成全区少数民族人口的摸底调查，有苗族、土家族等24个少数民族，人口2052人，完成30名少数民族考生的普通高校招生享受民族优惠政策资格审核工作。积极稳妥处理金盆岭竹木市场附近的清真牛羊屠宰场牛棚垮塌事件，协调区城管局暂对其违章搭建牛棚及屠宰相关设施不予拆除，保障辖区常住回族、维吾尔族同胞及清真餐饮店牛羊肉供应的需要，有力地维护社会和谐稳定。

开展宗教领域突出问题治理“回头看”。在全区宗教活动场所继续开展“五进促五好”主题教育活动暨和谐宗教场所创建活动。完成基督教私设聚会点摸底、佛教道教商业化问题及民族宗教领域涉疫社会稳定风险隐患等排查工作，至12月末，全区9个宗教场所已全部恢复对外开放。开展“宗教活动场所登记”换发工作。妥善处理“雨花斋”素食馆问题。全面推动宗教场所信息化建设，投入20万元，全面完成全区 9 个宗教场所完成信息化管理服务平台的注册、设备安装工作，并投入使用，以智慧管理推动宗教工作提质增效。

做好“基本功”，发展壮大爱国力量。2020年，开展侨情调查摸底工作和专班工作，进一步健全侨情数据库。认真开展侨界慰问工作，走访慰问困难侨胞侨眷 4 户。进一步加强石峰区基层侨联组织建设，在田心高科园内筹备成立了石峰区“侨胞之家”，为依法维护侨益、开展侨法宣传、密切联系侨界群众、践行为侨服务搭建新平台。（丁　花）

信访工作

【概况】 石峰区信访局为石峰区政府职能部门，主要职责为接待和处理群众来信来访网上投诉，承办上级机关和区委、区政府领导交办、拟办的信访事项，检查、督促、参与协调处理信访突出问题。除了以上工作职能外，根据区委、区政府的安排还分别承担区信访工作联席会议办公室、区信访事项复查复核委员会办公室的日常管理工作。

2020 年，区信访局深入贯彻落实区委、区政府关于信访工作的安排部署，加大积案化解力度，推动信访工作责任制的落实，强化信息收集研判，突出矛盾调处化解，推动信访事项及时就地解决，切实维护群众合法权益、正常信访秩序和社会和谐稳定。

【信访保障工作】 2020 年，围绕“三提前、三减少”（即提前发现、提前报告、提前研判化解，实现“减少重复访、越级访和集体访数量”）的工作目标，圆满完成信访保障工作。

【领导接访约访】 制定全区县级领导在区信访局坐班接访表，实现了面对面听取群众诉求。截至 12 月底，有 20 多名县级领导轮流来区信访局坐班接访，共接待来访群众 181 批，计 906 人次。

【信访积案化解】 严格按照“三到位一处理”的工作原则，分层级、分类别化解信访积案。2020 年与信访人签订息访息诉协议书 30 份（其中，化解信访积案件 8 件）。

【实施“双向规范”】 进一步规范信访件的办理流程和文书格式，群众来访做到来访必登。协助做好涉访违法行为的依法处理。及时做好上级交办的信访事项的化解。

【开展“三无”创建】 成立“三无”单位创建工作领导小组，制定活动实施方案和考核办法。2020 年，获评株洲市信访工作“三无”创建先进单位。承办市信访信息预警经验交流现场会，会议总结石峰区的经验为“枫桥经验株洲化的石峰版”。（施　慧）

党校教育

【概况】 石峰区委党校于2019年3月正式组建，为区委直属正科级公益一类事业单位，核定全额事业编制5名，设校长1名、副校长1名 ，现有工作人员3名。

2020年，区党校以党校姓党为根本，以服务地方为导向，以质量提升为核心，以改革创新为动力，充分发挥党校干部教育培训的主渠道主阵地作用，圆满完成阵地建设，有序开展培训工作，倾心打造精品党课，被评为株洲市委党校系统“教学工作先进单位”。

【基础设施建设】 区委党校为完成区委、区政府2020年6月30日党校开班任务，在时间有限、人手不足、资金有限的情况下，加班加点，多方协调，严把设备设施采购等多个环节关，在细节上精益求精，充分利用区内现有可用资源，从市区指挥部及其他部门调拨28台闲置空调，在设备设施采购上尽量节约资金，花小钱，办大事。截至年底，区党校报告厅、情景模拟室、教室、阅览室、会议室、食堂、餐厅、宿舍等完善配套设施全部建设完成。建成后的区党校可同时容纳300人培训，120人用餐，42人住宿，是株洲市首家实体化运作的城区党校。

【党员教育培训】 区委党校在2020年6月30日揭牌开班后，共举办主体班3期，各系统业务班共15期，培训学员1034人。主体班学员30人，学制3天（晚上开课），共计40学时，外聘省委、市委党校、企业专家和机关领导授课，并在主体班开设习近平考察湖南重要讲话精神、中共十九届五中全会精神解读，《习近平谈治国理政》（第三卷）等课程。区党校实行严格的培训管理制度，全体学员实行全脱产培训，封闭式管理。由区委副书记李军牵头，成立由外聘专家和区内优秀干部组建的授课团队。通过课程试讲、提建议、修改等流程，重点打磨清水塘搬迁改造、秋瑾的故事、坚定不移反腐倡廉、基层社会治理等精品课程。2020年，区党校有1堂党课在全市10个县（市、区）党课比赛中获得二等奖，有2堂微党课选送为湖南省示范党课。

（龙晓婷）

株洲市石峰区人民代表大会

【概况】 1997 年，因株洲市区划调整，原北区人民代表大会更名为石峰区人民代表大会。1997 年以来，石峰区人大常委会进行了五次换届选举。2016 年 11 月，石峰区第五届人民代表大会经过选举产生。2020 年，人大常委会设办公室（加挂信访办公室牌子）和选举任免联络工作委员会及 6 个专门委员会：监察和司法委员会（与法制委员会合署办公）、财政经济委员会（与预算工作委员会合署办公）、教育科学文化卫生委员会（与民族华侨外事委员会合署办公）、环境与资源保护委员会、农业与农村委员会、社会建设委员会。所属事业单位 1 个，即人大代表联络服务中心。2020 年，石峰区人大机关共有行政编制人员 28 人，事业编制人员 2 人。

2020 年，区人大常委会坚持以习近平新时代中国特色社会主义思想为指导，围绕中心、服务大局，依法履职、守正创新，圆满完成区五届人大五次会议确定的各项工作目标。全年共召开常委会会议 8 次、主任会议 11 次，听取和审议专项工作报告 24 次，组织开展执法检查、履职综合评估、视察调研、专项评议 30 次，作出决定决议 8 项。

【区五届人大五次会议】 区五届人大五次会议因新冠肺炎疫情延期，于 2020 年 6 月 8—9 日在区机关报告厅召开，共有代表 159 名。会议听取和审查石峰区人民政府区长邓元连所作的区人民政府工作报告；听取和审查石峰区人民法院院长刘新文所作的区人民法院工作报告；听取和审查石峰区人民检察院检察长李云开所作的区人民检察院工作报告；听取和审查石峰区人大常委会副主任周立君所作的区人大常委会工作报告；审查、批准石峰区 2019 年国民经济和社会发展计划执行情况的报告及 2020 年国民经济和社会发展计划；审查、批准区 2019 年财政预算执行情况的报告及 2020 年区级财政预算。大会选举颜曼文为区人大常委会主任，李登岗、唐军为区人大常委会副主任，补选区人大常委会委员 4 名。

【审议、决定重大事项】 2020 年，区人大常委会依法审查和批准了 2019 年区级财政决算方案，听取和审议审计整改情况报告、财政增收节支情况报告、2020 年财政预算执行情况报告。审查批准区级预算调整方案，审议 2019 年政府性债务管理情况和 2020 年政府性债务总体安排。听取和审议全区国有资产管理情况，积极助推区级平台公司市场化转型，推动国有资产管理更加规范有序运转。

【依法行使任免权】 2020年，区人大常委会坚持党管干部与依法任免相统一，认真做好干部任免工作。对所有拟任人员，严格按照任前调查、任前考试、任前表态、审议表决、宪法宣誓等程序进行，增强被任命人员的法律意识、人大意识和公仆意识。全年共任免国家机关工作人员55人次。组织32名被任命人员进行7次宪法宣誓仪式。依法做好代表辞补工作，开展代表资格审查5次共14人次。

【监督工作】 2020年，听取区政府2019年度环境状况和环境保护目标完成情况汇报，重点督查新民干渠黑臭水体整治项目，助推污染防治攻坚战。组织区人大代表参加老旧小区改造工作座谈会，督办株塑小区改造并提出多项合理化建议，助推人居环境进一步改善。按照“有件必备、有备必审、有错必纠”的要求，完善备案审查工作报告制度，实现政府规范性文件报备常态化，主动审查报送备案的区本级规范性文件5件。听取区法院一站式多元解纷机制、一站式诉讼服务中心建设以及区检察院认罪认罚从宽制度专项工作报告，组织市区人大代表听审评议区法院公开开庭案件和区检察院公开听审会活动4次，促进司法机关提高办案质量，提升司法公信力。首次将城乡居民大病再次补偿及医疗救助、帮扶救助、城市管理、农林水、产业发展、教育事业发展、计生项目经费补助7个预算专项资金使用情况纳入重点监督范畴，跟踪监督问题整改，开展满意度测评，推动财政资金使用更加规范有序。首次对区政府办主任等7个政府工作部门负责人开展履职综合评估，采取评估对象自查、听取汇报、调查走访、查阅资料等方式，进行量化评估，评出压力，促进工作。配合全国、省、市人大开展《传染病防治法》《突发公共卫生事件应急条例》《湖南省爱国卫生条例》《株洲市城市养犬管理条例》等立法修法专项调研，认真反映立法建议。

【信访工作】 2020年，区人大常委会认真贯彻中央关于涉法涉诉信访工作的精神和要求，每件信访申诉都在认真审查的基础上提出处理意见。对于一些重点热点难点问题，全程跟踪督促相关单位依法办理，做到来信来访件件有答复、事事有回音。2020年，共受理群众来信来访12件次，接访16人次，都及时作了妥善处理。

【代表工作及建议办理】 突出主体，发挥代表作用。2020年初，面对突如其来的新冠肺炎疫情，代表们立足本职，发挥所长，展示风采，踊跃捐款捐物，带头复工复产，践行“人大代表为人民”的庄严承诺，为打赢这场人民战争作出积极贡献。紧盯脱贫攻坚、债务化解、污染防治等方面的突出问题和薄弱环节，采取专题调研、集中视察、听取审议专项工作报告、执法检查等方式，积极作为，助力打好三大攻坚战。在活动中增强履职能力。2020年，在区委党校举办了“不忘初心，不负重托，做尽职的人大代表”专题培训班，共有40名市区人大代表参加了培训。组织街道人大工委主任参加全市举办的《湖南省乡镇人大代表工作条例》专题学习。全年共组织全国、省、市代表活动4次，协助承办了省人大代表、省委常委姚来英到石峰区深入基层参加代表小组活动。2020年，区人大代表第三小组等6个先进小组、凌斌等12名优秀区人大代表以及《关于在石峰区现有老旧小区加装电梯的建议》等4件代表建议，获得区人大常委会的表彰。出台《株洲市石峰区民生实事人大代表票决制工作实施与监督办法》，开展社区民生项目票决制，加强票决事项的跟踪监督，推动区财政投入 720 万元，完成民生实事项目 144 个。完善代表意见建议的提出、交办、督办机制，实行常委会主任会议成员牵头督办、专委会归口督办制度，对建议较多的单位，采取上门、跟踪、会商等方式重点督办，并对建议办理情况进行审查，督促相关责任部门开展“回头看”。2020 年，代表们提出的 40 件建议已全部办结，办复率、满意率均为 100%。

【机关自身建设】 2020 年，区人大常委会坚持守正创新，不断提高整体效能。坚持党建引领。坚持把学习习近平总书记重要讲话精神作为“第一议题”，第一时间学习中共十九届五中全会精神、习近平法治思想、习近平总书记考察湖南重要讲话精神，在跟进学、系统学中明方向、强信念，不断增强“四个意识”，坚定“四个自信”，做到“两个维护”。严格落实意识形态工作责任制，围绕“既要讲好党言党语，也要讲好法言法语”的要求，常委会党组成员带头讲授党课，认真学习、大力宣传、深入贯彻习近平法治思想，凝聚法治共识。认真抓好区委巡察反馈问题整改，成立机关党组和离退休干部党支部，完成机关支部换届选举，增强机关党组织政治功能。

完善工作机制。坚持人大工作“一盘棋”，与上级人大联动开展执法检查、调研视察，加强对街道人大工作的指导。全面清理常委会及机关工作制度和相关文件，健全理论学习、会议组织、服务保障、联系沟通等多项制度，提高人大工作的科学化制度化规范化水平。

传播人大声音。成功举办庆祝区人大常委会设立 40 周年暨区委人大工作座谈会，组织编印《光辉岁月——纪念石峰区人大常委会设立 40 周年》，弘扬优良传统，强化人大意识。重视人大制度和人大工作宣传，在省市人大刊物及各类媒体发表多篇理论文章。围绕“十四五”规划，组织开展路网交通规划、清水塘老工业区环境污染治理、教育发展、人口发展四个专题调研，有关建议得到相关领导的充分肯定。

转变工作作风。开展“进网格、解难题”活动，帮助解决老旧小区改造中遇到的困难和问题。组织代表到外地调研教育工作，到湘西开展扶贫助学，在对外交流中借鉴经验、建树形象。配合完成市“产业项目建设年”活动和园区建设、部分优势产业链建设、财税贡献等情况专题调研，这一做法得到市人大领导的好评。2020 年全年数次接待外地人大同行来区参观考察，有效提升石峰区的知名度。

（陈妍菲）

石峰区人民政府

【概况】 1997 年，经国务院批准，株洲市城区进行区划调整，撤销北区，于同年 8 月 1 日成立石峰区。2020 年，行政区划为 5 个街道，即铜塘湾街道、响石岭街道、田心街道、井龙街道、清水塘街道，辖有 36 个社区，9 个村；569 个居民小组，136 个村民小组，总人口 26.4 万。

石峰区地处湖南省长株潭城市群的核心区域，北接长沙、西接湘潭。境内交通发达、运输便捷、教育先进、商业繁荣。随着经济的发展，各项社会事业全面发展，人民生活水平不断提高。经过产业结构的调整，境内形成了轨道交通、有色冶金、精细化工、新型建材四大支柱产业，是株洲市的工业聚集区和湖南省工业化标志性区域，也是全国著名的冶炼化工基地和电力机车的摇篮。

2020 年是极不平凡、极其不易的一年。面对严峻复杂的宏观形势、新旧动能转换的繁巨任务，特别是新冠肺炎疫情的严重冲击，石峰区始终坚持以习近平新时代中国特色社会主义思想为指导，牢牢把握高质量发展要求。

经济运行总体平稳。2020 年全年实现地区生产总值 310.4 亿元，同比增长 4.9%；实现规模工业增加值 156.8 亿元，同比增长 7.2%；城乡居民人均可支配收入达 52069 元，同比增长 5%；GDP、规模工业增加值、居民收入增幅位居全市前列；完成固定资产投资 199.7 亿元，同比增长 8.2%。新培育“四上”企业 66 家。全力做好“六稳”“六保”，梳理涉疫惠企政策 36 条，为企业减税退税 9.6 亿元，协调银行提供纾困资金 1.7 亿元，助力市场主体复工复产，同步实施“奋战一百天、冲刺双过半”攻坚行动，推动经济企稳回升。

城市更新改造深入实施。持续完善交通组织，清水塘大道一期、中车大道南段一期、藏龙路一期、田心大道等主干道路竣工通车，响石广场立体改造顺利完工。“三供一业”改造全面扫尾，“美丽社区”建设（2018—2020 年）三年行动圆满收官。坚持“一小区一方案”“一片区一特色”，68 个老旧小区、89.36 万平方米房屋完成改造。厂矿工业文化不断彰显，报亭、选矿生活区等成为全市旧改样板。创造性提出小区拆违、改造提质、物业管理、公共服务“四位一体”工作思路，全年拆除违章建筑 13 万平方米，加装电梯 19 台，160 个无人管理小区成功组建业委会或引进物业公司，昔日“工业锈带”加快向“生活秀带”蝶变，经验做法在全省城镇老旧小区改造工作现场会上作典型推介。

产业项目建设扎实推进。以“双比双看”大竞赛为抓手，深入开展“产业项目建设年”活动。创新产业链招商、总部招商等模式，建立链长制、产业协会、企业联合党委“三方发力、同频共振”工作机制，成功引进株机维保、中锐智能等31个实体项目，新增国储石油等30家轻资产企业，合同引资额突破150亿元。主动抢抓央企混改机遇，中车尚驱成功落户。完成征拆交地4061亩，数字智造产业园、九方铸造等45个项目顺利开工，永磁电机、新能源电驱等22个项目竣工。持续开展“温暖企业”行动，出台上市企业扶持政策，时代电气、九方装备等5家企业列入培育计划。全面推行入园企业亩产效益综合评价，9家产能落后企业淘汰退出。充分发挥创新引领作用，国创轨道、南方中心等创新平台孵化项目29个，世界最大功率电力机车、全球首列机场捷运储能式有轨电车等一批重大创新成果问世，国内首条8英寸车规级IGBT芯片生产线下线，中车株机成为全省首家国家级智能制造标杆企业。

环境保护成效显著。中央和省环保督察“回头看”68件交办任务全部办结，污染防治攻坚战“夏季攻势”成效显著。投入1.8亿元实施黑臭水体治理，完成田心干渠3.5万平方米堤岸清表、10.6千米河道疏浚清淤，全面整治22个直排口。有力推进老旧小区雨污分流改造，完成300户农村生活污水治理，新民路、果园路—清水路等4条污水干管建成投用，区域污水干网实现互联互通。34户渔民全部退捕，湘江石峰段稳定保持Ⅱ类水质。全面启动清水塘厂区内污染场地治理，企业残渣废液处置顺利扫尾，金盆岭重金属污染土地治理项目通过国家验收。“蓝天保卫战”深入推进，重点企业挥发性有机物治理达标，9800户老旧小区家庭油烟净化机加装到位，全区空气优良天数达318天，创历史新高。完成九郎山人造林抚育工作，推进绿心地区坟墓退硬生态修复，绿心保护成效持续巩固，石峰蓝、石峰绿成为发展鲜明底色。

底线工作兜底坚实。搭建石峰就业服务平台，成立清水塘社区学院、田心高科产业学院和轨道智谷产业学院，统筹整合资金资源，举办各类培训班75期，实现新增城镇就业9340人、失业人员再就业5636人，“零就业”家庭动态援助全覆盖。中心医院田心院区住院部建成投用，响石岭社区卫生服务中心升级为社区医院。建成核酸检测中心，新增医养结合床位300张。雪峰学校主体工程封顶，2所公办幼儿园建成开园，新增园位330个，公办园在园幼儿占比达到43.3%。新建3个社会足球场，新增3家图书馆分馆，槐庭书院秋瑾讲坛开讲10期。区慈善会成立运行。村（居）委会换届选举基本完成。144项票决惠民实事全部办结。

在做好各项工作的同时，区政府狠抓自身建设。持续巩固“不忘初心，牢记使命”主题教育成果，高度重视省委巡视反馈问题整改，坚决落实区委决策部署，主动接受人大法律监督、政协民主监督和社会舆论监督，高质量办理人大代表建议40件、政协委员提案47件，办结率、满意率均达100%。努力建设务实政府、法治政府、廉洁政府。严格按照“三重一大”决策要求议事干事，认真落实重大民生决策事项民意调查、法律顾问等制度，39个部门的1139项责任清单完成合法性审查并上网公布。制定区政府党组党风廉政建设责任清单，汲取反面教训，强化正面引领。积极发挥财政检查和审计监督作用，强化财政预算刚性约束，坚持过“紧日子”，全区机关运行经费下降15%。注重工作统筹推进和平衡发展。顺利完成第七次人口普查登记工作。全面落实“151”化债机制，政府债务率明显下降。全方位、深层次推进平台公司市场化改革转型。国防动员和后备力量建设不断加强，大学生征兵入伍比例全市第一。此外，人事、人防、档案区志、民族宗教、消防、机关事务、妇女儿童、残疾人事业、文联、红十字、侨联、对台等工作都取得了新的进步。

【政府常务会议】 1月22日，区长邓元连主持召开五届三十九次政府常务会议，会议学习上级会议精神，研究2020年政府工作报告、石峰区国民经济和社会发展计划、行政审批等相关工作。会议传达上级关于整治形式主义、官僚主义突出问题的最新精神。会议指出，要结合石峰实际，对标对表，抓好突出问题的集中查摆和整治，注重从制度方面建立长效机制，巩固和深化作风建设成果，为营造风清气正的政治生态提供坚强有力的保证。会议听取关于2020年政府工作报告的起草情况汇报，原则通过《2020年政府工作报告》（送审稿），并要求按程序报区委常委会、人大常委会审议。会议听取2019年度表彰有关情况的汇报并进行研究部署，要求按程序提请区委常委会研究审定。会议听取2019年国民经济和社会发展计划执行情况与2020年计划起草情况的汇报。原则通过《2019年国民经济和社会发展计划执行情况与2020年计划的报告》（送审稿），要求按程序报区委常委会、人大常委会审议。会议听取关于《石峰区“一件事一次办”改革首席业务代表管理办法》《石峰区行政审批和政务服务三级管理办法》《石峰区重点项目行政审批服务“陪跑”代办工作实施方案》有关情况汇报，原则通过以上2个办法和1个方案，并要求将2个办法提请区委常委会审定后以两办名义发文。

2月21日，区长邓元连主持召开五届四十次政府常务会议，会议研究新冠肺炎疫情防控、征地征收、义务教育等有关工作。会议传达上级关于新冠肺炎疫情防控工作的最新精神，对区内疫情防控工作进行了研究部署。会议强调，要进一步将思想和行动统一到中央和省、市的统一部署上来，毫不放松地抓紧抓实抓细防疫和经济社会发展各项工作。会议听取2020年度重点项目建设计划，土地报批、征收和出让计划。会议强调，要围绕项目订计划，先定重点项目和开工时间，再定土地报批、征拆和出让计划，确保土地报批计划、征地拆迁计划、土地出让计划和项目用地计划相匹配。会议听取义教均衡国家复检迎检工作有关情况，同意组建石峰区义教均衡国家复检迎检工作领导小组。会议强调，义务教育均衡发展是最大的民生工程，关系到所有学生受教育权的保障，要克服侥幸心理和麻痹大意，进一步对照上级精神，坚持问题导向，认真自查自纠，确保在全省义教均衡国家复检中不拖后腿。会议听取关于为疫情防疫一线工作人员提供保险保障有关工作汇报。会议强调，要办实办好保险保障工作，对符合保险保障条件的要应保尽保，并按要求上报到位。

3月12日，区长邓元连主持召开五届四十一次政府常务会议，会议研究了财政预算、医疗保障等相关工作。会议听取了2019年区财政预算执行情况及2020年区级财政预算情况汇报，原则同意《2019年区财政预算执行情况和2020年区级财政预算（草案）》《落实化债工作要求进一步加强节支管理的七条措施（试行）》《财政专项资金管理办法（试行）》《关于加强工程前期费用管理的九条规定（试行）》《关于计提非税专户收入政府统筹金（试行）的通知》，要求按程序审批行文。会议指出，面对疫情防控、落实减税降费政策和化债等工作带来的压力，各部门要牢固树立过“紧日子”的思想，强化预算管理，严格落实保基本民生、保工资、保运转“三保”要求，最高效率、最大效益用好财政资金。会议听取整合完善医疗救助和区大病再次补偿政策相关工作，原则通过《关于规范医疗救助和适当调整区大病医疗再次补偿的实施方案（试行）》。

4月26日，区长邓元连主持召开五届四十三次政府常务会议，会议研究生态环境、第七次全国人口普查、黑臭水体整治、住房建设、自然资源等有关工作。会议听取生态环境有关工作情况汇报，充分肯定环保战线前期有关工作。会议强调，要清醒认识当前生态污染治理、生态环境保护工作的艰巨性和紧迫性，严格对照上级工作要求，扎实履行好主体责任和属地责任。会议强调，要提高站位，高度重视，严格按要求完成中央环保督察及“回头看”、省环保督察反馈交办的整改任务，做好中央第二轮第二批环保督察和省级环保督察迎检工作。会议还研究部署全区第七次全国人口普查有关工作，并听取保障性住房，黑臭水体整治，农村“四类对象”危房改造、设施配套，自然资源等近期重点工作的情况汇报。

5月15日，区长邓元连主持召开五届四十四次政府常务会议，传达学习近期上级重要讲话及重大会议精神，研究电商平台奖补政策、扶贫等相关工作。会议学习中央全面深化改革委员会第十三次会议、省政府常务会议精神以及《党委（党组）落实全面从严治党主体责任规定》、湖南省《深化整治形式主义官僚主义10条措施》等文件精神。会议指出，要及时学习传达上级最新精神，把握政策、了解情况，主动抓好工作落实。会议要求，各级各部门要第一时间将上级精神传达到位，对疫情防控、复工复产复学等相关政策要求要及时研究，结合实际创造性落实；要严格整治各类形式主义问题，进一步严肃会风、端正文风，要强化督查督办，确保工作落地落实。会议听取泛电商平台奖补政策有关工作情况汇报。原则同意在泛电商平台注册企业中开展试点，将平台注册企业通过电商业务集中到株洲市形成的新增税收为基础进行奖补。原则同意由相关部门牵头，按照国家有关政策法规，并充分征求市财政局、市税务局等有关部门意见后，结合有关会议议定意见，双方协定合同条款，并代表政府签订有关协议，指导税务部门签订《委托代征协议》。会议听取扶贫有关工作情况的汇报。会议指出，脱贫攻坚是各级党政干部的重大政治任务，要高质量抓好脱贫质量“回头看”有关工作，不折不扣落实到位。会议强调，作为小康建成区，全区干部必须高度重视边缘户及特殊困难群众生产生活等方面问题，履职尽责抓好整改工作。各级各部门要加强对接，精准帮扶，聚焦产业扶贫、教育扶贫等重点，为对口企业、学校等单位解决实际问题；要凝聚扶贫合力，广泛发动辖区企业、商会等社会力量参与对口帮扶，着力为当地产业发展提供帮助。会议听取义务教育阶段学校2020年招生有关工作情况汇报，原则通过《石峰区义务教育阶段学校2020年招生实施细则》。会议指出，要严格落实上级招生政策，切实规范义务教育招生入学行为，促进义务教育均衡优质发展。要严肃入学排序工作纪律，科学完善人才认定标准，加大外来务工人员子女就学需求摸底。会议听取消防安全有关工作情况汇报，会议原则同意清水塘和轨道交通城片区各新增1个一级普通消防站。会议指出，要充分利用辖区现有资源，加强与社会单位对接，争取合作共建；要充分发挥社会消防力量的作用，建好用好社会义务消防力量，弥补政府消防力量的不足。针对五金机电大市场有关火灾隐患，消防部门和应急部门要挂牌督办，依法整改到位。

6月16日，区长邓元连主持召开五届四十五次政府常务会议，会议研究了国有资产处置、城镇小区配套幼儿园专项治理、应急管理等相关工作。会议听取区文化楼等建筑物资产处置工作情况汇报，原则同意对区文化楼等12处房屋建筑物资产进行处置，同意成立区国有资产处置工作领导小组。会议明确，要依法依规做好资产处置前期准备工作，征收中心、有关街道负责处理好涉征有关问题，各资产管理单位负责处理好租赁解约等有关工作。会议听取石峰区城镇小区配套幼儿园专项治理工作情况汇报，原则同意《株洲市石峰区城镇小区配套幼儿园专项治理工作方案》，要求按程序报区委常委会审定后行文实施。会议强调，要严格按照全市工作要求，结合石峰区实际，细化责任分工，集中力量抓好问题整治；要加强全区教育资源的整合和优化配置，探索集团化、市场化运营模式，实现良性发展。会议传达学习上级应急管理工作最新精神，听取区应急管理局相关工作情况汇报，原则同意《石峰区突发事件总体应急预案》（修订稿），要求按程序报区委常委会审定后行文实施。会议强调，要按照“以保促稳、以稳求进”工作要求，抓好抓实应急管理、中央环保督察、常态化疫情防控、防汛抗灾等底线工作。

7月9日，常务副区长宋长征主持召开五届四十六次政府常务会议，会议研究长江流域禁捕退捕、畜禽养殖禁养区划定、房地产办证信访突出问题化解等相关工作。会议传达学习了中央、省、市关于长江禁捕退捕工作最新精神，听取了石峰区禁捕退捕工作情况，原则同意根据上级文件规定，为每户退捕渔民购买城乡居民养老保险。会议强调，长江十年禁捕退捕是以习近平同志为核心的中共中央作出的重大决策，是“为子孙计、为全局谋”的战略部署，全区各级要切实提高政治站位，既要打好攻坚战，严格按照时间节点抓实抓好有关工作，着力做好渔民退出和安置工作；也要打好持久战，确保禁捕退捕长效。会议要求，统筹做好建档立卡、转产就业保障和禁渔执法工作。会议听取了畜禽养殖禁养区划定有关工作，原则通过《株洲市石峰区人民政府关于划定区内畜禽养殖禁养区通告》。会议要求，一方面要依法依规做好畜禽养殖禁养区划定，另一方面要按照国土空间利用规划、绿心地区总体规划、生态保护红线及其他环保要求，做好畜禽养殖规范管理工作。区城管局、区农业农村局、石峰生态环境分局要严格执法，坚决杜绝非法养殖畜禽。会议听取集中化解房地产办证信访突出问题的情况汇报，原则通过《石峰区集中化解房地产办证信访突出问题专项行动方案》（修订稿）。会议要求，要强化组织领导，抽调人员集中办公；要强化部门协同，对标对表，实行一案一策，扎实做好有关工作；要突出重点，专人专班，着力化解安置房、旧改移交资产、“三供一业”分离移交资产等方面存在的房地产办证信访突出问题。

7月29日，常务副区长宋长征主持召开五届四十七次政府常务会议，研究了审计、国有资产处置、安全生产等有关工作。会议听取关于2019年度石峰区财政预算执行和其他财政收支的审计工作的情况汇报，原则同意《2019年度石峰区财政预算执行和其他财政收支的审计工作报告》，要求按程序报区人大常委会审议。会议强调，要强化预算执行的严肃性，严格控制预算调整，进一步推进财政预算绩效管理，对预算部门在项目完成后的预算执行过程和完成结果实行全面的追踪问效，相关建设部门要积极做好情况说明、问题整改和工作沟通对接。会议听取环卫作业车辆及控违治违巡查摩托车等国有资产设备处置有关工作情况汇报。会议要求，要依法依规对环卫作业车辆及控违治违巡查摩托车等国有资产设备进行分类处置，相关部门要做好具体执行方案和现场鉴定评估、资产统筹调配等工作。会议听取关于安全生产工作三年行动的情况汇报，原则同意《石峰区安全生产工作三年行动实施计划》（送审稿）。会议要求，各部门要按照“管行业必须管安全、管业务必须管安全、管生产经营必须管安全”的原则，结合工作职责，切实担负起安全生产相关责任，强化安全生产工作保障，广泛动员社会力量，扎实开展安全生产应急演练，切实提升社会安全生产共识，要完善园区安全生产管理体制。

8 月 20 日，常务副区长宋长征主持召开五届四十八次政府常务会议，会议研究循环集团主体信用评级提升、项目招商等相关工作。会议听取循环集团主体信用评级提升情况汇报。会议指出，循环集团主体信用评级提升工作对提升市场资方信心、降低融资成本、支持公司转型发展具有重大意义，同意循环集团成立循环集团主体信用评级提升工作领导小组，启动信用评级提升工作，力争尽快实现双 AA+主体信用评级目标。会议听取关于空压机厂、中车株洲所时代电驱和襄阳电机项目的情况汇报。会议原则同意由区改制办与株洲网大甡邑公司就株洲空压机制造厂改制土地招商合作事项进一步确定框架协议主要内容；原则同意轨道公司与时代电驱和襄阳电机项目的《补充协议》《资产租赁合同》《终止协议》。

9 月 14 日，区长提名人选邹志超主持召开五届四十九次政府常务会议，传达学习习近平总书记近期重要讲话精神，研究了农村宅基地、信访工作“三无”单位创建、卫生健康等有关工作。审议《石峰区农村宅基地房地一体确权登记颁证工作实施细则》《石峰区 2020 年信访工作“三无”单位创建活动考核办法》，研究当前卫生健康有关重点工作等相关工作。会议传达学习习近平总书记在全国抗击新冠肺炎疫情表彰大会、中央财经委员会第八次会议和 2020 年中国国际服务贸易交易会全球服务贸易峰会上的讲话精神。会议指出，要充分结合国际、国内形势和工作实际，认真领会讲话精神实质。会议要求，要坚持理论指导实践，加速精神落地落实。要突出重点环节、重点部位、重点单位，抓细抓实疫情常态化防控。要科学编制“十四五”规划，认真研究区域服务体系等产业体系在未来石峰的前景和布局。会议听取农村宅基地相关工作汇报，原则通过《石峰区农村宅基地房地一体确权登记颁证工作实施细则》。会议强调，农村宅基地房地一体确权颁证工作是党中央、国务院深化农村土地制度改革的内在要求，有关部门要进一步细化细化工作流程，明确有关标准，抓好业务培训和政策宣讲，按照上级要求科学有序推进颁证工作。会议听取信访“三无”单位创建工作情况汇报，原则同意《石峰区 2020 年信访工作“三无”单位创建活动考核办法》，要求按程序提请区委常委会审议。会议强调，要充分发挥领导干部带头作用，强化各街道和职能部门信访化解职责，严格落实考核机制，积极创先争优。会议听取当前卫生健康有关重点工作情况汇报。会议原则同意依法依规终止石峰区人民医院现有领办协议，要求按程序报区委编办，注销现有“石峰区人民医院”牌子。会议强调，要抓实抓好疫情常态化防控和国卫复审迎检准备工作，按照“集中使用、严格监管”的原则做好疫情国债资金使用和管理。

10月13日，代区长邹志超主持召开五届五十次政府常务会议，会议传达学习习近平总书记近期重要讲话精神，研究“真抓实干”督查激励工作、区级国有企业监管、循环集团融资、安全生产和应急管理等有关工作。会议强调，要切实提高政治站位，把习近平总书记关于湖南“打造‘三个高地’，担当‘四新’使命，落实五项重点任务”和在教文卫体领域的重要指示精神融入区域发展，务实行动，不断创造新业绩；要立足石峰实际，全力推动党的政治建设、产业发展、乡村振兴、生态文明、民生实事、社会事业六个方面的重要任务落地见效；要坚持开门问政，开门问策，科学谋划好石峰“十四五”规划。会议听取2020年度“真抓实干”督查激励工作有关情况汇报，原则通过《株洲市石峰区落实省政府、市政府2020年度“真抓实干”督查激励工作实施方案》。会议要求，各级各部门要以“争”的决心、“真”的作风，全力以赴抓好“真抓实干”激励事项，要坚持以实绩论英雄的导向，严格按文件兑现奖励。会议传达学习近期全国、全省秋冬季森林防灭火工作电视电话会议精神，通报1—8月全区安全生产工作情况，原则同意成立石峰区安全生产整治三年行动工作领导小组。会议强调，安全生产和应急管理工作是事关经济社会发展大局和群众生命财产安全的大事，各级各部门要时刻绷紧安全生产这根弦，强化监管，从严执法，确保全区安全生产形势持续向好。会议听取石峰区国资委组建、国企管理规定和融资管理办法等工作情况汇报，原则通过《石峰区国有资产管理委员会组建方案》《关于加强对区级国有企业监管的暂行规定》《石峰区国有企业融资管理暂行办法》。会议要求，要按照“合法性、适度性、低成本、高效率和期限匹配”等原则，按照上级要求规范融资程序，突出成本控制。会议听取循环集团融资项目计划、业务重组有关工作情况汇报，原则通过《循环集团融资项目储备计划》《株洲循环经济投资发展集团有限公司业务重组方案》。

10月23日，代区长邹志超主持召开五届五十一次政府常务会议，传达学习习近平总书记在中央党校中青班开班仪式和广东等地考察时的重要讲话精神，研究城乡垃圾分类、环保督查反馈问题整改、2020年财政预算调整等工作。会议强调，要提高政治站位，强化行动自觉；要结合石峰实际，对标对表找差距，务实创新抓落实；要对标“七种能力”，锤炼干部解决实际问题的本领。会议听取垃圾分类工作和省环保督查“回头看”反馈问题整改工作情况汇报，原则通过《石峰区垃圾分类工作实施方案》。会议强调，垃圾分类工作关系广大人民群众生活环境，必须严格按照上级要求，抓好试点街道、公共机构垃圾分类有关工作，全面落实2020年度垃圾分类工作任务。会议听取石峰区财政预算执行暨增收节支、2020年财政预算调整等工作情况汇报，原则通过《石峰区2020年财政预算调整方案》，要求按程序提请区人大常委会审议。会议通报区委常委会关于全市抗疫“先进个人”和“先进集体”推荐名单情况。

11月26日，代区长邹志超主持召开五届五十二次政府常务会议，会议传达学习习近平总书记在全面推动长江经济带发展座谈会、全面依法治国工作会议、浦东开发开放30周年庆祝大会等重要讲话精神以及中国共产党第十九届中央委员会第五次全体会议公报等重大会议精神。会议指出，要深刻领会相关会议及讲话精神的深刻内涵，把学习贯彻上级精神同习近平总书记在湖南考察时的重要讲话精神结合起来，把落实上级精神同石峰实际结合起来，把抓当前和谋长远结合起来。要大力弘扬伟大的抗美援朝精神，进一步激发政府系统干事创业的斗志和激情。要积极学习借鉴浦东30年来改革开放的经验，深入研究上级政策，准确把握形势动态，探索实施一批适合石峰的好措施、好方法。要认真落实习近平总书记关于长江经济带发展的系列要求，特别是在生态环保、产业链发展、对外开放等方面，创造石峰特色、彰显石峰担当。会议听取并原则通过《田心高科技工业园发展方向区调整方案》。会议要求要科学谋划，精准精细编制方案；积极对接株洲国家高新区和市直有关部门，对照要求及时上报方案。会议听取全区消防救援有关工作情况汇报。会议强调，各级各部门要高度重视消防安全工作，严格按照“管行业必须管安全、管业务必须管安全、管生产必须管安全”要求履职尽责，切实抓好秋冬季、重要节假日等重点时期的消防安全工作。

12月10日，代区长邹志超主持召开五届五十三次政府常务会议，会议传达学习近期上级重要讲话及重大会议精神。研究部署巡视组信访件交办、“双比双看”大竞赛、区属国有企业薪酬考核、殡葬改革、养老、食品药品安全、中车尚驱高速永磁电机项目等有关工作。会议传达学习习近平总书记在全国劳动模范和先进工作者表彰大会、中央政治局第二十五次集体学习以及中共中央政治局常务委员会上的重要讲话精神。会议强调，要大力弘扬劳模精神、劳动精神和工匠精神，强化争先意识，着力抓好年终考核、“真抓实干”督查激励等有关工作。要抓紧研究石峰区知识产权保护工作机制，尽快出台针对性举措。要统筹推进对外扶贫和对内全面建设小康社会工作，做到两手抓、两不误。会议听取了委第三巡视组2020年第一批信访交办件情况汇报。会议明确，要高度重视巡视工作，切实把握工巡视组工作要求，严格落实工作责任，认真抓好交办件办理。会议听取区“双比双看”大竞赛争先创优激励工作有关情况汇报，原则通过《株洲市石峰区“双比双看”大竞赛争先创优激励工作方案（试行）》。会议听取区国资办关于区属国有企业薪酬考核及管理费用计提工作的情况汇报，原则通过《石峰区区属国有企业薪酬考核及管理费用计提办法（试行）》。会议听取中车尚驱电气公司高速永磁电机项目有关情况汇报，原则通过《湖南尚驱电气有限公司高速永磁电机项目框架协议》。会议强调，要充分把握混改机遇，加快推进项目落地，进一步推进田心高科园区高质量发展，不断提升园区综合实力。会议听取食品药品安全有关工作的情况汇报，原则通过《关于调整株洲市石峰区食品安全委员会成员的方案》。会议强调，各级各部门务必高度重视食品安全问题，坚决抓好问题整改，不断补齐短板；要全面从严执法，突出重点执法，着力抓好重点物资、重点场所隐患排查整治，确保彻查隐患，不留死角。会议听取全区殡葬改革、公益性公墓和集中治丧服务中心建设等工作的情况报告，原则通过《石峰区公益性公墓建设方案》《石峰区集中治丧场所设施建设方案》。会议强调，殡葬改革是一项重大民生工程，各有关部门必须高度重视，严格按照上级指示要求，扎实做好生态化规划、倡导火化、优化服务等工作。会议听取石峰区城企联动普惠养老专项行动有关事项的情况报告。会议指出，要严格按照上级有关规定确定石峰区城企联动普惠养老专项行动战略合作企业，区司法局要严格按程序做好协议的审查工作。

（周　勍）

表 7　　2020 年石峰区人民政府文件一览表

序号	文　号	文 件 标 题
1	株石政发〔2020〕1 号	关于调整领导成员工作分工的通知
2	株石政发〔2020〕3 号	关于进一步加快城市黑臭水体整治长效管理的通知
3	株石政发〔2020〕4 号	关于印发《2020 年区政府工作报告工作目标和任务分解表》的通知
4	株石政发〔2020〕5 号	关于印发《株洲石峰区城镇小区配套幼儿园专项治理工作方案》的通知

区人民政府办公室

【概况】　石峰区人民政府办公室前身为北区人民政府办公室。1997 年区划调整后更名为石峰区人民政府办公室，截至 2020 年，经历 5 届政府，现为石峰区第五届人民政府。2020 年，区政府人民办公室内设综合室、调研室、督查室（对外称石峰区人民政府督查室）、文电室。有机关行政编制 21 名，机关工勤人员编制 2 名。2020 年，石峰区人民政府办公室切实履行“综合协调、决策参谋、督察督办、服务保障”工作职能，全力投入“产业项目建设年”活动和温暖企业行动中，各项工作取得预期目标。

【依法行政】　加快转变政府职能，推进依法科学民主决策，规范政府行政行为，提升行政机关工作人员运用法治思维和法治方式处理问题的能力，着力建设法治型政府和服务型政府。认真做好建议提案办理工作，2020 年共办理人大代表建议、政协委员提案 87 件，办结率、见面率、满意率均为 100%。

【综合调研】　围绕区委、区政府的中心工作，敏锐捕捉热点、难点问题，积极主动开展调研活动，扎实抓好会议报告、领导讲话、工作汇报等各类材料的起草工作，完成 2020 年政府工作报告。区政府办全年撰写各类综合材料 300 余篇。以领导关注和群众关心的热点问题为重点，突出清水塘搬迁改造、项目建设、旧改、美丽乡村、民生实事等领域，定期对各单位政务信息的报送进行调度。全年报送政务信息 368 件，政务信息工作排名株洲市城区第 4。

【督查督办】　2020 年，石峰区政府督查室重点对市《政府工作报告》交办石峰区负责的 10 项工作目标任务、市政府月度交办的 112 项重点工作任务、区《政府工作报告》确定的 98 项重点工作任务、区政府常务会明确的112项重点工作、区长批示件明确的21项重点工作以及“产业项目建设年”活动、温暖企业行动、征地征收、环境保护、交通顽瘴痼疾整治等工作开展督查，下达督查通报15期。在株洲市2020年度督查工作考核中获评先进个人1人，真抓实干相关工作获得市政府表彰奖励19项21次，奖励资金共计500万元。

【办文办会】 2020年，以石峰区人民政府、政府办的名义发文138件，接收处理文电1500余件、密级文件60余件，公文运转无一纰漏。完善会议登记、审批、统筹制度，精细化会务组织，承办各类会议170余场次，无一差错和失误。精心做好中央、省、市领导以及其他人员到区视察、考察等接待工作，做到接待方案贴心细致、服务态度阳光热情、工作衔接妥善到位、突发事件处置及时。年内完成各类接待任务60批次。

【值班管理】 2020年，区政府办公室加强值班管理，坚持实行24小时值班制度，认真做好值班记录以及各类会议、活动通知传达，积极做好节假日领导值班安排，加强对各类应急值班的统筹调度，以及对各街道和职能部门应急值班督查。 （周　勍）

表8　　2020年石峰区人民政府办公室文件一览表

序号	文　号	文件标题
1	株石政办发〔2020〕2号	关于印发《石峰区农村宅基地房地一体确权登记颁证工作实施方案》的通知
2	株石政办发〔2020〕3号	关于印发《石峰区行政诉讼工作规则》的通知
3	株石政办发〔2020〕4号	关于印发《石峰区2021年度城乡居民基本医疗保险参保缴费工作方案》的通知
4	株石政办发〔2020〕5号	关于印发《石峰区人民政府常务（党组）会议组织实施流程（试行）》的通知
5	株石政办发〔2020〕6号	关于印发《株洲市石峰区落实省政府 市政府2020年度真抓实干督查激励工作方案》的通知
6	株石政办发〔2020〕7号	关于印发《株洲市石峰区生活垃圾分类工作实施方案》的通知
7	株石政办发〔2020〕8号	关于印发《株洲市石峰区“双比双看”大竞赛争先创优激励方案（试行）》的通知
8	株石政办发〔2020〕9号	关于印发《株洲市石峰区残疾人联合会改革方案》的通知

退役军人事务局

【概况】 石峰区退役军人事务局于2019年3月成立，内设综合办公室，下设区退役军人服务中心。主要职能：贯彻执行党和国家关于退役军人思想政治、管理保障、安置优抚、帮扶援助、就业创业等工作政策法规；组织指导全区拥军优属工作；负责全区退役军人权益维护工作。2020年，石峰区退役军人事务局共有行政编制人员4人，事业编制人员2人，临聘人员1人。

2020年，区退役军人事务局认真学习贯彻习近平总书记关于退役军人工作一系列重要论述，切实增强“四个意识”，坚定“四个自信”，做到“两个维护”，突出“基础巩固”，全心全意为退役军人做好服务保障工作，荣获株洲市2020年度“解决部分退役士兵社保接续工作先进单位”和石峰区2020年度“平安建设先进单位”。

【领导小组会议】 2019年12月18日，区委副书记、区委退役军人事务工作领导小组常务副组长李军主持召开区委退役军人事务工作领导小组第一次全体会议，深入学习贯彻习近平总书记关于退役军人工作的重要论述，听取全区退役军人事务工作情况汇报，审议并原则通过《中共株洲市石峰区委退役军人事务工作领导小组工作规则》《中共株洲市石峰区委退役军人事务工作领导小组办公室工作细则》《中共株洲市石峰区委退役军人事务工作领导小组成员单位职责》三个文件，研究部署2020年度石峰区转业士官安置工作、部分退役士兵社保接续工作和部分城镇军队退役人员就业援助工作等事项。

【退役士兵社会保险】 按照“方便快捷、规范运作、协同高效”的要求，建立了退役军人事务局牵头，人社、财政、医保、民政、公安等部门为成员单位的工作专门班子。全年组织5个街道服务站及成员单位参加省、市专项业务培训4次，明确了“五个制度”“四个不准”“一个考核”的工作机制。

【基础建设】 2020年，制定《株洲市石峰区退役军人事务系统学习推广新时代“枫桥经验”活动方案》，建成退役军人之家（一期）。实现了退役军人服务中心（站）“五有”目标，服务中心（站）服务退役军人、退役军人服务社会的氛围形成。

【疫情防控】 引导全区退役军人投入疫情防控一线工作，退役军人自发组建志愿服务宣传队，巡回宣传疫情防控政策。退役军人在疫情防控一线协调配合开展疫情防控和思想政治工作，累计捐款捐物达10万元，较好地发挥了退役军人退伍不褪色、真情服务社会的作用。

【就业创业】 2020年，扶持退役军人到湖南有色金属职业技术学院深造学习，推荐多人参加区“一户一产业工人”职业培训，组织2场退役军人专场招聘会，帮助退役军人实现再就业。

【优抚保障】 抓优待抚恤：建立全区重点优抚对象工作台账，落实优待抚恤补助待遇，并按时发放到位。不定期慰问优抚对象，重点关注烈士遗属，及时做好军休人员生活保障工作。协调相关部门帮助4名现役官兵的子女顺利入学石峰第二幼儿园。抓褒扬激励：10 月中旬，看望慰问 58 位抗美援朝志愿军老战士，并送去“纪念章”。

【帮扶援助】 2020 年，对困难退役军人、军属进行帮扶，帮助优抚对象购买了城镇职工医疗保险或城乡居民医疗保险，为重点优抚对象购买了人身意外伤害保险和医疗补充保险，为无军籍退休职工办理了健康体检卡。

（刘新文）

民政工作

【概况】 石峰区民政局是石峰区政府主管社会行政事务的职能部门，承担着全区救助救济、五保供养、基层政权和社区建设、行政区划、地名、勘界、殡葬管理、收养登记、社团登记、婚姻登记、社会福利事业、慈善事业、养老服务以及敬老院管理等工作职能。内设综合办公室（基层政权和社区治理办公室）、社会福利和社会救助办公室 2 个内设机构；下设石峰区敬老院（老年休养院、光荣院）、石峰区慈善事务服务中心 2 个事业单位，有干部职工 12 名。

2020 年，区民政局始终秉承“民政为民、民政爱民”的民政工作宗旨，深入调研，完善制度，健全机制，加强作风建设，努力改善民生，解决困难群众最关心、最直接、最现实的利益问题，为全区经济发展和构建和谐社会作出应有的贡献。

【成立石峰区慈善会】 石峰区慈善会于 5 月 27 日正式登记注册。7 月 9 日召开成立大会，选举出慈善会第一届理事。全面启动慈善募捐活动，疫情期间接收爱心企业、爱心人士疫情防控捐赠款物合计人民币 207.8 万元，所接收的捐赠资金和物资均按照疫情防控需要和捐赠方意愿，由石峰区新型冠状病毒感染肺炎疫情工作指挥部统一调配安排使用。开展“天天慈善一元捐”活动，累计募集慈善款 400 余万元，其中 90 余万元用于两癌妇女、困境儿童、困难残疾人、贫困学生等困难群众的帮扶慰问以及爱心助医活动。

【基层政权和社区建设】 稳步推进“票决制”惠民项目，2020 年通过项目收集，严格筛选，层层把关、票决以及督促实施，全面完成 144 个惠民实事项目。指导 45 个社区（村）结合实际制定村（居）规民约，并进行司法合法性审查。对全区村（居）务公开进行全面规范，收集整理了 2017 年 1 月—2020 年 7 月的公开资料。2020 年，全面完成了 45 个村（居）民委员会换届选举工作。

【养老服务体系建设】 构建了“四轮驱动四级覆盖两翼腾飞”的石峰特色养老服务体系。全区 10 所养老机构提供 1976 张养老床位，每千名老人拥有养老床位 43.7 张。全区养老服务中心、日间照料中心、睦邻社等各级各类养老服务场所达 90 多个，实现养老服务设施社区（村）全覆盖，打造了“15 分钟养老服务圈”。12349 养老服务信息平台提供居家养老服务，由湖南汇乐宝等 4 大养老服务机构牵头，组织餐饮、家政等 20 多个企事业单位或社会组织提供助餐、助洁等 8 大类 40 多项居家养老服务，完成有效上门服务订单 11059 单，城乡居家颐养覆盖率达到 100%。先后认定 94 名基本养老服务补贴对象，委托相关机构开展服务，发放基本养老服务补贴资金52.74万元；完成2020年政府微民生实事3个“睦邻社”建设并社会化运营。开展平安建设三大行动无人照料老人关爱行动，259名无人照料老人得到汇乐宝等机构专业照料服务。落实养老机构财政扶持等惠企政策，2020年审核发放基本养老服务补贴、一次性疫情防控补助、建设补贴、运营补贴等补贴资金共计316.65万元。

【推进殡葬改革】 加快殡葬基础设施建设。支持福寿山庄、福寿陵园、仁孝陵园提质扩容，启动建设铜塘湾街道公益性墓地、集中治丧场所、骨灰安放塔等殡葬设施。加大惠民礼葬力度。全年免除16名城乡困难群众遗体接运、火化、骨灰盒、悼念厅等7个基本殡葬服务项目，免费提供26个壁葬位，免除基本殡葬服务费37例6.5万元，节地生态安葬奖补23例2.3万元。推动殡葬服务降费。督促福寿山庄等殡葬服务机构执行经市发改、市民政重新审核后的殡葬收费项目和收费标准，进一步规范殡葬服务和收费行为，引导群众理性消费和明白消费，支持仁孝陵园建设提供1000个7000元以下公益性节地生态安葬墓位，实现整体降费30%以上。深入开展殡葬领域专项整治行动。建立联合执法工作机制，实行山地、林地网格化管理，实现远程全视角红外线监控，九郎山片区已杜绝乱埋乱葬和修建活人墓、硬化墓等现象。坚持退硬生态修复。投入500多万元实施九郎山片区和清水塘株化后山墓地退硬生态修复。完成九郎山森林公园主游道沿线50米可视范围内436座硬化墓、豪华墓的土坟化、植被化、小型化和景观化“四化”生态化改造。

【保障弱势群体基本生活】 确保“应保尽保”。做好疫情防控时期困难群体最低生活保障，及时将符合条件的受疫情影响导致基本生活困难的城乡居民纳入低保范围。确保“应救尽救”。进一步规范临时救助工作，既不超范围超标准救助，又优化简化程序，下放救助审批权限，全面落实街道临时救助备用金制度，提高救助精准性和时效性。2020年共救助464人次，发放救助金88万元。确保“应补尽补”。民政、残联通过加强数据比对，精准掌握“两项补贴”待遇的人员信息，2020年全年共发放44381多人次残疾人两项补贴377.58万元；发放3656人春节等节假日补助112.03万元；发放29071人次价格临时补贴181.2万元，并将孤儿、事实无人抚养儿童纳入补贴政策范围。确保“应养尽养”。全面落实特困人员、孤儿、事实无人抚养儿童等特殊群体救助福利政策。2020年全区特困供养对象64人，累计发放基本生活费53.1万元，累计发放照料护理费31.6万元。确保“应帮尽帮”。全面建立“三留守”人员关爱保护体系。2020年，全区共建立12名留守老人、172名留守儿童基础台账数据库，落实定期探访制度，细化关爱帮扶措施，督促家庭监护主体责任落实。（何　敏）

行政审批

【概况】 株洲市石峰区行政审批服务局（以下简称区行政审批局）成立于2019年，是区政府工作部门，为正科级。核定机构行政编制3名。主要工作职责：负责指导、协调、推进全区行政审批制度改革工作；统筹协调、监督评估全区政府系统电子政务信息化建设工作和全区政府数据资源管理工作；协调推进全区“放管服”改革工作；承担区本级行政审批、公共服务事项目录和实施清单的梳理、审核、发布工作；完成区委、区政府交办的其他任务。

2020 年，区行政审批服务局以精细化的网格管理和信息化的网络技术为支撑，从队伍管理、搭建平台、精准服务三个方面对基层政务服务模式进行改革创新，全面实施“全科网格员”模式，深入推进“上门办、到家办、帮代办”，将“一件事一次办”改革红利直通老百姓家门口，致力做到事事有回应，件件有着落，以实实在在的办事成效增强人民群众的获得感、幸福感和安全感。

2020 年 11 月，省委《改革简报》第 36 期以“织牢一张网 办好百姓事”为专题对石峰区改革的做法予以全省推介。12 月，石峰区荣获全国“社会治理创新典范区”称号，相关经验做法入编《2020 法治影响中国典范案例汇编》。全年全区共落地“一件事一次办”事项 257 项，45 个社区（村）全部实现基层公共服务（一门式）全覆盖。全年累计办结“一件事一次办”事项 163892 项。梳理发布行政审批中介服务事项 23 项，审核发布权责清单 1062 项。政务服务事项实施清单、权责清单填报率和发布率均达 100%，网办率达到 96.62%。快递证照 340 余次，为 58 家企业提供公章刻制政府买单服务。网格帮扶救助平台累计办结事项 9746 件，驳回重复申请 250 件，“好差评”系统收集办事评价数据 47109 条，办事服务主动评价率达 99.61%，“好评”率达 99.99%。网格员通过微信群平台发布各类惠民政策 15100 批次，开展在线导办服务 2900 人次，开展各类“上门办”“到家办”“帮（代）办”4300 人次。

【变革人员管理机制】 社区干部服务职能集成化。根据城乡社区网格化管理标准，将 45 个社区（村）划分为 232 个网格，由社区书记担任网格长统筹整体工作开展，原社区干部、两保人员等条线式业务专干实行就地转岗担任网格员，每人负责一个网格，对网格内的管理服务职能实行“多员合一”，网格员即网格内的全能服务员。职能部门业务培训常态化。通过预安销号对人社、民政等重点社会民生部门进行培训任务派单，充分利用三级视频会议、政策实例讲解、跨部门交流轮岗等方式创新业务培训方式。牵头部门工作督导人性化。建立网格管理服务“一周一点评”督导机制，由区行政审批服务局、区网格化管理服务中心对网格管理服务效能、系统平台使用、政务服务“好差评”、便民服务帮（代）办、最新工作要求等进行综合点评和工作提示。

【创建政务服务平台】 帮扶救助一体化。帮扶救助事项全程网上公开透明进行。成立石峰区帮扶救助服务中心，对民政、卫健等部门 100 余项到人到户惠民项目整合成 13 个部门 60 个帮扶救助事项，全部进行网上流程再造实行“不见面审批”，设立区级帮扶救助服务资金专户，将业务分转、数据管理、政策出台全部统一归口。

服务场所亲民化。对原社区（村）分线分窗的办事大厅进行重新规划，根据各社区（村）人口数量规范设置 1—2 个综合服务窗口，创新购置亲民式办公家具，统一配置信息化设备，设置读书角、茶水桌等开放空间，对业务受理全流程进行电子监管。

数据互通智慧化。将“就业服务云平台”与大数据平台共享互通，将辖区内 246 名失业待业人员列为重点关注人群，按户籍交由对应网格跟踪管理，每月更新一次信息，每季度至少上户走访一次，由网格员结合职业介绍、职业指导等公共服务为失业待业群体送政上门精准施策。将每月25日定为全区“大数据联动日”，各级政务人员可通过在线核查等方式“减证便民”。

【创新便民服务模式】 办事问询公开化。以全区232个网格为单元创建272个幸福石峰监督与服务微信群。建立全区信息宣传联动机制，由网格员定期将惠民政策、便民服务指南、近期办事提示等内容发布于群内，实现政务信息精准传达。建立居民诉求“4小时回应机制”，居民咨询政策、预约上门服务等均可在群内反映，由网格员在4小时内进行回复处理。

服务模式灵活化。实施网格服务A、B岗位制度，其中A岗在社区（村）综合服务窗口坐班受理业务，B岗每天到网格内服务居民群众不得少于2个小时，主动为行动不便的困难群体提供“上门办、到家办、帮代办”。

管理考核实效化。细化网格管理和服务效能指标，对业务受理规范度、系统使用熟练度、办事服务满意度、特殊群体帮办度等重点指标进行每月考核打分。 （张 菁）

网格化管理服务中心

【概况】 石峰区网格化管理服务中心（以下简称区网格中心）成立于2019年，是区委直属公益一类正科级事业单位。核定事业编制8名，设主任1名，副主任2名。内设综合室、网格化服务室、窗口服务室三个股室，共有工作人员40人，其中事业编8人，劳务派遣人员30人，两保专干2人。全区45个社区（村）共有网格员（长）281名。

【信息采集与完善】 以疫情防控、人口普查、“6+3”人员摸排工作为契机，及时更新和完善了石峰区网格化信息服务管理平台的基础数据，通过定期信息抽查和不定期现场核实，确保了平台数据的真实和“鲜活”。截至2020年底，石峰区网格化信息服务管理平台共采集人口信息209882条，覆盖辖区82606户家庭，采集两新组织信息9126条。2020年累计发布网格信息汇报40期。

【发挥平台作用】 建立健全智慧校园、森林防火、物业管理、河长制等分中心值班制度，各分中心全年开展轮值48次，及时交办问题，实现精准调度，累计发现问题2个，整改问题2个。2020年，石峰区网格化信息服务管理平台累计派发各类命令、通知、交办单、文件等997条，网格指挥中心承办全区性视频会议34次，网上办公成为常态。石峰区网格化信息服务管理平台全年登记网格事件14794件，处置14729件，事件办结率99.5%。

【践行群众路线】 2020年，出台《石峰区监督与服务微信群实施方案》及考核办法，在全区306个网格微信群转发疫情通报、工作动态、科普宣传、网络辟谣等630次。建立“居民诉求工作日4小时回应机制”，发现问题主动在群内发声，紧急情况第一时间处置或上报。2020年在市微群系统内的30万条聊天信息里筛选形成有效工单1124件，派发职能部门和街道处理办结的1105件，办结率为98.3%，全年处理市微群办110次335个交办事件，区微群办下发四期专报，督促办结24个网格事件。

【网格服务管理】 2020年，出台《石峰区网格服务管理工作规则》，研究确立网格服务的基本组织体系、基本工作内容、基本管理制度、基本工作方法、基本待遇保障5个方面26条具体内容，将两年多来全新的改革实践经验和基层治理方式方法上升到制度层面予以固化，夯实基层网格治理“石峰模式”的制度基础。

【“三张清单”制度】 建立社区工作“三张清单”制度。梳理公布第一批“三张清单”118项，包括社区公共服务清单事项81项、群众自治清单事项26项、有偿服务清单事项11项，执行清单事项准入制度，倡导公共服务“必须为”、群众事务“群众议”、额外任务“有偿办”。推进不同社会主体各司其职，拧成多元共治“一股绳”，严格标准，坚持原则，共同打造诚信政府。

【网格网情】 依托石峰区网格化信息服务管理平台开发建立“网格网情”模块，涵盖网格描述信息、基本信息、基础信息、党员信息、重点人群信息、民政信息、残联信息、人社信息、卫健信息、医保信息、小区物管信息11项数据。截至2020年12月底，全区5个街道45个社区（村）的232个网格均完成了相应数据的录入。

【队伍管理】 建立推行网格化管理服务绩效评估制度。依据各网格内的家庭户、实有人口、两新组织、五类人员、社区直管党员和无物业管理小区6项指标设定网格管理综合规模（难度）系数，综合网格员参加社区工作情况，将232个网格分为3个等级，相应给予评估系数，各项系数的平均值作为网格重点工作评估的综合规模系数，结合网格员每月在网格党建等12类共24项网格重点工作方面的评估成绩，形成每月网格评估结果，有效推进了网格评估考核向绩效化、精准化、精细化方向转变。实施“一考核三运用”，杜绝全员吃“大锅饭”，确保做好做坏“不一样”。配合区委组织部落实城市社区专职工作者设岗定级工作，将149名考核综合排名靠前的网格化工作人员纳入社区专职工作者队伍管理，建立动态调整机制，致力做到能进能出，规范管理。2020年全区共有25名网格化管理人员考取了社会工作者职业水平证书。

【智慧社区试点】 2020年，选取响石街道先锋社区昱峰花园小区作为全区智慧社区建设的首个试点，引进第三方建设银行进行平台App的开发，智慧社区平台页面布局了物业管理、智慧缴费、社区服务、社区金融、社区商圈、小区大小事、菜篮子、门禁开锁、代缴社保及疫情动态、监测和隔离等功能。12月，智慧社区管理平台已成功上线并进入试运行阶段。运行以来，小区464户（1158人）居民积极参与，小区大小事通过平台可以阅览，实现了线上物业报修和各种缴费，小区居民进出实现了刷脸开门、二维码开锁及一键开锁功能，周边商铺及购物平台丰富，实现在家完成一切与生活密切相关的事情，极大地提高了居民生活的幸福指数。

【大数据中心】 积极探索大数据中心建设，推动现代信息技术在不同部门之间的耦合应用。与民政、教育、城管、统计、卫健、市场监管、残联、医保、人社等30个部门开展数据对接梳理工作，通过网格网情的信息录入，确定以民政、残联、医保、人社等7个部门的数据为基础的数据应用，正在推进后续开发设计和具体应用。

【诚信系统建设】 2020年8月，区网格中心向各街道、社区发布了石峰区市域社会治理诚信库信息征集通知，并同步对接平台公司进行网格征信模块的开发建设。11月，石峰区网格化信息服务管理平台内的征信模块开始进行测试填报，在填报过程中，通过街道、社区、网格员反馈的意见和建议，以公民个人征信积分的形式搭建征信系统平台。12月完成系统测试并明确信息目录名单，正式推动征信平台上线运行。2020年，总计录入诚信事件96件，但是由于初版设计不合理，诚信系统只能登记事件，没有定型指标，下一步将重新设计，采用“事件类型+影响范围+代价”的模式，通过积分累计的模式，给个人添加诚信积分，优化诚信库。

【基层政务公开标准化规范化】 全面落实国家、省、市关于政务公开标准化规范化工作的有关要求，梳理公布25个领域347项政务公开事项目录。线上依托区政府门户网站开设基层政务公开标准化规范化专栏，通过业务指导、工作督办等形式强化工作调度，不断增强重点领域政府信息公开工作的针对性和实效性。2020年，区政府门户网站基层政务公开标准化规范化专栏累计发布各类政务信息481条。线下在各政务服务实体大厅设置政务公开专区，通过“三统一”（统一标识、统一设施设备、统一管理）加强线下政务公开专区建设，打造氛围良好、功能实用、管理规范的线下政务公开服务阵地。

【政务大厅管理服务】 2020年，出台《石峰区政务服务中心大厅管理办法（试行）》，调整完善大厅功能布局，推进税务部门进驻政务大厅，强化大厅咨询导办服务效能，推行EMS政务快递全覆盖、新设企业公章刻制政府买单配套服务，积极推进“小综窗”改革，督促人社、医保、市场监管等部门加大系统授权，强化业务协同，试行劳动备案、社保参保、人员异动“一窗受理”，积极推进省两批“一件事一次办”事项、复工复产、“六稳”“六保”政策兑现事项全面实现“一窗综办”。全年办结“一件事一次办”事项185141件，为新设企业节省公章刻制费用0.94万元，政务服务好评率达到99.9%。

【政府门户网站和政务新媒体管理】 根据省、市政府网站集约化建设和政务改革相关要求，对网站栏目设置、部门子站管理等进行细节调优和完善，加强网站和政务新媒体管理日常巡检，充分利用石峰区网格化信息服务管理平台、电话、QQ工作群等方式督促各单位落实责任，确保政府网站和政务新媒体管理“每周有抽查，每月有汇总，每季度有通报”，全年发布政府门户网站和政务新媒体检查情况通报3期。2020年，政府门户网站主动公开政府信息3818条，其中概况类信息131条，政务动态信息1481条，信息公开目录涉及的各类信息2206条。结合省、市政务公开工作要点，在门户网站首页增设优化营商环境、“六稳”“六保”、第七次全国人口普查、安全生产专项整治三年行动等专题专栏，持续深化重点领域信息公开工作力度，发布各类专题信息82条，政府网站全年总访问量达到1866341次。认真组织开展政务新媒体摸底和信息填报工作，对全区政务新媒体开设工作进行严格审核把关，截至2020年底，石峰区各部门正常运营政务新媒体共5个，其中微信公众号3个，微博1个，今日头条1个。2020年，石峰区连续四个季度在全市政府网站和政务新媒体管理情况通报中受到表扬，并被评为2020年度全市政务公开政务服务优秀单位。

【依申请公开】 根据《中华人民共和国政府信息公开条例》对依申请公开申请受理登记、审核、办理、答复、归档环节流程进行优化，健全依申请公开转办、答复工作机制，促进依申请公开从受理到归档全程留痕可追溯。2020年，石峰区行政机关收到和处理政府信息公开申请共25件，所有申请均按信息公开程序和要求在法定时限内予以回复并办结，其处理结果为：10件予以公开，1件部分公开，13件无法提供信息，1件因重复申请不予受理。

【"12345"市长热线】 2020年，石峰区"12345"市长热线共受理有效事件4150件，办结率100%；有效电话中涉及投诉类3485件，求助类277件，咨询类208件，建议类132件，表扬类3件，其他45件。其中诉求主要集中在城市管理市容、劳动社保，资源环境、市民生活服务以及城乡规划建设、房屋土地等方面。石峰区"12345"市长热线把万家忧乐系心头，牢固树立"以人为本、保障民生"的服务宗旨，坚持群众利益无小事的服务理念，认真扎实做好"12345"市长热线工作，实实在在解决群众关心的问题，极大地减轻群众来区走访的工作压力，成为一条名副其实的民情热线。

【工作成效】 2020年，《中国改革报》、人民论坛网、中国网、《湖南日报》等中央和省、市媒体先后60余次报道推介石峰区基层社会治理经验成效，接待国务院公管所、省市部门、兄弟单位、社会团体等到区学习交流21次。石峰区连续三年获评全省综治工作先进县市区，被授予平安县市区称号。2020年11月，省委《改革简报》第36期以"织牢一张网　办好百姓事"为专题对石峰区改革做法予以全省推介。石峰区创新社会治理的典型案例入编《2020法治影响中国典范案例汇编》，石峰区荣获"2020社会治理创新典范区"称号。（赵颖玮）

机关事务服务

【概况】 石峰区机关事务服务中心为正科级全额拨款事业单位，定编15人，内设办公室、后勤事务股和公务用车平台管理中心3个职能股室。

2020年，区机关事务服务中心规范用车管理，通过出台《公务用车管理平台司勤人员管理制度（试行）》和《机关公务用车车辆管理办法》等管理制度，加强人员管理的同时还降低了运行成本。建立车辆信息台账，并如实录入到公务用车信息化管理平台，结合"北斗定位"功能，真正做到车辆"一张网"管理。实行平台"网上派单"的新模式，全面实现"网上派单"智能化。顺利完成"一户一表"水电改造项目并通过专业检测。重新细化后勤维修工作职责，促进日常基建维修工作开展更加精细、高效。健全物业考核办法，加强对物业公司日常监督管理。强化业务培训，提高会务服务水平，使会务服务接待工作更加规范化、制度化。始终将食品安全问题作为工作重点，定期邀请食药监局派人进行菜品安全检测，严格执行"每日巡查、每周检查、每季考核"制度，严把食品安全关。杜绝食物浪费，通过制度和措施，不断增强机关干部勤俭节约、艰苦奋斗的思想意识。（谭爱君）

金融工作

【概况】 石峰区政府金融工作办公室是区政府工作部门，成立于2019年3月，行政编制3名，其中设主任1名，副主任1名。工作职责是负责研究分析国家金融政策、宏观金融形势和全区金融运行情况，会同有关部门推进全区金融市场体系建设。负责组织协调防范、打击和处置非法集资、非法金融活动工作，维护地方金融安全稳定。负责协调相关部门加强对互联网金融的监管。2020年，金融办主要在中小微企业信用贷款风险补偿基金、提升金融服务、防范非法集资、确保金融安全、培育企业上市等方面做了富有成效的工作。

【信贷风险补偿基金】 对接兴业资产，做好中小微企业信用贷款风险补偿基金相关工作。截至2020年12月，全区有68家企业进入“白名单”（株洲市中小微企业信贷风险补偿基金扶持企业名单），31家企业已获得@贷放款，放款累计金额达11130万元。

【提升金融服务水平】 积极加强与辖区内银行金融机构的沟通协调，精准组织辖区企业融资需求调查，为银行和企业搭建沟通交流的平台。2020年5月22日，组织召开复工复产银企对接大会，中国建设银行、中国农业银行、长沙银行分别与田心高科园管委会签订3亿元的授信协议；中国农业银行与博雅实业签订贷款协议1000万元、长沙银行与福德轨道签订贷款协议1000万元、中国建设银行与麒麟科技签订贷款协议1100万元。协调中国农业银行石峰支行与万博珑广场达成战略合作授信3000万元；协调中国建设银行与五金机电市场商会达成战略合作，为市场内单个企业提供上限3000万元的授信；协调中国建设银行花果山支行、中国农业银行石峰支行、长沙银行田心支行、华融湘江银行石峰支行与金属材料市场的对接，为市场企业提供资金支持。牵头组建产业基金。株洲思通达轨道交通产业合伙企业（有限合伙）完成备案于7月正式开始运作，并参与中车混改。

【优化金融生态】 创新形式拓宽渠道，宣传教育多样高效。6月，在全区开展以“守住钱袋子•护好幸福家”为主题的进村组、进社区、进机关、进学校、进家庭、进网点、进工厂“七进”防范非法集资等金融风险宣传月活动。在村组用宣传车、村部广播滚动播放防范非法集资宣传音频，在大冲村利用大喇叭对四季花海游客宣传非法集资知识。在万博珑家居建材广场、铜锣湾广场、清石广场等区内人流量较大的区域开展现场宣传。在区政府大厅、银行网点、城市候机楼等机关、网点用电子屏滚动播放防范非法集资宣传语。同时，通过微信公众号、微博、抖音等新媒体，采取情景剧短视频、主题海报等形式在石峰发布、“欣石峰”App、石峰新闻网、时刻石峰频道等区级媒体进行常态化宣传。2020年，向全区400余个网格微信群推送防范非法集资公益宣传相关内容，协调市级媒体平台对重点活动工作进行新闻报道。活动共发放传单、手册等宣传材料6000份，海报、展板、横幅15份，发放购物袋等其他各类宣传品2000份，微信公众号推送的5篇宣传内容点击量达2.5万次，发布的5条微博宣传稿点击量约1万次，抖音短视频观看量超1.2万次。

建立健全体制机制，营造良好金融秩序。建立防范化解涉众型非法经营活动稳定风险联席会议制度，明确各专项工作组、各成员单位职责，建立会商研判机制、信息共享机制、联合执法机制、系统处置机制、考核评价机制。12月15日召开了第一次全体会议。

切实做好风险排查，监测预警成效明显。7月至9月在区内开展为期三个月的防范化解涉众型非法金融活动风险排查专项行动。围绕民间投融资中介、网络借贷、非法办理旅游、养老等非法集资、非法放贷、金融领域涉黑涉恶行为、非法理财重点领域，紧盯信访多发的重大案件以及“维权”活跃的重点群体，高度关注疫情防控期间出现的新苗头、新动向，做到总体风险情况、重大个体风险演变态势情况底数清、情况明。通过“看证照”“看宣传”“看人员”“看业务”“看资金”等方法，走访区内16所公办学校和公办幼儿园及74家民办教育机构。各民办教育机构出具承诺函，承诺本单位没有进行涉众型非法金融活动，并与各类非法金融活动作斗争。排查区内22家民营医疗机构和社会诊所，10家养老机构，2家养老服务企业，60余个重点工程项目，78家规模工业企业，3家涉农企业，以及各工地、文娱、旅体市场。

做好风险防范和处置。对风险排查发现的3个风险点均妥善处置：①湖南车城投资管理有限公司唐某某涉及非法集资事项，涉及人员100余人，涉及金额1300多万元，公安机关已经立案。②尚峰股权投资基金涉及介绍他人进行非上市股权投资，有可能导致投资无法收回，接到市公安局预警后，区金融办立即约谈尚峰股权负责人，督促其制定并执行投资退出计划。③长沙1家企业被投诉涉嫌非法集资（被投诉时未注册在石峰区），此后其在石峰区注册为湖南幸福万家文化传播有限公司，区市场监督管理局已于8月10日将其移入黑名单。

【确保金融安全】 强化日常监管，及时掌握情况。督促区内融资担保公司使用省融资担保公司监测管理系统，按要求于每月（季度、年）10日前通过系统报送上月（季度、年）业务及财务数据，区金融办每月汇总整理两类公司数据资料，了解其资金往来状况，对其经营及风险状况进行持续监测。组织小贷公司按要求开展自查和整改，根据结果提出整改和分类处置意见，督促小贷公司落实整改、规范经营。

定期现场检查，引导规范经营。配合市金融办，于7月和10月对区内融资担保公司、小额贷款公司进行现场检查。对现场检查中发现担保公司、小额贷款公司经营中存在的问题，督促其针对相关问题制定整改方案并落实整改措施。

【培育企业上市】 加强与各方对接，做好协调服务，支持辖区企业上市融资。为推动区内企业上市挂牌，区金融办根据湖南省地方金融监督管理局关于资本市场县域工程年度工作任务要求，依据省、市相关文件精神，参照其他县市区标准，起草出台《石峰区人民政府鼓励和扶持企业上市（挂牌）实施办法》。目前区内列入省上市企业后备库名单的有4家，分别是中车特装、九方装备、联诚集团、时代电气。其中，时代电气已完成辅导和报备。

（贺小华）

优化营商环境

【概况】 株洲市石峰区优化营商环境协调事务中心（以下简称区营商中心）是2019年6月机构改革新成立的区政府直属公益一类全额拨

款事业单位，为正科级。中心位于石峰区联诚路79号科研中心一楼，总占地面积约400平方米。2020年，在编在岗人员7人，其中主任1人，副主任3人。中心内含石峰区中小企业公共服务平台，以“为企业着想、替企业解忧、助企业成长”为宗旨，通过实体、网上两种服务渠道，为中小企业提供政府部门政策、项目、规划等公共服务，以及咨询服务、项目代办、人才培训三大类专业服务，成为全区中小微企业寻求服务的门户和窗口。2020年，在道岔轨道交通先进制造项目中获评区级先进单位。

【推行营商环境新规新政】 政策宣传推进有力。邀请湖南化工职业技术学院商学院院长、教授谭文培到区委理论学习中心组为全体县处级干部深度解读《优化营商环境条例》《湖南省优化经济发展环境规定》等相关文件精神。同时将《条例》和《规定》的相关解读发布到区政府门户网站和中小企业公共服务平台网站，并在区政务大厅以醒目位置印发和刊载，有效营造人人参与营商环境建设的浓重氛围。

细化工作责任落实。起草印发石峰区关于做好《优化营商环境条例》《湖南省优化经济发展环境规定》贯彻实施工作的通知文件，并明确责任分工至39个区直相关部门。全面清理规章制度。清理全区现行层面与《优化营商环境条例》《湖南省优化经济发展环境规定》有冲突的营商环境规章、规范性文件和其他政策文件。

【提升就业服务能力】 创新工作方式。疫情期间，调查统计园区企业用工需求和岗位招聘情况，实施日报表制度，向招工难的企业推荐45人次。与区人社局一同创造性地开展“春风行动”暨清水塘关停搬迁企业失业人员专场“网络招聘会”以及育婴师线上培训班，招聘会网页点击量达到8900多次，接到咨询电话260余次，达成意向120余人。

建设和运用“石峰就业”服务平台，动态更新企业招聘信息和失业人员求职信息，精准对接就业需求和用工需求。石峰就业服务平台现有在线注册求职者1.3万余人，在线培训机构12家，在线招聘企业注册近360家。

整合各方资源。充分利用好石峰就业、清水塘社区学院、田心高科产业学院和轨道智谷产业学院，积极对接湖铁职院和铁道技术学院，在园区产业工人职业技能提升培训上大做文章，实现人才链和产业链有效连通。2020年，全区共开展各类培训73个班次，就业培训人数达到3659人。其中，职业技能培训1576人，实际就业560人。

【贴心服务项目】 组建代办帮办队伍。由区行政审批局、区营商中心等10余部门组建代办帮办队伍，各自设置A、B岗，对全区的市区重点项目，提供全程无偿代办服务，变“企业跑”为“政府跑”。加大服务力度。2020年，共为全区16个建设项目提供帮代办服务，涉及政务服务事项70余个。

【助推企业复工复产】 新冠肺炎疫情发生后，为努力把疫情对企业造成的损失降到最低限度，区委、区政府加强工作统筹。成立疫情惠企政策落实工作领导小组，由区委书记任组长，高科园、发改、科工信、财政、金融、人社、税务、医保等13个部门为成员单位，梳理出税收、水电气、社保、金融支持等36条政策干货。

推行一站式办理。线上搭建石峰区惠企政策信息服务平台，开设网上申报、企业信息、政策解读和政策汇编 4 大功能版块，打造便捷高效、网络直达的“非接触式”应对疫情惠企政策服务阵地。自 3 月 3 日惠企政策信息服务平台上线运行以来，系统浏览量已突破 3.5 万人次，累计共为 466 家企业提供了在线咨询、政策办理等服务。在区营商中心大厅线下设立复工复产“一件事一次办”政策兑现窗口，实现政策兑现“五个一”(一次告知、一次申报、一次受理、一次办好、一次兑现的“一次办”)。闭环流程，同时编制石峰区 23 项复工复产政策兑现服务指南手册发至各企业。2020 年，全区为 95 家企业实现稳岗返还 454.55 万元；向上级申报 700 余家企业的社会保险费阶段性减免金额将近 9000 万元；减免企业相关税费逾 2 亿元；帮助 11 家企业及万博珑、五金机电等专业市场实现银行信贷，共授信 2510 万元，发放贷款 3368.8 万元，努力为企业排忧解难。

2020 年，还在服务大厅设置人才服务专窗，落实人才奖补等配套服务政策。发挥 2020 年落户于营商中心的湖南省知识产权综合服务（石峰区）分中心作用，推进企业知识产权服务便利化。在营商中心大厅打造园区公共法律服务站，为企业提供法律上的支持与帮助，致力打造合法、良性、有序的营商氛围，从多角度、全方位做好企业培育服务工作。

【建设中小企业公共服务平台】 2020 年，营商中心作为业主单位，启动了石峰区中小企业公共服务线上平台建设。该平台采取“1+3”的模式，在区中小企业公共服务平台下涵盖 3 个子平台，即招商项目平台、建设项目平台、企业服务平台。平台立足于推动项目建设和为企业提供“综合性服务”两大目标，设立了政策直通车、共享平台、办事指南、问题受理等四大板块，提供信息、技术、代办、人才、市场和融资等直（间）接服务，精准服务，助推中小微企业发展。（江亮辰）

政协株洲市石峰区委员会

【概况】 中国人民政治协商会议石峰区委员会的前身为北区政协。1997 年区划调整后石峰区政协成立至今,共经历 5 届委员会,现为石峰区政协第五届委员会。石峰区政协有内设机构 6 个,分别为办公室、提案和学习联络委员会、经济科技和外事委员会、农业农村和人口资源环境委员会、文教卫体和文史委员会、社会法制和民族宗教委员会。政协履职的三项职能为政治协商、民主监督和参政议政。2020 年,区政协常委会坚持以习近平新时代中国特色社会主义思想为指导，在中共石峰区委的坚强领导下，紧紧围绕“一极三区”战略目标，在把握大势中明晰思路，在服务发展中准确定位，在履职实践中积极作为，为推进石峰区转型升级注入了政协力量。

【政协委员构成】 2020 年，石峰区政协第五届委员会有委员 157 人，设 10 个界别，委员的界别分布为：中共界别 15 人，经济界别 15 人，工商联界别 16 人，民革、宗教界别 16 人，民盟、农业界别 15 人，民建、科技界别 16 人，民进、教育界别 14 人，农工、医卫界别 17 人，致公、侨联界别 17 人，九三、无党派界别 16 人。委员的学历构成分别为：博士 2 人，研究生 21 人，大学本科 90 人，专科 37 人，高中及以下 7 人。委员年龄构成分别为：35 岁及以下的 7 人，36—45 岁的 46 人，46—55 岁的 70 人，56 岁及以上的 34 人。

重要会议

【政协株洲市石峰区第五届委员会第五次会议】 2020 年 6 月 8 日，政协株洲市石峰区第五届委员会第五次会议在区机关报告厅举行。该次会议应出席委员 157 名，因事、因病请假 8 人，实到委员 149 人，超过半数，符合政协章程规定。区政协副主席曾嵘主持开幕式，区委副书记、区长邓元连、区委副书记李红、区人大常委会主任颜曼文、区政协主席钟水根等领导在主席台就座。

区政协副主席龙峰代表政协株洲市石峰区第五届委员会常务委员会向大会作报告。龙峰首先总结过去一年区政协的工作：突出政治引领，始终坚定正确政治方向；坚持双向发力，持续助推石峰转型升级；强化监督实效，积极推动民生福祉改善。龙峰指出，做好 2020 年工作的总体要求是：以习近平新时代中国特色社会主义思想为指导，深入贯彻习近平总书记关于加强和改进人民政协工作的重要思想，全面贯彻中央和省委政协工作会议精神，按照区委五届八次全会部署，坚持发扬民主和增进团结相互贯通、建言资政和凝聚共识双向发力，深入践行“懂政协、会协商、善议政”，在推动石峰高质量发展中彰显政协担当。主要做好 4 个方面的工作：强化政治引领，筑牢思想基础；增强一线意识，服务中心大局；广泛凝聚共识，促进团结奋进；把握时代要求，提升履职水平。

（文　俊）

工作概述

【办公室工作】 负责政协全会、党组会议、主席会议、常委会议、专题协商会议等各类会议的会务工作。参与“农村四类房整治”“康养产业发展”“应急预案体系建设”“清水塘新城建设”等双月协商，形成协商信息专报。推广“政协云”二期应用，推动政协委员运用网络平台更好履职。联合提案和委员学习联络委员会组织政协委员进行集中学习培训。牵头完成“区网格化管理服务中心”等 6 个中心的民主评议工作。完成对石峰公安分局等 3 个单位的民主监督工作。接待外区政协到石峰区考察学习，加强政协系统横向交流。

【提案和委员学习联络委员会工作】 共提交提案 54 件。经济建设、社会治理和民生改善依然是政协委员们关注的焦点。经审查，符合立案 47 件（含并案 2 件），作来信处理 2 件，转上级政协委员参考 3 件，立案率 90.7%。47 件提案中，政治建设类 2 件，经济建设类 14 件，文化建设类 7 件，社会建设类 21 件，生态建设类 3 件。提案调研充分，建议精准，展示政协委员的参政议政热情，反映全区群众的期盼和呼声。截至 2020 年底，所有立案提案都在规定期限内办理办复完毕。办理结果是：解决或采纳的 21 件，占比 44.7%；列入计划解决或采纳的 26 件，占比 55.3%，委员们对提案办理态度和办理结果的评价满意率均为 100%。这些提案为区委、区政府科学决策提供了参考，许多建议被相应采纳。工作呈现以下几个特点：提案办理协商更实效；“协”以求同，“商”以成事；和区政府办等部门协商确定了 6 个重点提案。始终把协商精神贯穿于政协提案工作的全过程，充分发挥提案委作为提案者和承办单位之间的桥梁作用，督促承办单位加强与委员的沟通联系，把对提案办理的文字答复与电话沟通、上门走访、召开专题协商会等形式结合起来，更好地与提案者进行沟通、交流、协商；同时建议委员主动回应承办单位的作为，采用现场督办、跟踪督办、听取群众意见等方式提出办理意见。进一步实现提案和办理双方的良性互动，不断增进办理共识，提高办理实效。提案督办更实在。在协商确定重点后，以重点提案督办为抓手，把提案督办贯穿于政协的视察、评议和调研工作之中。主席、分管副主席多次听取提案督办工作汇报，主席亲自调度重点提案督办。联合区政府办，在 9 月对重点提案进行一次全面督办并下达《提案督办通报》，在 11 月对重点提案进行面对面评议打分并将结果下发《重点提案办理工作评议通报》，促进全区提案工作办理的全面落实。

委员学习联络委员会按要求做好两会的相关工作，包括相关会务准备工作和考核、评先、奖励等。按区政协党组工作要点的安排，在区委党校组织界别召集人和近两年新增补的委员，进行了为期三天的学习培训。培训内容主要是：贯彻学习习近平总书记关于“懂政协、会协商、善议政”的精神、如何撰写提案和微建议、《民法典》解读、推进基层社会治理现代化、新经济理念等。组织 142 名区政协委员下网格。提出下网格的基本要求是：深入群众，听取民声，真正了解群众的诉求；服务群众，关注民生，监督上级和区委区政府各项惠民政策的贯彻落实；履职为民，调查研究，反映社情民意，通过调研报告、提案、建议案或其他形式，向区委区政府和相关部门提出意见和建议。很多政协委员在深入网格开展调研工作时，碰到或了解到一些较为容易解决的问题就直接通过网格群进行反映并及时得到解决。网格群也变成委员履职的另一个重要平台。界别和委员管理方面。由于受疫情的影响，全会召开推迟，全年界别活动较往年有所减少。石峰工商联、民盟、农业、民建、科技、致公侨联等界别活动开展较多，相对较活跃。委员管理工作，当年辞免委员 11 人，增补 9 人。经区政协第十六次常委会决定，撤销 1 名委员资格。

【经济科技和外事委员会工作】 加强政治理论和业务知识学习，努力提升履职能力。充分利用“政协云”“红星云”“学习强国”等平台，深入学习中共十九大精神和习近平总书记关于人民政协工作的重要论述，以及习近平总书记考察湖南重要讲话精神，学习《政协章程》和经济、科技、外事等工作方面的政策，为履行好工作职责奠定基础。组织开展专题调研，履行参政议政职能。根据区政协党组 2020 年度工作要点安排，在分管副主席领导下，组织政协委员成立调研组，对石峰区商贸三产产业链发展情况开展专题调研。调研组通过组织相关职能部门座谈、走访相关企业、行业协会、市场等方式，对行业发展存在问题进行调研商讨，形成调研报告，向区委区政府提出建议意见。履行民主协商职能，参与民主协商工作。根据区政协党组 2020 年工作安排，在分管副主席领导下，开展清水塘新城建设协商调研，协商小组通过和相关职能部门以及清水塘投资集团等投资建设方座谈、走访交流等形式，深入了解清水塘新城建设现状和问题，形成《关于清水塘新城建设调研报告》，提出了对策建议。联系经济界别、民革、宗教界别和工商联界别，对“十四五”规划编制中的开放型经济、园区产业发展、商贸三产业开展调研协商，向区政府“十四五”规划编制工作提出建议意见。指导参与界别活动，提高委员履职能力。组织工商联界别政协委员视察和天厦工贸总部；开展田心村物流园建设调研；全体工商联界别委员参观了彭德怀、罗荣恒故居，接受革命传统教育。

【农业农村和人口资源环境委员会工作】 2020 年根据区政协党组和主席会议工作安排，结合专委会工作实际，主要完成以下工作。开展民主监督，向生态环保石峰分局委派 3 名成员的民主监督小组 ，通过实地考察、入户走访、座谈会等形式了解情况，开展监督。开展双月协商，从 5 月开始，组织 6 名政协委员分成 3 个小组，对全区“农村四类房”整治工作开展双月协商，通过座谈会、问卷调查、走访相关部门等形式了解全区“农村四类房”整治情况，形成 3 份情况意见。开展专题视察，第三季度，主席会议成员和四名委员对黑臭水体治理工作进行了专项视察，走访现场，听取区住建局、环保分局和区工程建设服务中心的情况汇报，主席会议成员和委员们分别提出建议和意见。开展专题调研，组织农工医卫界别的委员就石峰区农村污水治理工作进行专题调研，委员们通过深入大冲、白马、茅太新村的污水处理现场察看污水集中处理点、走访农户、开现场座谈会、调集相关资料，最后形成石峰区农村污水治理的调研报告。其他工作，积极参与政协大会的筹备工作，积极参与政协“抗疫”，联系社区北岭社区的防疫工作。

【文教卫体和文史委员会工作】 委员会丰富学习内容，采取多种形式，认真学习贯彻习近平新时代中国特色社会主义思想和中共十九大、十九届五中全会精神，组织和推动政协委员和政协机关工作人员进一步增强“四个意识”，坚定“四个自信”。一方面坚持自学，读原著、学原文、悟原理，着力在学懂弄通做实上下功夫，准确领会把握会议的思想精髓、核心要义，真正在思想认识上与中共中央保持高度一致。另一方面参加集中学习，积极参加区委、区政协和区政协机关统一组织的学习会、座谈会等各类集体学习活动，相互交流，共同提高。深入学习业务知识。学习中共中央和省、市、区委出台的关于加强协商民主、民主监督的各种文件、制度和办法，进一步增强做好政协工作的责任感和使命感。持续推进，组织委员会成员、所联系的政协委员和特邀文史撰稿员认真学习文史专业知识，学以致用，学用相长。

为弘扬在石峰工业发展史上作出重要贡献人物的艰苦奋斗、改革创新与爱岗敬业精神，不忘初心，牢记使命，加快石峰工业转型升级与高质量发展，启动《石峰工业人物》编纂工作。编纂过程中，征编工作人员克服重重困难，进行大量采访、调查和座谈，细心查阅数以千计的文书档案、志书史料、报刊、年鉴等资料，征集百万余字人物资料，对各类资料精心筛选和编纂，对文稿内容多番修改、补充、打磨，对每一个人物的基本情况认真核实，历时一年有余，几易其稿，最终形成33万字的书稿，充分发挥其“存史、资政、团结、育人”独特作用。

紧紧围绕全区中心工作和社会关注的热点难点问题，组织委员和专家，深入基层，深入群众，调查视察，积极了解和反映社情民意。聚焦重点课题，双月协商卓有成效。根据区政协党组工作要点，4月开始，区政协副主席娄健牵头，文教卫体和文史委承办，组织民革、农工、教育、医卫、社保福利保障等界别的6位委员分成2个工作组，就石峰区养老服务体系建设情况通过座谈讨论、调查问卷、实地走访等方式进行深入调研，收集了较为详实的资料。9月28日，召开“双月协商”座谈会，就养老服务体系建设情况进行面对面的协商讨论，并形成协商意见。围绕教育工作，民主监督深入推进。指导医保民主监督小组通过现场考察调研、明察暗访、发放调查问卷等方式，对区医保局城乡居民医保参保率、医疗救助政策到位情况、医保事项政务服务质量三项工作进行了民主监督。在12月17日召开的民主评议工作会议上，监督小组对医保局的三项工作给予充分肯定，也准确指出当前存在的一些不足和问题，并从加强经办能力建设、加强两项政策整合等方面提出意见和建议。密切互动交流，委员活力得到提升。通过会议、走访、电话、微信等形式，加强与政协委员的联系，了解他们的工作生活情况，主动征求他们对区经济社会发展和政协工作的意见建议。通过走访座谈，增强政协的凝聚力，激发委员履职尽责的积极性，调动委员建言献策的主动性，达到互相促进、共同提高的良好效果。

【社会法制和民族宗教委员会工作】 根据《中共政协株洲市石峰区委员会党组2020年工作要点》安排，组织主席会议成员和部分政协委员对区法院、检察院、公安局三个单位对扫黑除恶工作情况进行专项视察。实地视察井龙派出所并在区法院五楼会议室召开座谈会，听取区法院、检察院、公安局相关负责人汇报扫黑除恶工作情况，区政协党组书记、主席钟水根作了相关指示。

双月协商应急预案体系建设工作已经完成，调研了解石峰区应急预案体系建设存在以下问题：统筹管理力度有待加强；专业能力建设有待加强；没有开展风险评估和应急资源调查；没有进行专家评审。建议应急管理局强化统筹管理，注重专业能力建设，要开展风险评估和应急资源调查并进行专家评审，加强应急演练。

石峰公安分局的民主监督工作正在稳步推进，重点对扫黑除恶工作、突发事件的应急处置、民生服务工作进行民主监督，召开动员会，并和公安局进行对接，对井龙派出所、响石广场快警亭进行视察，深入各基层派出所暗访，深入各社区、村走访老百姓，听取人民群众对石峰区公安分局相关工作的意见建议。民主监督员建议公安工作要积极适应人民群众对安全稳定的新要求新期待，忠实履行捍卫政治安全、维护社会安定、保障人民安宁的新时代使命任务，深入持续开展扫黑除恶，从严治警，持之以恒推进执法规范化建设，持续推进公安大数据智能化建设，保持战略定力，发扬斗争精神，全力以赴保安全、护稳定、抓改革、促发展，不断增强人民群众的获得感、幸福感、安全感，努力推进更高水平的平安石峰建设。

完成了《抓好“五治”提升小区治理水平》《全面推进智慧养老、小区居家养老》等调研课题，形成了成熟的调研报告，为区委、区政府的正确决策提供了参考依据。深入参与全区抗疫、创文等值守工作。协助做好政协五届五次全会的相关工作。完成委员提案的修改、审查，撰写提案审查报告。完成 8 条微建议的审核和交办。完成“学习强国”“政协云”及湖南干部教育学院等平台的学习任务。完成民盟石峰工委10个支部的换届工作。

（文　俊）

人民团体

石峰区总工会

【概况】 石峰区总工会成立于1998年1月，为群团机构。区总工会机关内设工会委员会、经费审查委员会和女职工委员会，机关在职干部6名。区总工会下辖5个街道工会联合会，直管商务、城建、卫生、城管、教育、检察院、法院7个单位工会和41家企事业单位工会。

2020年，区总工会紧紧围绕全区工作大局和市总工会工作部署，聚焦“三大攻坚战”，深化拓展“五个年”建设，主动参与疫情防控，积极引导职工消费，深入推进改革创新，着力夯实基层基础，大力弘扬劳模精神，广泛开展劳动竞赛，扎实推进维权服务，致力困难职工解困脱困，加强工会财务资产管理，为决胜全面建成小康社会，夺取疫情防控和经济社会发展双胜利作出积极贡献。2020年，区总工会荣获2020年株洲市工会工作红旗单位、株洲市第二届“石峰杯”轨道交通产业暨全国和省职工职业技能大赛（部分项目）株洲选拔赛特别贡献奖及“湘悦读•工力量”2020年全省职工主题阅读活动优秀组织奖。

【助力复工复产】 2020年，新型冠状病毒疫情全国蔓延，为有效防控疫情，区总工会充分发挥“娘家人”作用，动员辖区5个街道45个社区基层工会的力量，主动做好疫情防控服务工作，把工会组织的温暖第一时间传递到疫情防控一线。从2月9日开始历时一个多月，领导带头冲在前，全体干部下沉一线，与社区（村）居民群众众志成城、共同抗疫。4月，为辖区内54家企业、2380人普惠发放300元面额新冠肺炎疫情防控特别慰问消费券，总金额达127万元。其中省总工会下拨74万元专项补助资金，区总工会在省总工会专项资金的基础上配套31.63万元，有效解决小微企业、社区（村）经费不足的困难。

【加强组织建设】 2020年，以基层组织建设年为契机，进一步夯实基层基础。根据工会改革工作方案，落实领导班子“专兼挂”全覆盖，制定社会化工会工作者的考核方案，规范社会化工会工作者专业队伍建设，将社会化工会工作者下派到各个街道、园区，充实基层工会干部队伍力量。坚持服务基层、服务职工的经费使用方向，完善工会经费对下补助机制，年初按照2万元/个的标准将街道联合工会工作经费列入财政预算，年内全部拨付到位。在5个街道和园区深入开展了基层工会组织建设情况摸底调查，为工会规范化建设提供真实可靠的基本信息依据。2020年组建工会40个，发展会员

3352人，机关事业单位建会率达100%，区域内百人以上企业建会率达100%，已完成市总工会会员实名制信息采集录入任务。促进基层规范化建设，各基层工会按期完成换届选举，配齐班子。抓好职工之家示范基地建设，增强工会组织的凝聚力、号召力和影响力，响石岭街道李家冲社区工会委员会、株洲清水塘老年病医院工会委员会被评为株洲市模范职工之家。加强网上工会建设，积极完成协同办公系统和云视讯接入使用，通过微信群推送工会福利、新兴政策、就业小程序等，让职工群众切实感受工会组织的温暖。

【弘扬劳模精神】 2020年，以严格的标准、公正的程序，推选多名优秀职工参加劳模评选，其中1人被评为省级劳模、4人被评为市级劳模、2人被评为市级先进工作者，2人获得市级“五一”劳动奖章。开展了“劳动最光荣”主题活动，通过公众号“石峰发布”大力宣传劳动模范和先进工作者的先进事迹，联合区委宣传部举办劳模和道德模范先进事迹报告会，组织30人参观劳模王铁成现场教学。积极倡导志愿者精神，组建了一支30余人的石峰职工志愿者服务队，全年开展敬老、爱老志愿者活动9次。全年走访慰问劳模89人次，发放全国、省、市三级劳模慰问金、困难劳模救助金共计8.9万元。组织95名劳模进行体检和20名劳模、一线工人及技术能手去疗养。对接企业用工需求，培养合适人才，确立了4个“名师带徒”基地，建立了40多人的“名师”档案库，在4个企业共确立了7对师徒关系。承办了株洲市第二届“石峰杯”轨道交通产业暨全国和省职工职业技能大赛株洲选拔赛，共投入资金170万元，其中奖金52.5万元，以竞赛引领广大职工增强主人翁意识。助力网格管理服务综合能力提升，组织全区45个网格长和236个网格员参加第二届“石峰杯”网格员职业技能竞赛，不断增强网格员的工作热情和业务技能。

【推行民主管理】 大力推进区域性和行业性职代会的组建工作，实现全区职代会建设全覆盖。不断规范和完善职代会的各项制度，充分发挥区域性和行业性职代会的作用，在深度和广度上发挥职工的民主管理权力，维护职工的合法权益。继续推行厂务公开和民主管理，大力发挥职代会在企业改制和关停并转等重大事项中的民主管理和民主决策作用。坚持从维护职工合法权益入手，切实做到工会维权在一线实施，构建和谐劳动关系在一线推进，工作热点、难点问题在一线解决。

【竭诚服务员工】 大力开展精准性职工帮扶服务，对困难职工进行一对一的帮扶，按照“一户一计划”制定解困脱困措施，通过生活救助、医疗救助、助学救助、临时救助、技能培训等形式，把对困难职工的帮扶工作真正帮到点上、扶到根上，2020年，有4名全国级困难职工走出贫困。积极推进下岗职工再就业，区总工会举办三期护理员专项培训班，完成150人培训目标，就业率达到85%。积极推进“一户一产业工人”培养工程活动，与区人社局联合开办育婴员、电工和焊工等技能培训班共计53期，培训学员2089人。积极开展“双联”工作，结对89人，发放慰问金8.9万元。开展冬送温暖活动，发放慰问物资750份，慰问金28.2万元，惠及1000余人。开展“情系职工•夏送清凉”活动，慰问2000余人，发放30万元防暑降温物资。2020年，全区组织4260名职工参加职工住院医疗项目，2376 名女职工参加特殊疾病保障项目，共向 214 名住院职工发放职工医疗互助住院补助金 13.6 万余元。举办石峰区第五届职工健步行活动，全区各企事业单位 2000 名职工参与。组建篮球、足球和羽毛球等 9 个兴趣小组，每个兴趣小组给予 3 万元活动经费，让他们自主开展文体活动。动员百名单身青年参加市、区组织的各种联谊活动；从住房、学习等多个方面关心青年职工的工作和生活，2020 年全年有近百名职工入住青年公寓，解决新进辖区的青年人才过渡性居住难题。全年向 2600 名干部职工发放生日蛋糕券 1850 份，金额达 70 万元。2020 年，区总工会牵头起草《关于进一步激励干部担当作为的意见》，文件涉及困难帮扶扩面提标、关心年轻干部、提供廉租公寓等方面，积极为广大干部排忧解难。

【开展文体活动】 2020 年，石峰区总工会有计划、有组织地开展有利于职工身心健康、喜闻乐见的文体活动。充分利用职工之家示范基地，开展丰富多彩、寓教于乐的群众性文化活动，举办全民终身学习活动周职场心理系列讲座。组织职工参与心理咨询师培训学习；部分企事业单位和基层工会建立单身青年俱乐部；举办专场新区单身职工联谊会，组织单身职工参加全市性的职工相亲文化艺术节，为部分单身职工解决了择偶的“头等大事”。继续开展“送文化•惠职工”活动，向一线职工赠送演出门票和电影票 760 张。积极开展女职工维权行动月活动，组织近千名女工参与网上答题；发动 20 余家企事业单位，近 500 人参加“湘悦读•工力量”系列活动，2 名职工入选湖南省芙蓉悦读者。积极提升对外宣传影响力，全年在多家媒体平台共计上稿 20 余篇，其中省级刊物 5 篇。组织区第五届职工健步行活动，全区各企事业单位 2000 名职工参与。组建 9 个兴趣小组，不断拓展职工文化生活的覆盖面。为加强日常管理，区总工会制定相应的规章制度，以活动拨款和报销结合的方式给予经费支持，全年度共组织 2000 余人开展 100 余次文体活动，极大丰富职工业余生活。充分调动积极因素，组织全区 45 个网格长和 236 个网格员参加第二届“石峰杯”网格员职业技能竞赛，通过演讲、网格事件报送、视频制作、才艺展示等多种形式竞赛，展现网格员风采，提升职业技能水平。还开展了“迎三八”千名女职工网上答题活动，举办了株洲市石峰区第五届职工健步行活动，近 2000 名来自全区各企业、机关、街道的职工参加活动。

（胡　慧）

共青团株洲市石峰区委员会

【概况】 共青团石峰区委成立于 1997 年，为群团组织，核定机构行政编制 2 名，无二级机构，截至 2020 年，共有直属团组织 8 个，下辖团支部（总支）113 个，共有团员 2703 名。

【强化服务】 充分利用共青团石峰区委微信公众号、微博等新媒体阵地，做好党团重点工作宣传报道。深入开展“青年大学习”主题活动，学习情况在县市区中多次排名第一。常态化开展“红领巾相约中国梦”“争做新时代好队员”、团员离队入团示范仪式等主题活动，不断凝聚信念共识，引导青少年听党话、跟党走。

【自身建设】 坚持党建带团建，扎实推进团的工作，加强团干部教育培训，推动各级团干部加强党性修养和作风锤炼，有效地增强团组织的凝聚力和战斗力。坚持“全团带队”，广泛开展各类红色教育活动，进一步增强少先队员的组织归属感。坚持用习近平新时代中国特色社会主义思想凝聚共识，每月定期召开专题会议，把广大青年特别是广大普通青年凝聚在党的旗帜下，不断巩固党执政的青年群众基础。突出思想政治引领这一灵魂，用习近平新时代中国特色社会主义思想和中共十九大精神武装全体团干部，用先进理论回应青年的现实关切，用有效路径传播党的好声音，切实引导青年厚植信仰，增进信心，坚定信念，不断增强广大青年的思想觉悟和政治觉悟。（彭彦琳）

石峰区妇女联合会

【概况】 石峰区妇联合会于1997年成立，为群团组织，行政编制2名，无二级机构。根据《中华全国妇女联合会章程》有关规定，已进行了4次换届选举。2020年，区妇联以中共十九大精神为指针，深入贯彻落实区委全会精神，紧紧围绕“巾帼心向党、建功新时代”这个主题开展工作，团结带领全区广大妇女在全面开启石峰转型升级新征程中展现巾帼新作为。

【抗击新冠疫情】 2020年的“三八”国际妇女节期间，区妇联围绕“立足岗位、争做最美巾帼奋斗者”主题，结合当前防疫特殊情况，引导广大妇女将庆祝节日和疫情防控、复工复产紧密结合，激励广大妇女以坚守防疫一线作为庆祝“三八”国际妇女节的最好方式。全区妇联干部下沉一线，既当基层的宣传员，又当企业的联络员，一方面坚持值守防疫点，另一方面帮助企业有序、安全、平稳地复工复产。妇女节当天，区妇联组织观看市妇联三八特别节目《绽放的玫瑰》，各单位也组织形式多样的庆祝活动。如税务局妇委会发出抗疫爱心捐款倡议。5个街道结合自己的特点，开展接地气的活动。如响石岭街道妇联为街道女职工准备补气养血的桂圆红枣煮鸡蛋送到抗疫现场；清水塘街道妇联给防疫一线女职工送去了牛奶、饼干等物资；铜塘湾街道妇联帮助老年居民及五保户打扫庭院卫生，看望患病妇女同胞；井龙街道妇联组织发动在岗女职工进行网上三八妇女节知识竞赛活动；田心街道妇联宣传发动各单位为女职工购买湘女关爱保。

【筑牢民生保障线】 为落实湖现省民生实事农村适龄妇女“两癌”免费筛查工程，区妇联在宣传发动、培训督查、回访、建档、救助等系列工作中与区卫健委、妇幼等部门齐心协力，对全区符合条件的1878名农村适龄妇女进行“两癌”免费筛查。从财政拿出20万元，对200名确诊患癌妇女帮扶救助，以每人1000元的救助标准，及时将党和政府的温暖传递到患病妇女手中。

【基层妇联组织建设】 2020年，不断延伸妇女组织建设覆盖面，重点在村居民小组、非公经济组织、社会组织、女农民工、广场文体团队等新领域、新群体组建妇女组织5个。实施“基层妇联亮牌服务行动”，公开亮妇联标识、亮组织架构、亮工作职责、亮执委身份、亮活动内容，让妇联组织真正成为妇女姐妹的贴心“娘家”。为落实市妇联下发的关于印发株洲市社区（村）妇联换届选举工作方案和石峰区社区（村）党组织和社区（村）民委员会换届选举工作方案的文件精神，12 月 17 日上午，区妇联组织召开换届工作推进会，各街道妇联主席参会，会上明确要求全区在 2021 年 1 月 20 日前全面完成社区（村）妇联换届选举工作。

【女性创业、就业培训】 2020 年，区妇联依托人社局和社区学校，共完成全区妇女创业、就业培训 1127 人。为全区广大妇女儿童和众多家庭提供特色化、专业化、精准化服务。

【召开家庭教育联席会议】 6 月 12 日，区妇联召开全区家庭教育工作联席会第一次会议，区委副书记李红出席会议。区委宣传部、区人民检察院、区委团委、区教育局、区民政局慈善中心、区司法局、区文旅体局、区卫健局、区关工委等成员单位的分管领导及责任科室负责人参加会议。7 月，经上级验收，井墈社区成为市妇联家庭教育示范站（点）。

【创建“展巾帼风采•创最美庭院”】 2020 年，区妇联围绕美丽乡村建设和农村人居环境整治行动重点，针对部分农村家庭环境脏乱差、不整洁的问题，在全区农村家庭中广泛开展以“居室美、厨厕美、庭院美、身心美”为目标的“展巾帼风采•创最美庭院”创建活动，引导广大妇女及家庭改变陈规陋习、养成健康文明生活方式。区、街道、村三级妇联整体联动，精当规划，精细管理，精准施策，分类推进，推动活动扎实开展。2020 年全区新增达标户 475 户，挂牌比例达到 50%。

【维护妇女儿童权益】 积极履行“谁执法谁普法”责任，结合“三八”维权周、国际反家庭暴力日、国家宪法日等重要节点，通过妇女代表工作室、微信平台、QQ 群等信息渠道，广泛宣传《中华人民共和国民法典》《中华人民共和国宪法》《中华人民共和国反家庭暴力法》等与妇女权益相关的法律法规政策。全年开展进企业、进学校、进机关、进社区、进农村、进家庭、进公共场所活动 300 多场次。

石峰区科学技术协会

【概况】 石峰区科学技术协会（以下简称区科协）成立于 2005 年 11 月，与区科技局合署办公。2016 年 4 月从区科技局分离，独立建制，无下设分管部门，设主席 1 名。2017 年 3 月设立党组。2018 年 3 月与区科工信局建立联合支部。

2020 年，区科协以习近平新时代中国特色社会主义思想为指导，深入贯彻落实中共十九大精神，认真落实全国“科技三会”精神，落实区委、区政府的决策部署，以提升区域创新能力为目标，全面贯彻落实国家和省、市科协工作计划，团结和依靠广大科技工作者和科普工作者，齐心协力，开拓创新，扎实开展各项科普工作，全面提高辖区公民科学素养。

【科学普及】 3 月 24 日，以“携手抗疫防痨，守护健康呼吸”为主题，区科协联合卫健部门开展“世界防治结核病日”的宣传，全区约有 1500 人次观看宣传视频并参与有奖答题活动，张贴宣传海报 200 张，电视屏幕滚动播放结核病宣传知识 80 余次，发放宣传单 1600 余张。4 月 24 日，联合铜塘湾街道组织到新桥小学开展禁毒宣传活动。4 月 28 日，联合卫健部门到株洲电力修造公司和江苏中车电机有限公司，宣传职防相关政策法律知识，发放宣传手册 1000 份、张贴海报 200 份。全国科技者日活动中，区委副书记李红亲自带队走访了辖区壹星科技、九方时代建安等六家科技型企业，给一线科技工作者送去了节日问候。

【举办科普长廊】 为大力推动科普宣传教育，营造科学发展氛围，区科协在田心地区开辟科普宣传长廊，在 50 米的科普宣传橱窗内，展出以电力机车、知识产权、健康生活、公共安全、防灾减灾、生态环境等为主要内容的科普宣传板报和图片，吸引不少市民前来学习观赏。

【全国科普日活动】 9 月 19—25 日，围绕“决胜全面小康，践行科技为民”主题，分别组织田心街道田心村和叫鸡岭社区的社区工作者和科普志愿者，集中在田心广场设立 40 多块以健康生活、食品安全、社区禁毒、安全生产、环境保护、应急避险、低碳节能、防灾减灾、创新创造等为主要内容的宣传展板，并设立科普咨询台，由相关业务口工作人员和科普志愿者解答群众的咨询，前来观赏和接受教育的市民达 800 人。10 月 19 日，在响石岭街道开展紧急救护知识科普讲座，并进行现场演练。2020 年，区科协还开展“创意科学拓展计划”，免费捐赠 30 多套 STEAM 科学资源包和科普系列丛书给辖区所有学校，有力推广了少年科技的普及。

【科技助企】 在抗击疫情期间，区科协邀请九方装备、壹星科技等企业加入石峰网上专场招聘会，达成初步招聘意向 120 余人次，为企业补充一批急需人才。10 月，配合区科工信局组织举办第二届“石峰杯”轨道交通产业职工职业技能大赛，全市有 21 家主体企业、21 家配套企业报名参赛，参赛人员达 312 人，48 人分获八类奖励。

【基层队伍建设】 认真做好“基层科普行动计划”，全面提升基层科协工作整体水平。2020 年，全区“科普中国”信息员注册总人数达 20000 多人次，居全市第一。截至 12 月底，全区已注册的科技志愿者达 648 人，并建立科技志愿者队伍 5 支。

【抗击新冠疫情】 新冠肺炎疫情防控期间，区科协按照统一部署，组织辖区科普志愿者 300 余人，深入社区、学校和企业一线，多渠道、多形式地开展科普应急宣传。先后发放《新冠肺炎疫情科普宣传手册》《新型冠状病毒肺炎防控知识 100 问》等资料 5000 余份，张贴科普挂图 800 多张，悬挂科普宣传横幅和标语 500 余条。为促成早日复工复产复学，区科协动员力量为辖区企业、学校联系一批防疫急缺物资货源，其中口罩 12000 只，额温枪 80 支。

（付　伟）

石峰区工商业联合会

【概况】 石峰区工商业联合会（以下简称石峰区工商联）是石峰区委领导下的人民团体和商会组织，是区委和区政府联系全区民营经济人士的桥梁纽带，是区政府管理和服务全区民营经济的助手，是区政治协商会议的重要组成部分。内设办公室、经联部、会员部、宣教部 4 个部室，人员编制 3 名，现有工作人员 8 名。

2020 年，区工商联坚持以习近平新时代中国特色社会主义思想为指导，深入学习贯彻中共十九大和十九届二中、三中、四中、五中全会精神，增强“四个意识”，坚定“四个自信”，做到“两个维护”。坚决贯彻落实中央、省、市、区关于疫情防控和正常生产生活恢复的决策部署，推动工商联系统“桥梁稳固工程”“四联四促”机制取得实效，有力促进全区非公有制经济的健康发展和非公有制经济人士的健康成长。

【加强沟通与交流】 3月，全力做好全国工商联办公厅组织开展的第九次民营企业军民两用高新技术及产品研发生产情况专项调查。4月，认真做好全国工商联组织开展的民营企业社会责任调研，积极开展“万企大走访 同心促发展”活动，深入辖区民营企业和商（协会）进行走访。4—6月共走访企业、商会52家，组织召开各行业座谈会6次，搜集问题50个，全部移交至相关部门办理。2020年，联合区政协工商联界别，完成《石峰区商贸三产发展建议》《田心村物流园发展调研》《清水塘新城建设建议》等调研报告。

【宣教培训】 2020年，组织会员认真学习贯彻习近平新时代中国特色社会主义思想、中共十九大和十九届二中、三中、四中、五中全会精神、习近平总书记的重要讲话精神。5月，安排人选参加市工商联组织的非公经济代表人士培训班。9月，安排人选参加全市统一战线骨干成员培训班。同时，还组织民营企业参加市联举办的“温暖企业、共克时艰”民营企业财务人员培训班。9—10月，邀请区委统战部部长为工商联全体执委和辖区各商协会传达习近平在企业家座谈会上的讲话和在湖南考察时重要讲话精神。全年共培训民企负责人100余人次。

【会员活动】 区工商联以“五好工商联”要求为标准，不断加强商会建设。经过前期走访和综合评价等程序，9月下旬，组织召开了四届五次执委会议，会上通过表决调整、增选了四届执委会执委、常委、副主席，不断优化执委结构，扩大工商联（总商会）执委队伍。

【商会建设】 围绕工商联2020年工作要点，组织开展“四好”商会创建工作，增强队伍的凝聚力和活力。引导支持成立石峰区装饰装修行业协会，建立更加有效的政府与企业间、行业与行业间的沟通平台，在维护行业公平竞争秩序、资源共享、抱团发展等方面发挥积极作用。2020年，区工商联获得了湖南省“五好工商联”荣誉称号。

【光彩事业】 积极倡导非公企业“致富思源、回报社会”理念，立足光彩事业，引导企业履行社会责任。1月6日，区工商联发出倡议书，号召区内参与结对爱心帮扶的各企业开展春节对口走访慰问活动。至春节前，各爱心企业对渌口区龙门镇、南洲镇6个村的22户对口农村贫困家庭进行了入户走访慰问，不但为在家的贫困户送去米、油、牛奶等生活物资和慰问金，还专程到医院看望生病住院的贫困户。截至2020年底，帮扶捐助金额共计3万元。自新型冠状病毒性肺炎疫情防控工作开展以来，全区民营企业积极响应石峰区委、区政府的号召和安排部署，第一时间投身疫情防控工作中，以实际行动彰显担当。五金机电市场商会、万博珑商业广场积极组织志愿者队伍开展疫情排查值守工作。2月，区工商联发出抗疫募捐号召，辖区内民营企业共筹集善款和物资达212万余元。其中区工商联副主席企业株洲联诚集团有限责任公司和株洲九方装备有限公司分别向湖南省慈善总会捐款 150 万元、50 万元。4 月，石峰区民营企业积极参与慈善捐款活动，共捐款 77 万元。2020 年，各类公益捐赠、扶助资金达 292 万元。

【中心工作】 对接法律咨询服务。联合区司法局成立了民营企业法律服务团队，开展专项“法治体检”活动。全年为芙蓉建设、火炬工程、九方物业等 17 家民营企业提供法治体检。10 月，组织民营企业家参与区检察院开展的检察开放日活动，为民营企业保驾护航。

助推银企合作共赢。3 月 21 日，由区工商联联系，在区金融办的支持下，万博珑商业广场与农业银行石峰支行正式签署战略合作协议，授信万博珑商业广场商户贷款总额达 3000 万元，同时万博珑市场为贷款商户提供 0.5%的贴息补助。4 月 14 日，牵头组织区建筑装饰材料行业协会、市建材家具行业商会代表区内三个专业建材市场 100 多家会员商户，与建设银行花果山支行签订合作协议，授信 5000 万元，共同助力支持万博珑商圈中小微企业和个体商户的发展。

搭建政企沟通平台。2020 年 1 月 11 日至 13 日，区工商联牵头，组织召开了石峰区首届房博会，促成房屋销售 50 余套。2020 年，区工商联参与区建筑房地产产业链，推进房地产企业发展，全年收集、交办、协调解决问题 20 余个。推动产业链云端信息平台开发研制，为企业开展政策推送、供求信息、线上合作洽谈、成交情况统计等服务。5 月，推动县（处）级领导对口联系民营企业，出台商协会工作方案。6 月，组织指导 2 家民企申报市中小微企业扶持资金，获批 10 万元 。9 月，会同区优化营商环境服务中心，组织 50 家民企开展区惠企服务信息平台的推送和使用培训。（黄　述）

石峰区文学艺术界联合会

【概况】 石峰区文学艺术界联合会成立于 2013 年 3 月，为全额拨款正科级事业单位。2019 年 12 月，召开了第一届文代会，通过选举产生了文联领导班子，完善相关组织机构。现拥有作家、书法、美术、摄影、音乐、诗词、舞蹈和朗诵 8 个文艺协会组织，共有会员 700 余人。区文联成立 7 年来，团结引领全区广大文艺工作和文艺爱好者积极作为，取得良好业绩，三次获评湖南省年度先进集体，两次在全省作经验交流。

【开展文化进万家活动】 2020 年，深入开展“我们的中国梦文化进万家”主题活动，为给广大社区居民带去浓浓的年味，元旦、春节期间，共开展 15 场送春联活动，参与人员多达 100 人次，共计书写春联 2260 幅，福字 2340 个。

【组织“以艺抗疫”】 2020 年初，新冠疫情肆虐，在严格限制人员流动的措施下，区文联发动文艺家用镜头和笔头，广泛创作散文、诗词、朗诵、曲艺、书法、美术和摄影等各类文艺作品 1000 余件，推出 27 期“众志成城抗疫情”文艺作品网络展播活动，共展出优秀作品 700 余件。5 月 20 日，在秋瑾故居主办一期抗疫复工专题书画展，得到广大市民的好评。

【开展宣传交流】 2020 年，除各协会在内部经常开展交流活动外，还充分利用新媒体开展交流和宣传活动，区文联公众号全年发刊34期，阅读近20000人次。区作协年刊《石峰文苑》、区诗协年刊《石峰曦韵》分别刊发第4、5期。《九郎山系列丛书》第二本《魅力九郎山•民俗风情》公开出版。

【组织创作培训】 12月21—30日，组织区作协12名会员参加《湖南文学》杂志举办的“散文创作训练营”活动，让会员接受系统的散文写作培训。

【成立朗诵协会】 6月21日，在秋瑾故居举办朗诵协会成立大会和朗诵艺术专题讲座活动。

【兴办民生实事】 从元月开始，区文联广泛发动各文艺协会开展民生实事公益教育培训活动，全年共完成文学、书法、美术、音乐、舞蹈、朗诵等公益教育活动370场次，现场受益人达1.89万人，线上受益人达17.07万人。

【投身抗疫一线】 区文联有2名工作人员战斗在抗击新冠疫情的最前线。赵骞作为长石村第一书记，是全村抗疫的第一责任人。主席黄波从1月底至4月初，在霞湾新村小区每日15小时值守，他利用晚上仅有的休息时间，收集各协会会员创作的抗疫文艺作品，推出27期《“众志成城抗疫情”文艺作品网络展》。

【服务经济发展】 为九郎山旅游开发宣传造势。协调区作协创作完成话剧《遇见秋瑾》，并于6月24日在秋瑾故居成功上演。邀请著名版画家洪涛来秋瑾故居主办工业版画专题讲座。邀请市朗诵协会主席张海松来秋瑾故居主办一期朗诵艺术漫谈专题讲座。在市规划展览馆主办全市首届工业版画展览。主办区朗诵协会成立暨“遇见秋瑾”专题朗诵会。从5月开始，组织人员深入九郎山进行现场采访，经过2次补充采访和3次大幅修改，而后整理、编辑出版《魅力九郎山•民俗风情》一书。配合区委完成对长石村的精准扶持。长石村是石峰区一个纯自然村，村集体经济发展落后，村支两委战斗力不强，负债280余万元。区文联在人手紧缺的情况下，克服一切困难，选派年轻文艺干部赵骞全脱岗扎根长石村，助推农村经济文化发展，出色完成区委交办各项工作任务。配合发展地产经济。参与长房集团“长房君悦”儿童友好社区建设，以及儿童绘本馆的开发和推介活动。

（黄　波）

石峰区残疾人联合会

【概况】 石峰区残疾人联合会2004年从民政局分离单列，为独立核算的正科级单位，正式编制5人。区残联内设办公室、业务股、残疾人劳动就业中心。

2020年，区残疾人联合会认真落实区委、区政府的惠残政策，开展“城乡统筹•幸福株洲”、残疾人精准康复服务、就业创业帮扶、文体事业等工作。同时，有力推进网格化管理改革，顺利完成“民生100工程”。

【惠残政策】 2020年，实施“一极三区•助残保障”项目，通过政府采购方式，为361名重度贫困残疾人购买医疗保险9.03万元。为2787名重度和低保残疾人购买“一极三区”助残保障，提高残疾人抵抗意外及因病致贫风险能力。

【城乡统筹·幸福株洲】 2020年，石峰区残联实施了“三社联动”残疾人居家托养服务项目。全年慰问152名困难残疾人。通过政府采购，全面完成省、市下达石峰区150名残疾人居家托养服务任务，其中55人为“民生100”任务。

【网格化管理】 积极与区网格中心、帮扶中心对接，完成8个项目的网上申报办理事项，包括残疾人及其家庭子女助学、残疾人机动轮椅车燃油补贴、残疾人辅助器具适配、精神残疾人服药补贴、精神残疾人住院补贴、残疾人创业扶持补贴、农村残疾人阳光增收补贴和“一极三区•助残保障”项目。

【康复救助】 全年为60名脑瘫、孤独症残疾儿童提供康复救助，贫困精神病患者免费服药348人，为重度精神残疾人安排免费送药上门2次，贫困精神病患者住院补助47人。

【就业创业帮扶】 全力推进残疾人辅助性就业机构（工疗站）建设，为残疾人家庭减轻负担，为就业困难的残疾人提供收入来源。在响石岭街道新建天伦工疗站并投入使用，全年帮助10名智力、精神、重度肢体残疾人就业。

【“民生100工程”】 2020年，通过筛选对象，公示名单，对25户贫困残疾人家庭开展“个性化”和“人性化”的无障碍改造，超额完成上级目标任务。开展残疾人职业技能和实用技术培训，其中农村实用技术培训30人，残疾人职业技能培训30人。通过网格申报、上户了解对象家庭情况，根据实际情况挑选出30名农村残疾人纳入阳光增收计划项目，实施物资和技术帮扶。开展残疾人辅助器具适配服务，全年完成117件器具的免费发放。

【文体事业】 结合端午节、中国共产党成立99周年、全国助残日等主题，联合盛康托养中心举办了“浓情端午、粽享欢乐”“传承红色文化•歌唱红歌红曲”等爱国主义教育公益助残活动。言文杰在2020年全省残疾人文化周活动中，参赛作品《春晓》获得绘画类优秀奖、《七律》获得书法类优秀奖。省级运动员黎敏在全运会、世锦赛等大型体育比赛中均获得奖项。

（罗文娟）

石峰区红十字会

【概况】 石峰区红十字会于2014年8月15日成为独立建制，为正科级机构，列入群团组织序列管理。区红十字会的主要职责职能是：依据《中华人民共和国红十字会法》等法律法规，开展人道领域的社会救助、社区服务和社会公益活动；组织群众性初级卫生救护培训和现场应急救护培训；推动无偿献血；进行遗体、器官捐献和中华骨髓库造血干细胞的宣传、动员、登记；为开展救助工作进行募捐活动，做好救灾准备工作；在自然灾害和突发事件中，对伤病人员和其他受害者进行救助等。

2020年，石峰区红十字会以习近平新时代中国特色社会主义思想为指导，紧紧围绕区委、区政府中心工作，结合石峰区区情，以弘扬“人道、博爱、奉献”的红十字精神为己任，依法履行“三救、三献”等工作职责，做到了在参与应急救护上有新作为，服务和保障民生上有新作用，推进社会文明上有新办法，提升能力上有新突破，社会公信力塑造上有新气象。较好地完成年度工作任务，为实现“一极三区”新目标作出应有的贡献。

【队伍建设】 全面加强党的建设，全面落实从严治党2020年。区红十字会紧紧围绕保持和增强政治性、先进性、群众性的目标，进一步创新学习方式，开展好“主题党课”，实抓“三会一课”，利用“每周一晚”的学习时间，深刻领会习近平新时代中国特色社会主义思想内涵和中共十九大五中全会精神。通过一系列的政治学习，坚定党员的理想信念，调动党员的工作积极性。全面贯彻落实从严治党新要求，强化党风廉政建设的主体责任和监督责任，坚持谈心谈话制度，保持风清气正的良好风范。全年参加卫健局联合党支部集中学习 6 次，红会机关集中学习 6 次。开展参与“石峰号”党员主题日活动，集中下网格 12 次。

【主要业务工作】 按照区委区政府的部署安排，全员参与疫情防控驻点工作，做好联点网格疫情防控。根据市红十字会年度工作要点，紧密联系石峰区区情，始终围绕省政府《关于促进红十字事业发展的实施意见》文件精神，开展“三献、三救”核心业务工作，较好地完成了市红十字会部署的工作任务，取得新的成效。

切实履行红会职责，着力推动“三献”工作的宣传和发动，造血干细胞捐赠有了质的突破。2020 年，区红十字会联合区卫健局开展无偿献血宣传活动，发放无偿献血公益宣传广告和拆页 2100 份，利用“爱卫宣传”“世界红十字日”等主题活动，积极动员机关干部、街道、企业、学校以及居民、志愿者参加无偿献血活动，并取得了一定成效。4 月，石峰区为株洲市第十一例造血干细胞捐献者叶晓卉举行欢送仪式。叶晓卉成为石峰区第一位造血干细胞捐献者，为匹配成功的白血病患者带去生的希望。

认真开展湖南省红十字人道救助金救助摸底工作。2020年全区完成10人的救助摸底申请，并全部上报至上级红十字会，经上级红会组织审核通过后，将继续完善申报手续，为需要救助的居民提供及时、通畅的申报渠道，充分展现红十字会“人道、博爱、奉献”的风采。

积极开展红十字志愿者服务活动。根据市红十字会年初工作安排，全年完成志愿者专项服务 6 场，在辖区生活区、街道办事处、老年公寓等场所，开展相应的红十字志愿者专项主题活动，近 500 人参加活动，为需要帮助的人群提供专业的红十字志愿者的帮助。

热心主办“博爱送万家”活动，大力提升红十字会的公信力。元旦前夕，主动向上级红十字会联系，争取到 110 份“博爱送万家救济物资”，区红十字会把这些物资及时发放到辖区困难群众手中，帮助弱势群体解决生活困难，奉献红十字会的爱心。

（崔明娅）

军 事

石峰区人民武装部

【概况】 2017 年，湖南省军区系统改革，转隶至军委国防动员部，重新更名为株洲市石峰区人民武装部。

2020 年，按照湖南省军区、株洲军分区党委年度工作筹划和目标要求，坚持以习近平新时代中国特色社会主义思想和习近平强军思想为指导，围绕“干一流武装事业、建一流动员队伍、创一流军事机关”建设目标，真抓实干，埋头苦干，全面建设，保持着良好的发展势头。

【思想政治建设】 着眼学深悟透做实，坚持不懈抓好理论武装。利用每周四政治教育、周五党团活动时间，原原本本学习《习近平谈治国理政》(第三卷)，在个人通读一遍的基础上，集中组织学习 16 次。每月一次部党委会上，把习近平主席最新讲话精神作为第一议题跟进学习，把上级首长机关决策部署和重要文件作为必学内容。每天部交班会议，及时传达学习上级有关指示和通知要求。结合每月武装工作例会、民兵整组训练、重大庆典活动等时机，推动学习教育向专武干部、民兵覆盖渗透。通过抓理论学习、抓思想教育，持续夯实官兵听党话、跟党走的思想政治根基。2020 年，在《解放军报》《中国国防报》等省以上媒体刊发各类稿件 80 余篇。

【思想教育】 坚持每月部党委会议学议教制度，传达上级有关文电，分析人员思想动态，利用周四政治教育、每天部交班等时机，搞好针对性随机性教育。按照军分区党委抓党史学习教育“先学起来”的要求，为每名党员购置了 5 本必读图书、印制学习笔记本，力求先学一步、多学一点。全国两会召开期间，及时组织干部职工收看实况直播，整理收集新闻媒介宣传资料进行政策解读，并积极参加军地组织的宣讲活动，切实把思想统一到会议精神上来。认真组织学习戍边英雄群体先进事迹，推动学习宣传向专武干部、民兵、预征新兵延伸，传承英雄基因，厚植家国情怀。加大国防法规宣讲力度，结合议军会、武装工作会，将新颁发的《中华人民共和国国防法》发至县级干部、国动委和国教委成员单位领导人手一本，集中组织解读，强化依法履职观念。立足人武系统特点，发挥军地共教共育优势，与辖区院校、企业、党政机关建立庆祝建党 100 周年、党史学习教育协作机制，增强活动实效和学习质量。持续巩固主题教育成果，注重做好深化转化文章，引领官兵继承革命传统、固牢初心使命，矢志新时代国防动员事业。

【民兵整组】 2020年，召开任务部署会、业务培训会、阶段讲评会和问题整改会，联合区委督查室进行督导检查。每月定期进行通报讲评，确保整组工作有力有序推进。

【军事训练】 深入学习贯彻中央军委开训动员令，把战备训练作为战斗力建设的基础紧抓不放。强化战斗精神培塑，每季度和重大任务、重要节日、重要时期，常态化开展战备形势教育，引领官兵传承红色基因、英雄基因、胜战基因，扫除和平积弊，强化军人血性和练兵打仗、带兵打仗意识。坚持党委每月议战议训雷打不动，归正工作重心，立起鲜明导向，确保中心居中。狠抓军事训练落实，制定年度、每季度、每月和专项训练、军事职业教育方案计划，人武部首长机关带头落实训练内容、人人建立训练档案，完成民兵训练演练任务，全面提升组织指挥和遂行任务的能力。

【安全管理】 狠抓集中排查整治和经常性管理。每月，部党委都要专题分析安全形势，突出抓好人员、车辆、枪弹、保密等安全防范工作，消除安全隐患。在文电和涉密载体管理上，重点落实文电和涉密载体专柜存放、借阅手续、入柜上锁、定期清理、检查讲评等制度。在人员管理上，针对疫情防控要求，加大春节假期人员管控力度，要求所有人员每日报告活动轨迹和身体状况。疫情防控期间，严格落实人员留营住宿要求，确保疫情防控期间人员不失控。在车辆管理上，狠抓车辆动用审批、出车前检查、定期维护保养、经常性安全行车教育等制度。加强驾驶员队伍的教育整顿，杜绝开霸王车、开英雄车、不遵守交通规章等行为。在武器弹药管理上，严格落实“双人双锁”、武器弹药审批、出入库登统计、维护保养、定期检查、保管员政审等制度，确保枪支弹药安全。

【征兵工作】 精准组织兵役登记，会同地方教育、公安等有关部门，把符合条件人员尤其是大学生对象，区分街道、社区（村）归口整理下发，开设街道、社区（村）“兵役登记站、点”，实行“一对一”服务指导。征兵宣传精准发力。针对疫情防控和学生在外等实际情况，在辖区两所高校集中开展网上“云宣传”活动，在线为适龄青年答疑解惑，活动现场收到应征青年的在线签约反馈；借助地方三级网格平台适时推介征兵政策规定，保证征兵宣传全覆盖。兵员去向精准对接。注重摸清征集对象特长底数，了解接兵部队专业特点和岗位需求，最大限度把兵员所能与部队所需衔接起来。

【党管武装】 2020年，石峰区在加快经济建设步伐的同时，充分发挥党管武装的光荣传统，坚持用习近平强军思想武装头脑、指引方向，利用区委理论中心组、“石峰号”主体党日和“每周一晚”学习等活动，集中观看《铁纪强军》《甲午！甲午！》等宣教片；5月请市委常委、军分区政委给区委中心组进行《深入贯彻学习习近平强军思想，大力支持军队和国防建设》授课；注重发挥地方政府政治优势、组织优势、制度优势和保障优势，确保重大事项优先研究、议军制度优先落实、具体问题优先解决；坚持把建武装与用武装结合起来，发挥民兵在抵御社会风险、参与经济建设和维护和谐稳定中的作用，推进职能作用拓展；将深化民兵调整改革工作分别纳入区委常委会、政府常务会研究议题，将整组工作与地方绩效考评同步推进；将深化民兵调整改革工作分别纳入区委常委会、政府常务会研究议题，将整组工作与地方绩效考评同步推进。

【国防教育】 把国防教育纳入党员干部思想政治教育体系和全民教育计划，组织开展专题讲座、观看纪录片、举行“军事日”等系列活动，用革命烈士秋瑾命名民兵应急分队，切实强化国防观念和拥军氛围。推进国防教育进校园，在枫叶中学开设3个“国防教育特色班”，在曙光学校、光明小学、石峰外国语学校分别组织开展“小小国防兴趣班”，取得良好社会效益和军事效益。在此基础上，积极构建网站、微信、户外广告、国防教育长廊、国防文艺演出“五位一体”的国防教育宣传体系。

【参建参治】 带领专武干部和基干民兵两支队伍积极主动参建参治。走访慰问贫困军人和军烈属家庭，协调解决退伍军人就业实际困难，为退伍军人搭建就业平台。积极参与脱贫攻坚工作。对结对帮扶贫困户，挂点帮扶贫困村，多次入户走访，确定帮扶措施。参与“五个一”连点社区（村）和老旧小区改造等工作，组织干部、文职、职工和民兵参加文明创建工作。疫情防控期间，积极组织干部职工和民兵协助地方开展疫情防控工作，为辖区6所学校复学工作提供军用帐篷、口罩等急需的防疫物资，并协调对校园环境进行消毒消杀。

【重要军事会议】 4月9日，石峰区召开2020年度武装工作会议。区委常委、常务副区长宋长征主持会议。相关县级领导、区国防动员委员会成员单位负责人、辖区高校武装部长和街道党工委书记等在网格中心会议室参加会议，各街道社区设分会场。会议传达上级有关会议精神，总结全区2019年武装工作，安排部署2020年工作计划，来自全区五个街道的党工委书记进行了党管武装工作述职。会议要求，全区各单位要切实按照区委统一部署，增强政治自觉、强化责任担当，全面推进人民武装工作和国防后备力量建设向纵深发展，奋力开创国防动员建设发展新局面，为株洲打造党管武装工作“株洲样板”和争取全国双拥模范城市“七连冠”贡献石峰力量。 （欧阳瑾）

法 治

政法委与综治

【概况】 中共石峰区委政法委员会是区委领导全区政法工作的职能部门。区委政法委共设有政治部、政治安全室、办公室、综治督导室、维稳指导室、执法监督室6个部门，有行政编11个，实有在职在编人员9人。

2020年，区政法系统坚持以习近平新时代中国特色社会主义思想为指导，坚决贯彻落实上级和区委重大决策部署，为全区统筹推进疫情防控和经济社会发展创造安全稳定的社会环境，提供坚强有力的法治保障。进一步提升人民群众获得感、幸福感、安全感，夺得全省综治工作先进“三连冠”，并成功晋升为全省平安县市区。

【开展防疫抗疫】 疫情集中防控期间，区政法单位分别组织精干力量在32个值守点开展值守，对14个集中隔离医学观察点进行24小时管控。依法打击涉疫违法犯罪人员13人，破获全市首例以发布虚假信息售卖口罩的系列电信网络诈骗案件，涉案金额12万元。全年有效化解涉疫矛盾纠纷30多件。

【维护安全稳定】 2020年，全区各级调解组织共调处各类矛盾纠纷460起，建立网上调解联席会议制度，组建13个调解专项组，矛盾纠纷调解成功率达98.5%。落实一站式多元解纷和诉讼服务体系建设，成立诉源治理工作站，联合16家单位制定法律诉讼调解对接机制，诉讼服务平台建设工作名列全省第一。推进新时代县域警务工作，依法打击网络电信诈骗、盗窃和黄赌毒等违法犯罪，刑事打击人数创历史新高，刑事案件发案创近5年来新低，全年命案和重大刑事案件零发生。

【化解风险隐患】 组织开展为期三个月的平安建设“大排查、大化解、大整治”专项行动。聚焦易肇事肇祸严重精神病患者、社区矫正对象等重点人员，聚焦房地产办证问题，聚焦危化品运输、重点区域交通堵点和小区公共安全等领域安全隐患，集中开展排查化解和重点整治。

【扫黑除恶专项斗争】 2020年，扎实开展了“六清”行动、十大行业领域专项整治和系统行业长效机制建设等工作。全年核查涉黑恶线索17条，审结涉黑涉恶案件及其关联案件共17件108人，涉黑恶财产执行到位标的金额3100

多万元。发放“三书一函”12 件，在 18 个行业领域建立了 38 个长效机制。

【平安石峰建设】　持续开展系列平安创建，弘扬见义勇为精神。2020 年，评选出平安学校 4 所、平安医院 1 家、平安企业 4 家，对 2 名见义勇为人员发放奖励金共 5000 元。集中开展病犯收押收监专项清理行动，持续对精神病障碍患者家庭进行以奖代补，发放以奖代补资金 48 万元。对 4 名涉法涉诉信访困难对象进行救助，发放救助金 5.6 万元。

【推进依法治区】　组建依法治区普法协调小组和执法协调小组，制定行政应诉工作规定和“谁执法谁普法”普法责任清单，2020 年行政诉讼案件总数较 2019 年下降 56.4%。加强法治乡村建设、推进法治政府建设示范区创建，受理法律援助案件 415 件，全区各级各单位实现法律顾问全覆盖，顺利通过“七五”普法验收。

【护航经济发展】　深入开展“产业项目建设年”和“温暖企业行动”，制定《护航经济发展十大机制》，全年累计走访企业 110 多家，开展检查 120 多次，解决建议和问题 36 个，处理涉企纠纷 32 起，教育训诫 122 人，打击处理 7 人，执行涉企案件到位标的金额 6300 多万元。

【市域社会治理】　落实创建市域社会治理现代化试点合格城市任务清单，打造基层社会治理现代化“石峰样板”。制定《网格服务管理工作规则》《社区治理工作事项三张清单》等制度，全面推行全科网格服务，梳理出公共服务清单事项 81 项、群众自治清单事项 26 项、有偿服务清单事项 11 项。组建 455 个网格居民微信群，覆盖 86731 个家庭；推进“一件事一次办”，77 项居民事项实现“就近办”。在先锋社区探索开展“智慧社区”建设，打造“掌上小区”App；石峰区创新社会治理的典型案例入编《2020 法治影响中国典范案例汇编》，并荣获“2020 社会治理创新典范区”称号。社会治理现代化的微视频在第五届平安中国“三微”比赛中，荣获“十大微视频”，受到中央政法委通报表扬。

（言　翔）

公　安

【概况】　2020 年，石峰公安分局的工作取得了优异的成绩，荣获“全省公安机关执法质量考评优秀单位”“全省公安机关打击治理电信网络新型违法犯罪工作成绩突出单位”“全市政法工作先进单位”“2020 年度全市公安机关平安建设优秀单位”“2020 年度新时代县域警务成绩突出单位”“全市公安政治工作成绩突出单位”“全市公安机关侦破命案工作成绩突出单位”“全市公安机关刑事技术工作成绩突出单位”“全市公安机关扫黑除恶专项斗争成绩突出单位”等 20 余项集体荣誉。胡登龙、罗峤、陈艳飞等 80 余名干警分别荣获“株洲市五一劳动奖章”“株洲市先进工作者”以及“二等功”“三等功”“嘉奖”等个人荣誉。

【抗击疫情】　全面部署联查联控。石峰公安分局在沪昆高速株洲北收费站设置卡点，配合疾控、交通等部门加强对疫区入境车辆和驾乘人员的检测工作；牵头对辖区临时设立的 14 个集中隔离医学观察点（累计 1582 人）进行 24 小时全时监控；积极配合街道开展人员排查与上报、小区防控、居家隔离管理（累计2225人）等各项工作；征用石峰区清水湾酒店、明峰宾馆，作为境外人员入株的唯一集中隔离点，担负全市范围内的所有境外人员入株集中隔离医学观察工作，至2020年底，辖区仍保留境外入株集中隔离点。

全面发挥专业优势。石峰公安分局充分发挥大数据优势，协同配合区指挥部、卫健疾控、街道社区等部门对辖区9名确诊病人密切接触者进行溯源追踪；全面打击涉及疫情犯罪，全力助力复工复产，对涉疫的造谣滋事、诈骗、扰乱社会秩序、干扰疫情防控、妨害公务等违法犯罪行为进行坚决依法打击。

【队伍建设】 坚定不移抓党建引领。分局始终坚持党对公安工作的绝对领导、全面领导，着力于党员能力素质“四提升”，不断强化党委班子头雁效应、支部班子堡垒作用、党员示范引领效果，做到党建工作实体化、实务化、实效化。积极开展“主题党日”、新时代县域警务知识竞赛、“从警荣光”民警资料库建设、心理健康讲座等活动，在全局营造争先创优、蓬勃向上的良好警营氛围。

持之以恒抓政治建警。分局扎实开展“坚持政治建警全面从严治警”教育整顿工作，认真检视和查摆问题，坚决立行立改，推进管党治警和业务能力的双提升。石峰公安分局上半年警务评议工作在全省39个区中排名第13，全市4个公安分局中排名第1，全年没有发生民辅警重大违法违纪案事件。

关怀备至抓暖警惠警。分局切实解决困难民警的实际困难，做好慰问工作，2020年，共计慰问民警64人次，慰问金额65500余元；发放节日慰问物资及民警的生日慰问共计价值712800元；安排了6批次31人前往外省疗休。

【社会大局】 坚决捍卫政治安全。分局以强化县域重大政治安全风险防控为主线，严格落实意识形态工作责任制，统筹抓好反渗透、反颠覆、反分裂等系列斗争，实现特护期“零非访、零聚集”的工作目标，平稳度过省、市“两会”“五一”特护期、全国“两会”特护期、国庆安保、中共十九届五中全会等重点节点活动，实现了政治稳定和社会治安大局平稳可控的目标。

织密筑牢治安防线。分局坚持和发展新时代“枫桥经验”，积极探索基层社会治理共建共享共治模式，深入挖掘民智民力，组织发动社会多方力量成立“井龙义警工作站”；充分发挥网格民警、“一村一辅警”、网格员在信息采集、隐患排查、法制宣传等方面的动态化、实效化作用，构筑社会治安风险防范的铜墙铁壁。截至11月30日，石峰公安分局共接处警11834起，同比下降16%，其中刑事案件1127起，同比下降29%，全年命案零发生，无重大刑事案件，守住“五个不发生”底线，切实提升人民群众的安全感。

做实举措护航发展。复工复产以来，分局充分发挥公安机关服务辖区经济建设的职能作用，根据石峰区实际，量体裁衣制定《护航经济发展十大机制》，有效净化辖区营商环境，保障经济发展持续稳定。

【侦破要案】 严打深挖刑侦要案。分局充分整合现有侦查警力，不断完善改良工作机制，队伍战斗力显著提升。成功侦破2003年“9·28”积案命案；破获系列电信网络诈骗案件，成功打掉电信诈骗团伙8个，抓获并刑拘电诈嫌疑人53人，起诉案件数37起；迅速破获诈骗辖区内国有企业重要物资案件和“5·1”系列纵火案。

高压整治毒品犯罪。分局移诉各类涉毒犯罪嫌疑人共 74 人，行政处罚 72 人。成功破获涉毒类目标案件，“全链条”打掉一个活跃在湘、闽、皖三地的制贩毒团伙；加强吸毒人员末端治理，深入开展“毒驾”专项治理。

全面打击民生案件。分局以“零容忍”的态度重拳打击湘江非法捕捞犯罪案件各 1 起。深入挖掘食药环等民生领域犯罪，破获一批涉及全国多省的重大案件，先后破获公安部第一批督办非法捕捞案件和省厅第一批制售假酒案，抓获一个集生产、物流、零售于一体的犯罪团伙；坚决打击人民群众关心、关注的民生小案。

【公安工作】 多措并举，绩效评估迎头赶超。上半年受疫情、人事调整等影响，分局绩效评估工作进展缓慢，局长贺吾晋在全局进行深入调研，大力整合石峰公安分局警力资源，优化配置，通过采取一系列举措，多管齐下、背水一战，在全局掀起侦破工作高潮，使分局绩效评估工作突飞猛进，打击总量新增 278 人，打击四类侵财犯罪新增 103 人，增幅分别达到 752%和 644%，分局绩效评估工作全面达标。

高位推动，县域警务打造样板。自 4 月 22 日湖南省公安厅召开全省新时代县域警务工作会议以来，分局高度重视，深入学习贯彻会议精神，以区“两办”名义出台《关于加强石峰区新时代县域警务工作的实施办法》，班子成员多次赴外地调研学习，借鉴做法，将县域警务与“枫桥网格警务”有机结合，探索“三区”警务模式，在全市范围内率先成立了义警工作站，构建“县域+枫桥+网格”的全方位、立体化、现代化警务模式。

标本兼治，执法风险防范整治有力。省公安厅部署开展“坚持政治建警全面从严治警”教育整顿执法顽瘴痼疾整治活动以来，石峰公安分局高度重视、高位部署、强力推进，推动工作迅速落地见效。通过以案释法对办案民警进行执法培训，提升能力；实现执法顽瘴痼疾标本兼治，提前 1 个月实现执法顽瘴痼疾整治四类案件整改全面清零，执法风险排名由全省 32 名，下降至全省 99 名，由一类风险等级降为三类风险等级，分局公安工作法治化水平明显提升。 （肖湘晖）

交 警

【概况】 株洲市公安局交警支队石峰大队（以下简称石峰交警大队）成立于 1987 年 4 月。大队内设办公室、交通法制宣传中队、交通事故处理中队、秩序中队、第一执勤中队、第二执勤中队、第三执勤中队 7 个副科级机构，有民警 44 人，辅警 52 人，职工 4 人，其他聘用人员 5 名。

2020 年，大队围绕压事故、保畅通、强队伍、创满意、促发展工作中心，以事故预防为核心，以疏堵保畅为重点，以优质服务为中心，深入推进公安交管“四项建设”（基础信息化、警务实战化、执法规范化、队伍正规化），努力打造“便民、效能、法治、忠诚”四型警队。在全力整治辖区交通秩序，努力优化经济发展环境等方面，取得突出成绩，涌现出包括省春运成绩突出个人、省公安交警国庆交通安保成绩突出个人等系列先进典型。先后有 3 名民警荣立三等功，5 名民警获得市局和支队嘉奖。

【交通事故处理】 2020年，全年大队接处警共计6994起，处理简易事故2122起，处理一般事故80起，排查区级道路隐患28处，办理刑事案件立案65起，拘留11人，取保候审48人，移诉41人，辖区内未发生一起重大伤亡交通事故，全队队伍稳定，未发生一起民警违法违纪案件，为市区经济建设创造良好的交通环境，保持全区道路交通安全形势和交警队伍建设的总体平稳。

【秩序整治】 严格按照上级交办各项工作，“逢一”“逢五”开展拖拉机联合整治行动，“逢五”“逢十”开展路警联合治超行动。同时严查“三驾”“二客一危一货一面”“三车”超载等专项整治行动。全年共计开展拖拉机联合整治行动15次，路警联合治超行动18次，校车整治行动10次，行动共检查货运车、拖拉机等车辆2353台次，查获货车超载行74起，其中“百吨王”16起，农用车、拖拉机、工程车违法载人违法行为658起，两客一危重点车辆违法行为400起，出租车野蛮驾驶行为211起，酒驾醉驾145起。

【交通违法查处】 全年大队累计查纠各类交通违法行为65654起，现场纠违13909起，非现场51211起。组织开展各类交通违法整治行动75次，查获各类国省道违法行为3212起，农村道路违法行为为294起，其中无证驾驶1650起、假牌套牌327起、酒驾264起、醉驾3060起、货车超载165起、客车超员194起、货车改型558起、机动车尾气排放不合格115起，在辖区形成“严管、严查、严处”的整治氛围。

【事故隐患排查】 2020年，大队以“压事故、保安全”为宗旨，全区共计摸排马路市场6处、交通事故多发隐患路段15处、标志标线等交通设施缺失缺损77处。截至年底，辖区内所有马路市场已全部按要求整改搬迁完毕，交通事故多发隐患路段已全部整改销号。道路标志标线等交通设施缺失缺损问题，已按要求整改修复完成。

【提案办理】 2020年间，完成春运、“两会”、国庆等大型活动、会议及领导交通安全保卫任务200多次。在区“两会”期间，收到各类建议5件，涉及交通拥堵、白石港、田心片区、湘天桥周边停车难等问题。件件做到落实“三见面”（即办理前与建议意见的提议代表、委员见面，掌握所提意见、建议的真实意图；办理中与提议人见面征求对意见、建议办理的意见和要求；办理后与提议人见面回复对办理结果的满意情况，以提高办理的质量），100%回复提案人，且在规定时间内都答复完毕，代表、委员对办理情况满意率为100%。

【交通安全宣传】 2020年，在辖区范围内开展文明交通行动计划，针对城区交通违法多发情况，突出民俗活动、赶集等重点时段，特意通过现场发放宣传册680份、播放警示宣传片4部、推送顽瘴痼疾整治提示信息21条，并通过微信、微博、电视广播等宣传手段进行宣传50次，省级以上宣传报道6次、进企业4条、进农村30条、进社区120条、悬挂横幅（挂图）70条，把交通安全知识和交通问题顽瘴痼疾集中整治行动的内容传播到千家万户。

（颜国辉）

法 院

【概况】 石峰区人民法院系由原北区人民法院因区划调整更名而来。

2020 年，区人民法院坚持以习近平新时代中国特色社会主义思想为指导，深入学习中共十九大和十九届二中、三中、四中、五中全会精神，主动落实区委工作部署，克服新冠肺炎疫情带来的不利影响，不断推进法院工作迈上新台阶。区法院全年新收案件 4487 件，旧存 78 件，结案 4497 件，结案率为 98.51%，创历史新高。区人民法院执行局荣立全市法院“基本解决执行难”专项工作集体三等功，王健被评为株洲市先进工作者和全国优秀法官，陈善文被评为全省法院扫黑除恶专项斗争先进个人。

【政治建设】 开展“两个坚持”专题教育，强化理论武装。2020 年，组织全体工作人员认真学习贯彻习近平法治思想、习近平总书记考察湖南重要讲话指示精神和《中国共产党政法工作条例》，巩固“不忘初心，牢记使命”主题教育成果，开展“坚持党对司法工作的绝对领导、坚持中国特色社会主义法治道路”专题教育和“以案释德、以案释纪、以案释法”警示教育，防止干预司法的“三个规定”专项整治等活动，牢固树立“四个意识”，坚定“四个自信”，坚决做到“两个维护”。6 月 3 日，最高人民法院督导组来区人民法院调研，对本院“两个坚持”专题教育暨队伍建设和意识形态工作给予高度评价。

把政治建设摆在首位，提高政治站位。区法院始终把审判执行工作放在区委、区政府工作大局中进行谋划，服务石峰经济社会发展。坚决落实重大事项请示报告制度，及时向区委和上级法院请示报告审判执行中的重要情况、重大事件、重要工作等情况。通过中心组学习、专题辅导、座谈交流等多种形式，切实抓好“三会一课”的落实。加强意识形态工作，教育引导干警坚决抵制、批驳各种错误思潮和观点，坚决与西方“宪政”“三权鼎立”等错误思想划清界限。

【服务大局】 深入社区一线值守，为疫情防控提供司法保障。2020 年 1 月 28 日，区法院以微信视频的形式召开会议，研究部署疫情防控工作，并按区委的统一安排，每天派出 12 名干警下沉社区参与值守工作。依法快审快结梁某、杨某疫情防控期间利用微信发布虚假销售口罩信息实施诈骗案件，让妨害疫情防控的行为受到严厉制裁，为打赢疫情防控阻击战提供有力的司法保障。

利用智慧法院建设成果，做好诉讼服务工作。通过“湖南移动微法院”“云间庭审”等平台推进网上立案、网上开庭、网络执行，使当事人足不出户，就可以享受到高效便民的司法服务，2020 年 2 月办结各类案件 412 件，执行案件到位金额 1029.23 万元，居全市基层法院前列。充分利用人民法院调解平台，进行在线音视频调解，3 月，区人民法院在线音视频调解案件数位居全省法院第三名，切实做到疫情防控和审判执行工作两不误，有效维护人民群众的诉讼权利。

【执法办案】 推进扫黑除恶专项斗争，维护社会安定有序。全年共审结涉黑涉恶案件及与保护伞相关联案件 17 件 108 人，提前实现“案件清结”目标。强化办案质量，严格裁判标准，依法认定黑社会性质组织案件 1 件，恶势力犯罪集团案件 2 件，恶势力犯罪团伙案件 3 件，其中区人民法院审理的孙某等人组织、领导、参加黑社会性质组织罪、敲诈勒索罪、诈骗罪案被株洲中院列为株洲扫黑除恶十大典型案例。坚持打财断血，铲除黑恶犯罪组织经济基础，区人民法院涉黑涉恶及保护伞关联案件财产刑应执行标的总额 4043.39 万元，执行到位标的额 3152.37 万元，到位率达 77.96%，居全市法院前列，得到省高院专项督导组的充分肯定。

依法打击刑事犯罪，确保人民安居乐业。发挥维护公共安全、经济安全、政治安全的司法职能，坚决防范和打击违法犯罪。全年审结涉毒品犯罪案件 35 件，对利用麻黄草生产麻黄碱的刘某某等 8 名被告以非法生产、买卖制毒物品罪判处有期徒刑，并处罚金。维护社会诚信，保护人民财产安全，同时还审结“套路贷”“校园贷”、信用卡诈骗等犯罪 20 余件。打击“两抢一盗”犯罪行为，审结盗窃、抢劫、抢夺犯罪 49 件 85 人，提升辖区内人民群众的安全感。惩贪反腐，打击职务犯罪。

加强环境案件审判，打好污染防治攻坚战。落实习近平总书记“守护好一江碧水”殷切嘱托，积极开展“湖南环保•审判三湘行”专项活动，打好蓝天、碧水、净土保卫战。充分发挥环境资源审判职能，由区人民法院院长担任审判长，公开审理了 2 起非法捕捞罪案件，在判处两案被告人刑罚的同时，责令被告人进行生态补偿，放流鱼苗 15000 余尾，有力震慑犯罪，维护公众环境权益。

【司法为民】 维护企业合法权益，优化营商环境。深入开展“五个一”“产业项目建设年”“温暖企业”等活动，依法审理与公司、证券等有关纠纷，平等保护民营企业和企业家的合法权益。为辖区重点企业提供司法保障，依法审理中车株洲电力机车有限公司、株洲冶炼集团股份有限公司等重点企业的案件。积极服务清水塘转型升级，依法执行涉清水塘老工业区搬迁改造企业株冶、柳化基地（柳化桂成、中成、智成）、荷花水泥厂等案件 49 件，到位金额 6382.18 万元，保障企业的关停搬迁工作顺利进行。

依法审理民商事纠纷，切实保障民生。妥善审理住房、劳资纠纷等涉民生案件，依法审理长沙市政工程有限公司、株洲市城市建设发展集团置业有限公司等追索劳动报酬系列纠纷案，保护劳动者合法权益。依法审结天伦大酒店、四季天伦公寓酒店房屋租赁合同纠纷系列案 95 件，维护了房屋租赁市场的秩序。聚焦民法典实施，总结审判经验，开展案例研究，区人民法院 2 件案例被最高人民法院《民法典新规则案例适用》及《中国法院年度案例》收录为典型案例，为全国同类案件审判提供借鉴。强化司法救济，为生活困难的当事人申请司法救助 24 万余元。落实“民生 100”工程，累计完成诉讼费缓减免 122 件，金额 44 万余元。

深入推进解决执行难，实现胜诉权益。巩固基本解决执行难工作成果，开展“发挥执行职能、做好‘六稳’工作、落实‘六保’任务”专项执行行动，区人民法院全年执行到位金额 27641.55 万元，执行绩效考核位列全省法院第一名。对于拒不执行、逃避执行等行为加大打击力度，全年向公安机关移送立案 11 人，罚款 115 人，列入失信被执行人 307 人，限制高消费 897 人。加大刑事财产刑执行力度，追缴被告人谢某某非法所得和罚金共 1630 万元。注重房地产、物业服务等涉民生案件执行，执行完毕香博堡国际小区与业主办理房产证系列纠纷案，帮助陷入纠纷历时 6 年之久的 166 户业主顺利办理房产证，维护人民群众的合法权益。

【审判质效】 坚持多元化解决纠纷机制，积极参与社会治理。积极落实“一站式多元解纷和诉讼服务体系建设”，成立诉源治理工作站，诉讼服务平台建设考核位列全省第一名。推进案件繁简分流，加大诉前调解力度，诉前调解案件 966 件，占区人民法院受理民商事案件 49.04%。积极解决物业管理难题，通过速裁方式化解物业纠纷 330 余件。认真学习新时代“枫桥经验”，积极运用非诉讼纠纷解决机制化解矛盾，区人民法院参与多元化解的彭某与毛某离婚纠纷一案，中央电视台社会与法频道《小区大事》栏目中予以播出报道。

坚持精细化管理，严格考核敢于兑现。坚持日常工作日常抓、日常工作日常化，建立完善审判管理、财务核算、案款管理、档案管理等制度，并确保制度执行到位，切实提高审判质量、效率和公信力。2020 年 4 月 17 日，石峰法院作为株洲市唯一代表就如何多措并举进行团队精细化管理，提升审判绩效在全省法院“审判质量、效率和公信力巩固年”视频会议上作典型发言。省内多家中、基层法院前来区人民法院交流学习审判管理经验，进一步推动区人民法院审判管理工作再上台阶。

坚持司法公开，让权力在阳光下运行。落实“谁执法谁普法”责任制，开展法治进校园、进社区、进机关、进企业活动，区人民法院尹强受邀为石峰区委统战部骨干班学员就《民法典》进行专题授课。组织“法院开放日”活动 3 次，邀请大、中、小学生进法院，让法治观念根植未来，深入人心。完善司法公开的方式，以公开促公正，加强审判流程公开、裁判文书公开、执行信息公开、庭审公开四大公开平台建设，区人民法院的裁判文书上网率、审判流程公开、执行信息公开均达到 100%。加大司法宣传力度，全年在《人民法院报》、人民网、中国网等媒体发表宣传稿件 160 余篇，弘扬司法正能量。

【队伍建设】 加强反腐倡廉，持续改进司法作风。坚持“抓党建，带队建，促审判”工作方针，全面落实“两个责任”，认真履行“一岗双责”，严格执行“八项规定”，深入开展作风纪律专项整治活动，持之以恒推进党风廉政建设和反腐败斗争。组织学习警示教育案例，观看《初心与蜕变》等警示教育片，不断锤炼党性。严格落实防止干预司法的“三个规定”，对全院出现的违纪违法行为敢于较真碰硬，以零容忍态度严惩司法腐败。

加强教育培训，提升法院干部队伍素质。组织各庭室骨干到省法官学院、市中院、区委党校进行各类学习培训，积极参加区委“每周一晚”学习活动，提高干警综合素质和履职能力。强化理想信念，组织全院党员干警赴韶山、茶陵、炎陵开展主题党日活动，锻造信念坚定、执法为民、敢于担当、清正廉洁的法院队伍。重视法院文化建设，鼓励干警在司法实践中加强理论研究，区人民法院获评中华全国总工会“2020 年全国工会职工书屋示范点”，是全省唯一一家获此殊荣的法院。2020 年参选 4 篇论文分别获评最高院、省高院优秀论文。

自觉接受监督，汇聚推动法院工作发展合力。主动向区人大及其常委会报告工作，对代表提出的建议高度重视，认真研究，当面答复。主动向政协、各民主党派、工商联、无党派人士通报法院工作，诚恳接受意见建议。开展“代表委员走进法院零距离监督”专项活动，主动邀请省、市、区人大代表、政协委员来区人民法院视察、旁听庭审、见证执行和座谈70余人次，增进代表委员对法院工作的了解、理解和支持。 （罗 达）

检 察

【概况】 石峰区人民检察院在编在岗干警42人，2019年机构改革完成后，内设办公室、第一检察部、第二检察部、第三检察部、政治部5个机构。2020年，区人民检察院全面贯彻中共十九大和十九届二中、三中、四中、五中全会精神，深入贯彻习近平法治思想、习近平总书记考察湖南重要讲话精神，以高度的政治自觉、法治自觉、检察自觉履职尽责，各项检察工作取得新成效。先后荣获“全国检察宣传先进单位”“全国平安医院创建工作表现突出集体”等荣誉称号；有1件涉黑案件被省检察院评选为典型案例向全省发布（全省仅3件）；有1件检察建议被评为“全省检察机关十佳公益诉讼优秀检察建议”。

【依法战疫】 2020年，坚持“战疫”、办案两手抓。抽派50余名干警深入南峰社区近两个月，配合开展防疫知识普及、驻点排查等一线防疫工作，展现联防联控检察担当。把涉疫案件办理放在突出位置，依法从快从严办理涉疫刑事犯罪3件3人。生鲜、肉类市场检疫检验和公共卫生安全等领域公益诉讼案件3件，发出诉前检察建议3件。依法办理的督促规范生鲜肉牛检疫合格证明行政公益诉讼案，助推全市规范生鲜肉牛检疫票据管理、加强市场监管具有积极的示范作用。

【保障复工复产】 严格把握好办理涉企案件的尺度、力度与温度，能不捕的不捕、能不诉的不诉，对涉嫌犯罪的民企负责人、科研骨干和关键岗位人员，依法不批捕17人、不起诉54人，以刚中有柔的办案方式，传递司法的温度。开展民营企业走访服务活动，班子成员带头深入调研辖区企业20余家，帮助企业解决问题6个，为企业提供精准司法服务，提振企业发展信心。

【三大攻坚战】 严守金融安全底线，起诉非法集资等破坏金融秩序犯罪13人，涉案总金额达990万元，力求在办案中防止涉稳等方面的次生风险。助力长江经济带发展，起诉非法捕捞等犯罪6人，增殖放流鱼苗20000余尾。开展生态环境保护公益诉讼专项行动，督促相关责任部门清理回收垃圾和固体废物3.7万吨，推动辖区“一江三港”等水域管护与水环境治理能力提升。真情帮扶精准脱贫，依托检察职能帮助45名农民工讨回欠薪约48.8万元，让劳动者不“忧薪”“烦薪”。落实司法救助制度，发放救助金4.3万元，积极消除因案致贫、因案返贫现象发生。

【提升居民安全感】 严厉打击影响群众安全感的违法犯罪，依法起诉故意杀人（未遂）、强奸、抢劫等严重暴力犯罪4人。全年批准逮捕涉毒品犯罪56人，提起公诉63人。批准逮捕盗窃、抢夺、诈骗等多发性侵财犯罪72人，提起公诉102人。严惩电信网络诈骗、制售假酒等骗“血汗钱”、赚“黑心钱”的犯罪分子，全年共起诉30人。

【扫黑除恶“收官战”】 深入开展“六清”行动，推动形成荡涤黑恶势力的强大攻势。截至2020年6月，提起公诉的8件68人涉黑恶案件均已判决，率先在全市实现“线索清仓”“案件清结”。加大“黑财清底”力度，共查封、扣押房产24套，高级名车3辆，冻结账户资金10万元及涉案公司股权71万元。围绕“十大行业领域”开展行业清源，发出行业治理类检察建议10份，已全部收到落实回复。2020年，本院获评全省检察机关扫黑除恶专项斗争先进集体，办理刘某等人恶势力团伙案被评为优秀案件，李津梁为先进个人。办理孙某等18人组织、领导、参与黑社会性质组织案，被省检察院选为典型案例向全省发布。

【“四大检察”协调】 强化主导责任，做优刑事检察。强化对刑事立案、侦查、审判活动的监督，全年共监督刑事立案、撤案21件，追捕11人，追诉35人，对侦查活动的违法情况提出书面纠正意见22件次。一审判决提出抗诉9件，法院已改判、发回重审4件，对审判活动的违法情况提出纠正意见2件次。对判处实刑但未执行的罪犯监督收监执行20人，开展财产刑执行检察监督17案。

强化精准意识，做强民事检察。不断提升民事检察监督的精准度，全年共受理各类民事检察案件51件，其中立案虚假诉讼线索9件（涉及金额500余万元），已提请市检察院向市中级人民法院提出抗诉并得到支持。加强民事执行监督，立案3件，发出检察建议3件，全部得到纠正回复，全力支持法院破解“执行难”。

坚持司法为民，做实行政检察。发挥行政检察促进依法行政和司法公正双重监督作用，共办理各类行政检察案件83件，立案率居全市先进。以行政争议化解为重点，加强与法院、行政机关的配合协作，寓监督于矛盾化解中，通过促进和解、督促纠正违法等方式化解行政争议2件，实现案结事了人和。

服务中心大局，做好公益诉讼。践行习近平总书记关于“检察官作为公共利益的代表，肩负着重要责任”的期望，共办理刑事附带民事公益诉讼1件、行政公益诉讼80件。积极、稳妥拓展公益诉讼领域，办理校园安全等外领域案件3件。积极开展“保障千家万户舌尖上的安全”及“四个最严”为要求公益诉讼专项活动，共走访30余所中小学校、100余家小作坊，督促相关部门对50家网络餐饮店和20家实体餐饮店以及小作坊等进行全面整改。

【从宽制度落地见效】 充分适用依法从宽刑事政策，对认罪悔罪的420名犯罪嫌疑人适用认罪认罚从宽制度，适用率达93%、确定刑量刑建议法院采纳率达98%。认罪认罚可以依法从宽处理，但不是一味从宽、一律从宽。检察官在办案中特别注意把握两点：第一，要全面审查事实证据，决不因认罪而降低证据要求和证明标准；第二，区分具体案件性质、情节和对社会的危害程度，区别对待、罚当其罪。对犯罪性质和危害后果特别严重、犯罪手段特别残忍、社会影响特别恶劣的，依法从严追诉、不予从宽。

【改革创新焕发活力】 持续深化司法体制综合配套改革。改革后，本院共设置内设机构5个，择优设立正职5名、副职10名，切实将改革成效转化为凝聚共识、创新发展的强劲动力。

压实领导办案责任，入额院领导办案比例高于省检察院规定要求的 30%，其中检察长带头办理涉黑涉恶、公益诉讼等重大疑难复杂案件 9 件。

运用考评机制提升办案质效。抓紧抓实检察官业绩考评试点工作。作为全国检察机关基层院试点单位之一，率先在全市开展先行先试工作，打破业务条线考核壁垒，研究通过《株洲市石峰区人民检察院员额检察官业绩考评试点工作组织实施方案》，为全省检察官业绩考评工作提供“石峰智慧”。坚持把案件质量管理摆在突出位置，将案件质量结果与员额检察官业绩考评直接挂钩，让干好干坏不一样，助推检察官履职能力和司法公信力得到进一步提升。

深入推进检察工作机制改革。全面实行“捕诉一体”办案机制，退补率下降 2.1 个百分点，提升了办案质效。探索社区矫正巡回检察监督模式，督促整改交付执行、监管教育等方面问题 29 个。积极主动开展“公开听证”，邀请 30 余名人大代表、政协委员、人民监督员、律师等多方参与，推进矛盾化解，全年共开展检察公开听证 3 场次。

【打造过硬检察铁军】 全面加强思想政治建设。扎实开展思想政治学习，坚持“每周一晚”学习制度，各支部坚持“三会一课”制度和每月第一个周五主题党日活动。贯彻落实意识形态工作责任制，把意识形态工作纳入党建责任制和年度综合目标考核，与检察业务工作同部署、同落实、同检查、同考核。

深入推进纪律作风建设。持之以恒落实中央八项规定精神和“三个规定”的自查登记制度，4 月以来开展纪律作风建设整顿活动，每周不定期对在岗情况及工作状态进行突击检查。严格落实“两个责任”，进一步强化党风廉政建设主体责任，深入开展谈心谈话，确保干警思想不偏航、履职不走样。

大力推进履职能力建设。继续推行“每周一晚”学习课堂，鼓励年轻干警上讲台领学，分享学习和工作心得。选派干警参加业务技能比武、上级轮训，组织参加各类业务培训、案例研讨、专题授课，全年有 8 名干警被记功嘉奖。

（郑　雅）

司法行政

【概况】 石峰区司法局成立于 1997 年 10 月。2019 年机构改革，根据《株洲市石峰区司法局职能配置、内设机构和人员编制规定》，石峰区司法局是区政府工作部门，为正科级。局机关内设办公室（区依法治区办）、法制股、社区矫正与公共法律服务管理股（石峰区社区矫正管理局）、人民参与和促进法治股。机关政法编制 10 名，7 个派出司法所共核定政法专项编制 14 名（含云田司法所 2 名、龙头铺司法所 1 名），2020 年全局有正式在编在岗工作人员 20 人。

【队伍建设】 围绕一个中心，强化司法行政队伍建设。切实加强党对司法行政工作绝对领导，着力加强司法行政队伍建设，持续开展“不忘初心，牢记使命”主题教育，推广使用“学习强国”平台，坚持“每周一晚”学习，不断增强全体干部职工的政治意识、责任意识、大局意识和担当精神。截至年末，开展主题党日活动 10 次，支委会 10 次，党员大会 3 次，上党课 2 次，组织“每周一晚”学习 19 次。通过强化学习，转变作风，提高素质，努力打造一支政治坚定、业务精通、作风优良、素质过硬的司法行政队伍。

【法治政府建设】 创新两大举措，夯实全区法治基础。2020 年，将建立健全行政应诉体制机制和创新开展网上矛盾纠纷调解两项工作作为重点工作来抓，作为特色亮点来打造，通过一年的努力，已取得阶段性成果。建立健全行政应诉体制机制。8 月出台《株洲市石峰区行政应诉工作规定》，建立行政应诉责任单位制度、行政机关法定代表人第一责任人制度、工作考核制度、行政应诉过错责任追究制度四项制度，明确行政应诉主体责任，有效规范行政诉讼行为，不断提高全区行政应诉能力，降低行政诉讼败诉率。全年共收到行政诉讼案件 34 件，召开案件应诉讨论会 34 次，出庭应诉 34 次，胜诉率 86.1%。与上年相比，全区行政诉讼案件总数大幅下降。收到行政复议 1 件，已依法撤销被复议单位的行政处罚决定并责令其重新作出行政处罚决定。创新开展网上矛盾纠纷调解。着力打造“互联网+矛盾纠纷调解”，推进矛盾纠纷线上化解。依托区级网络平台“欣石峰”App，成功打造“石峰和事佬”平台，实现了“统一受理申请、统一分类派单、统一审核认定、统一绩效考核、统一汇总归档”五统一矛盾调解功能，激活了网络“共建共治共享”的社会参与，打通人民调解与人民群众的最后一公里。

【依法治区】 2020 年，区委全面依法治区委员会第二次（扩大）会议，明确将依法行政工作纳入区五问工作法和年度绩效考核范围，着力推进行政机关依法行政。区委全面依法治区委员会守法普法协调小组、执法协调小组也分别召开第一次会议。严格审核权责清单，加强政府合同、规范性文件合法性审查和管理，依法对 13 份政府合同、8 份规范性文件进行合法性审查，对全区规范性文件进行 3 次专项清理行动。聘用律师团队，为全区 59 个党群部门、行政机关、事业单位提供法律服务，实现法律顾问全覆盖。针对辖区内行政执法单位创新开展行政执法督查和案卷评查工作 4 次。推动出台《关于加强法治乡村建设的实施方案》，开展全省法治政府建设示范创建活动，申报创建“湖南省基层社会治理创新示范区”已获公示。创新依法行政工作考核，将行政决策程序、行政应诉责任落实、谁执法谁普法责任制落实、发挥法律顾问作用和行政执法“三项制度”等依法行政工作纳入区“五问工作法”和年度绩效考核范围，按季度对各行政执法单位进行考核。

【社区矫正】 强化特殊人群管控，开展“三大行动”。扎实做好安置帮教、社区矫正工作，深入开展扫黑除恶专项斗争。2020 年，全区累计接收社区矫正对象 46 人，累计解除社区矫正对象 83 人。截至年末，在矫人员 88 人，无脱漏管。2020 年，新增刑满释放人员 39 人，衔接 39 人，衔接率 100%，帮教率 100%，未发现有社矫对象涉黑涉恶情况。开展“大摸排、大化解、大整治”活动，多头联动集中开展矛盾纠纷排查调处工作，强化措施从源头上做好社区服刑人员和刑释解教人员管控工作，走访两类人员 370 余人次，对重点人员做到了基本情况清、社会关系清、现实表现清、活动去向清。

【公共法律服务】 服务疫情防控，公共法律服务开展如火如荼。积极参与疫情防控工作，配合社区对责任区域居民共 4083 户 10413 人进行地毯式排查和防疫值守，做好“六稳”“六保”工作，开展法治宣传、矛盾纠纷调解和温暖企业专项法律服务行动，助推企业复工复产。扎实推进人民调解和法律援助两项民生“100 工程”，成立区网上调解联席会议，组建 13 个调解专项组，各级调解组织全年共调处矛盾纠纷 460 起，受理法援案件 359 件。不断深化“法律六进”活动，圆满完成“七五”普法验收工作。全年开展流动法律服务宣传 80 余次，到各社区（村）开展法治大讲堂 15 场次，发放宣传资料 1 万余份，为 20 家企业提供“法治体检”，组织全区 105 个行政事业单位（含二级机构）2200 名国家工作人员参加学法考试，参学率、参考率、考试合格率均为 100%。扎实推进基层民主法治建设，助推各社区（村）组织机构、制度的建设和完善，提升民主法治化管理水平，助推清水塘街道湘天桥社区和铜塘湾街道丁山社区申报全市“民主法治示范村（社区）”。

（钱　婷）

经济社会管理

发展和改革

【概况】 石峰区发展和改革局为石峰区政府职能部门，履行综合研究拟定经济和社会发展政策，指导经济体制改革的职能，内设 4 个股室：综合办公室、投资审批股、财贸物价股、项目办；1 个所属事业单位：区价格认证中心。现有在编在岗人员 10 名，其中行政编制 5 名，全额事业编制 5 名。

【主要经济指标】 2020 年，经济运行稳中向好。全年实现地区生产总值同比增长 4.9%；全社会固定资产投资同比增长 8.2%；城乡居民人均可支配收入高于经济增长水平。工业支撑作用明显。实现规模工业增加值 156.8 亿元，同比增长 7.2%，新增规模以上工业企业 13 家。新认定高新技术企业 12 家，完成科技成果转化项目 16 项。实现高新技术增加值 145.8 亿元，同比增长 13.9%，占 GDP 比重达 53.9%。商贸三产逐步回暖。营利性服务业增加值增长 7.4%，第三产业增加值从第二季度开始逐月实现正增长。商贸服务和现代物流业加快发展，万博珑商业广场提质改造顺利推进，清水塘口岸经济园加快建设，铜塘湾保税物流中心（B 型）、中车物流、湘欧快线等开放平台功能逐步显现。农业转型稳步推进。农业总产值与去年基本持平。九郎山片区现代休闲农业发展态势良好，茅太新村、长石村分别形成“稻田+油菜种植”和“湘莲+油菜种植”特色农业。秋瑾故居、四季花海、知青小院等成为网红打卡地，核心景观区旺季日均接待游客超过 1 万人次，集体经济不断壮大，农民收入不断增长。

【产业项目建设年】 2020 年，重点围绕清水塘新城和轨道交通城建设，着力推动一批重点项目实施，为发展提供强劲动力。

实施精准招商。组织参与轨道交通产业链推进大会、知名企业家株洲行等大型招商活动，签约项目 31 个，投资总额约 150 亿元。尚驱电气、数字智造产业园等一批重大项目落户石峰，通过产业链招商、创新平台招商、以商招商等模式，引进金财云智、国储石油等 30 家轻资产企业。

开展项目攻坚。全年 129 个省、市重点项目建设快速推进，IGBT 配套产业园、清水塘产业服务中心等 45 个项目开工建设。三一石油装备、绿地滨江科创园等一批重大项目加快推进。新能源乘用车电驱动及电机产业化、高效节能有色金属熔炼装备产业化等一批产业项目竣工投产。响石广场改造工程、清水塘大道一期等一批路桥项目竣工通车。

强化要素保障。全年完成集体土地征拆项目 29 个、共计 237.52 公顷，国有土地征收项目 7 个、共计 5 公顷；完成 18 宗土地报批，19 宗土地出让；新开工标准厂房 11 公顷，竣工 13 公顷；争取上级各类专项资金 6.1 亿元、专项债 2.87 亿元。

坚持精准服务。深入开展“温暖企业”行动，搭建中小企业公共服务平台和线上惠企政策服务“直通车”，推行“店小二”无偿帮代办，为铁建道岔二期、中车特装等 20 多个重点项目建设提供优质服务，得到企业高度认可。2020 年，产业项目建设年活动开展较好，年度考核排名全市第二。

【项目行政审批】 规范政府性投资项目管理，进一步优化审批程序，提高行政效能。2020 年共办理项目审批 132 件，其中政府投资项目立项 126 件，招标核准 5 件，转报固定资产节能审查项目 1 件。大力推进企业投资项目承诺制改革，政务服务网投资项目在线审批监管平台全覆盖应用，落实网上“受理、办理、监管”，实现企业投资项目备案一次都不用跑。

【固定资产投资】 2020 年，攻坚克难抓好固定资产投资，1—11 月累计完成投资 166.72 亿元，增速 5.0%；其中 5000 万元以上累计完成投资 121.42 亿元，增速 28.4%，当月 21.52 亿元；5000 万元以下累计完成投资 19.85 亿元，当月 2.84 亿元。房地产累计完成投资 25.45 亿元，当月 3.35 亿元。

【统筹争资引项】 充实项目储备，精准把握政策导向，积极与上级部门对接，组织区相关单位，在保障性安居工程配套基础设施建设、老工业地区振兴发展专项、老旧小区配套基础设施等领域上报项目 13 个，争取下达资金 10125 万元。积极开展地债和国债的申报工作，商同区财政局及平台公司向上推报 8 个项目，争取地方政府专项债发债资金 14400 万元，抗疫特别国债发债资金 1960 万元。同时，强化对中央预算内投资项目投资计划执行情况、拨付使用情况进行督查督导，确保项目进展。

【物价监管工作】 严格价费监督管理，抓好服务价格管理，进一步规范幼儿园收费。加强价格认证工作，办理涉案物价格认证案件 38 件，总额 1898 万元，鉴定金额 3981 万元，为司法机关执法提供可靠的价格依据，为公安机关严厉打击各类违法犯罪活动，积极推进价格诚信建设起到积极作用。12 月，区发展和改革局价格认证中心被评为湖南省“先进价格认定机构”。

【党建与信息工作】 加强党建工作，发挥党组的领导作用，指导推进党支部“五化”建设，全年共召开党员大会 4 次、支部委员会 12 次，开展主题党日活动 12 次，上党课 2 次。落实主体责任，加强纪律作风建设。积极参与防疫抗疫，帮助企业复工复产。切实抓好油气长输管道监管。提升信息化水平，严格按照“一件事一次办”的要求，实现一体化平台事项网上办理比例达到 70%以上，公共服务事项网上可办率达到 90%以上。

（黄 敏）

人力资源和社会保障

【概况】 石峰区人力资源和社会保障局为区人民政府工作部门，内设办公室（财务室）、事业单位人事管理股、就业服务及劳动管理股、社保基金监督股四个股室。下辖区社会保险服务中心、区人力资源服务中心、区劳动保障监察大队（区劳动人事仲裁院）、清水塘老工业区企业职工档案管理和就业服务中心四个二级机构。2020 年，区人力资源和社会保障局正式编制 27 人，其中机关行政编制 9 人。

2020 年，区人社局全面贯彻中共十九届四中、五中全会以及区委五届六次全会精神，结合政府工作报告，围绕“一极三区”总目标，按照“民生为本，就业优先，社保扩面”的工作主线，迎难而上、狠抓落实。

【党风廉政建设】 认真贯彻中央、省、市、区委全会精神，不断增强“四个意识”，坚定“四个自信”做到“两个维护”，落实“两个责任”形成主要领导负总责，分管领导具体抓，二级机构和股室负责人各负其责的齐抓共管工作机制。坚决贯彻执行《中国共产党廉洁自律准则》《中国共产党纪律处分条例》等党规党纪，让全局工作人员保持为民清廉务实的本色。

【意识形态建设】 牢固树立共产党主义远大理想和中国特色社会主义共同理想，坚持用习近平新时代中国特色社会主义思想武装头脑，深入学习习近平考察湖南重要讲话精神，立足新阶段贯彻新理念，构建新格局，积极推进“小综窗”“互联网+政务”“一件事一次办”“最多跑一次”改革，为辖区群众办实事、解民忧。

【抗击新冠疫情】 认真贯彻落实习近平总书记关于新型冠状病毒感染的肺炎疫情防控工作的重要讲话、重要指示批示精神及中央、省、市、区疫情防控决策部署，组织全局干部职工进驻联点社区参与疫情防控。制定《支持企业复工复产促进稳定就业的若干措施》，积极走访重点企业面对面答疑解困，多措并举为企业复工复产、夺取战疫全面胜利提供有力支撑。扩大灵活就业，重点帮扶返乡务工人员，高校毕业生就业。

【社会保障】 2020 年，企业养老保险全区参保单位达 844 家，参保人数达 4.34 万人，完成基金征缴 53986 万元，发放退休人员退休金 30765 万元。机关事业单位养老保险全区参保单位达 87 家，参保缴费人数达 2191 人，征缴基金 10386 万元，发放离退休金 9872 万元。失业保险参保单位达 855 家，参保人数达 17084 人。征缴基金 860 万元，总支出 1610 万元。城乡居民养老保险参保人数达 8626 人，实际享受退休待遇人数 815 人。征缴基金 249 万元，总支出 93 万元。

【援企稳岗】 加大援企稳岗力度。严格执行湖南省人力资源和社会保障厅、湖南省财政厅关于印发《稳企稳岗稳就业十条措施》文件规定，2020 年对石峰区符合条件的 95 家企业进行稳岗返还，返还金额达 454.55 万元，惠及企业职工 9891 人。

【鼓励征地农民参加基本养老保险】 有序开展被征地农民参加职工基本养老保险工作。被征地农民养老保险是政府的一项重大惠民工程。为进一步规范和统一被征地农民参加基本养老保险业务操作程序，完善被征地农民合理、规范、多元保障机制，切实维护被征地农民社会保障合法权益，逐步提高养老保险的统筹层次，区人社局牵头组织理清“被征地农民名单”和“征收项目名单”，扎实做好2020年度被征地农民基本养老保险基础台账工作。全年根据五部门联审名单，共办理被征地农民一次性补缴5832人，完成财政补贴2.5亿元。

【就业帮扶】 2020年，城镇调查失业率稳定在4.5%以内，新增就业9340人，失业人员再就业5636人，就业困难人员就业1544人，农村劳动力转移就业70人。对2833名灵活就业人员进行社保补贴，发放补贴资金1225万元。“零就业”家庭动态援助100%。对上级就业专项资金覆盖的情况，地方财政积极支持，如建立就业培训专项资金池，预算600万元就业补贴培训经费，其中270万元上级就业专项资金，其余330万元由财政兜底保障。安排就业服务平台建设和升级经费120万元，安排年度不少于50万元就业促进激励奖励经费，主要用于名师带徒、志愿者奖励和网格员信息采定、更新奖励等服务支出。

对石峰就业服务平台进行提质升级，推出“淘工码头”“全职招聘”“培训服务”“线上面试”等线上服务，打通网上数据平台，实现就业培训和招聘数据共享互通，平衡就业需求与用工需求。平台注册人数13000人，企业360家，发布就业岗位3500个，石峰网格平台就业关注人群3987人。同时，通过平台及时掌握有实际就业需求的残疾人、低保户、下岗人员、退役军人等特殊人群的就业状况，开展四级干部“一对一”跟踪帮扶50人，明确网格员为联络人、街道干部为帮扶专干、区直部门一把手或联点县级领导干部为帮扶责任人进行包户就业帮扶，计划用1—2年的时间进行就业跟踪帮扶，由被动保障向主动服务转变。

【职业技能培训】 全面扩大就业培训规模，开创就业培训新局面。2020年共计开展就业技能培训55期，共计培训学员1942人，其中技能培训43期，培训学员1404人。企业在岗提升培训12期，培训学员538人。创业培训17期，培训学员500人，以工代训1601人。

【举办大型招聘会】 2020年举办了第四届“春风行动•百企万岗”稳就业石峰区专场网络招聘会。此次招聘会共计52家企业参加，共提供就业岗位1300多个，其中12个区辖企业提供岗位150多个。招聘会共收到500多个咨询电话，260多份应聘简历，达成初步就业意向126人。

【机关事业单位招聘】 2020年是石峰区的招聘之年，教育系统、卫健系统、区属其他事业单位校招、社招工作全面铺开。为认真做好事业单位招聘工作，区人社局严格按照《湖南省事业单位公开招聘人员办法》的相关规定和程序，对教育系统、卫健系统的公开招聘工作进行具体指导，同时，精心组织其他事业单位的公开招聘，确保所有招聘工作的规范。圆满完成了2020年事业单位公开招聘任务。全年石峰区事业编制公开招聘计划共158个，其中区属事业单位51个，教育系统教师85个，卫健系统医务人员22个。通过严格规范的笔试、面试、体检、替补、考察、公示等序程，符合聘用条件的136人已全部到岗工作。

【人才队伍建设】 2020年，石峰区的科技创新人才攻坚任务为37人，全年共完成创新科技人才引进65名，占年度引才计划的176%。申报省级科技创新人才1名。

【成立清水塘企业职工档案中心】 2020年，成立清水塘企业职工档案中心，严格按照规范化、标准化的要求，做好企业职工人事档案管理工作，做好国有企业退休人员社会化移交工作。其中田心街道2699卷，清水塘街道9300卷，井龙街道500卷，铜塘湾街道5602卷，响石岭街道11000卷，共计29101卷。将原在区人社局管理的55家合计8839卷改制企业职工档案统一归集中心管理。2020年，接收49家计17626份国有退休人员档案移交、整理和上架。

【劳动保障监察与劳动人事争议仲裁】 2020年，劳动监察共受理劳动监察举报、投诉案件50件，已办结50件，在法定时间内结案率为100%。处理职工集体上访案件3起、突发案件5起、市12345市民服务热线交办件16起，涉及各项赔偿金额达75.8万余元，涉及劳动者75名。展开专项检查2次，督促用工单位补签劳动合同48份，为102名劳动者补缴社保。受理劳动争议案件57件，涉及劳动者共计57人，涉及工资等款项108万元，结案57件。

【居民收入统计和民生100事项】 石峰区2020年度城乡居民可支配收入人均52069元，增幅5%，在全市城区排名第二。2020年，全市8大类100项“民生100工程”，下达至石峰区的指标任务为8大类59项。59项省、市考核指标中，超额完成任务指标有25项（6项省重点指标、16项市指标、3项社会征集项目指标），完成任务的有34项指标（7项省重点指标、23项市指标、4项社会征集项目指标）。

（袁　璐）

市场监督管理

【概况】 石峰区市场监督管理局成立于2019年5月，是区政府的工作部门，内设综合办公室、机关党委、行政审批股、信用监督管理股、市场秩序和价格监督管理股、计量认证质量标准和特种设备安全监察股、餐饮和食品生产流通安全监督管理股、药品医疗器械化妆品和特殊食品监督管理股、知识产权和商标广告监督管理股、消费者权益保护股、综合监督和政策法规股共11个股室。下辖市场监管网格和信息中心1个二级机构以及清水塘、响石岭、铜塘湾、田心、井龙5个市场监督管理所。全局有在职干部职工共54人。

2020年，区市场监督管理局以习近平总书记考察湖南重要讲话精神为指导，围绕实施“三高四新”战略，把握“大市场、大质量、大监管”要求，充分发挥市场监管职能，着力完善市场准入，维护市场秩序，保护知识产权，强化事中事后监管，坚守安全底线，有效服务经济高质量发展，提升人民群众的获得感、幸福感、安全感。2020年9月，石峰区获评“湖南省知识产权建设强县”（一类地区）。

【商事制度改革】 2020年，区局聚焦“六稳”“六保”任务，统筹抓好疫情防控和经济社会发展工作。疫情防控期间，积极引导市场主体通过全程电子化登记、邮寄送达方式，“零接触”办理注册登记业务。对于紧急事项和确需现场办理的，通过提前电话预约，指导企业快办快结、即办即走。全力推动市场主体复工、复产、复市，派出专人专岗，实行特事特办，帮助多家企业集中高效办理营业执照，解决复市难题。积极落实商事制度改革各项措施，认真落实“一件事一次办”“互联网+政务服务”改革，压缩企业开办时间，推进企业登记全程电子化和电子营业执照改革。2020年，共通过“一件事一次办”综合窗口受理办结事项1301件，受理全程电子化业务1539件。2020年全区共有登记注册企业4956户，个体工商户13755户，农民专业合作社43户，新增市场主体2620家，同比增长33.38%。在疫情冲击的大背景下，全区各项惠企政策落地成效明显，市场主体发展稳定。

【重点监管】 紧盯食品、药品、特种设备三大安全领域，全面织密安全监管防护网。开展专项整治。2020年，区局相继开展30余个食品药品、特种设备安全专项整治行动，共检查食品药品生产经营者6000余次，重点对9家农贸市场，66家学校食堂、校园及周边102家食品经营单位进行排查，排查风险隐患5条。摸底抽查辖区内1800多台特种设备，对辖区内超期未检的电梯、锅炉、特种设备全部下达《安全监察指令书》，相关单位均已完成定期年检，充分保障辖区内特种设备安全。

加强日常监管。区局采取网格监管机制，全区5个街道、45个社区（村）、232个网格均明确监管人员。各网格责任人经常性开展日常巡查，发现问题及时督促业主整改。

抓好监督抽检。科学制定全年抽检计划，参考食品品种目录和省抽计划，尽可能达到抽检品种全覆盖。本年度共完成食品监督抽检任务760批次，抽检完成率100%。对各级交办抽检不合格的批次第一时间进行交办并处置，处置率、公示率均达到100%。按照“民生100工程”要求，完成流通领域食用农产品快检全年任务30058批次。

加大处罚力度。全年共立案查处食品、药品案件41起，通过持续加大食品安全违法行为查处和曝光力度，提高违法成本，让食品药品生产经营者时刻绷紧安全这根“弦”。

【知识产权工作】 2020年，区局以知识产权保护运用为重点，努力提高知识产权的创造质量、保护效果、管理能力和服务水平，为创新发展提供知识产权支撑。强化组织领导。成立分管副区长任组长，16个职能部门负责人为成员的石峰区打击侵犯知识产权和制售假冒伪劣商品工作领导小组。

开展温暖企业行动。对株洲创新轨道交通电气设备有限公司等8家公司开展上门走访，解答企业难题，指导相关工作。积极帮扶企业申请发明专利1363件。

深化宣传培训。组织开展世界知识产权宣传周暨“4·26”世界知识产权日宣传日活动，联合科工信局多次开展专题培训，全社会创新意识得到进一步提升。2020年，全区有效发明专利2955件，每万人发明专利拥有量达81.86件，排名全省前列。田心高科园成功列入省市场监管局知识产权综合服务分中心建设项目，成为株洲市唯一一家轨道交通知识产权公共服务平台。

【企业信用信息监管】 将信息公示作为信用监管的前提和基础，加大守信联合激励和失信联合惩戒力度。通过电话提醒企业按时年报6000余次，年报率达92.13%。对不按规定年报的企业，及时列入“经营异常名录”，并向社会公示。2020年，对外公示经营异常企业336户，严重违法失信企业230户，吊销“僵尸企业”254家。全面推进“双随机、一公开”（在监管过程中随机抽取检查对象，随机选派执法检查人员，抽查情况及查处结果及时向社会公开），共抽查企业151家，公示率达100%。

【消费者权益保护】 畅通投诉举报渠道，强化维权和执法监管，积极开展消费者权益保护工作。强化宣传引导。3月15日，以“凝聚你我力量”为主题，举办国际消费者权益日纪念活动，在大中型超市、酒店、药店等地方张贴宣传海报，设置宣传点，共计发放和张贴宣传资料1500余份，张贴海报240张。同时，出动一台宣传车利用车载广播在辖区内进行流动宣传。

净化消费环境。开展流通领域商品质量抽检、电取暖器专项整治行动、校园周边环境整治行动、国庆、中秋等节前市场检查，开展流通领域商品抽检，对涉及经营抽检不合格商品的经营户均予以立案查处，有效防止不合格产品流入市场。

高效调解纠纷。全年共受理各类投诉、举报、咨询938件，办结率100%，为消费者挽回经济损失约68.14万元，没有一起超期办结事项，确保消费者申诉举报案件“事事有落实，件件有回音”。

【自身建设】 在抓好各项工作的同时始终坚持抓好自身建设。突出党建引领。把深入学习贯彻习近平新时代中国特色社会主义思想作为首要政治任务，多次组织理论学习；设立党员先锋志愿岗，在疫情防控期间开展社区值守、专项检查、价格监督、防控巡查，发挥了突出作用；开展一系列“不忘初心，牢记使命”主题教育活动，组织非公有制经济党支部轮训，参观秋瑾故居、九郎山绿心绿道、株洲动力谷。持续落实“每月一日下网格”与主题党日的紧密结合，深入联系时代社区，积极解决群众各种困难。

提升业务能力。鼓励支持干部职工通过多种形式开展学习提高素质。全体人员均完成如法网和市场监管系统网络学院的在线学习，学法考试通过率为100%。加强对机构改革后新增加的特种设备、知识产权、价格监管等业务学习，13人取得《特种设备安全监察员证》，确保了基层监管所至少一人持证。

践行志愿活动。大力倡导志愿者服务活动，创建区市场监督管理局学雷锋志愿服务队伍，并且在中国志愿者服务网进行了实名注册，组织干部职工积极参与无偿献血、新冠肺炎疫情捐款、文明劝导等志愿活动。

（谭京京）

自然资源管理

【概况】 2020年，区自然资源局（林业局）围绕服务区域经济高质量发展这一目标，聚焦资源科学规划、资源保护和区域发展，推进自然资源管理工作，节约集约利用资源，提高服务保障能力，为区域经济发展提供有力支撑。

【规划编制】 强化规划引领，编制区域蓝图。2020年，按照农村人居环境整治的要求，编制8个村的村庄分类和布局规划。同时启动绿心片区规划和“三线”划定工作。绿心片区规划和生态保护红线划定方案已上报省厅待批。生态保护红线面积为849.73公顷，其中自然保护地799.4公顷，水源保护区50.33公顷。绿心片区国土总面积3279.73公顷，现状人口为1.85万。现状城镇建设用地面积2.6公顷，村庄建设用地面积318.93公顷。规划期（2030年）村庄建设用地面积96.03公顷（其中留白建设用地5.06公顷）。村庄规划结合“三线”划定，绿心片区规划进一步修改完善。

【项目服务】 精准服务园区土地出让。2020年全年共办理5宗土地出让手续，面积共31.6公顷，出让价款18237万元。全年共受理审批28件，核发“一本三证”20本。其中，核发《建设用地规划许可证》8本，用地面积56.80公顷。办理《建设规划许可证》12本，建筑面积24.74公顷。出具规划蓝线和规划条件8件，用地面积72.93公顷。

【耕地保护】 压实耕地保护责任，实行耕地保护行政首长负责制，层层压实责任，切实保护耕地。严格执行耕地占补平衡政策，做到了“占一补一、占优补优”。认真开展基本农田补划和基本农田储备区的划定工作。积极开展临时用地复垦方案清查工作，全年共清查7宗临时用地，面积4.64公顷，其中6宗已复垦到位，1宗仍在继续使用。

【征地拆迁】 全年共启动征地征收39个项目，其中完成了三一重工项目（二期）、霞湾储备地块二、荷花片石洞、长郡中学地块、中车株机公司轨道交通装备研发及产业化项目（1公顷）、先锋路储备地（道路）、北星棚户区、三一重工项目二期补征（5.14公顷）、中车大道南零星代征、九方铸造、三一重工配套用地、临江路一期、观湖路一期共计13个项目，为全区路网建设及产业项目建设提供有力保障。新启动了铜霞路（塘屋路—叶子冲变电站）电力专用综合管廊项目共41户，全部完成签约。新启动藏龙路二期项目共30户，完成签约24户。新启动三一重工株洲基地（石油智能装备地块）项目共58户，完成签约47户。新启动竹山储备地块三项目共44户，完成签约28户。新启动轨道科技城工业地块五（中锐智能）项目共25户，完成签约13户。株洲市对石峰区下达清零扫尾项目任务17个，现已完成先锋路储备地（道路）、北星棚户区、九方铸造、三一重工配套用地、临江路一期、观湖路一期共计6个项目的清零扫尾工作。

【严格执法】 2019年，自然资源部下发石峰区季度卫片图斑76个。通过调查核实，违法图斑3个，已全部立案查处，并下达行政处罚决定书。2020年，省厅下发石峰区第1—2月度卫片图斑25个，监测面积9.16公顷（耕地面积0.72公顷）。通过内外业调查，全部为合法及伪变化图斑。自然资源部下发石峰区2020年第一季度卫片图斑3个。经核查，违法图斑1个，监测面积0.51公顷，已立案查处。2020年底，石峰区耕地保护督察问题14宗，整改到位12宗，整改比例为78.57%。通过相关部门联合核查认定，确定违建别墅1宗，已由区政府协助业主对其进行拆除。

【地灾防治】 出台《石峰区2020年地质灾害防治工作实施方案》，坚持汛前排查、汛中巡查、汛后复查三级巡排查制度，全年开展巡查120余次，发放“两卡一案”11份。全区废弃矿山生态修复共有 9 个矿点、15 个图斑，年底全部完成修复到位。同时，还完成九郎山吴家大岭地灾点的工程治理及验收工作。

【信访工作】 2020 年，共处理行政复议和行政诉讼案件 10 起，起草“答辩状”并上庭应诉 8 起，行政复议案件 2 起。行政诉讼、行政复议案件涉及内容以征地拆迁、不动产登记为主。全年共收到上级交办和来信来访 41 件，其中，依申请信息公开 6 件，上级转办、交办信访事项 15 件，其他来信来访 20 多人次。逐一与信访人进行解释、沟通，均在规定时限内答复，做到事事有回音，件件有答复。

【确权登记颁证】 全面推进确权登记颁证工作，加强组织领导，完善工作机制，解决疑难问题，整体工作取得显著成效。在前期的摸底调查中，石峰区受到省厅的通报表扬。全区集体土地房地一体确权登记颁证工作覆盖 5 个办事处，截至年底，完成确权摸底外业调查的 42 个行政社区（村），共 11000 多户，已完成绿心区范围内业核实 4000 户，符合确权要求进行公示 2000 户。按照省、市确定颁证工作目标任务，于 12 月底完成发证率 90%。

【闲置土地处置】 截至 2020 年末，石峰区无违法用地，有闲置土地 3 宗（另有 3 宗在云龙示范区范围），省厅督察组审查未通过。批而未供处置。石峰区批而未供涉及 33 个批单 438.37 公顷，未供应面积 240.4 公顷。经清理后，对每个未供应批单都提出“一地一策”处置方案，并敲定处置完成时间。供而未建处置。石峰区供而未建项目共 27 个计 94.33 公顷，其中在建或建完项目 12 个计 42.42 公顷，均提供施工许可证或由住建局出具了开工证明。未开工项目 2 个，提供净地证明。非“净地”未开工项目 13 个，经研究后提出“一地一策”的处置方案。

【队伍建设】 当好“急先锋”，做好疫情防控工作。动员所有干部下沉防疫一线，从领导干部、党员干部做起，到社区进行值班值守，到企业助力复产复工，坚守疫情防控第一线两个多月，让党旗在疫情防控第一线高高飘扬。拧紧“总开关”，巩固学习教育成果。严格落实理论学习制度，健全干部政治理论学习制度，每月至少开展一次集中学习，坚持集中学习与个人自学相结合，将学习教育与业务工作紧密结合，既学理论，又抓业务。建设“生力军”，抓好队伍管理。健全党的组织机构，根据工作实际需要，对支委进行增补，充实党组织力量。严肃工作纪律，严格落实民主评议、干部考核，制定党员积分制考评管理实施方案。全年组织多次党员活动，以党建为引领，进一步增强干部队伍的凝聚力和向心力。

（辛雨檀）

统　　计

【概况】 统计局是区政府正科级工作部门。下设经济社会调查中心和普查中心。2020 年，统计工作取得一定的成效。

【统计双基】 2020 年，扎实推进统计规范化建设。积极传达贯彻落实中央、省市精神，督促“四上”联网直报企业实现统计业务规范达标，各企业明确 1 名专职统计员负责统计报表，进一步夯实统计基础工作。联网直报单位统计业务规范达标率为100%，专职统计员覆盖率为100%。2020年受疫情影响，采取视频会议形式，分行业、分批次、有针对性地组织辖区200多名统计员参加业务培训，培训覆盖率达100%。利用业务培训、专题会议等机会向企业积极宣传《中华人民共和国统计法》《统计违法违纪行为处分规定》等统计法律法规。多次召开专题学习培训，系统学习统计法律、法规。严格按照“先进库、后报数，要进库、走程序”的操作流程，从提前沟通、审查说明、材料补充等方面入手，2020年全区新增“四上”企业66家，其中工业17家、批零住餐23家、服务业10家、房地产5家、建筑业11家。

【社会化统计】 2020年，区统计局不仅注重自身统计业务能力提升，更注重与部门的沟通和对部门的服务，改革创新，大胆实践，主动作为，得到各职能部门的全力支持，全区社会化统计大格局基本形成。严格按照区委、区政府经济指标责任要求，相关职能部门主要领导亲自管，并指定分管领导和工作人员做好日常对接，形成部门统计有人抓、有人管局面。以企业联网直报为契机，强化部门配合协作，初步形成政府统筹、统计与部门统计职责明晰、分工协作、成果共享的统计监测体系。以个改企、小升规为突破口，密切与发改、科工信、财政、城建、商粮、税务、工商等职能部门沟通合作，建立监测预警、联合走访调研、信息交换共享等联动机制，各部门“一把手”高度重视统计工作，全力支持统计发展，营造合力共建社会化统计的和谐环境。

【服务经济】 2020年，区统计局紧紧围绕区委、区政府的重点工作，认真实施统计监测，编印统计月卡、年鉴等统计产品，有效提高服务能力，确保各项主要指标如实反映全区经济发展状况。围绕公众关心、领导关注的问题，积极开展“下基层、勤调研、深分析”活动，撰写月度、季度、年度经济形势分析，为全区经济发展工作提供全方位统计服务。牵头组织行业主管部门召开月度经济形势分析会，分析预判各行业经济指标，做好经济指标预判预警工作。

【人口普查】 全国人口普查严格按照指令依法逐户逐人地进行一次全项调查登记。是掌握分析预测现有人口发展变化，研究制定人口政策和经济社会发展规划的一项国情国力调查。2020年3月，成立以常务副区长为组长的石峰区第七次全国人口普查领导小组，领导小组办公室设在区统计局，负责普查日常工作。出台石峰区相关人口普查工作文件，明确成员单位及分工职责，推进街道、村（社区）两级人普机构的组建工作。充分利用网格平台基础设施，理论培训和实操相结合，协助网格员做好区划绘图、清查摸底、短表和长表抽样登记。加强与行业部门联动，提高人普群众知晓度和配合度。建立督查、通报、评比奖励机制，有效促进人口普查工作有序开展。截至12月底，圆满完成人普入户登记和行职业编码工作，全区完成短表登记人口305404人，长表登记8626户。

【住户调查】 住户调查是以家庭为对象，使用抽样调查方法，收集各种社会经济统计资料，是统计工作的重要组成部分。主要统计居民家庭人口、住房、就业、耐用消费品拥有、现金收支、消费支出、食品消费、非现金收入等情况，为国家制定劳动力就业、社会保障、货币流通、商品生产和供应等政策提供依据。严格按照省、市的要求，以优化记账户记账习惯为中心，强化辅助调查员工作职能为重点，采用“日早晚公布，日审核返错、月收支对比，实时动态管理”模式，在习惯的建立巩固中，稳步推进电子记账全流程管理，提高了记账数据质量，电子记账普及率达到100%，居全市前列。心系记账户，定期走访，逢年过节上门进行慰问，召开座谈会，及时发放辅助调查员和记账户的补贴，确保记账工作顺利开展。

【党风廉政建设】 以“党建引领统计”为根本遵循，将意识形态工作纳入学习计划，认真传达贯彻中央、省、市、区重要工作和统计工作会议精神以及各项决策部署，结合实际工作，制定年度工作计划，规范“三会一课”工作制度。严格落实党风廉政建设和意识形态“一岗双责”，组织支部党员干部开展专题学习 10 余次。在区委党校举办了全区统计业务培训班，对全区统计系统干部职工开展统计专业和法律法规知识培训，进一步提升统计干部职工综合素质和业务能力。组织全体干部职工，街道、相关行业部门分管领导和统计工作人员集中学习习近平总书记对统计工作的重要指示和批示，防范和惩治统计造假、弄虚作假等现象，统计地位有效提升。疫情期间，组织党员干部下沉一线开展防疫工作，爱心捐款 1300 元，参加慈善事业“天天慈善一元捐”活动，全体干部职工共捐款 6340 元。

（毛 棋）

应急管理

【概况】 石峰区应急管理局为区政府正科级行政单位，下设区应急救援中心为股级公益一类事业单位。2020 年，重点推进区安全生产专项整治三年行动的实施，加大对清水塘地区企业的安全监管，紧盯交通问题顽瘴痼疾整治，开展各类应急演练，强化灾害治理和救灾等工作。

【隐患整治】 推进安全生产专项整治三年行动不放松。根据国务院和省市部署，结合石峰区工作实际，研究制定《株洲市石峰区安全生产专项整治三年行动实施计划》。坚持边查边改、立查立改，落实整治措施，加快推进实施，国庆、中秋期间派出 10 个检查组，共计 40 人，检查企业 46 家，发现安全风险隐患问题 96 个，整改 96 个，整治行动计划初见成效。

突出清水塘地区企业安全监管不缺位。始终将清水塘老工业区关停企业安全隐患排查作为重点任务，联合市、区指挥部和相关职能部门进行不定期检查，建立隐患台账，明确整改期限，竭尽全力消除安全风险隐患；重点对经仕集团、智成化工、株洲冶炼集团等企业进入拆除施工关键阶段的化工企业加大安全监管和行政执法力度，2020 年对施工单位立案处罚 4 起，共计处罚金额 32000 元，施工现场安全管理进一步规范。

紧盯交通问题顽瘴痼疾整治不懈怠。按照“深入排查、一域一策、专项整治”的思路，完成了 6 处马路市场、16 处交通事故多发隐患路段，11 处高风险乡村道路，1 处农村公路占道作业问题，15 处普通国、省道公路交通标识缺失缺损的各类隐患销号工作。

坚持重大隐患“一单四制”治理不松劲。2020年累计排查企（事）业单位8277次，重大事故隐患120个，整改销号119个，销号率99%。消除一批重大安全隐患，强化各部门、各行业的监管职能，确保全区未发生较大以上安全事故。

严格开展安全生产监管执法不动摇。大力开展“强执法防事故”行动，与天元区、渌口区、芦淞区、炎陵县互派执法人员开展了危化、工贸行业交叉执法，通过相互学习借鉴，提高执法水平，督促企业提高本质安全水平，结合全区平安建设“大排查、大化解、大整治”行动开展危化品整治等专项执法行动。截至年底，全区组织执法活动8771次，出动执法人员17533人次，检查生产经营单位16192家，立案调查136起，经济处罚295.5万元，责令停产停业5家，暂扣或者吊销许可证118个，行政拘留7人，抓捕涉嫌犯罪人员18人。同时，持续开展企业事故隐患自查自改月报工作，截至12月，全区隐患报送企业165家次，自查自改隐患370余处，抽查企业381家，抽查隐患整改418处。

【灾害防治】 建立健全体制机制。新成立石峰区减灾委员会，调整区防汛抗旱指挥部、森林防灭火指挥部成员单位，明确各成员单位的职责。起草制定《石峰区突发事件总体应急预案》，建立健全森林防灭火《应急值守制度》《信息报送制度》等6项有关制度。

加强应急值班巡查。督促各街道加强汛期值班值守和巡堤护堤，确保险情发现得早，处置得了；在春节、清明等重要节点前后做好森林防火有关工作，安排专人值班值守，在主要山口安排人员巡查巡护，严格火源管控。

开展各类应急演练。开展防汛救援集训和救援、森林火灾和油罐区火灾应急处置等一系列演练，参演人员和观摩群众300余人，基层一线应急处突能力得到有效提高。

强化灾害治理和救灾工作。对映峰社区麻坡组、九郎山村泉水塘组2处地质灾害点进行治理；做好冬春救助有关工作，共发放资金12.96万元；对全区防汛物资进行全面检查，制定石峰区应急物资联动机制；新冠肺炎疫情期间，筹集应急帐篷15顶，棉大衣20件，折叠桌椅20套，为防疫工作提供有力物资保障。

开展各类宣传活动。全年集中开展了安全生产专项整治宣传、“安全生产月”活动、防灾减灾宣传和应急普法知识竞赛活动等多场次宣传活动，全区安全生产氛围不断浓厚；通过开会布置、网格发动、微信宣传，在全区政府机关、辖区居民、企业员工、学校师生等群体中推动第二届应急普法知识竞赛活动，参加活动人数达7600余人，参与人员人均活力值在全市排名领先。（黎澍谨）

消防救援

【概况】 2020年，是消防救援队伍改革深化之年。区消防救援大队党委在上级党委的坚强领导下，坚持以习近平新时代中国特色社会主义思想为指引，紧密围绕“提质强能年”“规范抓建年”主题，深入开展“坚持五个不动摇”教育实践活动，主动担当作为，勤勉履职尽责，实现队伍内部和社会面火灾防控总体稳定的局面。

【班子队伍建设】 2020年，消防救援大队始终把贯彻落实民主集中制作为提升党委能力建设的核心内容，创新实施“重制度抓党建、讲团结抓党建、强担当抓党建”的“三抓”模式，旗帜鲜明开展党组织规范化建设，落实党委“七议”工作制度，定期议教、议训、议管、议防、议财、议廉，年内组织集中学习16次，专题研讨16次，全体委员共计撰写心得体会25篇，召开党委会19次，研究重大议题97项，党委班子科学决策水平持续提升。同时，强化党员教育管理，开展党员“戴党徽、亮身份”活动，严把党员入口关，年内按程序培养入党积极分子2名，接收预备党员1名，1名预备党员按期转正。

【政治建队】 坚持政治建队，以“坚持五个不动摇”主题教育实践活动为主线，配套开展“明党性、强规矩”学习周、内部关系教育、训词两周年、“警示教育周”等系列活动，制定出台大队本级《干部精细化管理考评实施细则》《训练奖惩和保障措施实施办法》。落实消防救援人员职业优待和社会保障机制，主动对接区教育局，协调解决指战员子女入学优待2人。积极协调株洲市二医院，开通指战员就医看病“绿色通道”，让指战员“好看病”“看好病”，全年共计投入医疗费用9万余元。“心理护航”工程稳步推进，建设心理健康“幸福小屋”，配齐配强心理健康骨干，邀请心理健康专家来队开展团体心理辅导8次，心理疏导180余人次，有效缓解了指战员心理压力。建立健全工会组织，发展工会会员38人，发放节日慰问券、疫情特别慰问券2400元/人，慰问看望住院会员2人，营造了拴心留人的良好氛围。

【实战训练与灭火救援】 建立“三有三更”灭火救援行动机制，从接警出动、现场施救、归队战评三个环节强化全程跟踪，部署作战训练安全专项整治，确保灭火救援行动安全。紧盯辖区大型油库、清水塘老工业区搬迁、老旧住宅小区等风险点，编制修订各类预案35份，开展实战化灭火救援演练76次，指导45个高层住宅小区开展出水测试，队伍综合救援能力明显提升。与辖区4支企业专职队、134个微型消防站建立联勤联训机制，常态化远程视频拉动90余次，拉动队员500余人次，有效锤炼队伍过硬本领，提升专职队、微型站的火灾初控能力。2020年，大队全年共接警出动412次，营救被困人员70人，抢救财产110余万元，成功处置“5·27”湘江船舶火灾、“8·4”株冶工地火灾等事故，有力保障辖区人民群众生命财产安全。

【消防安全排查整治】 2020年，消防救援大队定期向区委区政府主要领导请示汇报，推动党委政府主体责任落实。区长邹志超、常务副区长宋长征、副区长言晓军等领导多次听取工作汇报，区政府常务会议4次研究消防工作，将老旧小区消防安全条件改善纳入优先改造内容，对久拖未改的五金机电市场等重大火灾隐患实施政府挂牌督办。在疫情防控期间，深入医院和隔离点开展消防安全检查30余处，指导企业复工复产75家，排除各类隐患90处。2020年，全区未发生一起亡人火灾事故，火灾发生率与上年同期相比降低68.75%，火灾防控成效显著。瞄准“防大火”靶心，强化重点领域整治。大队全年共检查单位479家，督促整改火灾隐患198处，提请区政府挂牌督办重大火灾隐患3家（已销案1家），罚款24.87万元。联合各部门开展消防车通道联合整治，完成78家消防安全重点单位和160个住宅小区消防车通道标识标线施划工作，办理消防车通道行政处罚案件52起，罚款4100元。全年对32家（次）

违法单位实施联合惩戒，在省市主要媒体曝光2起严重消防安全违法行为，推动26家重点单位安装消防远程监控系统，统一接入全市智慧消防平台，提高精准、科技治理能力。全面开展“独居老人”消防关爱计划，注册独居老人304人，落实一对一帮扶。开展全民消防宣传教育，投入专项经费25万元，成立宣传服务小分队，组建志愿服务队，联合发动街道、社区、志愿者、重点单位明白人开展各类消防宣传活动700余场次，群众识别火灾风险的意识和能力明显提升。

【后勤装备与队站建设】 2020年，在全区各职能部门经费预算减半的大环境下，大队认真贯彻落实消防救援局《消防救援队伍贯彻落实过紧日子要求严格经费管理十项措施》，规范资金使用，规范落实每季度议财制度，分析财经工作形势。紧抓清水塘工业园整体搬迁改造、打造生态文化科技新城发展机遇，提请区委区政府将消防工作纳入全区“十四五”规划，特别是清水塘片区和轨道城片区建设方面，紧扣全区关于应急管理体系和应急能力现代化的工作部署，将消防基础设施、队（站）建设纳入顶层设计，同步规划、同步推进。区政府先后于第四十四次、第五十二次政府常务会研究消防站建设事宜，为石峰区消防救援工作和应急管理体系建设提供有力保障。（王玉强）

交通运输

【概况】 区交通运输局成立于2019年3月，是石峰区人民政府正科级工作部门。内设办公室、业务科两个部门，下设一个二级机构区交通运输事务中心。单位编制共7人（行政编制4人、事业编制3人），实际在编5人（行政编3人、事业编2人）。局党支部成立于2019年9月，现有正式党员5名。

2020年，区交通运输局认真贯彻落实党中央关于交通运输工作的方针政策和决策部署以及省、市、区关于交通运输工作的部署要求，克服困难，奋力前行。全区交通运输工作成绩斐然，获评株洲市铁路环境整治先进单位和株洲市公交都市创建先进单位，常剑获评株洲市交通运输局安全生产先进个人。人民群众对交通运输工作的满意度不断提升。

【做好疫情防控】 疫情期间，带领区交通运输安全组，在株洲北收费站、城铁站及长沙南站等7处重要交通路段、车站防控监控。截至4月底，累计核查入株车辆28011台，检测司乘人员72164人，接待境外返株人员5人，检测城铁站进出站旅客157000人。截至年底，城铁田心东站、九郎山站累计检测进出站旅客530000余人。

【抓实“三大整治”】 石峰区被推荐为“2020年全市交通运输领域真抓实干先进县市区”。铁路安全环境整治工作，提前2个月完成任务。全年开展了普铁第一、二、三批及高铁第二批共74项整治任务，建成沪昆线上行K1108+450处人行通道的连接便道。在湘江干线非法码头渡口整治中，依法关停8个非法码头，按要求复绿8400平方米。在交通问题顽瘴痼疾整治中，完成乡村道路高风险路段隐患9处、标志标线隐患15处、重点货源单位计量监控设备安装5家。全年完成联网等整治任务共10大类42项，在市交通运输局终极考核中被评为城区第一名。

【农村道路建设】 2020年，在“四好农村路”管养考核中，石峰区在城区排名第二。12月，在省交通厅用自动化设备抽检管养道路的技术状况中，石峰区评分排名城区第二。为霞长路及延伸段（长白路）3.2千米拓宽建设，申请到了上级的补助资金，9月顺利完成路基建设，并配套建设1.2千米的安防设施。

【处罚违法超限超载】 全年累计组织路警联合治超执法30次，出动警力290人次，检查车辆600台次，处罚违法超限超载车辆174台，罚款8.38万元，扣分714分；查处改型车辆262台，罚款14万元。在全市年度考核中，石峰区排名城区第三。

【安全生产监管】 开展交通运输领域平安建设“大排查大化解大整治”行动中，被区委评为工作先进单位。在开展“蓝天保卫战”汽修行业有机挥发性气体（VOCs）整治中，辖区3家企业达标。（常 剑）

土地事务服务中心

【概况】 石峰区土地事务服务中心为石峰区政府正科级全额拨款事业单位，核定全额拨款事业编制14名，实有13名，内设办公室、征地征收室和报批出让室。设立基层党支部一个，有正式党员9人。

2020年，土地事务服务中心与各相关部门和各街道及责任社区（村）一道，按照全市“产业项目建设年”“清零扫尾”及“双比双看”等工作要求，全力以赴推动报批供地、征地征收工作，取得一定的工作成效。土地报批方面：全年实施报批项目38个，已拿回批单项目18个，所涉土地面积112.94公顷，比上年度增加564.58亩，同比增长50.02%。截至年底，有4个项目已上报省厅审批，其余16个项目正在推进。征地征收方面：全年实施征拆项目34个，涉征面积211.54公顷。完成征拆供地项目18个，所涉土地面积83.24公顷，涉及房屋签约450栋，签约面积142213.16平方米。办理交地单项目19个，所涉土地面积90.95公顷。土地出让方面：完成土地出让19宗，出让面积129.63公顷，其中产业项目7个，所涉面积52.23公顷，商住项目12个，所涉面积77.40公顷。

【保障项目用地】 2020年，市区交办的工作任务都是时间紧、难度大，因受疫情影响，上半年有效征拆工作受到一定的影响。但中心顶住压力、强化措施，按时完成如九方铸造、藏龙府邸、清水塘大道、清水塘产业服务中心、霞湾路一期、清霞路二期、先锋路道路用地、绿地滨江科创园、三一重工二期及补征地等项目清零扫尾，为重点项目建设扫清征拆障碍，确保了项目建设的进度。

【集中办理交地】 针对规划拆迁比例高，一个建设项目跨多个批单等复杂情况，为此，中心专门成立清水塘片区集中交地工作组，集中为中车大道二期项目地块一、轨道科技城工业地块六、清水塘大桥新建工程项目、清水塘棚改二期F1、物流大道、轨道科技城南车国际居住小区、清水塘重金属废渣综合治理工程项目建设用地、清水塘储备地块三、八、九、霞湾路（清湖路—铜霞路）、清水塘棚改二期E2-2、三一重工株洲基地（石油智能装备地块一、二）等10多个项目办理交地，为业主单位保障后续资金的贷款及施工建设奠定基础。

【项目资金结算】 2020年，中心以轨道交通城结算为契机，举一反三，成立项目资金结算组，全面推进全区征拆棚改项目结算工作，统筹处置相关历史遗留问题和资金结算以及资料整理归档工作。截至年底，已将全区50余个征拆完结项目纳入资金结算任务，已基本完成国投轨道公司和华晨房地产公司为业主的包含轨道交通城、化校旧城改造一期在内共21个项目的初步结算，共涉及金额13.74亿元，为理顺与业主单位关系，盘活项目资金发挥较好的作用。

（龙晓婷）

清水塘关停企业事务中心

【概况】 2019年6月，机构改革将石峰区选矿药剂厂退休人员管理办公室（以下简称选矿退管办）更名为石峰区清水塘企业事务中心（以下简称事务中心），调整为区政府直属正科级公益类事业单位。编制人数10人，现在岗6人，其中主任、副主任各1人，一般工作人员4人。

【处理选矿遗留问题】 2020年，事务中心始终把原选矿药剂厂有关遗留工作当作重中之重。防疫工作认真履责。新冠肺炎来势凶猛，中心全体党员干部提前结束休假，配合街道、社区积极参与到抗疫防疫工作，落实严格防疫措施，坚守46天，确保选矿生活小区无症状感染“零发生”、小区居民“零确诊”。

强化小区党组织建设。2020年启动选矿党员属地化管理，在与区委组织部、响石岭街道、云峰阁社区对接协调后，2020年10月成立选矿小区党支部，共接纳党员98名，党组织外迁28名，方便退休党员就近参加组织生活。

启动原选矿退休职工档案分类整理。2020年中心启动选矿职工档案分类整理，共整理在职、退休、死亡、精简下放人员等档案共计2318本，为方便广大职工档案查询及规范保管，为下一步进行电子化整理打下基础。

加强与上级领导部门对接。2020年，中心先后7次赴湖南省中小企业事务中心对接协调，争取下拨专项资金222万元，确保原选矿退休职工“老工伤保险”“统筹外工资”“老干医疗”等其他资金有序发放。

【做好清水塘新城建设统筹工作】 2020年，中心承担区清水塘老工业区搬迁改造指挥部办公室日常工作，负责统筹调度清水塘老工业区内中小企业关停搬迁的遗留扫尾工作以及清水塘生态科技产业新城统筹、协调、服务工作。高效推动征收攻坚。2020年，相继完成了三一重工二期、铜霞路北侧电力管廊等项目的征地迁，当前正在大力推进成都置信一期13.34公顷地征拆。组建专门班子完成广铁集团田心货场项目一期入户调查，涉征263户。组建清零交地工作推进组，对清水塘片区内重点项目交地开展清零攻坚，完成了三一石油智能装备、绿地滨江科创园、清水塘大桥等16个项目的清零交地，完成供地74.82公顷。

推动片区公共服务用地选址落实。2020年底，就新城建设中学校、医院、消防站办公用地与街道、社区党群服务中心选址等，召集区直有关部门及街道，与清水塘投资集团、中交三航清水塘公司等单位进行多轮对接，召开专题会议2次，并开展多轮实地走访。

维护清水塘地区的社会稳定。2020年，配合市、区接待中央、省、市考察参观共计22次，为展现清水塘片区发展新动能、新形象做好协调、服务工作。在日常工作中，注重和市指挥部、区公安、街道、施工单位等各方联动，对群众提出的合理诉求解决到位，不合理诉求解释到位，依法有效处置村民阻工10余起，调处土地等权属纠纷10余场，协调处理区信访局移交信访事件2项。（贺　熙）

农业·农村·水利

农业·农村

【概况】　石峰区农业农村局设有办公室、农村办、农业产业办 3 个内设机构，所属副科级事业单位有区农业技术推广服务中心、区绿心保护事务中心、区农业技术推广服务中心。主要职能：贯彻执行党和国家有关农村工作的方针、政策和法律法规，编制农业、蔬菜、水利、畜牧水产、农机的发展规划；大力实施乡村振兴，推进美丽乡村建设，改善农村人居环境，负责水利工程建设和管理，全面提升全区农业农村经济发展水平，实现城乡统筹发展。

2020 年，全区粮食产量 0.31 万吨，生猪出栏 0.21 万头，出笼家禽 11.9 万羽。

【民生工作】　完成农村供销服务站点建设 2 个；抽检农产品 1655 批次，检测蔬菜等主要农产品合格率 100%；拨付资金 8.2 万元扶持农机合作社；完成机耕道建设年度任务 50.19 千米；改造农村厕所 300 个，新建公厕 2 座。

【农村人居环境整治】　2020 年，完善垃圾上户清运有偿收费模式，每户每年收取 60—80 元垃圾上户清运费，实现上户清运垃圾收费全覆盖，并形成长效机制。九塘村、白马村、九郎山村、茅太新村污农村生活污水治理已建成。提升农村道路绿化效果，全面完成补植、抚育等工作。开展农村危险房屋排查，在“四类房”整治 2022 平方米的基础上，摸底造册农村“危险房屋”23 户，总面积 2003 平方米，全部完成清理任务。

【美丽休闲乡村建设】　2020 年，整体房屋风貌改造 47 户，四季花海游乐项目完成招商，并对游客开放。300 亩四季花海景点，与秋瑾故居形成九郎山旅游窗口景观。原有防火道结合九郎山森林公园景区建设，建成绿道 13.5 千米，并入选株洲市十大两型建设项目。珍稀苗圃园基础建设完工，并做好种植前期准备工作。农民公园建设完工，茅太新村获评“市级美丽乡村”。

【产业发展】　茅太新村流转集体土地 220 余亩，发展“稻田+油菜”种植，长石村流转 400 亩集体土地发展“湘莲+油菜”种植，大冲村开展首届九郎福柚评选活动，弘扬本土农业文化。知青小院成为网红打卡地，村集体经济实现分红 27 万元。九郎山“城市后花园”的名片逐渐打响，核心风景区日接待游客上万人次。茅太新村被市评“集体经济发展先进典型村”和“三变改革暨产改示范村”，株洲润兴化工有限公司被评为“市级龙头企业”。

【扶贫】 对口泸溪县白羊溪乡帮扶资金172.346万元，其中财政帮扶130万元，社会帮扶资金38.016万元，消费扶贫4.33万元。对口炎陵县帮扶资金50万元全部落实到位。全区五类人员共录入省扶贫系统800户，排查出边缘户9户21人，四类人员791户。排查C类房3栋，由住建局牵头，街道和社区（村）配合进行维修和改造。

【绿心保护】 全面完成498.32公顷造林抚育工作，补植香樟、木荷等2.4万余棵。开展九郎山绿心片区坟墓退硬生态修复工作，已完成513座。连续三年开展了“菊花换鞭炮，火源不如山”的文明祭祀活动，文明祭祀理念广泛深入人心。统筹值班值守，全面启用绿心区三个森林防火值班室，做到林火监控、网格巡视、防火值班室固定瞭望的立体结合，九郎山核心区未发生森林火灾。

【禁捕退捕】 34户渔民全部协议退出，完成证件注销，36条渔船全部拆卸到位。清查“三无”船舶67艘并全部销毁，收缴销毁网具172件，全面完成清船清网工作。通过送服务上门、送政策到家帮助渔民就业创业，落实社保补贴到人，全力做好退捕渔民的安置工作。

水　利

【水利建设】 2020年，完成《石峰区水安全规划》《石峰区“十四五”规划》《石峰区“十四五”农村供水保障规划》三大规划编制。开展龙塘、长塘水库除险加固攻坚行动，对湘江石峰段沿线堤坝进行排险养护，荷叶高排项目顺利完成竣工验收工作，确保全区汛期安全。农村饮水安全覆盖率100%，执行最严格的水资源管理政策，对九郎山生态园水厂、九郎实业水厂、金利亚垃圾焚烧发电厂等项目按政策完成发证和水费收取工作。

【网格河长对接】 结合网格化管理，实现网格员与各级河长管护的“无缝对接”，打通河道治理“最后一公里”。全年处理河湖重大问题40余件，解决河湖小问题200余个，辖区“一江三港八水库”实现精管长治，水清岸绿城乡美的新石峰日渐显现。打造“智慧眼睛”工程，投入60余万元，建设可视化智慧河湖监控系统，初步实现河湖24小时全天候监控，智慧河湖治理体系日趋完善。

（唐　静）

工业与信息化建设

科技和工业信息化局

【概况】 石峰区科技和工业信息化局为石峰区人民政府直属工作部门，内设办公室、综合业务股和企业管理服务股三个股室。2020 年，努力克服疫情等不利因素影响，加强运行监测分析，落实疫情纾困举措，帮助企业共渡难关，全力以赴保运行、促生产，稳投资、育动能，确保工业主要经济指标稳中有升。

【工业运行情况】 2020 年，全区规模工业累计完成工业总产值 597.8 亿元，同比增长 6.7%。完成规模工业增加值 156.8 亿元，同比增长 7.8%，高于全市增速 2.7 个百分点。完成工业投资 94.3 亿元，同比增长 5.8%。实现工业税收 16.8 亿元，占全市的比重为 30.2%，总量全市排名第一。全年新增规模工业企业 17 家。

【科技创新】 2020 年，全区研发经费投入 36.6 亿元，投入强度为 11.8%。全区高新技术产业增加值增速达 23 %，占 GDP 比重达 65.3%，远高于省市平均水平。完成技术合同交易额 79.8 亿元。新增市级以上科技创新平台 11 家。完成成果转化项目 19 个。全区有效发明专利拥有量已达 2805 个，占全市的 41.1%，每万人有效发明专利拥有量达 107 个。

【加强疫情防控，推动复工复产】 新冠肺炎疫情发生以来，在区防指的带领下，多部门联合成立企业防控小组，协同开展联防联控。自 1 月 27 日起，加强与辖区企业的对接、沟通，针对企业员工的“四类人群”进行摸排、登记，及时报告。同时，依托“大数据”和“网格化”管理等手段，对“四类人员”进行信息比对、检查，按规定及时进行相应处置，做到防控工作不留“死角”。研究制定企业复工复产工作方案，指导企业复工复产，充分发挥轨道交通产业主导企业的带动作用，对产业链上下游企业进行精准摸底，采取主带辅、大带小、以生产制造促原料供应的方式，以产业链机制促进大中小企业之间的生产协作，推动有序复工复产。截至 3 月 2 日，辖区应复工的 78 家规模工业企业全部复工，做到“疫情防控、复工复产”两不误。

【规划引领行动】 2020 年，制定规划引领行动工作方案。对轨道交通产业发展规划进行广泛宣传解读。加强对接，把规划内容纳入“十四五”规划当中，并抓紧落行动工作中的各项重点任务。

【重点项目建设】 2020年产品创新：4个产品创新省重点项目完成投资3.2亿元，占年度计划的154.8%，10个产品创新市重点项目完成投资4.76亿元，占年度计划的131.9%。重大科技创新：4个省重点项目完成投资15.43亿元，占年度计划的149.08%，完成研发经费投入4.88亿元，占年度计划的143.98%。14个市重点项目完成投资3.16亿元，占年度计划的120.11%，完成研发投入1.27亿元，占年度计划的121.27%。

【开展温暖企业行动】 2020年，在全市率先成立企业防控工作小组，精准施策为企业通“堵点”、补“断点”，派驻防疫联络员指导企业防控，全方位筹集防疫物资，以产业链机制推进企业复工复产，确保了防控、复工两不误。搭建惠企政策服务“直通车”，使企业减税降费政策应享尽享。努力为企业减负，实施“四个一”联企工作机制，为企业提供“保姆式”服务，全年解决企业问题573个。推动“一件事一次办”事项向市级政务服务平台集中，安排专员进行项目带办和代办服务。推荐企业进入信用贷款风险补偿“白名单”，组织开展多场银企对接会，为企业解决资金难题。开展清欠工作，开展法治体活动，维护企业合法权益。竭诚为企业赋能，强化各项政策激励，兑现各项经济发展奖励近1000万元。落实“区人才30条”，推动人才强企。进一步深化“亩均”效益评估改革，进一步激发企业内生力量。充分发挥产业链机制的推动作用，强化精准招商。开展万博珑消费节、企业技术创新“破零倍增”专项服务活动、企业上云、5G+工业互联网赋能与智能制造交流活动等专项活动，不断激发市场主体活力。

【加快企业改革进程】 区企改办2020年进行重新组建，完善工作机构，设立了综合协调组、业务指导组、企业工作组、财务管理组和后勤保障组五个工作组，将区属和市移交的15家企业分为改革攻坚企业、推进改革企业、改革扫尾企业三类，分类突破，攻坚克难。调整和充实企业改革工作组人员，精减企业留守人员，规范留守人员工资福利待遇。建立和健全各项管理制度，实行预安销号，按季度考核，加快推进工作进程。将11家改制企业的财务集中到区企改办管理，并对财务状况进行审计。2020年企业改革工作进展顺利：锌厂、北部公司、中盛塑胶、金利金属、空压机厂等企业正在制定或完善职工安置方案。推进改革企业和扫尾企业中又有5人解除劳动合同。认真做好资产处置，空压机厂与开发商协商，签订合作协议。水泥管厂完成2010年前财务档案、文书档案移交。各企业退休人员档案清理全部完成，部分单位已完成移交。

【做实做细半导体器材产业链】 理顺功率半导体器件产业链工作机制，按照市委市政府统一部署，召开了产业链推进大会，成立了功率半导体器件产业链办公室、市功率半导体行业联盟、企业联合党委，“三向”发力，全面推动产业链持续发展壮大。编制功率半导体器件产业链年度工作要点，筹备发布行业年度发展报告。组织召开省功率半导体产业对接会暨中国功率半导体技术创新与产业联盟第六届国际学术论坛，18家单位签署合作协议，对突破中国芯片产业关键技术、抢占全球功率半导体发展高地具有十分重要的意义。组织召开中车株洲所汽车及工业用新一代功率半导体项目成果汇报会，中车株洲所汽车组件配套建设项目首批芯片成功下线。加强服务，推进IGBT二期和配套产业园等在建重大项目建设，及时协调解决高压线路施工、线路移交等重要问题。

【强化项目推荐申报力度】 及时发布省、市项目申报信息，指导并推荐企业申报项目，争取资金支持。2020年已为企业争取制造强省、中小企业发展专项等各类资金3200多万元，同比上一年增加216%，争取研发财政奖补资金3200多万元。

【扎实抓牢安全生产】 2020年，开展了“安全生产月”活动，出安全宣传专刊16版，组织安全培训31次，领导专家授课16次，发布电子宣传标语289条，通过网络形式宣传安全知识35次，有效提升企业的安全意识和安全管理水平。开展安全生产风险隐患“复工复产安全生产大检查”“安全生产大排查大管控大整治”“安全生产专项整治三年行动”和领导干部带队检查安全生产工作等多个专项行动，切实做好企业安全管控。稳妥开展安全生产重大隐患“一单四制”工作，排查出11个重大安全隐患，并及时完成隐患的整改。对80家工业企业开展安全生产检查，共查出安全隐患274项，并及时完成隐患整改，为全区安全生产的稳定运行筑牢了坚实的基础。

【党建工作持续推进】 坚定理想信念，持之以恒抓好思想教育。坚持用习近平新时代中国特色社会主义思想武装头脑。定期召开会议专题研究意识形态工作，牢牢把握意识形态工作主动权。强化对基层党组织书记和党员培训，开办党员教育轮训班，分批次定期开展系统培训，进一步提高党员素质、锤炼党员党性。党组书记带头讲党课，创新学习方式，注重学用结合，丰富实践体会，实现理论认知的层次升华。夯实党建基础，严格要求做好组织建设。强化对基层党组织书记的管理，直面问题，压实责任，健全基层党建责任体系，认真履行“一岗双责”。规范支部阵地建设，发挥阵地作用，科工信局联合支部“五化”建设达标，机关退休支部被评为全市示范离退休干部党支部，推选火炬工业炉党委为“五化”建设示范点，引领其他正常生产企业党支部通过“五化”验收。持续做好基础性工作，专项检查党组织换届情况，指导中盛塑胶支部完成换届选举。积极开展入党积极分子培训，培养充实党的后备力量。开展组织关系集中排查，摸清党员情况，做好党员组织关系转接。定期组织退休党员开展活动，增强党员凝聚意识。坚持制度建设，严格落实制度。完善党内政治生活制度，落实开展“三会一课”、民主生活会、组织生活会、民主评议等制度，畅通党员参与讨论党内事务的途径，不断提高党内政治生活质量。严肃认真地落实中央“八项规定”，多次召开专题会议研究部署党风廉政建设和反腐败工作，强化主体责任，认真履行“一岗双责”。严格落实党员积分考评管理，按照“三评两定一公示”的办法组织，将积分考评结果作为评先评优和干部选拔的重要依据。坚持民主集中制，“三重一大”问题党委班子集体研究，民主和组织生活会求真务实，认真查问题，深刻剖析原因，一一落实整改。严格落实理论中心组学习制度，坚持把理论学习与实际工作结合起来，把提高理论水平同提升工作能力结合起来，真正把学习成果转化到业务工作上，对2020年各项工作任务的完成提供理论支撑。聚焦重点任务，主动担当责任。深入企业，每月开展调研走访，对企业反映强烈的热点、难点问题及时进行回复和处置，积极化解矛盾。在先进制造业集群培育、营商环境优化、产业链条完善等重点工作中，党员干部冲锋在前，率先垂范。对重点舆情工作进行关注引导，发动规模以上工业企业加强对网络信息的管控，开展“自媒体”自查及网络安全进企业工作。建立和完善网络评论员队伍，强化正面舆论引导，向企业和群众全面推广“石峰发布”官方微信公众号，加强惠企政策和经验成效的正面宣传。

（龙婉欧）

中车株洲电力机车有限公司

【概况】 中车株洲电力机车有限公司，下设一级机构50个，其中分公司5个、事业部6个、研究所2个、职能管理部门17个及营销、研发、管理中心共10个，党群工作部门10个。公司有全资子公司12家、合资控股子公司22家、参股企业13家。公司株洲本部占地面积116万平方米；固定资产原值41.96亿元，净值22.32亿元，其中房屋资产162栋，建筑面积46.45万平方米，原值16.36亿元，净值10.00亿元；设备资产22243台，原值25.60亿元，净值12.32亿元，其中主要生产设备2086台，设备完好率98.27%。

2020年，公司主要产品有电力机车、城轨车辆、城际动车组及磁浮车、轨道工程车、有/无轨电车等，全年实现营业收入235.2亿元（同比增长2%），归母净利润13.5亿元（同比下降3.57%）。

【新产品研发】 2020年，复兴号高原双源动力集中动车组完成技术设计和施工设计。双交流带辅助动力机车完成样车落车。24轴电力机车7月竣工剪彩。匈牙利中大型—电混合动力调车机车11月完成落车。大功率双源制六轴电力调车机车12月完成落车。伊斯坦布尔新机场线地铁车辆7月完成首列车试制并出厂发运。马来西亚轻轨3号线车辆12月完成首列车试制。盐城市区SRT 1号线车辆10月签订首个市场化项目合同；四川齿轨样车完成方案设计和技术设计。深圳地铁16号线车辆完成方案设计和技术设计。宁波地铁5号线一期车辆完成方案设计、技术设计和工作图设计。广州地铁1号线在役车辆性能提升与再造技术研究已形成一套可复制、可平移的城轨车辆性能提升及再造技术方案。洛阳地铁2号线一期车辆完成方案设计和图纸归档。旅游观光轻轨铰接车辆完成方案设计。黄埔区有轨电车2号线车辆完成方案设计。武汉市轨道交通16号线工程车辆完成技术设计、工作图设计和施工图纸归档。深圳地铁1号线续建项目车辆国产化与LCU改造完成，使公司成功跨入城轨车辆大修和改造市场。胶轮交通车辆完成智能导向捷运系统项目列车技术论证分析及宜宾智轨实地调研等。“系列化中国标准地铁列车研制及试验”已形成专题会议纪要93份、简统方案129份。快速动力集中动车组按照欧盟TSI标准设计与制造，能满足城际、干线及客运专线运输的需求，已完成技术系统升级及单节车调试、环境适应性试验和气密性试验。长株潭城际动车组2.0版与增购车辆完成增购项目的优化项点方案设计、技术设计与工程设计及首列车的试制。符合TSI标准双层动车组完成首列车试制组装和落车验证及牵引系统地面联调系统实验。广州地铁 18&22 号线车辆完成试制，并向广州用户交付 16 列。菲律宾 DEMU 动车组开始车体生产和首列车试制。在研制整机、整车产品的同时，公司还自主研制了一系列与主机产品配套的新型转向架及制动产品、智能产品、控制产品等。

【科技创新】 公司全年科技经费投入占销售收入比重达到 6%。申报并获批国家铁路局“重载快捷货运牵引装备技术铁路行业工程研究中心”、中国铁道学会“全国铁路科普教育基地”、湖南省创新方法推广应用示范服务基地。与 113 家国内外高校、科研机构、企业开展技术合作 283 项。建成公司“四化”管理框架体系，先后发布《模块构建管理办法》《模块库管理方案》《“四化”运用和评价方案》3 项管理文件。先后建成城轨 B 型车、ZER3/4 平台等 3 个平台，入库模块 675 个，入库简统化标准化统型成果 468 个。模块化成果已在 12 个项目上运用，简统、标准化统型成果在 19 个项目上运用。全年共组织实施科研项目 553 项，其中国家重点研发计划项目 11 项、湖南省科技重大专项项目 2 项、中国中车级项目 60 项，13 项国家级和省部级项目共获得资金 1.6 亿元。全年科研项目投标 12 项，已获签科研合同项目订单 1.7 亿元。完成各级科技奖励申报 28 项，获科技奖励 17 项，其中中国铁道学会科技进步奖 2 项、湖南省科技进步奖 2 项、中国交通运输协会科技进步奖 2 项、全国设备管理与技术创新成果奖一等奖 1 项、湖南省制造强省专项资金项目奖 1 项、中国中车科技进步奖 9 项（其中特等奖 1 项、一等奖 1 项、二等奖 5 项、三等奖 2 项）。完成科技成果项目评价 13 项，其中省部、协会级成果评价 3 项，中国中车级成果评价 10 项；9 个项目被评价为国际领先水平，4 个项目被评价为国际先进水平。

【重要纪事】 1 月 10 日，公司转向架智能制造车间通过工信部组织的智能制造能力成熟度四级评估，成为中国轨道交通装备行业第一家通过设计、生产、服务全流程四级（优化级）成熟度企业。1 月 15 日，中车集团总经理、中车股份总裁孙永才到株机-MNG 公司调研。1 月 17 日，公司获香港 13+6（可选项）台蓄电池电力机车订单。1 月 19 日，公司召开 2019 年度总结表彰会。1 月 22 日，中国中车副总裁王宫成到公司慰问，并实地考察、调研、座谈。1 月 24 日，公司成立应急指挥中心，在中车率先实行疫情防控高管包保制，打响疫情防控阻击战。1 月，公司试制完成首列时速 200 公里磁浮项目车体。

2 月 17 日，公司全面复工复产。

3 月 5 日，公司正式取得国家铁路局下发 HXD1D 机车 C6 检修资质。3 月 11 日，国务院疫情联防联控工作机制湖南指导组组长何翔到公司检查指导。3 月 13 日，公司与中车城市交通有限公司举行宜城轻型磁浮电车（磁浮巴士）系统项目网络签约仪式。是日，湘欧快线年内首列国际货运班列从公司物流基地启程开往莫斯科。3 月 17 日，中办国办复工复产调研组第二组组长胡先明到公司调研。3 月 25 日，公司中标墨西哥蒙特雷轻轨车辆 3 号线用受电弓项目，自主研制受电弓成功销往海外市场。3 月 30 日，公司首台出口匈牙利电力机车顺利落车。

4 月 3 日，公司以视频连接形式召开第一届第五次职工代表大会及 2020 年党建暨党风廉政建设、反腐败工作会议。4 月 12 日，中共湖南省委常委、省委政法委书记李殿勋到公司调研。4月28日，公司牵头研制的中国首列商用磁浮2.0版列车在长沙磁浮快线跑出160公里/小时速度。

5月23日，武汉地铁6号线二期项目本地化试制的首列车在公司武汉基地落车。5月26日，湖南省副省长朱忠明到公司调研。是月，株洲中车物流有限公司通过中国仓储与配送协会“中国五星级仓库”“中国仓储服务金牌企业”评定。

6月9日，湖南省委常委、省国资委党委书记姚来英到公司考察调研。6月16日，公司研制的“陕煤号”电力机车成功交验。6月17日，公司为伊斯坦布尔新机场线项目研制的首列车落车并完成编组连挂。

7月1日，公司研制的有轨电车在广州黄埔有轨电车1号线示范段试运营。7月14日，公司为土耳其伊斯坦布尔新机场线研制的首列地铁列车下线。7月20日，洛阳地铁1号线首列车在公司洛阳基地下线。7月23日，中国中车副总裁王宫成到公司调研。7月29日，公司与国家能源集团联合研制的全球最大功率电力机车（神24）在公司下线。7月30日，中国中车副总裁马云双到公司考察、调研。是月，公司获得机电工程施工总承包贰级资质许可证书。

8月3日，生态环境部部长黄润秋到公司调研。8月11日，公司牵头完成的科技成果“全程无网储能式轨道交通系统关键技术及应用”被评价为国际领先水平。8月22日，公司研制的全球首列应用于机场（昆明长水国际机场）捷运系统、可自动驾驶的储能式有轨电车竣工下线。8月28日，公司田心水立方游泳馆揭牌开馆。是月，公司完成新一届董事会、经理层、监事会组建。

9月9日，中国出口欧洲多流制电力机车下线仪式在公司举行。9月11日，江西省委书记刘奇率代表团到公司考察。9月15日，公司“精准扶贫”项目——湖南十八洞村苗绣国家非遗扶贫就业工坊为中国中车第一次党代会献礼的苗绣作品揭幕，中国中车党委书记、董事长刘化龙，中国中车总经理、股份公司总裁孙永才为其揭幕。

10月23日，华中科技大学党委书记、中国工程院院士邵新宇，该校学术委员会主任、中国科学院院士丁汉到公司调研交流。10月25日，公司为巴基斯坦拉合尔生产的地铁车辆正式上线运行。10月28日，中国中车副总裁马云双到公司沧州子公司调研。10月29日，公司研制的墨西哥蒙特雷轻轨列车在公司下线。是月，公司ISO 50001—2018能源体系通过换版认证；公司CAB-B型机车空气制动控制系统通过中铁检验认证中心CRRC认证，获批量装车资质。

11月4日，湖南省与中国中车共建的国家先进轨道交通装备创新中心（以下简称国创中心，湖南省首个国家级创新中心）揭牌暨建设工作推进大会在株洲召开，工信部副部长王志军、湖南省副省长陈飞为国创中心揭牌。11月5日，公司获签马来西亚交通部SCS动车组两年维保合同。11月13日，公司研发的商用磁浮3.0版列车亮相第22届中国国际高新技术成果交易会。11月15日，国家市场监督管理总局质量发展局局长黄国梁到公司调研。11月19日，公司通过铁路机车车辆行政许可监督检查。11月27—28日，中共中车株洲电力机车有限公司第一次代表大会召开。是月，公司ISO 14001环境管理体系和ISO 45001职业健康安全管理体系通过再认证审核。

12月6日，湖南省委副书记、代省长毛伟

明到公司调研。12 月 10 日，公司与海宁市政府签署“海宁市轨道交通项目及相关配套产业合作框架协议”。12 月 14 日，湖南省副省长陈飞到公司考察调研。12 月 15 日，工信部总工程师韩夏到公司考察调研；公司“重载快捷货运牵引装备技术铁路行业工程研究中心”由国家铁路局局长刘振芳授牌为“铁路行业科技创新基地”。12 月 18 日，公司与中车香港公司联合中标墨西哥城地铁 1 号线整体现代化项目订单。12 月 19 日，公司代表中国中车参加 2020 年“一带一路”暨金砖国家技能发展与技术创新大赛之“嘉克•通用技术杯国际焊接大赛（沈阳）”，获团体金奖（团体总分第一）和 18 个项目奖。12 月 22 日，公司科技文化展示中心挂牌成为“全国铁路科普教育基地”。12 月 26 日，全国首款零排放大功率双源制电力调车机车在公司下线。 12 月 31 日，公司与深圳地铁集团在凉帽山车辆段举行深圳地铁轨道交通系统测试国家工程实验室揭牌暨综合检测车交接车仪式。是月，公司“粤汉铁路株洲总机厂”入选国家工业遗产；公司获得 ISO/TS 22163 管理体系银级认证证书，是全球首批、国内首家获此银级认证的企业。

先进人物与重要荣誉

一、先进人物

（一）全国级先进人物

1.全国劳动模范：周清和、张景、钟俊林

2.2019—2020 年度全国优秀企业家：傅成骏

3.全国青年岗位能手：张利好

4.中国企业文化建设功勋人物：周清和

5.全国行业职业技能竞赛暨全国智能焊接职业技能竞赛冲压工（冷作钣金工）竞赛铜奖：易鹏

6.“一带一路”暨金砖国家技能发展与技术创新大赛之“嘉克•通用技术杯国际焊接大赛（沈阳）”熔化极混合气体保护焊一等奖：许贤杰

7.“一带一路”暨金砖国家技能发展与技术创新大赛之“嘉克•通用技术杯国际焊接大赛（沈阳）”熔化极混合气体保护焊二等奖：易国祥、肖桂林

8.“一带一路”暨金砖国家技能发展与技术创新大赛之“嘉克•通用技术杯国际焊接大赛（沈阳）”机器人与增材制造一等奖：雷淑贵

9.“一带一路”暨金砖国家技能发展与技术创新大赛之“嘉克•通用技术杯国际焊接大赛（沈阳）”机器人与增材制造二等奖：田伟明

10.“一带一路”暨金砖国家技能发展与技术创新大赛之“嘉克•通用技术杯国际焊接大赛（沈阳）”机器人与增材制造三等奖：黄丽

11.“一带一路”暨金砖国家技能发展与技术创新大赛之“嘉克•通用技术杯国际焊接大赛（沈阳）”钨极氩弧焊一等奖：汤智

12.“一带一路”暨金砖国家技能发展与技术创新大赛之“嘉克•通用技术杯国际焊接大赛（沈阳）”钨极氩弧焊三等奖：陈崇虎

13.“一带一路”暨金砖国家技能发展与技术创新大赛之“嘉克•通用技术杯国际焊接大赛（沈阳）”氧-乙炔气焊一等奖：江银银

14.“一带一路”暨金砖国家技能发展与技术创新大赛之“嘉克•通用技术杯国际焊接大赛（沈阳）”氧-乙炔气焊三等奖：罗丞哲、李孟杰

15.“一带一路”暨金砖国家技能发展与技术创新大赛之“嘉克•通用技术杯国际焊接大赛（沈阳）”成品件焊接一等奖：文凯

16.“一带一路”暨金砖国家技能发展与技术创新大赛之“嘉克•通用技术杯国际焊接大赛（沈阳）”成品件焊接二等奖：刘文强

17.“一带一路”暨金砖国家技能发展与技术创新大赛之“嘉克•通用技术杯国际焊接大赛（沈阳）”成品件焊接三等奖：张江林

18.“一带一路”暨金砖国家技能发展与技术创新大赛之“嘉克•通用技术杯国际焊接大赛（沈阳）”技术论文交流二等奖：胡伟、赖鸥、陈键

19.“一带一路”暨金砖国家技能发展与技术创新大赛之“嘉克•通用技术杯国际焊接大赛（沈阳）”技术论文交流三等奖：高燚

（二）省部级先进人物

1.湖南省劳动模范：许贤杰、曾艳梅

2.湖南省首届企业“创新达人”：杨颖

3.入选中国铁道学会铁路青年人才托举工程：陈哲

二、集体荣誉

（一）全国级荣誉

1.第 26 届全国企业管理现代化创新成果一等奖

2.中国企业文化建设示范单位

3.PMI 国际项目管理大奖赛（中国）杰出 PMO 奖

4.2017—2019 年全国内部审计先进集体

5.ISO/TS 22163 管理体系银级认证证书

6.“一带一路”暨金砖国家技能发展与技术创新大赛之“嘉克•通用技术杯国际焊接大赛（沈阳）”团体金奖

7.中国企业文化建设百佳职工文化品牌：株机公司欧洲子公司

8.中国企业文化建设优秀班组：株机公司吉隆坡维保公司市场营销部

（二）省部级荣誉

1.湖南省抗击新冠肺炎疫情先进集体

2.2019 年度湖南省环境诚信企业

3.工信部绿色供应链管理示范企业

4.湖南省巾帼文明岗：株机公司机车事业部检查二班

5.广西工人先锋号：株机公司南宁城轨子公司调试班

6.广东省“省长杯”铜奖：株机公司广州地铁 18&22 号线市域列车

7.广东省智能装备专项赛产品设计组一等奖：株机公司广州地铁 18&22 号线市域列车

三、科技荣誉

1.第四届全国设备管理与技术创新成果奖（技术类）一等奖：株机公司“基于大数据 PHM 平台的轨道车辆全生命周期管理系统”

2.好设计•装备中国高端装备创新设计大赛金奖：株机公司新型商用无人驾驶磁浮列车

3.湖南省科技进步三等奖：株机公司 TSG22 型受电弓

（俞鸣霞）

中车株洲电力机车研究所有限公司

【概况】 2020 年，中车株洲研究所有限公司拥有“电气传动与自动化、高分子复合材料应用、新能源装备、电力电子（基础）器件”4 大产业板块、10 大业务主体、2 家上市公司、10 个国家级科技创新平台、3 个企业博士后科研工作站，并在美国、英国、德国等地设有 5 个海外技术研发中心。公司拥有员工 17326 人，其中境外员工 4229 名；员工中 49%以上是技术人员，其中博士 228 人，硕士 2469 名，整体人力资源结构呈现高学历和年轻化的特点。2020 年，公司认真认真贯彻习近平新时代中国特色社会主义思想和中共十九大及历次全会精神，落实中国中车战略部署，以高质量发展为主题，大

力推进“提品质、强动能、激活力、稳增长、补短板”等重点工作，经营业绩稳中有进，全年实现销售收入 391 亿元，同比上年增长 30%。

【科技创新】 3300V/6500V 两款高速列车用 IGBT 完成 30 万公里考核。自主 IGBT 助力乌东德柔直“心脏”国产化，汽车用 IGBT 芯片成功批产。搭载公司核心系统的时速 600 公里高速磁浮试验样车成功试跑。京雄高铁智能动车组电气系统完成型式试验。基于永磁电机的 3000HP 混合动力机车电气系统顺利装车。系列化中国标准地铁列车电气牵引系统方案通过评审。自主 FAO 信号系统全球发布。“使命号”智轨列车创新推出。“水龙号”浅水挖沟机顺利通过海试验证。4.5/4.8 兆瓦两款风机完成设计开发。国内最长的纯玻纤叶片成功下线。直流组网技术示范应用，整船综合能效提升 20% 以上。业内首创的新一代旋挖钻机亮相上海宝马展。

【市场开拓】 2020 年，公司获得机车订单 276 台，市场占有率达 55%；获得动车组订单 134 列；机车自动驾驶、障碍物检测、PHM 等新产品实现新造市场首次装车。城轨牵引系统新签订单 56 亿元，国内市场占有率超 60%。矿用卡车无人驾驶项目获得首单突破。汽车电驱销售收入同比上年增长 38%。风电整机实现销售收入 86 亿元，同比上年增长 436%，新签订单 50 亿元。智轨在哈尔滨、长沙、西安、宜宾、株洲等地获得 6 条新线订单。双动力打磨车实现首单突破，地铁工程车市场排名跃居行业第一。海工装备中标多个 ROV 项目，国内市场业绩首次破亿。风电叶片实现销售收入 69 亿元，同比上年增长 196%。汽车材料获得保时捷、奥迪高档电动汽车项目订单，全生命周期销售收入超 1.5 亿欧元。复合材料轨枕斩获广铁集团大单，为过去 5 年总供货量的 4 倍。传感器、电容纸进入华为供应链体系。永磁电机在宁波地铁 5 号线、佛山地铁 3 号线批量应用。国际业务克难奋进，全年实现签约额 11.95 亿美元。

【管理创新】 高质量完成“十四五”战略规划编制。推行 IPD 管理体系，时代新材、襄阳电机、上海汉格三家单位成功试行。大力推动集采信息系统上线运用，两级集采率达 90%。TOS2.0 精益体系全面升级，助力风电机舱月产能提升 56%，叶片月产能提升 279%，全年交付整机 1166 套，叶片 3731 套。时代学院、时代党校建成使用。DCB 汽车产业协同平台成功搭建。加强资金集中管理，实现财务收益 2.1 亿元。强化质量整改与管理提升，质量损失率控制在 0.33%，同比下降 15%。优员增效取得实效，合同制员工优员 394 人，管辅人员比例下降 1 个百分点，全所人均净利润增长 11.5%。法律维权工作不断深化，法治中车验收获中车 A 级评价。强化安全生产和综治管理，顺利实现年度“三零”“四无”目标。

【深化改革】 中车智行公司完成注册，实现“混资引战”。芳纶、乘用车电驱、株洲机电、奇宏散热、半导体混改加快推进。电气科创项目完成中车审批，申请材料提报上交所。现代企业治理及市场化经营机制加快建立，实现外部董事占多数，建立董事会专门委员会，进一步优化企业法人治理结构。“总经理组阁”“两制一契”改革方案落地实施，株洲所本级、时代电气、襄阳电机、特种装备、风电事业部完成改革试点。中车首家实施科技型企业岗位分红，惠及 380 名科技骨干员工。智轨产业率先建立科技人员跟投和科技成果转化奖励机制。以特种装备、上海汉格、风电事业部为试点，实施“四六分成”的超额利润分享。公司改革经验成功入选国务院国资委《改革样本》。

【党群工作】 2020 年，各级党群组织深耕“一体三化”高质量党建工程，广泛开展党建联建共建，以党建为载体有效拓宽企业“朋友圈”。三基建设不断夯实，年度党建考核获得 A 级评价。大力开展责任成事文化建设，加强企业品牌形象宣传，“中车五周年、改革进行时、蒙西大会战、抗疫情夺双胜”等宣传专题，凝聚了全员收官“十三五”、建功新时代的信心与决心。打好巡视整改收官战，全级次问题清单整改完成率为 100%。“六送三关注”活动深入开展，143 个新小家完成建设，民生支出同比增长 31%。积极搭建青年建功创效平台，服务青年成长成才，收获全国五四红旗团支部等多项荣誉。创新开展内部巡察，实现株洲所党委巡察全覆盖。强化监督执纪问责，党风廉政建设和反腐败斗争持续深化。积极履行央企责任与担当，全年累计投入扶贫资金 174 万元，联合产业链企业向疫区捐款 1000 万元，为疫情防控和决战脱贫攻坚贡献企业力量。

【重要纪事】 2020 年 4 月，时代电气助力磁浮 2.0 版列车运行速度突破 160km/h。

2020 年 5 月，时代新材与远景能源合作研制的首套 EN161 叶片在时代新材射阳分公司下线。

2020 年 6 月，长沙地铁 3 号线、5 号线一期工程载客运营，不仅实现长沙地铁的“双线齐发”，昂首驶入“全面网络化”运营时代，同时实现公司信号系统以及国内首条全线永磁牵引系统的“双线齐发”。

2020 年 7 月，时代电气自主无线重联技术在朔黄铁路首列 1.6 万吨重载列车上应用。是月，中车株洲所参与的中国南方电网公司乌东德水电站送电广东广西±800kV 柔性直流输电工程柳北站成功升压至 800kV，并顺利完成直流短路故障自清除试验，这意味着乌东德柔性直流输电工程已经具备全线投运条件，为远距离、高压电、大容量输送电能提供安全保障。

2020 年 8 月，时代电气自主研制的 DC-32 捣固车自动捣固系统在哈尔滨局顺利完成首套装车进入运行考核阶段。是月，由中车株洲所和招商局工业集团联合开发的国产首艘油电混合大型滨海观光船“大湾区一号”游轮成功交付，意味着我国高端船舶“中国芯”的商业化之路，迈入新的阶段。

2020 年 9 月，公司自主研制的世界首台 25kV 电压制式的牵引电力电子变压器系统完成装车试验验证。

2020 年 10 月，SMD“水龙号”浅水挖沟机顺利通过海试验证。是月，在 2020 北京国际城市轨道交通展览会（MetroTrans）上全球发布自主全自动运行系统（FAO），型号为 tSafer-UC3000。此举标志中车株洲所正式跻身城轨“全自动”时代，具备为全球用户提供更加全面的城市轨道交通信号系统解决方案能力。

2020 年 12 月，时代电气电驱产品获德国莱茵 TÜV 功能安全高等级证书。是月，公司改革经验成功入选国资委《改革样本：国企改革“双百行动”案例集》，引发国资国企系统广泛关注。是月，时代电气举行“2020 年第 1200 台风电变流器暨 4.8MW 三电平风电变流器”下线仪式，4.8MW 三电平风电变流器具有“简、稳、智、韧”的品质。

是月，中车株洲所自主研制的全 SiC 地铁牵引变流器在深圳成功通过装车验证，在国内首次实现全 SiC 地铁牵引变流器正线载客与示范运营，标志着公司在轨道交通高频牵引传动技术领域取得突破性进展。

是月，中车株洲所与陕西神延煤炭有限责任公司正式签署神延煤炭西湾露天煤矿矿用卡车无人驾驶技术研究项目合同，该项目是国内首个批量采用国产关键系统的大功率电驱动矿用卡车无人驾驶技术商业化项目，建成后的西湾露天煤矿，也将成为国内最大规模矿用卡车无人驾驶矿山。

2020 年，风电事业部全年整机产量超 1300 台，销售收入超 85 亿元，均创历史新高。

是年，智轨市场破冰，成功签约哈尔滨智轨 1 号线、长沙大科城、西安昆明池等项目，全面覆盖了一二线城市补充线、三四线城市主干线、特定功能区通勤线、旅游景区接驳线等四类智轨应用场景。

是年，中车株洲所风电产业突破 100 亿元大关，刷新历史纪录，成为株洲所第三个百亿产业。

【科技荣誉】 1. 虚拟轨道智能快运系统关键技术及应用获湖南省技术发明一等奖。

2. 岛礁/陆基多能源独立微电网系统供电关键技术与装备及应用获湖南省科技进步一等奖。

3. 基于自主 IGBT 的高效高可靠性乘用车电驱动系统关键技术及应用获湖南省科技进步一等奖。

4. 复兴号高铁用长寿命、轻量化、高阻尼材料研究及其工程化推广获湖南省科技进步一等奖。

5. 高端商用车高性能减振部件关键技术及产业化获湖南省科技进步二等奖。

6. 大型养路机械关键技术自主化-钢轨打磨车自主电气控制系统获湖南省科技进步三等奖。

7. 新一代高速列车牵引电抗器研制及应用获湖南省科技进步三等奖。

8. 速列车产业化及技术创新管理与实践获中国铁道学会铁道科技特等奖。

9. CRH380A 系列动车组网络和牵引控制系统关键技术研究及应获中国铁道学会铁道科技一等奖。

10. 艰险山区高速铁路特大跨度混凝土拱桥关键技术及应用获中国铁道学会铁道科技一等奖。

11. 智能故障诊断与调节技术及其轨道车辆应用获江苏省科学技术一等奖。

12. 岛礁/陆基多能源独立微电网系统供电关键技术与装备及应用获中国机械工业技术发明一等奖。

13. 面向平价上网的大型低风速复合材料风电叶片关键技术及应用获中国可再生能源学会技术创新一等奖。

14. 新一代地铁牵引系统平台研制获中国电源学会科技进步二等奖。 （吴昌云）

中车株洲电机有限公司

【概况】 中车株洲电机有限公司（以下简称公司）是中国中车旗下一级核心企业。公司主要从事轨道交通、风力发电、工业驱动、新能源汽车驱动、输变电等领域电机、变压器专业化研制、销售及系统服务。2020 年末，公司在册员工 3762 人（含各子公司员工），其中本部员工 2569 人。各类专业技术人员共 1605 人，其中工程技术人员 849 人。高级技术职称人员 189 人，其中教授级高工 38 人。公司总体实行“总部+事业部”模式的“平台化+专业化”的组织架构。主营轨道交通、风力发电、工业驱动、新能源汽车驱动、输变电等领域电机、变压器专业化研制、销售及系统服务。公司注册资本 13.42 亿元，净资产 32.56 亿元，总资产近 75.70 亿元。全年销售收入 100 亿元，利润 5.64 亿元（归属母公司净利润）。

【改革改制】 紧扣“改革突破”主题，把握“资源、治理、机制、激励”四项重点，分层分类推进“双百”改革。混合所有制改革走在前列，分别合资设立浙江中车尚驰、湖南中车尚驱 2 家子公司，顺利完成江苏公司、广州公司增资扩股。体制机制变革稳步推进，建立中长期激励机制，首次施行岗位分红激励，3 家混改子公司实施核心员工持股；完成外部董事占多数的董事会建设；4 家混改子公司完成职业经理人选聘。三项制度改革扎实推进，强化劳动用工管控，建立内部人力资源市场，开展合同履约评价，推进员工再培训、再就业。优化存量人员结构，落地绩效积分和职业等级晋升调薪机制。集团化战略管控持续深化，开展控参股子公司治理模式与管控机制研究。广泛推广矩阵式组织与项目化管理。完成供应链平台、财务平台建设，持续优化调整组织机构与职能职责，“小总部、大业务”组织形态进一步夯实。

【科技创新】 2020 年共立项 335 项，其中公司级及以上项目 122 项，国家重点项目 15 项。筹建技术预研体系，推进前瞻及基础共性技术研究，磁/气浮轴承实现工程化技术成果转化，PI 及 CR 薄膜完成自主化及装车，油位继电器和高压 A 端子治理完成技术攻关。整合政府、高校外部资源，推进高层次项目及知识产权成果工作。建设《国家新材料生产应用示范平台》《高性能电机系统国家重点实验室》等平台；建立首个海外研发中心——“中车株洲电机德国通用机电技术研发中心”；筹备建设“研究院西南分院”；提升公司的技术资源整合能力。完成国家重点研发项目申报 2 项，科技部“科技助力经济 2020”项目申报 2 项，湖南省科技攻关项目 1 项，株洲市重大专项项目 1 项。全年完成专利申报 188 件，其中发明专利 98 件，海外专利申请 18 件。开展直线电机、气浮及磁浮轴承等部分核心技术的专利检索查新及专利导航工作。成功完成国家知识产权示范企业考核及评价，获湖南省专利奖、盐城市专利奖各 1 项。完成发布国家标准 1 项、行业标准 1 项、团体标准 3 项。完成报批国家标准 2 项、行业标准 5 项、铁总标准 2 项。产品研发成果，600km/h 高速磁浮列车、系列化标准地铁完成配套产品研制，国内首台 8MW 直驱永磁、7.6MW 海上半直驱永磁风力发电机成功下线，150kW/10000rpm 气浮轴承高速永磁电机、1.9MW 船舶永磁电机研制成功。荣获中国机械工业科学技术特等奖，铁道学会科技特等奖，湖南省科学进步一等奖，首次获评“湖南省科技创新团队”，1 人获评“湖南省科技领军人才”。

【市场营销】 坚持以市场战略引领资源配置，建强市场化能力。轨道交通业务，国铁市场占有率显著提升，350km/h 标动高寒车项目获得长客股份部分市场份额；城轨业务规模同比呈现增涨，检修服务新局面逐步打开。风电业务，完成“抢装”大考，国内直驱永磁市场持续领跑，双馈、异步和半直驱永磁业务取得历史新突破（销售规模翻了两番多）；“两海”布局加速深化；风电后服务市场合作深入推进。工业驱动业务，构建完善高压电机产业平台，获得冶金领域新突破；高速永磁电驱实现在五大领域的全面布局；煤矿防爆永磁电机业务加速培育。新能源汽车驱动业务，获得国外商用车电驱系统批量订单，完成乘用车集成电机开发及小批量供应。首次获得地铁牵引整流变压器批量订单；实现地铁动力变压器与轨旁变压器“零”突破。海外业务，实现独立及配套出口双增长；依托欧洲分公司建立部分关键进口件直采渠道，与多个海外客户建立了战略合作关系。

【企业文化建设】 强化顶层设计和目标引领，研究制定“十四五”企业文化建设规划以及管理提升三年行动方案。落地企业文化执行体系，规范子公司 CIS 建设，集团化文化管控着力推进。开展“辉煌五周年 盛迎党代会”以及“百亿业绩 百年基业”“五个一”系列活动，集聚正能量，提振精气神。策划“公司升格十周年非物质文化成果发布会”《唱响我的中国心——解密中国动力谷高质量发展》《国内首台船舶兆瓦级永磁发电机在公司下线》《我国出口欧洲最大直径盾构机 核心动力公司造》等数十篇专题报道在新华社、人民网等多家权威媒体发布；成功举办第四届中国国际高效电机高峰论坛暨公司产品推介会，线上参展汉堡风能展，拍摄央视《大国重器》专题纪录片，公司永磁技术登陆《人民日报》头版，“双百”混改企业挂牌广泛报道，受到外界高度关注。年内，公司获得中车“十三五”品牌建设创新奖以及“最佳传播声量奖”“传媒影响力优胜奖”，连续六年获得“全国企业文化建设示范单位”称号。

【提升中国中车品牌形象，公司升格十周年非物质成果发布】 1月6日，“拾光之旅 成器之道”公司升格十周年非物质成果发布会在株洲举行。该丛书的发布，真实反映国企改革所取得的创新成果，对传播先进的企业文化与管理经验，推动中国高端制造业走出国门，极大提升中国中车品牌形象具有深远的意义。

【保障“五零”防疫与生产经营目标完成】 2月以来，为保证公司疫情防控“五零”目标的达成，取得战“疫”的全面胜利，保障全面复工复产，公司党委多次召开专题会议，督促疫情防控复工复产工作。针对全面复工复产以来暴露出的问题，公司党委要求各单位在做好各项防疫工作的同时，“积极、稳妥、全面、高质量”推动公司各项工作发展，确保全年各项经营指标圆满完成。截至 12 月 30 日，公司圆满完成了“五零”防疫与百亿年度生产经营目标。

【国内首台船舶兆瓦级永磁发电机在公司成功下线】 4月，国内首台混合动力船舶直流组网兆瓦级永磁发电机在公司成功下线，并首次应用“海上看深圳”观光双体船舶上。

【国内首台 8MW 海上风力发电机组完成吊装】 4月29日，国内首台具有完全自主知识产权的 8MW 海上风电机组登上央视一套新闻联播。该风机机组的“动力心脏”——直驱永磁风力发电机由公司为其量身研制。

【为中国出口欧洲最大直径盾构机“胜利号”提供核心动力】 5月，中国出口欧洲最大直径盾构机“胜利号”在莫斯科地铁第三换乘环线东段大盾构项目枫叶大道站工区始发。其核心动力装备——12台350kW主驱动变频电机，由公司研发并提供。

【永磁风力发电机登陆南美“铜矿王国”】 7月15日，公司首批次4台155-4.5MW发电机完成试制，配套金风科技机组登陆南美“铜矿王国”——智利。该项目位于智利南部，装机容量144MW，共32台发电机全部由公司供货。

【公司广东阳江海上风电基地正式奠基】 8月18日，公司广东阳江海上风电基地项目正式奠基。该项目致力于打造集大功率、多路线海上风力发电机科研、生产、销售、服务及咨询于一体的海上风力发电机生产基地，为公司实现“两海”战略迈出了一大步。

【第四届中国国际高效电机系统节能高峰论坛暨公司产品推介会取得圆满成功】 8月20—21日，公司携手《今日电机》平台共同举办的以“高效绿色节能、智能驱动未来”为主题的第四届中国国际高效电机系统节能高峰论坛暨中车株洲电机有限公司产品推介会在株洲召开并取得圆满成功。中国工程院院士刘友梅等中国高效电机及系统节能产业顶尖技术专家及行业代表应邀出席本次高峰论坛。

【400km/h跨国互联互通高速动车组下线】 10月21日，国家重点研发计划“先进轨道交通”重点专项——400km/h跨国互联互通高速动车组在中车长春轨道客车股份有限公司下线。其核心动力装备正是公司研制的TQ800永磁同步牵引电机。

【公司再获“全国企业文化建设示范单位”荣誉称号】 11月9—10日，以“引领聚力创新——双循环新发展格局下的企业文化担当”为主题的2020中国企业文化建设峰会在广州隆重举行。此次峰会上，公司荣获“2020年度企业文化建设示范单位”，公司董事长、党委书记周军军荣获“2020年度企业文化建设功勋人物”。

【公司荣获2020年度中国机械工业科学技术特等奖】 12月，根据中国机械工业联合会与中国机械工程学会发布文件，公司联合浙江大学开展的“非平稳载荷永磁电机近限设计技术及应用”项目荣获2020年度中国机械工业科学技术特等奖。

【公司获得第45届国际质量管理大赛最高奖】 12月3日，第45届国际质量管理小组大会（International Convention on Quality Control Circles,简称ICQCC）在孟加拉圆满落下帷幕。由公司Windbell QC小组申报的《海上直驱永磁风力发电机磁极注胶脱泡新工艺研发》课题，从来自全球的249个QC小组中脱颖而出，获得国际质量管理小组大会最高奖项“PLATINUM AWARD”——铂金奖。

【公司旗下4家企业相继完成混改】 公司作为国企改革尖兵，2020年在深化混合所有制改革上率先突破，旗下浙江中车尚驰电气有限公司和湖南中车尚驱电气有限公司相继挂牌成立。12月，江苏中车电机有限公司混合所有制改革增资扩股项目、广州中车骏发电气增资扩股项目顺利完成。

【公司荣获“2020年全球MIKE奖”】 12月23

日，2020 年全球 MIKE 奖评选结果公布，公司凭借在知识管理实施和创新方面的卓越表现，被评审委员会评选为 2020 年全球 MIKE 奖的获奖者之一。这是继 8 月公司获得国内 MIKE 卓越大奖后，代表中国地区企业与国际知名企业同台竞技，获得该奖项的全球大奖。

（周　娜）

株洲联诚集团控股股份有限公司

【概况】 株洲联诚集团控股股份有限公司是国内轨道交通装备产业链中的重大关键部件供应商及部件行业领先者和区域产业集聚核心成员企业，也是国内最大的轨道交通部件制造商和供应商之一，重点服务于铁路机车、动车组和城轨车辆三大领域。公司系全国 AAA 信用企业、全国重合同守信用单位，先后荣获全国“五一”劳动奖状、全国企业管理现代化创新成果一等奖、全国模范劳动关系和谐企业、全国就业与社会保障先进民营企业、全国安康杯劳动竞赛优胜企业、湖南省新型工业化一等奖等荣誉。公司拥有国家企业技术中心、省级认定企业技术中心、省工业设计中心、省轨道装备冷却工程中心、省复合材料工程中心等创新平台，湖南省工业企业 100 强、制造业 50 强企业，“联诚及图”为中国驰名商标。2020 年，公司销售收入 33.45 亿元。

【市场拓展】 2020 年，公司贯通道产品首次进入地铁 A 型车市场，结构件、传感器等产品首次进入新筑等新兴市场。城轨检修市场订单首次突破 2000 万元。全年签订大客户订单 4000 万元，标动风机订单 2000 万元。新签 ART 车体订单 21 列及 160km 车体订单，实现新产业市场订单和产值的突破。四大检修基地订单超 6000 万元，全年签订路局订单 1.5 亿元。

【项目制造】 2020 年共完成各型机车产品 386 节、工程车产品 39 节和 1330 节城轨产品的交付。完成 462 节城轨大部件底架及 570 节城轨顶盖交付。完成外部市场 1734 台风机订单交付。完成 52 套西门子 MIREO 水冷装置、西门子油箱项目等海外订单交付。完成 574 台份和谐车检修和 5 条精益示范线建设，精益改善项目 41 个、改善项点 428 个。

【质量工艺】 2020 年，顺利通过 TS22163、安环健康及 EN15085 等体系审核。完成质量信息术语标准化信息 294 项。开展 18 项年度质量改进项目，优化整合 74 家供应商。实施工艺创新项目 63 项，工艺业绩项目 205 项。全年实施油箱筋板打磨装置等 6 项新工艺项目，开展 KK 端部件焊接工序优化项目等现场工艺提升项目，降成增效提质效果明显，工艺保障能力持续强化。

【技术创新】 全年组织实施集团级技创项目 213 项、质量改进 19 项。承担科研项目 16 项，获批专项资金 1022 万元，5 项科研成果获省级以上奖项。新获省市级创新中心、工程中心 3 个，创新平台建设不断加强。参与标准发布 3 项，申报专利 195 项，其中发明专利 81 项。

【产业培育】 2020 年，美格美沃、天能电机实现盈利。新获美德克斯、神八等车型检修资质，并与西门子建立配套关系。湖南力诚储能式移动供电装置产业化项目结题验收。新产业事业部激光清洗项目实现联调。工装、结构、材料等产品新拓数家市场，特装领域实现新签订单。

【管理增效】 全年引进人才 78 人，2 人获评省市级人才，清理长期不在岗人员 142 人。完成 20 个城轨机车项目定价，获得综合授信 5 亿元。完成对外 31 家投资单位业绩分析。完成 ERP 项目一期验收，二期 PLM 等多模块上线。通过非公审核，改制工作平稳推进。全年申报各类制造强省等项目获得专项资金 300 万元。

（李春红）

株洲九方装备股份有限公司

【概况】 株洲九方装备股份有限公司于 1997 年 10 月注册成立，截至 2019 年末，注册资本超过 6100 万元，其中自然人股份超过 85%。公司为中国中车集团株洲电力机车有限公司（厂）改制企业，是轨道交通装备核心供应商，产品随整车销往国内外市场。公司拥有自主知识产权 115 项，其中授权发明专利 13 项，实用新型专利 58 项，为提升发展后劲不断储蓄力量。2020 年，公司实现销售 13.5 亿元，多项指标创历史新高。

【子公司铸造公司技术中心通过省级企业技术中心认定】 据湘发改高技〔2019〕854 号文，子公司株洲九方铸造股份有限公司技术中心获评“湖南省省级企业技术中心”，这是株洲九方铸造股份有限公司获得的第一个省级科研平台认证。

【公司荣获优秀供应商称号】 2020 年 5 月 15 日，公司副总经理廖爱中受邀出席中车株洲电力机车有限公司 2020 年供应商大会，公司以品质可靠、服务贴心在众多供应商中脱颖而出，被授予中车株机公司 2019 年度“优秀供应商”称号。

【公司举办入党积极分子培训】 为加强对入党积极分子的思想教育， 5 月 21 日至 26 日，公司党委组织入党积极分子在田心高科园开展为期 6 天的教育培训活动。培训期间，驱动公司党支部书记赵吉锋以“匠心时代、驱动征程——不忘初心，牢记使命”为主题作党课演讲，使培训学员获益匪浅。培训期间，还组织学员到到杨得志故居进行革命传统教育。26 日上午，结合培训内容组织学员进行了答题考试。

【市委“两新”工委办到公司开展党建调研】 为加强产业链各企业沟通交流，凝聚合力，落实打造“弘扬火车头精神，打造党建金名片”品牌，6 月 5 日，市委“两新”工委办主任杨进发一行到公司开展轨道装备产业链企业党建调研。公司党委与株机公司党委结对共建，探索拓展轨道装备产业链企业党建工作的新方法、新途径。通过开展讲好企业“红色故事”、党建学习交流等形式，巩固强化公司各基层党组织团结向上、担当奋斗、大胆创新的发展格局，支部战斗堡垒、党员先锋模范作用发挥明显。主任杨进发对公司党委结对共建工作所取得的成果给予了高度评价。

【成立班长协会】 6 月 29 日，公司成立班长协会，协会以“诚信、勤奋、学习、爱心”为宗旨，本着敬业奉献、团结进取、求实创新、与时俱进的精神，立足于企业，共同搭建一个管理、学习的平台。

【公司实验室顺利通过 CNAS 实验室认证】 2020 年 7 月 24 日，公司技术中心检测实验室通过 CNAS 实验室现场评审和后续考察，确认符合 ISO/IEC 17025:2017《检测和校准实验室能力的通用要求》的要求，具备承担实验的能力，获得实验室国家认可证书。

【新华社来公司调研产业链党建工作】 10 月 12 日，新华社中国经济信息社湖南中心公共事务部主任胡鹤鸣一行来公司调研产业链党建工作，市委宣传部副部长赖晓智、市两新办党委副书记周金宗陪同调研。公司领导资道清向来访者详细介绍国企与民企党建共建工作从基础共建阶段进入产业链项目共建的阶段走过的历程和所取得的经验。胡鹤鸣对公司党建共建新举措、新趋势给予了高度评价。

【公司员工在“石峰杯”技能大赛中获奖】 2020 年 10 月 16 日，公司制造中心精制车间轮毂二班班长、高级技师杨张代表公司参加第二届“石峰杯”轨道交通产业暨全国和省职工职业技能大赛株洲选拔赛，荣获数控铣工“第二名”。

【公司荣获湖南省科技进步奖】 12 月 1 日，湖南省科技厅发布“2020 年度湖南省科学技术奖”评审结果，公司姜宇飞团队主持的《高可靠性城轨齿轮箱传动系统关键技术研究及应用》喜获湖南省科学技术进步奖三等奖。这是公司科技项目首次获得省级科技奖励殊荣。本项目开发团队由公司总工程师姜宇飞领衔，产品研发部陈宇向、潘瑜，工艺技术部龙晓伟参与，项目共申请 8 项专利，其中授权发明专利 2 项，实用新型专利 6 项。

【公司总工程师获评株洲市科技领军人才】 中共株洲市委人才工作领导小组办公室、株洲市科学技术局发布《关于公布 2020 年株洲市领军人才计划入选名单的通知》，共确定 2020 年株洲市领军人才 29 名，公司总工程师姜宇飞入选，获评 2020 年株洲市领军人才。

【公司员工邹毅获评 2020 年度“全国劳动模范”】 2020 年 11 月 24 日上午，全国劳动模范和先进工作者表彰大会在人民大会堂隆重举行。公司制造中心精制车间邹毅在会上被授予 2020 年度“全国劳动模范”荣誉称号，赴京参加表彰大会。

【公司董事长周后葵获评 2020 年度“株洲市劳动模范”】 12 月 8 日，2020 年株洲市劳动模范和先进工作者表彰大会在市委礼堂隆重举行。公司董事长、总经理周后葵被授予 2020 年度“株洲市劳动模范”并参加表彰大会。

【公司精制车间立车班获评全国模范职工小家】 2020 年 4 月，中华全国总工会办公厅发布《关于表彰全国模范职工之家 全国模范职工小家 全国优秀工会工作者的决定》，公司精制车间立车班工会小组获评 2020 年度全国模范职工小家。 （李慧中）

大唐华银株洲发电有限公司

【概况】 株洲发电有限公司是大唐华银电力股份有限公司全资子公司，现有装机容量68万千瓦。建厂60多年来，公司先后荣获“全国文明单位”“全国五一劳动奖状”“湖南省文明标兵单位”“湖南省文明单位”等荣誉称号。

【领导关怀】 1月3日，湖南省总工会党组成员、副主席傅筝来公司“送温暖”，慰问公司省劳模及困难职工代表并召开慰问座谈会。株洲市人大常委会党组副书记、副主任、市总工会主席王建之，省总工会女工部部长张敏，办公室副主任唐承超，市总工会党组成员、副主席胡建明，公司总经理欧艳清，纪委书记兼工会主席曾嘉湘一同参加慰问。

【领导调研】 11月10日，在华银公司总经理、党委副书记刘智辉的陪同下，国家能源局规划司副司长董万成率队到公司调研指导工作。参加一同调研的还有国家能源局规划司、国家发改委环资司、省发改委、省能源局、市发改委相关负责人。华银公司办公室主任高福国、公司领导周立峰、肖重德、文贻艳、汤世文陪同上级领导调研。

12月21日，株洲市总工会二级调研员秦跃辉一行来到公司，对公司职工文体协会工作情况进行调研。

【公司召开职代会暨年度工作会议】 1月20日至21日，公司召开第十七届职工代表大会第九次会议、第十五届工会会员代表大会第六次会议暨2020年工作会。会议以习近平新时代中国特色社会主义思想为指导，全面贯彻中共十九大和十九届二中、三中、四中全会精神，认真落实集团公司、华银公司2020年工作会议精神，总结2019年工作，研究部署2020年工作任务。

【生产经营】 2月27日，公司与益阳南县人民政府签订《南县北洋湖渔光互补光伏复合项目投资框架协议》。3月17日，公司与益阳市资阳区人民政府签订《资阳区茈湖口镇注南湖50MWp渔光互补光伏发电项目投资协议书》。3月18日，华银公司与攸县政府签订了光伏项目框架协议。4月30日，湖南省能源局发布《关于湖南省2020年光伏发电平价上网项目的公示》，公司申报的大唐华银醴陵泗汾镇鸭塘复合光伏发电项目获批，装机容量为50000kW。这些新能源项目的开发建设，为公司今后的发展奠定了较好的基础。

【技术革新成果发布】 8月21日，公司2019年度技术革新成果发布会在公司调度楼B座四楼举行，10项技术革新成果在会上发布。

【文体活动】 8月28日，公司举办2020年“高质量发展杯”广播体操比赛，来自公司各个单位的140多名员工参与比赛。11月1日，株洲市第四届“新能源杯”足球邀请赛在田心工业园举行。公司组队参加夺得了第四届“新能源杯”足球比赛季军。12月12日，公司集邮协会成立30周年，发行集邮协会成立30周年纪念个性化小版票。

【员工培训】 为保障职工群众生命安全和身体健康，提高职工应对突发事件的能力，熟练掌握急救相关知识和技巧，8 月 13 日上午，公司工会在调度楼 17 楼多功能厅举办除颤仪使用专题培训，来自各部门生产班组的 40 多名员工参与培训。12 月 29 日，公司工会在调度楼 B 座 4 楼举办“强化健康中国预警教育 实现健康中国全民行动”主题知识讲座。

【荣誉谱】 公司荣获“中国 2020 年企业文化建设优秀单位”称号，公司党委副书记、副总经理肖重德荣获“2020 年度企业文化建设创新标兵”称号，公司员工宋丽获评为 2020 年度湖南省劳动模范。

4 月，公司工会荣获株洲市“2019 年度工会工作红旗单位”称号。4 月 25 日，公司团委获评“株洲市五四红旗团委”。（张金喜）

中铁株洲桥梁有限公司

【概况】 中铁株洲桥梁有限公司隶属中国铁建股份有限公司下设的中国铁建大桥工程局集团有限公司，公司拥有桥梁工程专业承包二级、建筑工程施工总承包三级、市政公用工程施工总承包三级、钢结构工程专业承包三级、环保工程专业承包三级和施工劳务资质，是国内预应力混凝土制品行业中集施工、研发、生产于一体的领先专业骨干企业。公司驻湖南省株洲市建设北路 487 号，本部占地面积 233 亩。公司主要生产桥梁系列（包括制梁、运梁及架梁）、混凝土轨枕系列产品；地铁轨枕、管片等系列产品，以及混凝土外加剂、桥梁轨枕钢模、钢结构件等附属产品，同时承担铁路综合施工项目、桥梁施工项目、市政施工项目，年施工生产能力 15 亿元。

2020 年全年新签合同额 4.0453 亿元，完成产值 5.37 亿元，实现营业收入 5.71 亿元，实现净利润 400 万元。国有资产保值增值率 101.83%，净资产收益率 1.83%，产值利润率 0.92%，资产负债率 75.71%，应上缴款完成率 100%。

【工程项目】 公司 18 个项目部（分公司）主要分布在湖南、安徽、贵州、内蒙古、浙江、天津、江西、宁夏、云南、湖北等地。其中，制（架）梁项目 7 个，轨枕项目 7 个，管片项目 1 个，铁路项目 1 个。2020 年完成箱梁预制 173 榀，T 梁预制 438 片，箱梁架设 108 榀，T 梁架设 420 片，管片 1969 环，各类轨枕 497725 根，岔枕 354.5 组，减水剂 9057 吨。总计完成产值 5.37 亿元，其中施工产值 2.55 亿元；工业产值（不含税）2.82 亿元。

【施工管理】 完善工程管理制度体系建设，先后制定中铁株洲桥梁有限公司《项目策划管理办法》《收尾项目管理实施细则》等 6 项制度。优化工程管理流程，通过钉钉建立和优化项目停复工流程、项目策划备案流程、施工组织设计审批备案流程，提高管理效率。全面抓好疫情防控，各项目凝心聚力、争先复工，将新冠疫情对施工生产影响降到最低。组织开展和指导项目策划、收尾及大施组及时掌握各项目资源配置及调配情况。建立施工生产群和日报、周报、月报、月例会制度。创新管理模式，启动“项目经理带你看工地”视频周巡查会，对项目管理进行信息化赋能，极大增强时效性，促使项目综合管理能力全面提升。开展覆盖所有在建项目的综合大检查、专项业务检查，将查摆问题、亮点推广与业务培训紧密结合，让项目间形成互通有无、创先争优的良好竞争态势。多个项目多次获业主单位表扬，项目管理实现文明施工常态化、基础管理规范化，质量安全、施工进度、降本增效成效显著。

【经营承揽】 发挥传统产业优势深耕市场，工业制造板块在保持既有传统市场份额的基础上，发挥株桥品牌优势，加强战略合作和核心客户维护，加大了对重点区域、重点项目的承揽，湘桂铁路永州扩能项目创造株桥轨枕承揽单价最高纪录。多元产业外加剂承揽强劲发力，合同承揽额首次突破1亿元，11月、12月连续两个月销售达到700多万元，创历史新高。突破原有经营范围，依托属地优势、借助集团资源，努力打开产业结构新局面，将西北片区作为经营发展的重头戏、新领域，抓住国家统筹推进西部大开发机遇，全力开拓市场，成效显著。新增兰州市地铁二号线一期工程306环管片生产任务，为今后与兰州轨道公司长期合作奠定良好基础。与甘肃省民航建设（集团）有限公司合资建设混凝土供应中心及预制构件项目，为公司转型打开发展通道。自主经营承揽实现零的突破助推公司转型升级实现多元发展。全年新签合同额4.0453亿元，完成集团公司下达目标4亿元的101.14%。

【企业管理】 完善质量、安全、技术等关键管理体系，制定和修订各类管理办法97个；改革用人机制，聚焦问题、精准施策，通过外部引入、内部挖潜、校园招聘等方式，优化人才队伍结构，重点打破选人用人、薪酬分配、奖惩考核等机制性障碍，围绕“干部能上能下、人员能进能出、待遇能高能低”建立良性竞争人事管理体制，有效激发员工干事创业热情，提升创誉创效能力；出台和强力执行系列办法举措，以依法解除劳动合同、协商解除劳动关系、合理安排上岗、办理特殊工种提前退休等多种形式，让教培中心瘦身成效显著，极大地减轻企业负担；转变公司整体工作思路，夯实基础管理、提升综合能力的导向和观念在公司各级达成共识，逐步在实践和探索中实现了科学管理体系的的规划、制定和执行。

【科技创新】 全年，公司申请《一种管片预埋槽道抗剪力试验装置》《一种双块式轨枕模型固定桁架用装置》等12项实用新型专利；完成《昌景黄铁路简支梁预制工艺及架设技术研究》等公司级科技立项12项，编写工法1篇，科技立项和专利申请数量创近年新高。《SK-2双块式轨枕模型生锈问题控制》《箱梁外观质量控制》获集团公司2020年度优秀QC小组成果优秀奖，《怀化沪昆下行联络线跨湖天南大道特大桥下穿沪昆客专架梁专项施工方案》获集团公司2020年度优秀专项施工技术方案三等奖。

【人力资源】 范制度管理。先后制定下发《待岗员工管理办法》《协商解除劳动合同方案》《工作交接管理办法》《人力资源中心人员管理规定》等制度办法。依法解除劳动合同43人，合理安排上岗30余人，办理特殊工种提前退休20余人。全年完成50人职称评审，参评人数创近年新高。全年提拔中层干部9名，建立了“80”后年轻干部人才库，聘用10名技术骨干，平均年龄不足35岁。校园招聘本科以上应届生15人，并首次拓展网络招聘渠道，同时社会招聘引进一批年轻业务骨干。全年发放工资6541万元，职工年人均收入51544元。全年五险二金应缴3659万元，实际缴纳3354万元。全年组织举办各类培训230期，培训学员共3589人次。

新增各类注册人员 115 人。

【财务管理】 积极采取各类融资渠道，银行贷款基准利率从 4.35%降到 4.0%；有息负债总额较年初降低 3900 万元；全年利息支出较 2019 年减少 378 万元，降幅 33%；办理票据 10570 万元，节约财务费用约 86 万元；开展财务资金专项整治行动，有效防范财务管理风险。成功清回中铁十九局石武铁路等几个顽固债权 10 年陈欠款共计 3823 万元；打破原格式合同回款条件，成功提前收回质保金 2332 万余元；利用闲置资金提前归还贷款，节约财务费用 400 余万元，全年公司累计回款近 5 亿元。积极与政府部门对接，争取到株洲市困难企业稳岗补贴 1241 万元，申请到政府工业发展资金 1400 万元，同时为公司节约税金 70 余万元。处置低效无效资产 22 批次，处置收入 917.13 万元，资产闲置率由年初的 19%降低到 2%。清退租赁场地减少租金 36.78 万元/年。2014—2019 年多交土地税、房产税 56 万元退税入账。兰州公司争取到 59.2 万元财政奖补资金，并成功办理延期纳税 55 万余元。公司税务评级连续评为 A 级，银行信用等级继续保持 AA+。

【经济管理】 全年先后编制下发《企业亏损治理方案》《责任成本管理实施细则》《工程项目合同管理办法》等系列办法，下发《全面落实责任预算二次分解》《加强验工计价及结算管理》等通知并组织宣贯。积极推进亏损专项治理，年度计划减亏 1260 万元，实际减亏约 908 万元，完成减亏目标的 72%。二次经营完成额 2098 万元，二次经营率 7.53%。针对责任成本、"二挂"等重点工作对怀邵衡等 5 个项目进行督导帮扶，张吉怀项目节约成本 440 余万元。引进分包商 11 个，完成年度计划的 100%。完成云南昆明分公司、荆门制梁场策划评估，项目上场 6 个月内评估完成率 100%，完成跟踪评估 1 个。完成项目绩效考核责任书签订 3 个，项目上场 6 个月内责任书签订完成率 100%。

【安全质量】 修改完善各项安全管理制度，全年签订安全包保责任状 1347 份。开展各类安全培训 11 次，累计 608 人次参培；各项目部共计培训 194 次，累计 3296 人次参培。全年开展安全专项检查、监督检查、综合检查 16 次，发现问题 193 项，各项目部累计开展各类检查 183 次，累计发现问题 374 条，督促落实整改实闭环管理。2020 年，公司未发生较大生产安全事故和人员伤亡事故。

【党群工作】 组织建设。2020 年，制定并实施《党建考核评价办法》，下发《2020 年党建工作要点》，全年共召开党委（扩大）会 16 次，中心组集中学习 6 次，平均参学率达 95%。选派支部书记 4 人次参加上级党组织集中培训，举办 2020 年度入党积极分子和发展对象培训班，党委巡察组对各基层党支部巡察 4 次，发现问题 62 个，均已督促整改到位。在抗疫最艰难时期分两批次向属地政府捐赠价值 20 余万元抗疫物资，号召党员、团员青年为疫情防控捐款，300 余名干部职工踊跃参与，共计捐款 24000 余元，展现央企的责任与担当。

宣传工作。全年《株桥动态》共刊出 9 期，《株桥快讯》共出 6 期，更换宣传橱窗 9 次，制作各类活动展板 20 多块。6 月 15 日创建启用公司微信公众号，全年发布 27 期。全年在股份公司、集团公司报纸、网站刊发通讯报道 20 余篇，在地方媒体刊发通讯报道多篇。

工会工作。2020年，基层女职工谢芳被评为中铁总公司劳动模范，公司工会评选出“巾帼标兵”19名、先进女职工工作者3名、“幸福家庭”3个。举办2020年迎新春游艺活动、第十二届气排球比赛、新员工与老员工篮球友谊赛、“帮骨干排忧解难，暖人心服务大局”主题的“六一”亲子游艺活动、退休职工“回首青春路”离岗欢送会。组织参加中国铁建工会“最美项目部•最暖一家人”职工抖音比赛、集团公司职工书画摄影艺术作品展、“大桥书香•文明家庭”、第八届“书香三八”读书等活动，取得不俗成绩。深入开展“安康杯”竞赛活动，兑现职工“一年一体检”承诺。筹措资金32万元对各项困难人员给予救助。建立精准帮扶对象库32人、骨干人才库165人。发放金秋助学金5.6万元。对湖北籍员工、员工家属在一线抗疫的医护人员进行特别慰问，发放慰问金11万元。

共青团工作。2020年，先后对12个团支部进行换届选举，做到应换尽换。先后组织开展了2020年新入职20名大学生“导师带徒”“五四”主题系列等活动，各基层团支部组织开展了义务植树、趣味运动会等活动，密切群团关系，提升团组织的凝聚力。

【纪检工作】 2020年，公司所属21个单位均签订《2020年党风廉政建设责任书》。全年召开党委（扩大）会议15次、总经理办公会议14次，所有“三重一大”事项决策均履行了党委（扩大）会议讨论研究前置程序。公司党委先后对岳阳分公司开展亏损项目专项巡察，对兰州装备分公司、包银项目、昌景黄项目开展常规巡察，共发现突出问题62个，移交问题线索6个，并督促完成整改。建立正风肃纪警示教育室、廉洁墙；召开党风廉政建设会议3次，组织观看党风廉政警示教育片19次，参观红色教育基地7次，组织撰写学习心得体会共计396篇，受教育干部职工全年共计749人次；纪委书记下基层讲廉洁党课3次；利用株桥QQ群、钉钉群加强企规教育，坚持长期公布股份公司职工违纪违规处分规定条款。全年立案办结案件3个，警告处分2人，记过处分1人，责令经济赔偿820元，挽回经济损失10922.5元。初核问题线索23个，组织处理6人，责令经济赔偿5173元。下发《责令限期整改挽损通知书》2份，挽回经济损失641900元。对新提职干部和重要岗位管理人员进行廉洁从业谈话21人次，出具廉洁审核意见35份。纪检工作部执笔的“强化企业基层纪检组织监督职能研究”荣获中国铁建党建政研课题2019—2020年度优秀研究成果三等奖。

【“三供一业”改造移交全面完成】 2020年11月25日，公司“三供一业”改造移交工作涉及大小生活区6个、各类住宅建筑物90余栋、住户3000多户的水电改造工程完毕，标志着公司“三供一业”分离移交改造工作全部完成。

【退休人员社会化移交提前完成】 公司于9月30日前，将2262名退休职工移交五个街道社区管理，圆满完成档案移交任务。为公司轻装前行、实现高质量发展奠定基础。

【荣誉谱】 1月21日，公司怀化制梁场安全质量部部长周靖凯荣获集团公司“2019年度安全生产先进个人”。

11月22日，公司三界轨枕厂党支部荣获集团公司“第二批示范党支部”荣誉称号。

11月25日，三界轨枕厂安质部长兼计划合同部长谢芳被授予中国铁建股份有限公司“劳动模范”。

12月15日，公司财务部荣获集团公司“2020年度基层财务工作先进单位”。

（张　虹）

中车特种装备科技有限公司

【概况】　株洲中车特种装备科技有限公司设综合管理部、财务运营部、物流部、智能制造部、业务发展部、营销中心、项目管理中心、技术中心5部3中心。2020年末公司在岗总人数390人，其中参保325人，劳务派遣65人：5人拥有高级工程师职称，株洲市技术领军人才2人，享受国务院特殊津贴1人。2020年，公司坚持挖潜增效、创新驱动，全年实现销售5.15亿元，净利润410万元。

【市场营销】　2020年，公司业绩逆势增长实施区域营销模式，拓展市场触角，设立华东、西南、西北营销分区，成立南京、昆明、西安办事处，前沿掌控行业动态，取得平遥、园博园、上海冰雪之星、张家界、嘉禾、百杖潭、重庆欢乐谷7个游乐项目订单，订单总额超4.45亿元。新开优质客户6家，市场拓展能力显著增强。智能制造向轨道交通行业稳步迈进，智能自动化产线项目纵深跟进，承接到沙特项目、常德项目、德清项目、广州18&22号线、启航AGV 5个智能制造项目订单，订单总额3.1亿元，实现轨道交通领域机电总包业务的零的突破。智能化新产线（司机控制器装配生产线、继电器生产线）和新产品（立体仓库、高压水射项目、15T焊接升降装置、型材自动化加工工装及自动化组焊工装等）得到进一步推广和突破。同时成功开拓中国铁路广州局集团有限公司怀化工程建设指挥部（立体仓库项目）、中车环境科技有限公司（高压水射流项目）等新客户，智能化新产线和新产品签订合同总额约1227万元。

【技术研发】　2020年，公司着力提速高端、新型产品研发进程，加强高端技术人才引进和培育，在高端单轨车领域坚持探索，在技术创新体制机制建设方面持续优化。首个10吨级轴重和首个25km/h速度等级双轨项目研制成功出口韩国，跻身国际市场。首个快充储能式双轨车产品研制成功，并试用江苏园博园车辆。完成25%爬坡能力，速度达到10km/h等级的单轨齿轨车设计定型，旅游交通产品序列再添新成员。完成高频道岔试制及试验，复杂线路情况下的项目运行可靠性和效率得到大大提升，完成了轨道支座结构的设计及试装，在单轨钢结构优化方面开始有效的探索。智慧检测、客车消防、客车制造、轨道基础修复等行业实现技术突破。在智能产线、自动化夹具方面获得取得突破性进展，成功试制出激光平面五轴坡口切割机，有效解决机械制造行业的难点。

【质量安全管理】　2020年，公司坚持规范体系认证，维护质量体系有效运行，注重信息化建设，深入开展质量安全大检查大整改活动。严格把控实物质量控制，月度一次交验合格率≥99%、月度外购(协)产品质量问题跟踪处理完成率≥91%的整体目标已经。紧扣防疫大局，坚决打赢抗疫攻坚战，层层落实防疫政策，确保全年无一人感染。加大安全违章考核力度，严格落实三级安全责任制，强化全员安全意识，从源头、过程严格监控。建立和完善外协、采购、承包商安全管理体系，强化管理，降低风险，防止事故，全年无新增职业病和轻微伤事故，确保安全形势保持稳定。顺利通过 ISO 14001 环境管理体系、OHSAS 1800A 职业健康体系认证、ISO 9001 质量体系认证和复审。

【基础管理】 全年着力内部管理提升，推进战略目标落地，深入开展提质增效，内部管理适应战略发展主动优化。质量攻关、精益管理、人力资源体系、核心人才储备、企业文化建设等工作进一步优化提升，风险管控能力不断加强。全年新聘大学生和社会人才 27 人，核心人才储备不断夯实。游乐和智能装备研发生产基地建设项目正在进行主体工程建设施工，2020 年新基地投资计划完成 2403 万元，项目累计完成投资约 7903 万元。取得建筑施工企业钢结构三级总包资质。积极启动 IPO 项目，并已成功入选株洲市拟上市（挂牌）企业、湖南省科创版上市后备企业名单。加大企业宣传，以客户和市场为导向，形成立体式、互动式的外宣新媒体矩阵，加大提升公司在中车集团内和国内形象的知名度。加强企业文化建设，丰富企业文体活动，启迪员工心智，关爱员工生活，活跃企业氛围，营造健康和谐企业氛围。

【党建工作】 积极推进党建工作与经营工作深度融合，坚守初心，勇担重任，全面贯彻落实上级党委的各项决策部署，坚定信心，砥砺奋进，奋发有为，经营业绩和党建工作取得显著成效。强化“三基”建设。以服务生产经营为目标，优化党组织架构，公司成立党总支，改选党的总支委员会，确保党的组织设置和生产经营活动相适应。全年发展党员 3 人，预备党员转正 8 人。全面完成巡视整改任务。强化过程管控，推动巡视整改工作落地见效。截至 12 月末，71 项评价标准已完成 67 项，96 条整改措施已完成 92 条。充分发挥党组织在把关定向、政治保障的主导作用，在支持经营管理层依法行使职权的同时，积极参与企业重大问题决策，严格按照“三重一大”程序，履行决策程序，坚持重大经营决策事项前置讨论。

【重要记事】 3 月，面对疫情困扰，由总经理顾发根牵头挂帅，成立七彩云南项目“党员突击队”，实施重点项目攻关，50 天突击高质量完成制造，并于 5 月底完成国检验收，投入运营。签订旅游交通第一单，即签订张家界新增 3 列单轨旅游车合同。

4 月，签订旅游交通第二单，即与平遥中车完成联合体总包之分包合同签约，金额为 1.33 亿元，打造全国第一条“旅游+交通”融合轨道观光线。

5 月，贵州习水单轨旅游车项目正式启动运营。

6 月，荣膺 2020 亚洲乐园及景点博览会“世界文旅产业博览会顾问单位”。

8 月，签订嘉兴禾原生态公司单轨高架游览车系统项目合同，金额为 9360 万元；完成平遥项目增补合同（电车供电技术）签订，金额为 1090 万元。

9 月，张家界小火车项目三列新车通过国检验收，正式投入运营；获签中车株洲电力机车有限公司机电分公司广州 18&22 号线工艺装备包订单，金额约 1.2 亿元。

10 月，25 日，公司获评“中国文旅产品服务商奖”；获评“中国文旅行业最受关注文旅企业”。

11 月，员工陈剑荣获第二届全国电子信息服务业职业技能竞赛——“创想杯”3D 打印造型技术竞赛决赛职工组全国决赛一等奖；公司成功入选国家级第二批专精特新“小巨人”企业名录。

12 月，公司员工朱昌盛获评 2020 年株洲市五一劳动模范；公司员工汤敏以满分 100 分的成绩获得株洲市网络直播技能天下数控技能大赛一等奖。（欧阳柳）

株洲天桥起重机股份有限公司

【概况】 株洲天桥起重机股份有限公司（以下简称天桥起重），成立于 1999 年，其前身是 1956 年成立的株洲起重设备厂，2010 年 12 月，在深圳证券交易所成功上市（股票代码：002523）。天桥起重是全球最大电解铝专用起重设备制造商，是目前国内唯一专业从事高端起重装备研发和制造的上市公司， 是我国南方地区最大的桥、门式起重设备制造商。公司拥有省级工程技术中心、省级企业技术中心、院士工作站，总资产 30 亿元，员工 1600 余人。

“天桥起重”下辖株洲天桥起重配件制造有限公司、株洲优瑞科有色装备有限公司、株洲天桥舜臣选煤机械有限公司、杭州华新机电工程有限公司、浙江天新智能研究院有限公司、湖南天桥利亨停车装备有限公司、株洲天桥嘉成智能科技有限公司、株洲天桥奥悦冰雪科技有限公司八家控股子公司。

多年来，公司秉承“先进制造，专业典范”的企业愿景，已成为业务范围涵盖物料搬运、钢铁及有色金属冶炼、环境保护、冰雪制冷、港口站场装卸、智能装备、风力发电等领域的企业集团。公司致力为客户提供高端、智能物料搬运装备、港口站场装卸装备、有色冶炼装备、垃圾分类处理和燃烧发电装备、选煤机械、立体停车库、冰雪制冷装备、风力发电设备的研发设计、制造、销售、维保等整体解决方案。公司产品的销售市场和服务范围覆盖亚洲、欧洲、美洲和非洲等多个国家和地区。

【数字化、智能化创新】 公司联合华为打造华菱湘钢“5G2B”项目，突破了 5G 工业互联在特殊环境下的应用技术，成为“5G +智慧钢铁”应用生态场景的标杆项目，实现钢铁行业 5G 技术应用“零”的突破。公司成功入选“湖南省智能制造系统解决方案供应商”推荐目录、2020 年湖南省“5G+制造业”典型应用场景名单，在“5G+制造业”新兴市场开辟出新路子。2020 年，公司深挖智能搬运作业系统应用场景运用，并在华菱湘钢、云南海鑫、三一湖汽等多个项目中进行示范应用，实现了多应用场景由一到十的突破，深入开拓智能化搬运作业系统市场。两化融合管理体系通过“中国船级社质量认证公司”评审，取得“两化融合管理体系证书”。

【科技创新】 公司现有湖南省物料搬运工程技术中心、省级企业技术中心、院士工作站等科技创新平台，拥有从海外回国的博士、硕士及中高级工程技术人员 242 名。2020 年，公司共申请发明专利 4 项，母公司全年共计申报科研项目 18 项。公司“面向有色金属浇铸机器人作业系统”于 2020 年获得湖南省战略新兴专项立项，公司联合开发的 5G 智慧远程操控天车，亮相“2020 华为全联接大会”“2020 中国 5G+工业互联网大会”，进一步奠定公司在行业的地

位。（李　郡）

株洲中铁电气物资有限公司

【概况】 株洲中铁电气物资有限公司组建于1958年8月，2000年划归中铁十七局集团公司管辖，2007年由中铁十七局划归铁建重工集团公司管理，更名为“株洲中铁轨道物资有限公司”。2008年“株洲中铁轨道物资有限公司”与“中铁轨道系统集团电气化制品有限公司”合并为“株洲中铁电气物资有限公司”。

公司主要经营复合材料研制开发、生产、销售和服务，产品可广泛应用于轨道交通、高速公路、建筑及市政工程、高端装备、海洋装备、汽车、新能源、油气管道等行业和领域。公司驻湖南省株洲市石峰区北站路199号。公司现有员工158人。

2020年，公司被评定为湖南省高新技术企业，成功入库湖南省2020年第八批科技型中小企业。2020年新型复合材料产品获批实用新型专利8项，在地铁、城建、电力、专项、海工、畜牧等领域取得突破。2020年，全年签订合同额15636.61万元，实现营业收入10106.89万元。

（王　健）

商贸和粮食

商 贸

【概况】 石峰区商务和粮食局成立于1997年，其前身为石峰区商业贸易局。2005年，因机构改革易名石峰区商务局。2015年10月，更名为石峰区商务和粮食局。主要职能是承担商品流通业和商贸服务业（含餐饮业、住宿业等）的行业管理工作。2017年10月，园区机构体制改革，确立了“三办一司”的机制，商粮局还承担招商工作。

区商务和粮食局在职干部11人，退休职工12人。内设综合股、招商股、综合业务股，所属事业单位为商粮服务中心。

2020年，全区共引进36个项目，其中亿元以上项目24个。全年实际利用外资20702.7万美元，比上年增长17.63%。实际引进境内省外资金77.8亿元，比上年增长23.41%。全年实现社会消费品零售总额59.5亿元，比上年下降2.5%。批发零售业实现增加值20.8亿元，比上年增长6.3%，住宿餐饮业实现增加值2.9亿元，比上年下降8.5%。

【商业】 积极拓展开放市场，不断优化对外开放平台。株洲中欧班列全年累计发运10列，回程1列，累计运营集装箱530柜，货重7001吨，货值超过2.5亿。B型物流保税中心已正式投入运营，引进企业30家，2020年已落户的外贸进出口企业7家，跨境电商项目家健国际正在推进。进出口贸易总额2020年目标任务4126万元，1—8月已完成4261万美元，完成率达103.3%，较上年同期增长85.3%，完成率和增长率均排名城市五区第一名（9月之后因海关数据调整，暂停对外提供进出口数据）。商贸经济平稳运行。截止到12月，社会消费品零售总额完成594980万元，同比增幅−2.5%，全年培养珑瑞商贸、国储石油销售、红火火电子商务16家企业入统。抓好疫情防控，助力企业复工。疫情防控期间，为商贸服务业企业筹集口罩、体温枪等物资并做好隔离点后勤保障工作。联合金融办，通过银企对接大会，为万博珑及商协会争取授信累计8000万元，帮助企业解决资金周转困难问题。

【专业市场】 万博珑家居建材购物广场是石峰住宅产品大市场的升级版，2009年9月建成开业，共有营业铺面260个。万博珑商业广场，位于建设北路与白石港路的交汇处，项目占地近200亩，总规划建筑面积约50万平方米，整体分三期开发建设，总投资100亿元。该项目规划打造一站式家居生活体验新中心，建成后将成为株洲市首个超大规模家居建材航母，涵盖家居建材、休闲娱乐、时尚购物等多种体验式商业业态，引领城市未来商业发展新的风向标。

铜锣湾家居广场。总建筑面积 90972 平方米，主要经营精品时尚家具和家居产品。

株洲商城（原五金机电市场）。以经营五金、机电产品为主。2012 年 12 月，引进株洲灯饰城项目，进一步丰富产品门类。自开业以来，在省内外已产生一定的知名度，商铺入驻率逐步提升，市场交易规模不断扩大。

全区现有 4 星级宾馆 1 家，为九方宾馆。3 星级酒店 1 家，为明峰宾馆。拥有餐饮企业多家，为清水湾酒店、彭厨石峰店、粟厨、李记私房菜等。

【招商】 2020 年，以招大引强为主线，突出抓好产业链招商、资本招商，以轨道交通为主导产业，以石峰区现有轨道交通产业基金为媒介，围绕建链、补链、强链，完善产业配套和服务体系。截至 12 月，共引进项目 36 个，其中亿元以上项目 24 个，内联引资到位资金 778391.4 万元，实际利用外资 20702.69 万美元。全市 16 条新兴优势产业链中有轨道交通装备产业链和 IGBT 产业链等两条链设在石峰区。2020 年，成立产业链办、行业协会和联合党委，形成“三方发力，同频共振”工作机制的效应。同时建立以轨道交通为主导产业，清水塘片区转型、建筑及房地产、商贸物流、工业文旅、IGBT 等其他五大产业共同繁荣发展的产业链招商格局，实行产业链长牵头、产业链责任部门、产业链龙头企业和在行业内具有影响力的企业家的有机结合。2020 年，在全市轨道交通装备产业链推进大会上集中签约 15 个（含外区和基础设施项目），总投资 107 亿元。

（贺　敬）

粮　食

【概况】 由于区情区况和行政职能的现实情况，石峰区没有粮食收购网点和粮食收购企业，也没有粮食仓储物流设施，主要职责是做好地方粮食储备和管理工作。按照市政府要求，石峰区的地方储备粮任务为 1000 吨，全权由湖南神农米业有限责任公司代储管理。经协商，区商务和粮食局与湖南神农米业有限责任公司签订《区级储备粮代储合同》，并明确市商粮局、区财政局、市农发行作为监管方。2020 年，重点抓好 1000 吨区级储备粮的入库确认验收，确保库存数量、质量和储存安全。完成了 564.3 吨储备粮的轮换，经现场检验，符合储备质量标准，轮换损耗均控制在合理范围。

【粮油企业】 2020 年，石峰区有金湘江油脂厂和绿美米粉厂 2 家粮油加工企业。

【粮食安全工作】 2020 年，石峰区严格执行粮食流通统计制度，确定了专人负责，按时上报各种粮油统计数据。制定《石峰区粮食应急预案》，完善了应急指挥体系和应急供应网络。确定 5 家应急供应、加工网点，其中粮油加工企业 2 家，大型超市 3 家。巩固和加强唐朝食府、金湘江油脂有限公司放心粮油示范餐饮企业和示范加工企业的监管工作。形成以商务和粮食、农业、食药监、工商、卫生等多部门联动的粮食市场监管机制，对粮食生产、流通、消费等环节及时开展监督检查。全年共开展食品安全专题宣传活动 4 次。加大安全生产监管和成品油市场秩序专项整治工作，加大安全生产监管，对辖区商场、超市、农贸市场、专业市场等重要场所开展安全专项检查20次，检查生产经营单位90家，全区商贸流通行业未发生一起安全事故。（贺　敬）

财政·税务·审计

财　政

【概况】 石峰区财政局是区人民政府正科级工作部门，内设办公室、预算股、国库股、社保股、行财股、经济产业股、国资采购股 7 个机构；下设区乡镇财政服务中心、区国库集中支付核算中心、区财政事务中心 3 个所属事业单位。

【财政收入】 2020 年，面对来势汹汹的疫情，以“政”领“财”，把准财政工作方向。落实减税降费。全年减税 5 亿元，退税 4.62 亿元，提升企业对减税降费的获得感，帮扶市场主体渡过难关。注重速效财源。出台激励政策，提供优质服务，引进支持新业态发展，9 月金财云智公司落户，当年实现销售收入 4 亿元。加强协税护税。对照“稳增长 22 项”任务清单，街道完成协税护税 2132 万元，国资处置收入实现 1806 万元。积极争资引项。紧盯上级政策投向，抢抓政策机遇，主动对接省、市财政部门，全年向上争取各类专项资金 6.1 亿元，同比增长 73%。争取债券资金 2.87 亿元，同比增长 86%。

【“三保”支出】 大力压减一般性支出。全区一般性支出压减率超 20%，公用经费实行限额管理，办公费、印刷费、委托业务费、公务用车运维费分别下降 38%、43%、55%、39%。严控机关运行经费。成立增收节支领导小组，对 60 家预算单位实行年度检查全覆盖，全年机关运行经费支出 2293 万元，同比下降 15.7%。全力保障疫情防控支出。建立资金支付和政府采购两条“绿色通道”，全年共拨付各类疫情防控资金 1658 万元，争取抗疫国债 6900 万元，集中支持疫情防控、公共卫生体系建设和复工复产复学。切实兜牢民生保障底线。坚持就业保障优先，社会保障优先，卫生服务优先，环境整治优先。企业退休待遇 “十六连调”，公共卫生投入提高 42%，民生领域支出达 14.7 亿元，占一般公共预算支出的 84%。

【财政治理】 从紧清理存量资金。通过统筹上级资金 2.64 亿元、盘活存量资金 5118 万元，保证了 3.6 亿元工程项目款项的正常支付，使“零钱”变“整钱”“呆钱”变“活钱”。强化绩效监督。财政综合管理有所成效。出台增收节支规范财政管理系列文件，通过在收入质量、预算执行、盘活存量、库款管理等方面制定考核细则，实行“月报制”督办形式，石峰区财政工作在全省财政综合管理工作中被评为

AA 级。强化财政管理。积极配合人大开展 7 个专项子预算审查监督，运用审查结果推动规范预算管理，提高资金使用效益，切实保障区委重大方针政策贯彻落实。规范其他财政工作。加强直达资金监管，3.55 亿元直达资金分配率为 100%。加强政府投资项目统筹管理，完成财政评审项目 217 个，核减 4185 万元，核减率为 8.4%。推进政府采购电子卖场，累计交易 690 万元。完成政府采购 1.12 亿元，节约 438 万元，节约率达 4%。

【防控风险】 理顺政企关系，厘清母子公司业务板块，注入资产资源，精简岗位设置，全力助推公司转型改革。推进构建“1+1+4”框架。聚焦“经营”这个主业和“效益”这个根本，构建了“1（循环集团）+1（欣石峰产投公司）+4（子公司）”组织框架。推行减员增效举措。按照“以收定支、薪酬总控”原则，一企一方案，市场化确定薪酬总额和职员数额。改革后公司定岗 135 人，解聘辞退 149 人，大大减轻企业负担，有效降低企业非经营性运营成本。推动去机关化、行政化、工程化进程。为企业减负松绑，剥离公司工程建设业务，推行项目工程建设委托管理模式，减少公司参与各类社会事务和评比。全年未新增任何隐性债务，完成还本付息 36.21 亿元、隐性债务置换 3.73 亿元，成功实现 15 株循环债券 6.9 亿元提前兑付，完成化债任务 110.7%。

【履行责任】 发挥先锋模范作用，积极参与疫情防控，领导班子提前结束休假，带领全局干部 35 名干部参与防控值守工作 40 余日，在“人”“财”“物”上为疫情防控提供全面保障。坚持“每月一日下网格”集中办公，在“进网格解难题”专项活动中，为紫藤苑小区解决老旧小区改造方案变更等事宜。助力文明城市创建，开展文明劝导、美化市容市貌活动，组建网络文明传播小组，大力弘扬文明风尚。助力脱贫攻坚，团购金山村黄桃等农产品、湘西地区农副产品。助力社会公益，组织全体局机关干部职工进行疫情捐款、慈善捐款。

（罗留霞）

税　务

【概况】 石峰区税务局有在职工作人员 185 人，另有退休人员 84 人。2020 年，有工作部门 20 个，其中内设机构 13 个，派出机构 6 个，事业单位 1 个。主办公地点位于株洲市石峰区石峰东路 8 号，办公区位于株洲市石峰区建设北路 643 号。主要负责株洲市石峰区和云龙示范区范围内的增值税、消费税、企业所得税、个人所得税、城建税、土地增值税、房产税等税种及费金的征收管理工作，辖区内纳税人户数 1.3 万余户。管辖企业 6500 余家，个体工商户 6600 余户，其中重点税源企业 59 家。

2020 年，受新冠肺炎疫情冲击和世界经济下行风险加剧的影响，石峰税务面临前所未有的挑战。石峰税务人迎难而上，担当作为，提倡“至信至合至优”的文化理念，工作中积极调动“担当、协作、能力、形象”四个要素，努力朝着年初制定的“六个更高”工作目标奋进，较好完成各项工作任务，获评全国文明单位。

【党建工作】 坚持从严治党。全面深化党的政治建设。组织中心组集中学习习近平新时代中国特色社会主义思想和中共十九届四中、五中全会精神以及习近平总书记考察湖南重要讲话精神，坚决做到“两个维护”。持续深化“三表率一模范”机关建设，牢固树立政治机关意识，防范政治风险。严格落实意识形态工作责任制，强化意识形态工作的日常管理和机制建设。认真落实党委党建联系点制度，加强党对税收工作的全面领导，推动党建工作与税收业务深度融合。

夯实党建工作基础。落实新“纵合横通强党建”机制，按照“条主责”要求履行领导责任，自觉接受区委及其主管部门的领导。实行党员积分制管理，按季评选“四星一岗”，依托“株洲党建”“湘税党建”的要求每月对支部进行考核评分，支部“五化”建设全面达标。加强党员管理，做好“全国党员管理信息系统”“株洲智慧党建系统”“湘税党建系统”数据维护，做好党员组织关系转接，认真开展入党积极分子考察和预备党员转正工作。强化党员教育，集中培训学习和支部学习相结合开展政治理论培训，2020 年，局党委书记为党员上党课 1 次，邀请专家讲党课 2 次，纪委组织开展警示教育 1 次。拓展网上学习阵地，推动线下实体阵地和线上虚拟阵地建设相结合，依托“学习强国”“株洲智慧党建”“湘税党建”等党建云平台，实现了政治理论学习和支部建设的信息化网络化。

进一步突出以支部为主体，以“三会一课”、主题党日为载体，以强化教育、自查反省和制度监督为主要内容，探索建立“不忘初心，牢记使命”长效机制。认真开展“不忘初心，牢记使命”主题教育“回头看”，对照要求和自查清单逐一开展自查，抓好整改落实，及时进行销号。召开专题民主生活会，对区局党委班子问题整改进行“回头看”。结合省、市局巡察、“两个责任”检查、党建工作突出问题专项整治等工作中提出的问题，建立任务清单认真进行整改，收到较好的整改效果。

全年听取班子成员抓全面从严治党工作情况汇报 1 次。建立健全“三级五岗”党建责任清单，落实“下抓两级、抓深一层”工作机制，经常到联点支部督导，推动党建重点工作落实落细。全力支持纪检组聚焦监督执纪问责主业，研究全面从严治党、党风廉政建设和反腐败工作 2 次。建立健全“周提醒月通报季考评”机制，加强警示教育，监督关口前移。结合“八小时之外”违纪违法突出问题整治工作，制定“123456”实施方案，推动“两个专项整治”做深做实。

【组织收入】 2020 年，全年组织入库税收 44.41 亿元，其中，组织市、县两级税收 25.54 亿元。组织入库两个附加 12042 万元，水利建设基金 2122 万元，残疾人就业保障金 610 万元，工会经费 1565 万元。坚持组织收入原则。不折不扣落实“五个进一步要求”，即进一步科学研判统筹、进一步落实减税降费优惠政策、进一步帮助企业纾困解难、进一步依法规范征税收费、进一步坚决不收“过头税”。

抓好税收大数据分析。多次深入走访，加强辖区内重点税源企业的预测，掌握全年税收收入形势，实现科学测算、精准研判，全年预测准确率位居全市前列。加强税收调查分析，严格取数来源把关，深入分析税收收入中的有利因素和不利因素，牢牢把握组织收入工作的主动权。

在挖潜促收上下苦功。坚持助力复工复产与抗击疫情相结合，紧盯税收目标及绩效考核，制定 30 条收入措施，压实责任，堵漏增收，应收尽收，努力缩小全年税收的缺口。

积极应对划转挑战。围绕“组织收入、减税降费、全面覆盖、规范管理、优化提升”五项工作任务，实现了社会保险费和非税收入征缴各项工作任务有序推进。2020年，石峰区税务局征收入库各类社会保险费49923.29万元。

【减税降费】 2020年，石峰税务持续加强业务学习。充分运用网上培训、税务微信公众号、学习兴税、钉钉等平台，组织税务干部特别是办税服务厅窗口人员、税管员学懂弄通税费优惠政策及其具体操作，并与之前出台的优惠政策融会贯通，提升宣传辅导能力。

持续加强政策宣传。按照突出重点、覆盖全面原则，认真落实“点对点、一对一”“一类一策、一户一策”等要求，强化网格化管理，发挥税收政策服务小分队作用，充分运用线上方式向纳税人、缴费人推送优惠政策、办税指引等，积极开展第29个税收宣传月活动，扩大政策宣传辐射面，确保所有纳税人缴费人应享尽享、应享快享。

持续加强跟踪督导。综合运用系统数据分析监控、调查访问、巡查督查、“回头看”等方式，及时纠正政策落实中存在的问题，对有令不行或变通执行的严格追究责任。对巡察、审计、执法督察等发现反馈的问题，迅速找根源、抓整改，探索建立健全政策落实的长效机制。

持续加强高效落实。加快各类退、抵税进度，大力压缩退税时间，坚持做到“即收即开”“即开即送”，笔均退税时间缩短至2个工作日以内。全年共开具电子收入退还书（剔除个税退税）3228笔，退税金额6.39亿元。办理个税退税17785笔、退税859万元。税收和非税收入累计新增减税降费2.94亿元，其中，2020年出台的支持疫情防控和经济社会发展税费优惠政策新增减税降费5626万元，2019年中出台政策在2020年末新增减税降费2.38亿元。

【优化营商环境】 2020年，石峰税务更高品质地优化营商环境。紧扣助力复工复产焦点。落实“用心用力用真情 全员全程全覆盖”支持企业发展工作，成立多个税收政策服务小分队，做好日常宣传，依托“政府+税务”“市场+税务”“街道+税务”三个平台完善网格化管理体系，全面落实“税收优惠清单式服务”，进一步压缩出口退税办理时间。建立健全大企业纳税服务“首席联络员”制度和税收信用积分制度。扩大“银税互动”惠及范围，与农业银行联合开展“银税互动”纳税人现场辅导会，为110余户企业发放贷款近6000万元，助力企业特别是中小微企业渡过难关。

突出优化营商环境重点。落实好深化税务领域“放管服”改革和优化税收营商环境两个五年方案，服务“产业项目建设年”活动和温暖企业行动，落实政务服务“好差评”制度，更新“一站式”业务内部传递单，对纳税人日常限时办结事项流转时限在现有时限上再缩短30%—50%。梳理日常办税清单，做好“容缺受理”业务协调，并加强后续管理，让纳税人最大限度地实现办税“最多跑一次”。

打造便捷办税缴费服务亮点。依托逐步完善的电子税务局、自助办税终端、手机App等全面推广涉税涉费事项网上办、线上办、码上办、掌上办，强化“3+3”办税服务体系的综合应用，推进“非接触式”办税缴费走向常态。严格落实首问责任制，优化预约办、错峰办、延时办、容缺办等服务，抓好《纳税服务规范》3.0版落地，积极参加“星级办税服务厅”“星级办税员”评选，持续提高办税缴费规范化、标准化、电子化、便利化水平。

疏通满意度调查堵点。针对2019年纳税人满意度调查结果，认真梳理影响满意率的堵点，分析问题根源，查找工作短板，逐项整改落实。对2020年开展纳税人满意度工作进行详细部署，及时化解矛盾、查漏补缺，确保实现2020年满意度大幅提升的目标。2020年全省纳税人满意度调查石峰税务排名全省第48名。

【税收治理】 2020年，完善了税收治理。夯实征管基础。严格实施《税收征管操作规范》，规范代扣代缴、代征代收以及发票代开管理工作，加强发票领用、事项备案、非正常认定、注销登记等环节的风险防范，强化大企业、行政事业单位税收管理，加强欠税清理，积极完善联合监管体系和涉税信息共享机制，积极抓好5C质量征管质效评价试点工作。

加强税政管理。理顺完善留抵退税管理措施，进行常态化数据监控。2019年度企业所得税汇缴全部准期完成，研发费用加计扣除优惠104户，享受优惠金额18.5亿元，同比去年增长9.4%和25%。分类分批分策分责引导个人所得税综合所得汇算清缴纳税人办理业务，圆满完成个人所得税综合所得首个年度的汇算清缴工作。加强房产税、城镇土地使用税、土地增值税、契税等税种管理，依法依规有序完成2019年度困难减免税工作，土地增值税清算面、税负率较上一年有所提高。进一步做好非居民税收和反避税、出口退免税预警核查评估等工作。

规范执法方式。全面贯彻行政执法“三项制度”改革要求，强化内部风险快速反应机制，完善税收执法质量监管体系，加强税收执法裁量权具体标准的督导，严格按照权责清单执法。规范重大税务事项审理，健全涉税争议处理机制，全面加强依法行政。做好税收普法宣传，加强征纳双方的法律意识，努力提升税法遵从度。以外部审计为契机，逐一核查疑点数据，健全机制。抓牢内控平台核查任务推送工作任务，做好日常风险防范。

【队伍管理】 2020年，提升队伍素质。明晰责任传导压力。强化领导班子的责任担当，坚持以上率下，切实发挥把方向、管大局、保落实的领导作用。进一步细化部门岗位设置，逐岗明确责任清单，压实工作责任，切实纠正有责无岗、卸责空岗、混责代岗等问题。

加强学习提升能力。科学制定年度培训计划，积极运用数字化学习培训形式，明确考评要求，巩固培训效果。落实“素质提升115工程”，组织好业务能力升级和县处级副职以下领导胜任力测试，加大人才培养力度，4名业务骨干在业务大比武中取得较好成绩。

树立导向增强动力。优化绩效考评规则指标，认真开展数字人事工作，稳妥做好职务职级并行，继续推行“四星一岗评选”，引导干部调整预期、清醒定位、明确目标，着力营造见贤思齐、创先争优的浓厚氛围。

深化创建激发活力。以创建全国文明单位为契机，大力开展社会主义核心价值观和中国税务精神宣传践行活动，加大精神文明创建工作力度，积极组织参加并全力争取系统优秀青年、巾帼文明岗、道德模范等各类荣誉表彰。坚持以人为本，聚焦文化兴税，提炼倡导“至信至合至优”的石峰税务文化理念。持续打造税务文化阵地，加强图书室、荣誉室、文化园、文化亭、文化走廊建设。发挥文明单位示范作用，组织开展疫情防控志愿者服务活动，筹集各类捐款10余万元。完善大病救助和困难帮扶制度，常态化开展谈心谈话，关心关怀老干部，建设老干部活动中心，精心组织开展气排球、座谈会等各类文体活动，力促队伍和谐。

（沈齐芸）

审　计

【概况】 2020年石峰区审计局紧紧围绕区委、区政府的决策部署和上级审计机关的工作要求，依法履行审计监督职能，扎实做好常态化“经济体检”工作，全年共计完成审计及调查项目100个，完成率为126%。其中，财务类审计项目20个，查出违纪违规和管理不规范金额11515万元，工程类审计项目80个，总送审金额57433.5万元，核减金额3318.17万元，综合核减率达5.78%。充分发挥审计促进经济社会健康发展的重要作用，区局先后获得全市审计工作目标管理先进单位、审计业务工作先进单位、全市审计工作红旗单位、全区优化经济发展工作先进单位、区政绩考核一等奖等多项殊荣。

【专项检查】 2020年，区审计局始终按照区委审计委员会的部署，坚持党对审计工作的集中统一领导，全面抓好各级审计委员会议定事项的落实。先后召开区委审计委员会第二、第三次会议，围绕区委、区政府中心工作，组织开展了12项涉及石峰区重点项目、重点领域的专项工作综合检查如债务工作、棚改工作、环保工作等。检查包括基本情况、合法合规性、流程规范性、专项资金使用的合理性，揭示经济运行中的风险隐患，共查找出存在的问题62个，并有针对性地提出建议和整改措施，有效防范和化解风险。

【审计整改】 2020年，将审计整改工作纳入“五问工作法”考核，实现预安到月，考核到季，推动审计整改工作落到实处。全年共派出多个督促组，对已达到整改期限的14家单位（包含救灾资金专项、防疫资金专项）在审计中发现的130个问题进行了审计专项整改督促，涉及违规发放津补贴、工程管理不规范、往来长期未清理等9个方面，截至年底，整改到位90个，正在整改13个，审计查出问题涉及金额190418万元、已整改落实金额180142.92万元，整改率为94.6%。审计报告中所提出的审计建议全部被采纳。

【执行审计】 2020年，财政预算执行审计项目重点关注预算刚性约束、资金使用绩效、财政运行风险以及预算编制和预算执行中存在的问题。共查找出存在的问题23个，涉及金额281802.04万元，提出在整改中要强化资金监管、切实提高专项资金使用效益、及时办理工程结算、推动政府性债务风险的防范与化解工作等合理化建议。

【专项审计】 2020年，认真贯彻以人民为中心的发展理念，积极开展防疫和救灾资金两个专项审计，坚持把保障民生作为审计的出发点和落脚点，着重对疫情防控资金、救灾资金和捐赠款物未能及时足额到位等问题进行了重点审计。查出问题金额1352.96万元，确保疫情防控资金、救灾资金和物资对口使用。

【绩效审计】 为加强债务管理，促进平台公司转型，2020年上半年，开展株洲循环经济投资发展集团有限公司及其下属7个独立核算子公司运营绩效审计。通过对该公司的主营业务开展、运营风险管控、国有资本保值增值、投资绩效、建设项目管理、内控制度执行等方面进行全面绩效评价，查找公司经营管理中存在的问题22项，涉及金额39970.19万元，提出完善公司管理机制的审计意见，促进企业健康有序发展。根据审计建议，区政府起草《石峰区国有企业融资管理暂行办法》等多项制度，全面加强对区属平台公司的管理。多举措强化公司经营管理，推进平台公司转型升级。

【规范管理】 2020年，以工程结算为依托，对区重点工程项目及社会关心的民生项目实施了全过程审计。全年审计资金量57433.5万元，查出了部分项目未按规定进行采购、未按设计规范进行合理设计、工程结算虚增工程量、未按规定套取定额、部份材料价格偏高等问题，提出审计整改意见，责成建设单位调整工程结算，直接节约资金3318.17万元，加强政府投资项目的规范管理。

【平台建设】 2020年，区审计局按照区委、区政府的统一部署，建立了对全区项目储备、政府决策、部门审批、资金使用、建设实施、竣工验收、资产移交、后评价、稽察监督9方面进行全过程管理的项目平台，截至年底，项目管理平台已进入试运行阶段。 （曾文伟）

城乡建设与环境保护

城市建设

【概况】 石峰区住房和城乡建设局与石峰区人民防空办公室合署办公。为石峰区人民政府正科级行政单位，机关核定行政编制 10 名，内设综合管理股、技术法规股、城市建设管理股、住房保障管理股、人防事务管理股 5 个股室。下设全额事业单位区城乡建设技术服务中心，编制 4 名，其中主任 1 名。

2020 年，石峰区住建局紧紧围绕“一极三区”总目标，认真落实党建引领、从严治党要求，集中精力助力两型示范建设、旧改项目实施，保障了城乡建设、住房人防事业稳步发展。

【道路建设】 服务产业发展，配套基础设施建设提速。产业项目建设年配套基础设施 34 个计划项目实施，全年完成投资 27.2 亿元，老工业路一期、清水塘大道二期、清霞路三期、口岸一路、株冶二期、响田大桥改造等 13 个计划新开工项目顺利开工，计划内 9 个竣工项目中的新民路口主排渠水系黑臭水体整治、石峰分局业务技术用房、清水塘大道一期、清霞路二期、株冶路一期、清港路一期年底前全部完工。

【乡村建设】 打好农村脱贫攻坚战，农村危房改造如期交卷。对 2019 年委托中介机构排查鉴定为 C 级的 3 户农村特困家庭危房，指导完成修缮和妥善安置，实现“危房不住人、人不住危房”的目标。安排专门技术人员，分 3 组深入 5 个片区，分别对各街道共 800 多户农村“六类对象”房屋安全性进行鉴定定级，并统一制作规范告知牌（明白卡），逐户挂牌公示鉴定结果，建立一户一档资料信息库，并对需要整改的轻度危房协调督促各街道、村组织修补整治，受到基层群众欢迎。

【环境治理】 打好污染防治攻坚战，环境治理项目稳步实施。黑臭水体治理逆势向好，荷叶塘干渠上游、人民北路至白石港排水渠黑臭水体已顺利通过省厅和国家部委多轮督查评估，并得到认可。新民路口主排渠已按要求于 11 月 23 日实现竣工验收，连续监测 6 个月水质达标后即可申请国家销号验收。加强协调调度，督促完成果园路至清水路截污干管建设，通过派驻专项工作指挥部人员的衔接和操作把关。克服疫情以及同其他项目冲突的困难，完成田红路与时代大道易涝点整治主体工程。

【老旧小区改造】 2019—2020 年，全区纳入城镇老旧小区改造计划共计 63 个小区，303 栋住宅，总建筑面积 83.36 万平方米，涉及户数 9089 户，计划投资 9645.4 万元。全区先后无偿拆除老旧小区违章建筑 1500 多处、总面积 23566.8 平方米，腾出公共空间，畅通小区道路，拆除老旧小区的“肠梗阻”，为老旧小区改造施工打好基础。

【人防建设】 依照法律法规对辖区内防空警报器进行了全面的巡查和维护管理，对原株洲冶炼厂武装部 20 世纪 60 年代初安装的老化的已不能正常工作的防空警报器进行了拆除，消除安全隐患。为确保警报器的覆盖率，2020 年在莱茵小镇二期加装了一台防空警报器。4 月 4 日警报鸣响深切哀悼致敬英雄。11 月 1 日在铜塘湾街道丁山社区香博堡小区开展了疏散掩蔽演练，收到了很好的效果。严格按照《湖南省人民防空工程建设与维护管理规定》，对辖区重点单位和重点人防工程进行了检查和排查，督促各企业做好人防工程日常维护管理工作，保障人防工程的安全，做到无垮塌、无渗漏、无安全事故。

【作风效能建设】 2020 年，全面贯彻落实区委、区政府关于强化政风行风、机关效能等方面的工作部署和要求，承办市区两级人大建议政协提案 24 件，其中市级 4 件，区级 20 件，答复满意率 100%。12345 市长热线及网格派单 67 件，做到了件件有反馈，事事有回音。全年共完成“马上就办”及问政事件 16 件，督促建筑工地扬尘治理整改事件 19 件，完成政府交办件 60 件。

【行业管理】 服务复工复产，建安企业投资逆转回升。协调解决建筑工地复工复产及疫情防控推进过程中存在的各种问题，每日上门指导防疫、检查外来务工人员身体状况、免费提供防疫宣传资料、协调配送防疫防控物资、保障工地人材机缺口，疫情防控期间建安企业及重点基础设施建设项目有序复工复产均达到 100%。走访对接建安企业，指导和培育充实技术力量、提升企业资质、增强竞争能力，推荐申报株洲唯能隧道机械化工程有限公司、株洲冠宇科技有限公司、湖南天宇智慧有限公司等 5 家企业进入“四上”企业名录库。

【党的建设】 党组牢牢把握党建服务中心、建设队伍的职责定位，着力强化党组织的政治功能和服务功能，组织全体干部职工参加“军事活动日”，培养团队精神，增强责任意识和纪律意识。“七一”期间组织参观了株洲博物馆，学习全国两会精神。全面加强党的基层组织和党员队伍建设，有效地促进了石峰区城乡建设又快又好发展。全年累计开展领导班子民主生活会 2 次，支委会 16 次，党课 4 次，党员大会 7 次。 （周　慧）

城市管理

【概况】 石峰区城市管理和综合执法局是区政府工作部门，为正科级全额拨款单位。区城市管理和综合执法局下辖区城市管理综合行政执法大队、区环境卫生服务中心、区市政维护服务中心 3 个事业单位，局机关下设综合办公室、财务股、考评督查股 3 个内设科（股）室。主要负责全区城市管理和综合执法工作的组织指导、监督检查和考核考评工作，负责市容市貌、环境卫生、市政公用设施运行的监督管理工作，负责拆违控违、数字化建设管理和园林绿化维护管理工作。

2020年，石峰区获评株洲市拆（控）违先进城区、垃圾分类先进集体；区城管局获评公园建设先进单位，2020年度安全生产先进集体；区环境卫生服务中心获评城市管理先进单位；区城管局综合办公室获评“株洲城管，我最认真”先进集体；区城市管理综合行政执法大队获评石峰区平安建设先进单位。

【疫情防控】 根据区防指统一部署，按照科学防治的要求，组织200余名干部职工下沉先锋社区值守，筑牢外防输入防线。配合公安交警、市场监管等部门抓严抓实株洲北、田心东站、农贸市场等重要节点防控值守。完成辖区所有公共区域消毒及废弃口罩回收，累计使用消毒液10余吨，收集废弃口罩6.64吨。在常态化防控阶段，坚持思想不松、力度不减、主动作为，全面保障复工复产和社会经济的统筹发展。

【“国文”“国卫”复查迎检】 2020年9—10月是株洲市全国文明城市、国家卫生城市复查迎检的关键时刻，作为市容环境卫生专业组牵头单位，严格按照复查测评相关要求，周密部署，迅速落实，充分发挥职能，积极投入到迎检工作中。积极开展市容市貌集中大整治行动，采用定人、定点、定责的执法方式，加大对重点部位的巡查监管力度，规范店外经营、流动摊点占道等各类乱摆乱占行为，确保管理全覆盖，做到市容市貌管理“新问题不发生，老问题不反弹”。对标国家卫生城市，投入33.88万元累计更换破损垃圾桶和果皮箱308个，加大果皮箱日常清掏保洁力度，结合垃圾分类等工作要求，粘贴“垃圾分类”宣传标识，全力确保了“国文”“国卫”复查迎检顺利过关。

【市容管理】 2020年，出台了《社区、小区占道经营专项整治方案》《门店、建筑物立面、屋顶招牌安全隐患排查整治工作实施方案》等专项工作整治方案，着力开展夜宵管理、户外广告、人行道违停等专项整治，消除城区市容市貌管理中的难点问题。全年开展市容整治行动969次、劝导违章行为10180次、下达整改通知书262份、登记保存156件。拆除违规户外广告269处共10495平方米。夜宵、油烟直排整治201次，劝导违章行为4320次，下达整改通知书70份，登记保存70件。老旧小区、城中村环境卫生和市容秩序综合整治139次，劝导违章行为为986次，下达整改通知书18份，登记保存5件。

【数字城管】 为进一步加强数字化城市管理问题的监督和指挥，充分发挥数字化城管系统在城市管理中的重要作用，环境卫生服务中心安装视频会议系统、校园监控，安排专人对校园周边的市容、环卫、街面秩序等进行24小时的重点监控。1—12月，中心共受理案卷137514条，立案137532条，其中采集员巡查上报案卷121235条、市指挥中心摄像头视频案卷13540条、微信举报案卷1239条、社会公众举报案卷16条、其他案卷（市直类）1484条。共结案124435条，结案率为90.52%。

【示范街创建】 2020年，制定《石峰区城市管理示范街创建工作方案》，在建设北路罗列示范街问题清单，以钉钉子精神逐个击破。绿化带侧边石油渍泥印、果皮箱破损不洁、垃圾外置、出店经营、车辆乱停乱等25项市容环卫问题全部整改到位。对于一些重点区域，执法大队实施全天错时、人盯车巡相结合措施，按照“一劝，二导，三规范”原则疏导商贩，加强重点时段、重要区域防控，提升街面环境秩序管控力度。建设北路虽然只是石峰区数条街道中的一条，在该路段局部创建示范街，为以后改变城市整体面貌，推进城市精细化管理起到极好的带头示范作用。

【大气污染防治管控】 坚持以“道路扬尘污染管理整治工作”为中心，着力开展渣土综合整治和扬尘治理，坚持控制源头管理。2020年共开展6次联合执法行动，出动执法队员203人次，对辖区内的工地存在的不按规定线路行驶、渣土车辆出入场时没冲洗干净、没有进行湿法作业等违规行为进行了查处，下达整改通知书100份，督办函31份。共查处违法渣土车46辆，整改源头79处。同时，全区裸土防尘网覆盖面积达到88038平方米，种草籽5205平方米，设置雾炮机25台，建设洗车平台6处，围档更换45处、9510米，道路硬化17处、3571米，处罚金额465898元。强化机械化作业水平，增加抑尘车的工作时间，特别是在建设北路、响田路、清石路等重要路段提高洒水降尘频次，为全市2020年获得326天优良天气作出应有贡献。

【拆违控违】 2020年，出台《石峰区2020年控违拆违工作实施方案》《石峰区2020年控违拆违工作考核办法》，各职能部门按照石峰区控违拆违工作领导小组的统一指挥，协同配合，形成严查违法建设行为的强大合力，对辖区内违法建设进行依法拆除，全面扼杀新增违法建设，对于登记在册的历史违建，采取分批方式，进行集中拆除。2020年，通过定期巡查、下令整改、自拆与集中强制拆除等方式共计控制和拆除违法建设150674.14平方米，被评为2020年度全市唯一一个拆（控）违先进城区。

【城管队伍建设】 2020年是株洲市“强转树”三年行动“收关之年”，区城管大队重培训、严纪律、提形象，严格落实城管执法全过程记录、教育培训和“721”工作法等要求，干部职工业务素质不断提升、城管队伍作风持续转变。继续开展轮岗交流制，通过人员交流活动，切实提高工作效率，优化人员结构，进一步释放队员活力，强化队伍建设。全年共组织7次城管业务知识集中培训，集中组织体能训练8次，通报市容管理方面的问题4231个，发出督查快报72次，发出月督查通报12期，协管员工作纪律违规处理情况通报5次，优秀路段评比通报12次。

【规范地摊经济】 为提供规范的场所和支持新消费业态发展，鼓励在“便民摊位”内临时占道经营，鼓励开办临时便民市场，允许大型商场店外促销。遵循“便民不扰民，放开不放任”两大原则，有计划地设置农贸市场零担区域、便民疏导点，允许有序占道经营、适当出店经营和适度占道促销，通过采集摊贩信息、发放菜农证等有效措施规范出店、占道经营秩序。全年累计设立29个便民疏导点、规范摊位1133个，发放菜农证440张。

【干渠两岸综合治理】 为实现“水清、河畅、岸绿、景美”的目标，2020年，对田心干渠两岸私搭乱建、无序开垦菜地进行集中整治。累计拆除违法建设 1996 平方米，清理违规菜地 12610.5 平方米。

【老旧小区拆违】 2020 年，执法大队以“无违建区创建”和“老旧小区提制改造”工作为抓手，分成数个排摸小组，挨家挨户进行走访，用“最浅显的语言、最亲近的接触、最真诚的情感”进家入户，和风细雨、潜移默化，更多地站在居民的角度帮他们解决物品暂存、生活保障等实际问题，以真心为民赢得广大群众的理解和支持。截至年底，共拆除老旧小区违法建设 23566.8 平方米。

【市政维护】 2020 年，区市政维护中心采取全面排查与重点维护相结合的原则，对辖区范围内的道路、井盖及排水沟进行日常的管理维护。累计完成沥青摊铺 20000 平方米，灌缝 13000 米，行道修补 1500 平方米，清理雨污水井 6000 座，井盖调升 200 座。按照区委、区政府推行网格化管理工作的要求，全年累计及时处理化粪池堵塞、危树砍伐等 32 件网格应急事件。

【新增停车车位】 为解决市区“停车难”问题，2020 年，完成湘天桥立体停车场、田心街道办事处停车场、明德好厨邦停车场扩建车位的建设，累计新增停车位 236 个，有效缓解石峰区交通出行难的问题。

【园林绿化】 坚持日常养护、病虫害防治、绿化洗尘同步开展，同时对清石广场、响石响田路、建设北路、铜霞路、清水路、时代大道等道路以及辖区广场、小游园进行精细化养护。元旦、春节、五一、中秋、国庆节日氛围布展摆放杜鹃、万年青、鸭脚木、石竹、三色堇、红菊等花卉 7 万余盆。完成石峰东小游园、响石路石峰西门小游园、响石广场绿化提质项目，进一步美化城区的生态环境。

【垃圾分类】 2020 年，出台《株洲市石峰区生活垃圾分类工作实施方案》，成立株洲市石峰区生活垃圾分类工作领导小组，完成了区政府机关大院、街道机关等公共机构垃圾分类设施投放，累计投放四分类桶 365 组，两分类桶 2183 组，建设垃圾分类投放亭 13 座，有害垃圾、可回收物暂存点 15 个。铜塘湾街道垃圾分类示范片区基本建成，示范片区内 31 个小区（12893 户），按照 300 户左右或者是半径 50 米范围设立一个投放点的原则，同时兼顾因地制宜，在人员分散、老旧小区、城乡接合部设立简易的二分类或四分类投放桶。示范片区范围内共设分类投放点 312 个，其中垃圾分类亭和智能设备 38 个，发放宣传资料 15000 余份，走访居民 20000 余次，队员上门店发放宣传资料及垃圾分类标识各 500 余份。大件垃圾分拣中心已建成并投入使用。除此之外，亿都新天地、报亭等示范小区亮点突出，在全省垃圾分类考核迎检中获好评。

【厕所革命】 2020 年，完成天源、九圆农贸市场和 11 座加油站公厕改造，建成茅太新村、九郎山风景区、金盆岭公园驿站（公厕），推动“厕所革命”向城郊延伸。在全市范围内率先实现驿站管养一体化、市场化，引进上海特力洁公司负责驿站管养经营，驿站的管养水平有较大提升。以湘天桥睦邻社为中心，推广“驿站+公益服务”，为市民提供 24 小时智能书屋、“小学生晚托模式”和“老年活动中心”，提升市民的幸福指数。 （马龙云）

工程建设服务中心

【概况】 区工程建设服务中心是区政府直属公益一类事业单位，为正科级。内设综合事务室和工程建设室。共有事业编制 10 名，其中设主任 1 名，副主任 2 名。

2020 年，石峰区工程建设服务中心按照区委、区政府工作安排部署，认真履行政府投资项目代建职责，大力提升项目管理能力，高效推进项目建设。

【抓好黑臭水体整治工程】 新民路口主排渠水系黑臭水体治理项目，总投资 1.2 亿元，2020 年 11 月 13 日主体工程竣工验收，提前半个月完成市政府制定的任务要求，得到市政府领导肯定。田心干渠上游水环境治理启动，总投资 2500 万元，建设内容包括田心干渠上游及 3 条支渠清淤、7 个生活直排口治理。人民北路至白石港路排水渠黑臭水体治理项目推进长治久清长效管理运行，环保验收销号工作按照市黑臭办统一部署完成。

【老旧小区棚户区改造】 实施完成老旧小区及棚户区改扩翻 8 个项目，共计 69 栋住宅，涉及住户 1684 户，总投资约 3040 万元。其中老旧小区改造 3 个：石桂小区、二医院生活区、床单厂生活区；棚户区改扩翻 5 个：电炉厂生活区、三中生活区、三三六生活区、三水厂生活区及建陶宿舍、床单厂棚户区。

【学校提质改造工程建设】 2020 年，完成区委党校提质改造工程，总投资 498 万元。总建筑面积 3356 平方米，其中改造面积 2744 平方米，建设停车场面积 1347 平方米，停车位 129 个。实施中、小学校提质改造工程，总投资 650 万元，完成市六中运动场改造、杉木塘小学分部（原装备站）改造。

【市政园林设施建设】 实施响石广场改造绿化提质、石峰西门处小游园建设项目，总投资 520 万元。响石广场改造绿化提质工程总投资 200 万元，建设面积 3434 平方米；2020 年 8 月 25 日开工，12 月 17 日竣工。响石路石峰西门处小游园总投资 420 万元，建设面积约 8180 平方米，2020 年 11 月 2 日开工。

（张　薇）

房屋征收

【概况】 株洲市国有土地上房屋征收处石峰中心（以下简称石峰中心）于 2011 年 6 月成立，主要负责石峰区范围内国有土地上房屋征收与补偿相关工作。在编人员 10 名，其中，主任 1 名，副主任 1 名，科员 8 名。内设综合科、业务科、预算及资金管理科和档案室。

【推进项目落实】 2020 年，石峰中心坚持逐户走访，采取灵活的方式方法来推进征收工作。首先，做实征收前期工作。精心制定《项目工作任务计划表》，细化时间节点，对项目征收的每个程序，每个时间节点都明确牵头领导、责任部门、责任人、时间要求。其次，注重征收业务工作。及时发现和研究解决项目征收实施过程中的各类业务问题。加强征收工作业务培训，与区相关项目部共同推进，确保征收项目的顺利实施。最后，强化征收工作模式。为全力开展房屋征收工作，项目所在办事处均成立征收工作项目部。重点项目由区领导亲自挂帅，除征收中心工作人员参加外，又从区有关单位抽调业务骨干，攻坚期间实行“五加二”“白加黑”工作模式，取得较好的工作效果。全年核发株冶株化昊华等企业周边城中村项目、烟山棚户区改造项目、原化校片区旧城改造项目、港务总公司、株洲市白石港（湘江入口至学林路）水环境综合治理工程5个项目的征收决定。召开白石港（湘江入口至学林路）水环境综合治理工程、沪昆线K1109+727五公司道口平改立项目、响田大桥拓宽改造工程等3个项目的征收补偿安置方案论证会，核发征求意见公告及评估机构报名的公告。

【尽力完成征收】 2020年，石峰中心征收工作克服疫情影响，虽然起步晚，但力度大，速度快。全年征收计划实施类项目共计17个。其中新征类项目7个，全部为市级重点考核项目。续征类项目10个，涉征面积共达8万余平方米，涉征户数267户。在新冠肺炎疫情严重的形势下，为有效推进工作进度，石峰中心针对5个街道分别成立征收实施小组，常驻街道，明确责任。首先，宣讲政策、落实政策并和业主单位、街道及相关单位讨论交流和解决一些具体问题。其次，积极开展征收前期调查工作，主动为被征收人协调处理社会及家庭矛盾，帮助解决因征收而产生的实际困难。2020年底，新征项目中已有霞湾港生态景观带、喻家坪路一期、老工业路一期、口岸一路以及株冶路三期5个项目完成征收任务，涉及3万平方米，47户被征收人。续征项目中已有清水塘棚改项目三期铜塘湾片区城中村、清水塘棚改三期（二）湘天桥棚户区、轨道城中村井龙片区城中村、轨道城中村井龙社区城中村、清石路城中村5个项目签约，签约率均达100%。

【依法推进征收】 为保证项目的顺利开展，维护被征收人的合法权益，石峰中心始终坚持“一个政策统到底、一把尺子量到底”公平补偿原则。自2016年3月清水塘棚改征收启动以来，被征收人共提出了200多个行政复议和行政诉讼。对于被征收人提出关于征收程序的行政复议和行政诉讼，市政府、人民法院都已经审理完毕，并作出维持征收决定、补偿决定的行政决定。

【党建工作】 不断巩固和扩大“不忘初心，牢记使命”教育成果。认真落实党风廉政建设，不断加强机关作风建设，教育和引导干部职工加强团结，廉洁自律。几年来，石峰中心内部没有出现过违反廉洁自律和不团结的现象。严格按照中央和省、市、区委的要求，经常和单位干部职工交流和学习有关崇尚科学、远离毒品、保守秘密、维护稳定等方面的知识，从源头上进行杜绝。

（段雅芬）

生态环境保护

【概况】 2020年，株洲市生态环境系统机构改革完成，对石峰环保分局和生态环境保护综合行政执法支队石峰执法大队的分工进行调整，实行“局队合一”体制。石峰分局现有在岗职工24人，其中执法人员8人，临聘人员2人。设办公室、综合协调股、环境管理股、环境影响评价股（行政审批股）4个股室和执法中队4个。业务股室在承担业务职责的同时，与4个执法中队共同承担执法职责，既是业务股室又是执法中队，实行全员执法，落实网格监管，明确职责任务，突出行政执法，确保执法效能。主要工作职能是贯彻执行环境保护法律法规和方针政策，对辖区的生态环境保护工作实施监管，承担环境现场监察、污染纠纷调处、环境稽查、应急处置及环境投诉热线日常处理等工作。

【疫情防控】 成立疫情防控党员先锋队，积极发挥党组织和广大党员干部的战斗堡垒和先锋模范作用。党员干部勇当战斗先锋，全天候待命，全力做好疫情防控工作。2020年2月4日至3月24日，组织分局全体党员干部下沉到白石港社区参加疫情防控工作。坚决服从党组织分配的工作任务，第一时间到白石港社区报到，在社区的疫情防控知识宣传、小区出入值守、防控物资分发、人员排查跟踪、环境消毒等方面发挥应有的作用。加大隔离点和隔离医院的医疗废物管理力度，定期抽查其医疗废物安全处置情况。

【严把审批关】 在日常工作中，坚决做到五个“一律不批”，即对超过污染总量控制指标、生态破坏严重的项目，不符合环保法律法规和国家产业政策的项目，选址与规划不符、布局不合理的项目，群众反映强烈的项目，以及污染防治技术不成熟的项目一律不批。2020年，共审批建设项目43个，其中报告表类项目43个，登记备案66个，切实把好项目审批关，为石峰区环境与经济的协调发展提供优质服务。

【水污染防治】 加强工业水污染防治。开展田心高科园水生态环境整治行动，坚持系统治理、源头治理，全面实现重点涉水行业稳定达标排放。加强城镇生活水污染防治。结合改扩翻、三供一业、老旧小区改造全面实施雨污分流，源头治理转守为攻，完成湘天桥片区污水主干管建设和田心高科园的报亭北路污水提升泵站等项目建设，在改善附近居民居住环境的同时，保障湘江石峰段饮用水源质量。加强饮用水水源保护。大力开展饮用水源保护区排污口专项整治，圆满完成白石港内河石峰岸线责任范围生活污水直排治理。顺利推进湘江流域渔民退捕禁捕，34户渔民全部协议退出，36条渔船全部拆卸到位，全面完成清船清网工作，持证专业渔民14户28人已参保，工作进度在株洲市排名领先。扎实推进农村生活污水治理工作。石峰区分局承担两个村的农村生活污水治理工作，清水塘街道白马村和井龙街道茅太新村均完成生活污水治理。黑臭水体整治成效明显。新民路口主排渠已按要求于2月开工建设，截至年底，全面完成黑臭水体整治任务。此外，针对田心干渠存在的各类问题，10月，石峰区成立综合整治工作协调组，对干渠两岸违法建设、违规菜地进行全面清理，对全线涉污排口进行深入摸排和彻底整治，致力打造“水清、岸绿、景美”的干渠水系，切实保证干渠两岸生态环境质量。

【大气污染防治】 狠抓工业企业废气污染防治。科学制定工业企业错峰生产实施方案。完成湖南海利株洲精细化工有限公司、中车株洲电机有限公司、株洲市华晟实业有限公司、株洲时代电器铸件有限公司4家企业的VOCs治理工作。狠抓移动源污染防治。每月定期在重点路段开展机动车尾气污染联合执法检查行动，2020年全区共计处罚尾气排放不合格的机动车84辆次。狠抓扬尘污染防治。大力开展土地扬尘整治、建筑垃圾运输整治等系列专项行动，督促施工工地落实“6个100%”要求。狠抓油烟污染防治。全面摸底全区餐饮单位，督促340余家油烟净化设施未安装、不达标的餐饮户安装和升级油烟净化设备。推进老旧小区居民家庭餐厨油烟改造，全面完成安装升级9866户居民油烟设备的年度任务。

【土壤污染防治】 积极开展土壤治理和修复。完成清水湖片区、铜塘湾片区、映峰片区三一重工用地区域、清水大道及清水大桥用地区域、疏港大道用地区域场地环境治理与修复。完成袁家军加油站后山废渣场治理，鑫达冶化、荷花水泥厂等场地修复。从严做好“三废”管理。一企一策推进已关停企业废渣、废气、废液等危化品处置。辖区内医疗废弃物安全处置率、危险废物产生单位规范化管理达标率和经营单位规范化管理达标率分别达到100%、90%、100%。

【清水塘环境治理】 2020年，清水塘环境综合整治成绩突出。全面完成清水塘老工业区搬迁改造。在15.15平方千米的土地上完成261家重化污染企业的全部退出，省委、省政府“三年大见成效”的嘱托如期完成，老工业区城市转型发展示范区建设取得标志性进展。2017年、2019年清水塘工业区搬迁改造和生态修复工作两次受到国务院表彰，多次获得省委、省政府肯定。妥善处置残渣废液。完成株冶、株化等大中型企业残渣废液处置和设备拆除，以及昊华、智成残渣废液处置，从源头上杜绝污染物排放。持续推进污染场地和土壤修复。区域62家具有国土使用权的关停搬迁企业，其中48家企业完成地块环境调查报告，30家符合规划用地环境质量的企业地块移出国家污染地块名录。2020年完成清水湖等5个片区土壤治理、鑫达冶化等4家企业污染场地修复。

【生态环境保护督察】 分局高度重视中央和省委、省政府生态环境保护督察问题整改工作，通过边督边改、立行立改，解决一大批群众身边的突出生态环境问题。2020年9月湖南省生态环境保护督察“回头看”工作，转办石峰区的13件信访件，已办结13件，办结率为100%，全面达到上级整改进度要求。

【网格化监管】 根据《株洲市网格化环境保护监管实施办法》和《随机抽查制度》等文件精神要求，积极制定实施办法，做好环保设备设施运行监管工作。按照交叉检查和重点企业每月检查一次，一般企业每季度检查一次的要求，全年环境监察500余次，双随机抽查企业142家，日常监察企业200多家。

【调处污染投诉】 2020年，分局按要求使用12369环保举报平台和环境信访系统，按规定履行信访、举报工作职责。接到投诉件后及时处理，按时反馈办理结果，未有逾期未办结案件。全年共办理区政协提案2起。全年接投诉案件470余起，出警率为100%，群众满意度达到95%以上。

【环境执法】 根据双随机抽查制度，2020年全年双随机抽查出动500余次，抽查企业142家，日常监察企业200多家，立案37起，处罚金额达101万元。株洲长远智造不正常使用大气污染物处理设施和曾某某偷排重金属超标废水 2 件案件及时移送公安，拘留 2 人，追究刑事责任 2 人，对环境违法行为形成有力震慑。

【党建工作】 巩固深化主题教育成果。2020 年，分局党支部认真贯彻执行“三会一课”制度，按时间节点召开支委会、党员大会和组织生活会。坚持“第一议题学习制度”，把全局党员干部思想统一在一起。支部将理论学习纳入党建工作的一项重要内容，纳入支委会主要议事日程并进行安排部署。制订学习计划，合理安排内容，打印学习资料，配发制式笔记本，充分利用“三会一课”“周五下午学习时间”，组织分局全体党员学习习近平系列讲话精神、《习近平谈治国理政》（第三卷）、《中国共产党纪律处分条例》等，督促党员干部践行宗旨。开展在职党员进社区工作，组织全体党员进社区网格，积极与网格员对接，解决网格存在的实际困难和问题。开展党日活动。3 月 26 日，组织全体人员巡查霞湾港及清水塘关闭搬迁后的土壤修复状况，拓展党员干部的业务知识。7 月，组织党员干部分两批赴茶陵开展“寻初心、守初心、践初心”党日活动。10 月，组织全部党员干部开展“踏寻先烈足迹、弘扬爱国主义精神”党日活动，参观秋瑾故居，通过重温入党誓词、听主题党课等多种方式，教育引领党员干部进一步加强党性锤炼，不断增强先进性和纯洁性。狠抓队伍廉政建设。坚决杜绝“索、拿、卡、要”等不良行为，坚持做到文明执法。积极配合、协助纪检监察部门的工作，认真开展对干部职工的喜丧活动和涉企涉矿的专项清查，做到不包庇、不纵容。

（周洁珍）

园区建设

株洲循环经济投资发展集团有限公司

【概况】 株洲循环经济投资发展集团有限公司成立于2008年，原股东为株洲清水塘循环经济工业区管委会、株洲市国资委和中国农发重点建设基金有限公司，实际控股人为株洲清水塘循环经济工业区管委会。2020年9月完成股权结构变更，将清水塘管委会股权34.65%划转至株洲市国资委，由市国资委直接持有公司股权67.95%，成为新的实际控股人。

公司注册资本25亿元，总资产由2011年的4亿元起步，现已发展到260亿元，主体信用评级AA级。集团下辖株洲循环经济工业区置业有限责任公司、株洲循环经济资源经营有限公司、株洲循环集团资产管理有限公司、株洲绿色九郎文化旅游发展有限公司、株洲北城物业管理有限公司5家子公司，控股参股株洲轨道交通产业发展股份有限公司、株洲市清水塘投资集团有限公司、株洲南方环境治理有限公司。

株洲循环经济投资发展集团有限公司是石峰区园区开发建设的投融资平台，担负园区基础设施建设、土地收储开发、产业导入、环境治理及生态修复等职能，为清水塘老工业区搬迁改造、轨道交通千亿产业发展、九郎山“绿心”生态保护与修复等工作作出巨大贡献。自2012年全面启动清水塘环境综合整治工作，公司为改善清水塘生态环境迈出坚实的第一步，为后续发展奠定了基础。2013年公司成功将清水塘环境污染综合治理项目推入世界银行贷款项目库（2014—2016财年）。2014年配合市政府将清水塘成功推入23家国家城市老工业区搬迁改造试点项目之一。为筹措建设资金，公司在积极推进传统银行融资的基础上，不断开辟融资渠道，创新融资模式，2014年公司债市主体信用评级达到AA级，2015年获批国家发改委农发重点基金，打通资本市场直接融资渠道，并在上交所成功发行12亿元公司债券，成为中国银行间市场交易商协会注册会员，2016年在深圳簿记建档成功，公开发行经国家发改委批准的14亿元公司债券。

公司从2014年初的37亿元的资产规模做起，至2020年末，资产总规模现已达到262.87亿元，账目资产负债率60%，五年增加226个亿，为初始规模的7倍。

【债务化解】 2020年，公司累计融资获批40.98亿。化解政府性债务15.26亿元，还本付息36.21亿元。2020年专项债项目1.44亿元资金到位，申报 2021 年专项债金额 13.61 亿元，一般债券到位资金 0.19 亿元。

【民生项目】 “石峰农贸”微商城系统上线运营，实现农贸市场线上配送。新建白马集贸市场，完成地面硬化平整并正式运营。湘天桥立体停车场 7 月投入运营。建筑垃圾消纳场项目正式启动，设计产能为年处理建筑垃圾 100 万吨。安置房项目总建筑面积 45.3 万平方米，其中已分配及可分配、尚未归集资金的安置房 1091 套。白马幼儿园、石峰区第一幼儿园建成开园招生。

【经营项目】 与株洲市交通资源开发经营有限公司、株洲国储石油销售有限公司组建合资公司投资运营加油站项目，年内已签署战略合作框架协议，完成地块选址工作，并开始办理相关土地手续。口岸大厦取得土地使用证总证、产权证，与海立方、维也纳酒店签订租赁合同，其中 1 号栋整栋租予清水塘公司。自 6 月起，以秋瑾故居红色文化基地为核心的研学项目开始发售套票模式，累积接待游客 45 万余人次，实现旅游收入 27 万元，同比上年增长 20%以上。

【土地管理】 完成雪峰小镇 H、L、M、主题商业街地块 4 个项目，共计 5.77 公顷土地报批工作。雪峰小镇 N 地块项目 7.09 公顷完成征拆交地。

【资产移交】 梳理区政府及“三供一业”移交资产、企业收储资产、市级平台公司辖区资产等 288 处，完成 105 处资产接收工作（其中 2 处退还），33 处资产进入办证流程。

【市场转型】 科学划分业务，实现资源整合。重新划分现有业务板块，构建起“1（循环集团）+1（欣石峰公司）+4（子公司）”的组织框架。委托区工程事务中心代建代管，剥离工程建设职能，突出经营主业，完成“去工程化”管理。经过两轮竞聘工作，集团由原有 276 人缩减至 135 人，实现轻装上阵。集团本部原有 9 个职能部门重组为 3 个中心，下属子公司不再设立综合部、财务部等职能，根据经营目标设置业务部门，实现组织结构“扁平化”。

优化制度，降低运营成本。按“轻工资、重绩效”原则梳理各中心、子公司绩效计提指标、年度经营考核指标，以收定支，提升管理效能。围绕公司年度主营业务、投资项目、土地出让、还本付息和融资计划等经营指标，制定“一企业一考核方案”。制定并试运行新的薪酬制度，业务岗实行“低工资+高绩效”的薪酬核算方式，激发员工工作积极性，培养出懂市场、会管理、专业化的经营团队。加强绩效考核，突出绩效“指挥棒”作用，推动公司市场化运营能力整体提升。制定财务管理办法和资金管理办法，加强集团对各子公司的财务管理，优化审批流程，缩短审批时限，提高工作效率。启动工程预结算内审程序，自 5 月起累计接收预结算审核项目 161 个，审减金额 4572 万元，节约审计费用支出 82 万元。修订 5 个内控制度，规范合同、采购、服务机构管理，有效降低采购成本、合同风险和审计风险。

（王怀秋）

田心高科技工业园

【概况】 田心高科园作为株洲国家高新区“一区三园”组成部分之一，以轨道交通装备制造研发为主导产业，是国家轨道交通装备高新技术产业化基地、国家轨道交通装备制造创新型产业集群试点、国家战略性新兴产业区域集聚发展试点。园区内集聚中车株机、中车株洲所、中车电机 3 家中车集团一级子公司以及轨道交通装备制造配套规模以上工业企业 61 家，本地配套率达 70%以上。2019 年成功获批国家先进轨道交通装备创新中心、中标轨道交通装备国家级产业集群。园区拥有轨道交通领域各类创新平台 78 家（其中国家级 13 家、省级 40 家），国家企业重点实验室 3 家、国家工程实验室 1 家、国家轨道交通装备创新中心 1 家、国家级工程技术（研究）中心 4 家、省级工程技术（研究）中心 12 家，2 名工程院院士、42 名国家级科技专家。

【总体运行情况】 2020 年，田心高科园开展了一系列富有成效的工作，在第一季度和第三季度全市园区季度考核中，分别排名全市 A 类园区第三名和第一名。在年度考核中，园区综合排名全市 A 类园区第三名。

2020 年，园区主要经济指标平稳增长，全年实现技工贸总收入 697.18 亿元，同比增长 16%；园区企业研究开发费用投入 36.26 亿元，同比增长 12%；固定资产投资 138 亿元，同比增长 6%。项目建设速度加快，全年园区新引进 5000 万元以上工业项目 22 个，新开工 5000 万元以上工业项目 30 个，新竣工 5000 万元以上工业项目 14 个。要素保障及时有力，完成储备动态产业项目用地 307 亩。新开工建设标准厂房 15.92 万平方米，新竣工标准厂房 14.55 万平方米。

【特色亮点工作】 复工复产。园区与多个部门联合成立企业复产复工督查指导组和巡查组，全力推进企业复工复产工作。一方面，园区机关干部全员定点指导，帮助企业做好复工前后的各项防控工作，搭建起政企沟通桥梁。另一方面，全力帮助企业复工复产，共代购口罩 16 万只、84 消毒液 2070 公斤、酒精 2505 公斤。积极开展“春风行动•百企万岗”网络招聘会，共梳理出辖区 52 家企业，1500 余个岗位。

产业培育。紧紧依托三大主机企业，围绕打造轨道交通全产业链条，大力开展“9685”精准招商和轻资产招商。全年新增规模以上工业企业 2 家（总数达 80 家），实现工业总产值 576.59 亿元，同比增长 7.63%，其中轨道交通总产值 383.91 亿元，同比增长 5.7%。全面落实“链长制、产业协会、企业联合党委”三方发力、同频共振的工作机制，建立了全市产业链上 301 家企业共 792 个党组织 25201 名党员的数据库；制定出台了“关于擦亮‘火车头’品牌，坚持党建引领，推进株洲先进轨道交通装备产业高质量发展”的“1+5”系列文件。大力推进链上企业“四个结对”，完成企业结对 8 对、党支部结对 13 对、研发人员结对 44 对、购销人员结对 26 对。

科技创新。全面推进高端人才加快集聚，国家级平台加速发力，创新产品不断涌现。全球最大功率神 24 电力机车、全球首条智轨快运系统示范线、全国首列商用磁浮 2.0 版列车、时速 400 公里的永磁牵引电机、时速 600 公里的长定子直线电机等一批重大创新成果问世。建成世界第二条、国内首条 8 英寸大功率半导体（IGBT）生产线，SIC IGBT 功率器件代表国内最高技术水平，实现中国高铁跃动“中国芯”，不断提升“株洲智造”实力。自 2019 年 1 月国家先进轨道交通装备创新中心入驻园区以来，已吸引 12 家股东单位、398 家联盟单位参与建设，初步形成了“平台+创客、公司+联盟”运营模式，一批科研项目和“卡脖子”技术取得了突破性进展。

园区改革。探索亩产效益评估改革，通过设置亩均税收、亩均产值、新增固投、租金物业费缴纳、企业外向度、安置本地就业困难群体 6 项主要考核指标，对企业实施差别化资源要素配置，目前已倒逼 1 家违约企业退出，回收土地 12.06 亩，淘汰 2 家产能落后租赁企业，腾出厂房 4000 余平方米，为 6 家 A 类企业发放价值近 150 万奖补资金。优化园区管理体制机制，整合园区管委会、科工信、商粮、发改、金融、营商中心等与产业建设密切相关的部门力量，推进园区一站式服务平台建设。推进平台公司转型升级，健全企业法人治理结构。强力推进平台公司减员增效，按照“以收定支、薪酬总控”的原则，市场化设定职员数额，实行全员竞聘上岗，精简员工 49.2%。

（梁彩钰）

轨道交通产业服务中心

【概况】 根据《中共株洲市委办公室株洲市人民政府办公室关于印发〈石峰区机构改革方案〉的通知》和《中共株洲市委机构编制委员会办公室〈关于石峰区机构改革涉改科级事业单位调整的批复〉》文件精神，石峰区轨道交通产业服务中心（以下简称区轨道交通产业服务中心）于 2019 年底成立，为区委正科级直属公益一类事业单位。区轨道交通产业服务中心事业编制 4 名，其中设主任 1 名、副主任 2 名。

区轨道交通产业服务中心主要职责是：围绕轨道交通产业全球发展态势和最新方向，国家和省级层面宏观政策，以及全国轨道交通产业集聚地先进经验和做法，编辑轨道交通产业信息资讯，为区委决策提供智力支持。配合株洲动力谷发展研究中心开展涉及轨道交通产业发展的调查研究有关工作。完成区委交办的其他工作。

（廖荣武）

轨道科技城建设

【概况】 2020 年，株洲轨道交通产业发展股份有限公司，面对突如其来的新冠肺炎疫情，坚持以习近平新时代中国特色社会主义思想为指导，坚决贯彻落实党中央、国务院决策部署和省市区工作安排，主动克服新冠肺炎疫情、整体经济下行、融资政策收紧等重重困难，在公司全体干部职工的共同努力下，团结奋进、负重前行，较好地完成了年度各项任务。

【企业发展】 为推动园区企业早日复工复产，公司将责任分工落实到人，严格落实联防联控、复工复产措施，实行“项目复工一天一调度，问题一天一协调，工作情况一天一汇报”，助力园区企业实现复工复产和防疫工作两不误。3 月 10 日，园区规模以上企业实现全面复工。

为支持园区企业发展，公司积极出台疫情期间园区企业租金减免方案，为园区 13 家企业减免租金60.84万元。同时，积极推动银行与园区企业沟通对接，促成长沙银行向福德研究院发放贷款400万元、授信1000万元，农业银行田心支行向万新轨道授信1000万元。

【产业招商】 2020年，九郎山基地全面完工，井龙、茅太基地建设进展顺利，园区已建成工业地产面积达40万平方米。公司坚持以产业链招商为抓手，在常态化疫情防控中紧抓项目引进“牛鼻子”，努力把疫情耽误的时间抢回来，壮大轨道交通产业集群。截至年底，园区入驻企业达231家，新增租赁面积超6万平方米，园区年度总产值达到20亿元（不含中车物流11.8亿元），实现税收3864万元，带动就业2500人。

围绕主机企业，推动产业链招商、以商招商。一方面，聚焦“外引内培”，强化“主攻龙头企业，引进配套企业，形成产业集群”的全产业链招商，形成多点支撑、协同发展的格局，使单打独斗的企业汇聚成以产业链关联为纽带的产业集群。引入中车株机的配套企业九方和荣，并通过九方和荣，引进为其生产配套的企业景恩锐。另一方面，仔细梳理上中下游产业布局，分领域、分环节确定具体可行的招商目标，加大“走出去、引进来”力度，开展外出招商，先后赴北京、南京、东莞、西安等地考察，主动对接三湘源、西安明科等意向企业。2020年，园区引入电机新能源、工业特种机电、九方和荣、广州骏发电气、智融科技、株洲嘉骞机电、元特科技、品高智能、湖南允翼、联深科技10个重点项目。时代电气新能源乘用车电驱动及电机产业化项目获评市“产业项目建设年”优秀重点项目。

围绕园区发展定位，注重招商引资向择商育商转变。面对土地、能源、环境容量等要素资源紧缺的现实，以“亩产论英雄”改革为导向，完善园区亩产效益评估办法，通过评价结果引导企业加大技术投资，减少污染排放，实现单位产出和效益的最大化，推动园区高质量发展。5月22日，邀请园区百余家企业出席“石峰区田心高科园亩均效益评价暨复工复产银企对接大会”，对税收缴纳及纳税强度突出、年度税收增幅突出的企业实行厂房租赁、物业减免等方面的奖励，减免金额总计达30万元。

【优化环境】 2020年，公司一方面注重筑巢引凤，另一方面注重对已入园企业的重点扶持，想方设法让企业在园区安心生产、发展壮大，在全生命周期的闭环管理中提升投产项目有机生命力，用“高新服务”支持产业发展，打出发展“组合拳”。

园区承载能力不断提升。在防范债务风险的前提下，大力推进园区一期、三期电表改造工程，全面完善园区供水、供电等基础设施；同时，优化城市候机楼服务功能，提升园区及周边企业商旅出行体验；上橙小院正式营业，戴斯酒店即将完工，随着园区高端餐饮、高端酒店等设施逐渐完备，园区配套服务体系将实现全面升级。

园区金融服务不断优化。针对融资难问题，公司全力配合田心高科园、区金融办举办银企对接会，为长沙银行、中国建设银行、中国农业银行等银行和园区100多家企业搭上“连心桥”。通过设立轨道交通产业基金，创新对企业的支持方式，完善园区金融服务，株洲思通达轨道交通产业合伙企业（有限合伙）基金已正式开始运作。

产业服务水平不断提高。大力推动园区内

湖南先进轨道交通装备制造业创新中心、南方中心、中车新能源汽车电机工程研究中心、时代电驱研发中心等重大创新研发平台建设、发展。

南方中心多次开展校企对接，参与人数超300人次，通过引入西北工业大学、湖南大学、中国科学技术大学等高校的创新团队，解决部分“卡脖子”问题。2020年已有26个高校落地项目，其中，西北工业大学微电子封装材料产业化项目，实现中车IGBT铝碳化硅封装材料的配套产品国产化。湖南大学智能驱动芯片项目，具备国内领先的模拟集成电路设计技术，以智能驱动芯片为核心，应用于电子电力系统领域。中国科学技术大学智能化消防系统项目，研发生产新能源汽车消防灭火设备及系统集成，多项指标创造行业第一。

【资本运作】 为保证公司正常运营以促进项目建设，公司积极与各商业银行对接，开展项目融资业务，全年落实华融湘江银行贷款4000万元，融资租赁贷款1.63亿元，有力保障公司在建项目工程款的支付，2020年公司全年财务融资综合成本7.82%。多渠道争取资金，本年度共完成项目申报14次，获得项目申报奖补资金205万元，专项债资金5100万元。

同时，公司积极开展投资工作，股权投资迈出实质性步伐。收购湖南鹏祥城市候机厅管理有限公司股权。城市候机楼作为园区重要配套服务设施，公司通过收购其60%股权获得实际控制权，在优化园区营商环境的同时也为公司创造新的盈利点。积极抢抓中车集团混改机遇。投资1800万元入股湖南中车尚驱电气有限公司（工业特种电机项目）。广州中车骏发电气有限公司增资扩股项目已完成摘牌、协议签署及保证金缴纳，公司自有资金投资入股1500万元，基金投资入股1600万元。充分发挥产业基金作用，基金投资900万元参与擎舟芯源项目。积极响应国家深化产教融合发展战略。出资成立株洲欣峰轨道交通产教融合有限公司，并登记成立清水塘社区学院。2020年，政府补贴性职业技能培训学员达3469人，其中农村转移就业者1091人。大力推进“以训稳岗”，在11家企业通过以工代训形式培训职工1602人。创新“名师带徒”培训稳岗机制，以博雅和中车特装等三家实训基地为试点，已组建有50名技师职称以上名师的“名师库”。根据集团业务安排，已将持有的欣峰公司股权出让给田心教育公司。

【体制创新】 为推进公司市场化转型，防范化解债务风险，建立可持续发展机制，根据《株洲市产业园区平台公司转型指南》等有关文件精神，在区委、区政府的统一领导下，公司全力推进转型改革。聚焦主业，调整组织架构。围绕公司致力打造产业园区开发运营系统服务商的战略发展定位，全面推进公司内部体制机制改革。充实业务部门力量，将原招商管理部按照招商物业类别细分并增配人员调整为市场一、二、三、四部，并将园区运营职责整合细化到各个市场部，实行服务企业全流程管理。设立产业投资管理部，积极开展产业基金及自有资金的投资业务，增强自身造血能力，为公司健康、持续发展打下坚实基础。

市场导向，转变考核模式。根据公司主营业务，科学、合理设置考核指标，对公司租金收入、专项资金、税收返还、利润总额等指标设置年度考核目标。依据经济效益导向基本原则，将绩效与经营业绩刚性挂钩，对公司工资总额进行预算管理。提高绩效考核在薪酬管理中的作用，对管理类、业务类岗位分类定薪，提升绩效薪酬所占比例，创建上下浮动的收入机制。

降本增效，全员竞聘上岗。树立有为有位、能上能下的鲜明导向，建立科学有效的选人用人机制。调整公司岗位结构，大力推行扁平化管理，提升管理效率；同时在公司内部通过竞争性双向选择选拔中层及职员，将公司人员由原有的 48 人精简至 34 人，切实做到让有为者有位、实干者实惠，在公司形成干部能上能下、员工能进能出、收入能增能减的局面。

（丁　攀）

社 会 事 业

教 育

【概况】 2020 年，石峰区有义务教育公办初中 3 所，公办小学 11 所，民办义务教育学校 1 所，公办幼儿园 16 所，民办幼儿园 29 所，在校中小学生 18588 人，在园幼儿 8049 人，在编教师 939 人。区教育局内设综合室（阳光服务中心、人事股、监察室）、基础教育股、学前教育和社会力量办学股（综治安全股）、教育督导室 4 个职能股室。下辖石峰区教育教学研究指导中心、石峰区教育技术装备站、石峰区教育会计核算中心、石峰区教育实践活动中心 4 个二级机构。2020 年，区教育局被评为市级全国文明城市创建先进集体，在市教育系统综治考核中获得满分，连续三个季度在区“五问工作法”考核中获评优秀单位。

【学前教育】 2020 年，区教育局积极推进学前教育优质普惠发展。新建公办园 2 所，委托举办公办园 12 所，新增公办园位 2690 个。开展普惠性民办幼儿园重新认定，购买普惠性民办幼儿园园位 4086 个。年内，公办园在园幼儿占比达 43.35%，公办园和普惠性民办园在园幼儿占比达 94.11%，全面实现以普惠为主体的学前教育服务体系。

【中小学教育】 2020 年，区教育局落实立德树人、坚持“五育”并举，不断完善全面育人体系。开展“扣好人生第一粒扣子”主题教育实践活动、“六礼三仪”文明习惯养成教育活动、“垃圾分类”主题教育活动。举办体育节、艺术节、科技节等活动，深入推进学生志愿服务活动。积极开展“3 点半”校内课后服务，教师和学生参与率达到 95%和 83%。全面落实划片阳光招生，全面消除大班额，抓好教育扶贫资助和控辍保学工作，辖区内小学适龄儿童入学率 100%，初中阶段入学率 100%，三类残疾儿童义务教育入学率达到 100%。

【民办教育】 2020 年，区教育局持续优化民办教育发展环境，进一步加强校外培训机构管理。年内开展校外培训机构专项治理、安全隐患排查整改、教学及从业人员专项排查，严格核查办学许可事项，着力规范办学行为，整改登记在册校外培训机构 2 家，整治无证无照校外培训机构 6 家，审批校外培训机构 6 家。

【党建工作】 2020 年，区教育局党委所辖党组织（支部）15 个，党员 560 人。开展“不忘初心，牢记使命”主题教育，举办习近平新时代中国特色社会主义思想教育、党建业务培训、“党课开讲啦”、第一期党员轮训班、田心片区师德师风报告会等培训活动。全年培育2个区级和1个市级行业党建示范点，发展7名党员，完成新一轮校级干部竞聘，调整学校党支部书记、副书记9名。着力推动“双培养”工程，将2名骨干教师发展成党员，将205名党员培养成骨干教师。教师节表彰70名教育工作先进个人，党员占比70%以上。落实党风廉政建设“一岗双责”，加强师德师风建设，持续开展违规征订教辅材料等专项整治，持之以恒正风肃纪。

【改善办学条件】 2020年，持续优化教育布局，推进义务教育新学校和标准化学校建设。投资2.6亿元，新建雪峰学校，完成主体工程，规划开设30个班，提供学位1500个。新建杉木塘小学分部、清水塘小学食堂，六中塑胶运动场建成交付，增添了先锋等6所学校的教育设施设备。

【教师队伍建设】 2020年，区教育局多措并举，大力提升师资水平。深入推进公办中小学教职工管理突出问题专项整治，在14所中小学校纵深推进“量补质奖”绩效考核办法，增大薪酬分配差额，提升教师育人动力。采取高校直招、社会招聘和选调的方式补充教师76名，及时有效补充、优化教师队伍。发放骨干教师津贴180.21万元、班主任津贴74.8万元、市级学科带头人津贴20.05万元，教师节评选表彰“优秀教师”等先进个人105名，不断提高教师获得感。

【教育督导】 2020年，区教育局深入推进教育督导工作。严格落实校长目标管理绩效奖，发放管理目标奖金150万元。强化专项督导，坚持问题导向，深入开展疫情防控、春秋季开学、校园安全、办学办园行为等专项督导评估，强化结果运用。坚持目标导向，开展义教均衡国家复检迎检和优质均衡发展指标监测工作，促进教育优质均衡发展。发挥督学的“探头”作用，推动学校督学导室建设。出台《石峰区督学责任区兼职督学考核办法（试行）》，加强对兼职督学考核。积极推进教育改革创新，培育推广学校特色教育创新项目20个。组织13位兼职督学参加省市级培训，10人督导论文获市级奖励，不断提升督学队伍素质。

【教育科研】 2020年，重点围绕学科教学改革、教师专业素养提升和中考质量提高等工作，全学科启动学科教学“模+”三年行动计划，深入开展建模研模推模及课题筹建等活动，全学科开展学生学业质量监测，大力促进国家课程的全面深入落实，全毕业学科开展“1+3”综合复习集体导学，切实增强复习的针对性和有效性。全面完成国家及省市培训任务，不断深化区级常态培训，利用暑假积极邀请市教研员对全体学科教师进行集中培训。课题获省级一等奖1个，说课比赛获省一等奖1个，现场授课比赛获市级及以上一等奖4个，线上教学比赛获市级及以上一等奖5个，微课比赛获市级以上一等奖4个，省级及以上刊物发表文章或出版书籍28篇（本）。

【校园安全】 深化平安校园创建，实现安全生产零事故。2020年，联合多部门齐抓共管，率先完成区属校园安防“四个100%”，率先完成禁毒教育进校园“三个 100%”。完善联合风险评估和预警、安全隐患排查和处置机制，全面划设校园周边交通标识、标线、标牌，设置防冲撞栏，牵头开展 4 次以上交通顽疾、无证摊担、占道经营等突出问题的联合专项治理，不断提高校园及周边安全防范水平。落实《石峰区中小学学生食堂管理实施细则》，实现校园食堂视频监控系统全覆盖，率先实现食堂管理“明厨亮灶”，持续加强食堂食品安全管理。开展 20 次校车安全专项整治，实现校车管理公司化、集约化、智能化。强化安全教育，深化“一校一品”，提高师生安全防范意识。

【教育信息化】 2020 年，石峰区已实现数字校园全覆盖，现有区级示范 14 所，市级示范 12 所，省级示范 4 所。完成 6 所学校的智慧黑板和配套教学设备的升级更新。深入开展“一师一优课”活动，共上传 475 节课，1 名老师优课获省优，25 名老师优课获市优。进一步完善空间应用，77 名老师获市级奖励。提升创新与实践能力，遴选 60 幅优秀作品参加市级评选并或市级奖励，1 名老师获省中小学实验教学说课一等奖。建立教育网络安全管理责任体系，在市公安局完成信息系统等级保护定级与备案，实现全年网络安全责任零事故。

（石翠柏）

档案区志

【概况】 2019 年，根据《中共株洲市石峰区委办公室职能配置、内设机构和人员编制规定》，区档案馆为区委办所属正科级公益一类事业单位，对外加挂区党史和区志研究室牌子，核定全额拨款事业编制 6 名。2020 年，区档案馆以创新服务为重点，强化档案数字化和馆藏建设，做好档案法制宣传教育和志鉴工作，稳步推进档案事业各项工作的有序开展。截至年底，馆藏档案资料已达 70554 卷、364558 件。

【安全防控】 2020 年元月正逢新春佳节，突然而至的新冠疫情来势迅猛，档案馆全体党员干部提前结束休假，按照区委统一工作部署，配合街道、社区积极参与到抗疫防疫工作之中，指导企业严格落实防疫措施，助力企业早日复工复产。为确保自身和民众查询档案的安全，聘请专业队伍每日对库房进行重点消毒。采取微信点对点形式实施网上查询，既满足群众的需求，又保证疫情的安全，受到群众的好评。通过开展档案馆安全风险评估，对标对表逐条排查，发现问题列出清单及时进行整改，重点对档案库房消防设施进行升级改造，加配整套的自动灭火装置和视频监控设备，极大地提高库房安全保障。

【法制宣传】 以“6・9”国际档案日为载体，区档案馆牵头组织在辖区开展“档案见证小康路，聚焦扶贫决胜期”征文活动。通过张贴宣传挂图、制作宣传板报、LED 屏滚动播放字幕等方式，广泛宣传档案法律法规，营造良好的社会氛围，增强全民的档案意识，进一步彰显了档案存史、资政、惠民、育人的职能。

【信息化建设】 按照“存量数字化、增量电子化、服务网络化”的目标要求，针对区档案馆库房和办公用房紧张，功能区域不全，基础条件差的实际情况，通过报请区委、政府同意，争取到 200 多平方米的办公用房，建立独立的信息化机房、档案整理修复中心、党史鉴志编研中心。制定《石峰区档案馆数字化资源管理制度》《档案馆数字化保密制度》《电子文档归档管理制度》等，进一步规范工作流程。聘请具有专业资质的信息化公司，重点推进纸质档案数字化，对馆藏的婚姻、文书档案集中进行扫描，整理归档文件档案326盒、10493件；对永久和30年保存的档案全部进行扫描，已建立44.34万条馆藏全部档案的案卷目录和文件级目录数据库，馆藏档案查阅全文数据做到即查即“印”，极大地提高档案查询效率。

【业务建设】 编制《石峰区“十四五”档案规划》，制定2020年档案业务指导计划。举办全区档案工作人员业务培训，聘请专家详细讲解档案收集、归档、整理等有关内容，有效提升参培人员的综合素养和职业技能。针对清水塘老工业区搬迁改造，棚户区改造及辖区企业破产、改制等情况，派出专人到项目指挥部和单位，出台具体档案业务指导方案，实现应收尽收档案接收目标。依托档案馆专业查询系统，协助区人社部门按时、按质、按量完成国有企业退休职工社会化管理档案移交工作，有效发挥档案专业技术的作用。

【志鉴编研】 《石峰年鉴》按公开出版的要求，这对编辑工作提出了更高的要求。编辑部在把好资料收集关、编辑修改关、审核检查关前提下，顺利通过方志出版社的严格专业审核，正式对外公开出版发行。档案馆还积极参与到《石峰工业人物》撰稿编辑查找线索、提供史料工作，为《石峰工业人物》一书的顺利出版奠定良好的基础。稳步推进《石峰区志》编辑准备工作，制定出编纂工作实施方案，做好资料的前期收集工作。

（何颖沙　伍颖萍）

文化旅游体育

【概况】 石峰区文化旅游体育局是区人民政府组成局，主管全区文化、旅游、体育工作。区文化体育旅游局下设一个二级机构：区文化馆。2020年，石峰区文旅体局以习近平新时代中国特色社会主义思想为指导，用心做好市文旅广体局布置的各项工作任务，认真贯彻落实区委、区政府的总体规划和工作部署，紧紧围绕举旗帜、聚民心、育新人、兴文化、展形象的使命任务，加强干部队伍建设，着力提高业务能力，全力推动石峰区文化、旅游和体育繁荣发展。

【文化阵地】 2020年，区文化馆日均接待排练群众240余人，组织文艺培训班24期。区图书馆接待读者5万余人次，新增图书1万册。文献流通4.2万册次，全年举办阅读活动18场，参与读者4000余人，推出“绘本奇妙夜”品牌活动。3个24小时书屋管理有序。积极探索社会资本投入现代公共文化服务事业，开办了桥梁厂、十里春风、长房君悦3家图书馆分馆，为广大市民就近阅读提供公共服务场地。完成九郎山村、大冲村、田心村社区等地的“门前三小”示范点建设。完善清水塘城市公园、雪峰岭公园配套健身设施。将文体服务与乡邻空间站、居家养老服务中心、小区驿站等场地相结合，推动部门协作，共同发力惠民生。

【品牌特色】 原创以“扫黑除恶”为主题的

节目，送省市进行演出。编创以“农村人居环境治理”为主题的节目，全年开展 “文化家家亲•送戏进社区”“乡韵石峰•送戏下乡”群众文化活动 11 场，公益培训 24 场，非遗展览 2 场。指导文艺团队为环卫工人、军人、社区老人等群体举办专场演出 5 场。举办九郎福柚节，为乡村振兴助力。同时，积极开展“健康动起来”志愿服务活动。完成非物质文化遗产剪纸项目年度评估工作。

【全民健身】 积极协调，在全市率先完成 3 个社会足球场建设。完成辖区健身路径统计和实地勘查。牵头成立广场舞、足球、健身气功等 14 个体育协会和兴趣小组。培训社会体育指导员 200 人次。与区总工会联合主办职工健步行活动，组织健康养生舞进行开场表演。全民健身日组织开展石峰区篮球和足球联赛。组织区直机关队参加全市曳步舞比赛，荣获一等奖。组织区直机关参加全市健身气功比赛，荣获马王堆导引术一等奖、八段锦二等奖。完成全国第 7 次体育场地普查工作和第 5 次国民体质监测工作。开展石峰区体育产业专项调查，共调查相关单位 67 家。

【红色研学】 秋瑾故居成功纳入株洲市红色研学旅行打卡名录。完成秋瑾研学基地“五有”设置工作。指导平台公司精心打造一日游和半日游研学线路，联合宣传部发动基层党组织、工会、妇联和团组织开展研学打卡活动，联系各大旅行社进行营销宣传推广。开办秋瑾讲坛特色活动，开展系列讲座 10 期，秋瑾故居作为具有石峰特色的红色基地和文化阵地作用进一步彰显。

【工业资源】 配合市文物局调查登录清水塘老工业区工业遗产 112 处，制定保护措施及办法。对全区的文物保护点的保护措施进行一次全面体检，增设一块保护碑，对一处厂房遗址进行屋顶翻修。积极协调清水塘公司和中车株机、中车株所等企业，深度挖掘石峰区工业旅游资源。中车株机将工业文旅开发工作列入重要议事日程，成立新事业推广部。中车株所依托时代学院整合所内资源，引入全国各地的企业参观培训和工业研学。清水塘公司将工业遗址公园、省工业博物馆、工业文创街区建设列入清水塘新城规划。积极做好工业旅游线路的开发和推荐，中车株机被市政府授予株洲市工业旅游示范点，中车株机和中车株所也被列入市文旅广体局重点推荐的工业线路之一。与区委宣传部联合举办株洲首届工业老物件交流会，并在株洲市规划展览馆举办工业版画展。

【常态检查】 2020 年，对辖区内的网吧、旅行社、星级宾馆、KTV、体育场馆等行管单位每月开展常态化检查，全力以赴做好疫情防控和安全生产，确保文化市场安全稳定。深入开展“扫黑除恶”斗争，全面净化社会文化环境。做好国卫复审和创文复查工作，切实履行行业主管责任。（张琰浠）

卫生健康

【概况】 石峰区卫生健康局，为区政府直属工作部门，承担全区卫生健康事业发展、深化医药卫生体制改革、疾病预防控制、卫生健康综合监督执法、计划生育管理服务、基本公共卫生服务、妇幼保健等职能。机关行政编制 11

名。内设办公室（职业健康股）、卫生健康股（基药股、区卫生应急办公室）、人口监测与家庭发展股、爱卫工作股（区爱国卫生运动委员会办公室）4 个股室。下辖区妇幼保健计划生育服务中心（区妇幼保健院）、区疾病预防控制中心、区卫生健康综合监督执法大队、区老年健康服务中心、区卫健会计核算中心、5 个街道社区卫生服务中心、原区人民医院等单位。

2020 年，区卫生健康局所属事业单位核定编制 224 人，实际在编在岗职工 150 人。辖区各类医疗卫生机构 121 家，共设病床 1665 张。有卫生技术人员 2299 人，其中执业医师 688 人，占 29.92%，注册护士 947 人，占 41.19%，村医 10 人，占 0.4%。

【党建引领】 全面从严治党，认真落实管党治党政治责任，严格落实“一岗双责”，推进党风廉政建设，严格执行“三重一大”制度，将党建工作纳入绩效考核内容。强化意识形态教育，做到“三个纳入”“四个一同”，全年开展新冠肺炎疫情防控、脱贫攻坚、意识形态等专题学习 10 次，在省级以上主流媒体刊发稿件 52 篇，向市委网信办报送涉株、涉湘敏感舆情线索 200 余条，及时处理、回复网络舆情 2 例。全面开展党支部“五化”建设，继续选派本系统副科级干部到基层党支部任第一书记，营造齐抓共管的良好氛围。新建 1 个党支部，截至年底，已有 7 个支部达到“五化”标准，1 个软弱涣散党组织得到整顿提升。深入开展“不忘初心，牢记使命”主题教育，新冠肺炎疫情期间，党员干部亮身份树形象做表率，3 名一线医护人员火线入党。

【新冠肺炎疫情防控】 在常态化疫情防控形势下，全面提升核酸检测能力，区疾控中心、株洲市二医院 PCR 实验室如期建设完成并投入使用，日检测能力约 280 人份。组织辖区医疗卫生机构开展三批次新冠肺炎鼻咽拭子采样技术培训，培养采样人员 440 人，实现全区医疗机构全覆盖。顺利开展秋冬季疫情防控应急演练，从疫情监测报告、流行病学调查、疑似病例转运、医疗救治、组织指挥体系、集中隔离点启用和开放、社区封闭管理和生活供应、环境监测和消杀等方面对新冠肺炎疫情的处置进行全链条大排练、大排查、大演练，应急处置能力得到提升。

【国卫复审】 区指挥部通过抓机制建设、提质改造、网格化管理，全面提升国卫工作成效。建立督查交办机制，紧盯目标抓调度，围绕重点抓督查，聚焦问题抓整改，共计下发交办单 35 期，交办问题 752 个。坚持拆违治违先行，坚持物业管理前置，坚持公共服务预设，坚持项目统筹推进，四位一体”推进老旧小区改造，提升人居环境。坚持公司化、规范化、智慧化，以“三化”模式打造农贸市场，改善购物环境。依托社区网格化服务优势，实现业务培训、宣传推广、民情反馈全覆盖。10 个专业组对照国卫复审迎检工作标准，狠抓工作薄弱环节，对标对表开展五大专项整治行动，10 月底株洲市顺利通过省级明检。

【深化医改】 推进分级诊疗，成立医联体社区工作小组下沉辖区 5 家社区中心，专家定期进社区坐诊并进行业务指导，本年度坐诊 189 场次，接诊 2962 人。实施优惠政策，惠及家庭医生签约服务对象 9231 人次，门诊及住院优惠总额达 49.5 万元。实施双向转诊，畅通转诊绿色通道，上转病人2675人，下转114人。开展业务培训与交流，多次组织医联体成员单位开展糖尿病、神经康复、脑卒中等专业培训。

【人才队伍建设】 优化岗位设置，对5个街道社区卫生服务中心的中、高级职称进行调整，全年新增6个高级职称、18个中级职称，有效解决中高级职称晋升人员的压力。公开招聘卫生专业技术人员，2020年面向高校公开招聘应届毕业生5人，面向社会公开招聘17人，其中招聘医生10人，护理5人，其他专业技术人员7人，有力充实基层医疗卫生队伍。规范职称评审工作，完成17名专业技术人员的职称晋级。做好人事档案整理工作。

【人口监测与家庭发展】 2020年石峰区人口总数为207098人，政策内出生1348人，符合政策生育率99.14%，出生率6.53‰，出生人口性别比111.54，人口自然增长率2.24‰。全面落实奖励扶助政策，农村奖扶共计571人，特别扶助共计703人（包含手术并发症12人），共计发放扶助金额723.93万元。建立区、街道、社区（村）三级走访慰问制度，对695名计划生育家庭特别扶助对象进行走访慰问。全面落实双岗联系人制度、家庭医生签约和就医绿色通道“三个全覆盖”。推进托育服务高质量发展，做好3岁以下婴幼儿照护服务工作，备案托育服务机构1家。

【老龄健康】 整合盘活智成医院、康复医院等医疗资源，抓实办好区人大医养结合议案，助推医院临终关怀病房改造，目前全区共有医养结合床位685张，安宁疗护床位122张。开展“银龄安康”工作，为全区606名老年人办理意外伤害保险，完成率为100%。严格按照标准条件和程序，办理《老年人优待证》3349本。举办“老年健康宣传周”和“敬老月”主题活动，发放老年人常见慢性病预防宣传资料3000余份，在“敬老月”活动启动当天邀请老年人慢性病专家坐诊，为老年人免费诊疗。发放免费检测血糖、血压，并提供康复理疗服务券120张。

【妇幼保健计生服务】 保障母婴安全。2020年。全区无孕产妇死亡，5岁以下儿童死亡11人，死亡率5.52‰，其中婴儿死亡9人，死亡率为4.52‰。

抓好两项民生实事。孕产妇免费产前筛查项目和农村及城镇低保适龄妇女“两癌”免费筛查项目。2020年，孕产妇免费产前筛查目标数为1448人，全区共完成孕产妇产前免费筛查为1448人，筛查率100%，其中高风险阳性人数309人，干预273人，干预率88.35%，产前筛查高危孕产妇妊娠结局随访率为100%。2020年农村及城镇低保适龄妇女“两癌”免费筛查任务数1816人，共完成检查1878人，超额完成任务目标，参检筛查对象中确诊癌症2例，均按宫颈疾病诊疗规范进行治疗。

防治出生缺陷。依托妇幼公共卫生服务项目，统筹实施出生缺陷综合防治，成功阻断严重致残致愚致死性缺陷儿出生，2020年活产出生缺陷发生率为77.27%，婚前医学检查率为92.19%，孕前优生任务数346对（含云龙区150对），目标人群覆盖率为100%。

【疾病预防控制】 急性传染病防控。2020年全区共报告传染病2186例，报告发病率较上年同期下降35.66%。及时报告并有效处置突发公共卫生事件7起，聚集性疫情4起。

学校卫生。落实预防接种证查验及疫苗补充工作，全年为 15000 名中小学生接种含流脑成分的疫苗、流感疫苗、肺炎疫苗等二类疫苗，建立有效免疫屏障。委托省直中医院组织体检队，对全区中小学生开展年度体检。委托株洲市仁和眼科医院对全区 2 所幼儿园、2 所小学、2 所初中、2 所高中和 1 所职高开展儿童青少年近视调查。

慢性病防控。对健康主题公园、健康步道等健康支持性环境进行 4 次维护，新建成 2 条卫生健康示范街（田红路、杉塘路）。慢病监测稳步推进，2020 年肿瘤病例新发登记 315 例，累计登记 6405 例，荣获国家癌症中心 2020 年肿瘤登记工作优秀奖，组建 22 支健走队伍参加 2020 年湖南省万步有约拓展赛活动。新建立 6 家艾滋病快速检测点，开展 8 场青少年艾滋病预防知识宣传讲座。继续实施严重精神障碍患者监护人“以奖代补”奖励政策，监护奖励对象 200 人，发放资金 48 万元。全区共建立 102 处健康教育宣传栏进行健康知识宣传，每日在网格群中推送一条健康知识，结合卫生健康主题宣传日，全年开展“5·20”全民营养周、“5·31”世界无烟日、“9·1”全民健康生活方式日等线下宣传活动 6 次。巩固血吸虫病消除达标工作成果，全年完成查螺 986 万平方米，未发现钉螺，灭螺 27.02 万平方米，灭蚴 43.42 万平方米，完成血吸虫病人群查 3819 人。

【卫生健康综合监督执法】 2020 年共出动卫生监督员 5361 人次，监管相对单位 4732 户次，下发监督意见书 2774 份，对 115 家监管相对单位进行行政处罚，累计罚款 49800 元。强化医疗卫生监督，先后组织开展医疗废物废水专项监督检查、医疗美容专项检查、医疗卫生机构传染病防治检查、打击非法行医、放射诊疗许可专项检查等专项行动，净化市场环境，规范医疗卫生执业行为。推进职业卫生监督工作，辖区现段涉及职业病危害系统登记在册的生产经营企业有 36 家，接触职业危害从业人员 6323 人，2020 年下达意见书 36 份，立案 7 家。开展学校卫生监督，不定期对学校饮用水水质开展检测，对 3 家水质检测报告不达标的单位进行立案查处。加强公共卫生监督，开展住宿场所卫生问题、游泳场所卫生问题、医疗美容问题等专项监督。高标准完成“双随机”监督抽查任务，重点监督抽检共 61 家，完结率为 100%。畅通政务服务渠道，严格落实“一件事一次办”工作要求，办理完成公共场所行政许可 92 件。完成 2 例“两非”典型案件，社会抚养立案 8 起，其中移送法院强制执行 3 起，完成征收社会抚养费 40000 元。

【基本公卫】 卫生健康工作全面融入网格，以社区为着力点，在沈家湾社区试点开展重点特殊人群的家庭医生签约，签订个性化服务包 435 个，覆盖率为 72.3%。落实国家 14 大项基本公共卫生服务项目，规范建立居民健康档案。截至年底，全区建立居民电子健康档案 182620 份，建档率为 72.06%，逐步推进电子健康档案向居民开放。定期开展健康教育。预防接种入托、入学查验证查验率为 100%，各类疫苗接种率达到 90%以上。加强对孕产妇、0—6 岁儿童、老年人、慢性病患者、严重精神障碍患者、结核病患者的健康管理。

【无偿献血】 开展以“安全血液拯救生命”为主题的第 16 个“世界献血者日”宣传月活动。利用各种媒体进行广泛宣传。在社区医疗机构学校张帖标语海报，组织无偿献血讲座 6 场，制作宣传展板共 21 块，发放宣传手册 7000 余份。全年无偿献血人次达 1240 人，血液量达到 372000 毫升。

【计生协会】 “5·29”全国计生协会员活动日期间开展“每日一访送服务”活动。通过“一补贴、两保险”（重病大病住院护理补贴、计生特殊家庭健康保险、计生特殊家庭住院护理保险），为计生特殊家庭提供经济帮扶共计 592592 元，其中住院护理补贴 162000 元，113 人受益，两项保险赔付资金 430592 元，121 人受益。走访慰问计生特殊家庭、育龄群众、留守人员、困难党员等重点关怀对象共计 110 人。2020 年，街道计生协会获全省群众自治先进乡（街）称号，丁山、井墈社区获全省群众自治先进村（居）称号。（肖勤勤）

表 9　　2020 年石峰区医疗卫生机构一览表

序号	机构名称	机构地址	法人姓名	机构类别	经营性质	床位数（张）
一、医院						
1. 综合医院（3 家）						
1	株洲市二医院	响田东路 269 号	邹祖倡	三级综合医院	非营利性医疗机构（国有全资）	600
2	株洲市中心医院田心院区	株洲田心东门	蔡安烈	三级综合医院	非营利性医疗机构（国有全资）	236
3	株洲北雅医院	株洲市石峰区湘天桥	周自力	二级综合医院	非营利性医疗机构（企业改制）	220
2. 专科医院（6 家）						
1	株洲市康复医院	湖南省株洲市石峰区铜藕路 37 号	陈　健	二级康复医院	非营利性医疗机构（企业改制）	360
2	株洲智成医院	湖南省株洲市石峰区铜藕路 360 号	胡银发	二级其他专科医院	非营利性医疗机构（企业改制）	350
3	株洲海福祥老年病医院	株洲市石峰区建设北路 489 号	周小辉	二级其他专科医院	非营利性医疗机构（私有）	300
4	株洲市石峰区人民医院	株洲市石峰区湘天桥 2 号	袁子谷	二级暂缓待定	非营利性医疗机构（国有全资）	120
5	湖南株洲化工集团有限责任公司医院	株洲市石峰区清水塘株化生活区内	肖　忠	二级其他专科医院	非营利性医疗机构（企业改制）	150
6	株洲华肤皮肤病专科医院	株洲市石峰区红旗北路 69 号	蔡贞恩	一级专科医院	非营利性医疗机构（私有）	100
二、基层医疗卫生机构						
1. 公共卫生机构（3 家）						
1	株洲市石峰区妇幼保健计划生育服务中心	株洲市石峰区铜霞路 1555 号	艾立珠	公共卫生机构	非营利性（政府办）	0
2	株洲市石峰区疾病预防控制中心	株洲市石峰区铜霞路 1555 号	刘　杰	公共卫生机构	非营利性（政府办）	0
3	株洲市石峰区卫生健康综合监督执法大队	株洲市石峰区铜霞路 1555 号	张　华	公共卫生机构	非营利性（政府办）	0

续表 9

序号	机构名称	机构地址	法人姓名	机构类别	经营性质	床位数（张）
2. 社区卫生服务中心（站）（7 家）						
1	株洲市石峰区清水塘街道社区卫生服务中心	石峰区清水塘街道人才劳动力市场	唐常青	社区卫生服务中心	非营利性（政府办）	30
2	株洲市石峰区井龙街道社区卫生服务中心	株洲市石峰区新民路	朱　艳	社区卫生服务中心	非营利性（政府办）	30
3	株洲市石峰区响石岭街道社区卫生服务中心	石峰区响田西路	石　锋	社区卫生服务中心	非营利性（政府办）	30
4	株洲市石峰区田心街道社区卫生服务中心	株洲市石峰区田心曹家巷	罗明珍	社区卫生服务中心	非营利性（政府办）	30
5	株洲市石峰区铜塘湾街道社区卫生服务中心	株洲市石峰区铜霞路1555 号	吴震江	社区卫生服务中心	非营利性（政府办）	10
6	株洲市石峰区田心街道叫鸡岭社区卫生服务站	株洲市红旗北路 289 号	唐　俊	社区卫生服务站	非营利性（非政府办）	0
7	株洲市石峰区响石岭街道白石港社区卫生服务站	石峰区建设北路 7 号	杨明清	社区卫生服务站	非营利性（政府办）	0
3. 村卫生室（14 家）						
1	株洲市石峰区井龙街道办事处九郎山村卫生室	株洲市石峰区九郎山村	凌贵红	村卫生室	非营利性（政府办）	0
2	株洲市石峰区铜塘湾街道长石村卫生室	石峰区铜塘湾街道长石村	冯凯亮	村卫生室	非营利性（政府办）	0
3	株洲市石峰区铜塘湾街道新桥村卫生室	石峰区白马新桥村	李志军	村卫生室	非营利性（政府办）	0
4	株洲市石峰区井龙街道新明村卫生室	石峰区井龙街道新明村	袁丽宇	村卫生室	非营利性（政府办）	0
5	株洲市石峰区铜塘湾街道清水村卫生室	石峰区铜塘湾街道清水村	冯秀连	村卫生室	非营利性（政府办）	0
6	株洲市石峰区铜塘湾街道建设村卫生室	石峰区白马建设村	袁常辉	村卫生室	非营利性（政府办）	0
7	株洲市石峰区井龙街道郭家塘村卫生室	石峰区井龙街道井龙村安置小区	郭水仙	村卫生室	非营利性（政府办）	0
8	株洲市石峰区清水塘街道九塘村卫生室	石峰区清水塘街道九塘村	龚利芝	村卫生室	非营利性（政府办）	0
9	株洲市石峰区铜塘湾街道霞湾村卫生室	石峰区霞湾村	刘　洋	村卫生室	非营利性（政府办）	0
10	株洲市石峰区清水塘街道大冲村卫生室	石峰区清水塘街道大冲村	吴清华	村卫生室	非营利性（政府办）	0
11	石峰区井龙办事处荷花村卫生室	石峰区井龙办事处荷花村	吴建国	村卫生室	非营利性（政府办）	0
12	株洲市石峰区响石岭街道石峰村卫生室	株洲市建设北路 63 号	楚继纯	社区卫生服务站	非营利性（政府办）	0
13	株洲市石峰区清水塘街道大华村卫生室	石峰区清水塘办事处大华村	刘导明	村卫生室	非营利性（政府办）	0
14	株洲市石峰区井龙街道茅太新村卫生室	石峰区井龙街道茅太新村	张寿清	村卫生室	非营利性（政府办）	0

医疗保障

【概况】 2019年4月，石峰区医疗保障局成立，核定编制3名，为区政府正科级工作部门，主要职能为基本医疗、药品采购、医疗服务价格和医疗救助。下设区医疗保障事务中心，核定全额拨款事业，编制4名，为副科级公益事业单位。正式在岗职工8人，其中行政编制4人，事业编制4人。2020年，区医保局坚持聚焦“健全医疗保障体系”一条主线，紧扣“市级统筹、打击欺诈骗保、经办服务和大病医疗救（补）助”四大重点，全区医疗保障工作在改革中焕发蓬勃生机，人民群众对医疗保障工作的获得感、满意度大幅度提升。

【医保参保】 截至2020年底，城乡居民医保参保人数达到9.42万人，职工医保参保人数达到13.55万人，全区参保人数实现全覆盖。

【基金收支】 2020年，城乡居民医保（原新农合）基本医疗保险基金收入1662.16万元，支出1609.75万元，历年累计结余607.01万元。

【医保待遇】 2020年，全区住院报销2782人次，报销金额1237.8万元。普通门诊报销10691人次，报销金额88.11万元。家庭医生签约服务5774人，报销金额40.1万元。共有86人享受特殊病种门诊待遇约55.4万元，共有16人享受特殊药品待遇46.86万元。

【市级统筹】 2020年10月1日开始，基本医疗保险和生育保险实行市级统筹。5月，市医保局、市财政局和第三方机构开展联合审计，石峰区基金使用规范、无违规行为，医保基金略有结余。市级统筹工作有序推进，9月底，将原新农合基金890万元拨付至市级财政专户。

【医保监管】 2020年，组建由18名医师、护师、会计师等组成的专业基金队伍。由区纪委牵头，联合卫健、市场监管等部门，联合开展基金监管，通过现场检查和数据核查，共拒付违规基金10.8万元。

【医疗救（补）助】 2020年，出台《关于规范医疗救助和适当调整区大病医疗再次补偿的实施方案（试行）》。全年医疗救助和大病再次补助支付607.7万元，惠及8729人。其中资助低保、特困供养和重度残疾对象参加基本医保4177人共104.43万元；救助困难职工和城乡居民住院3994人次共366.44万元；特殊对象的住院费用实现“一站式结算”505人次共132.23万元；特殊门诊补助困难群众53人次共4.6万元。

【疫情防控】 严格落实阶段性减征、缓征职工基本医疗保险费政策，全区163家企业缓缴医保基金265万元，249家企业阶段性减征72万元。疫情期间，采取电话、微信、QQ等途径受理咨询、办理相关业务69人次。向定点救治医疗机构株洲市二医院预拨医疗救助资金20万元，确保患者不因医疗费用问题得不到及时救治。

（洪　玮）

物业服务指导

【概况】 2019年，政府职能调整，将原建管办与原城管局物业办合并成立石峰区物业服务指导中心。同时成立街道物业管理办公室，配备专职工作人员负责辖区内物业管理工作，并规定每个社区的网格员兼管基层的物业管理工作。2020年，物业服务指导中心主要在房地产业服务安置房分配、疫情防控、保障性住房、推进无物业小区自治等方面做大量的工作。

【疫情防控】 为落实中央、省、市、区相关疫情防控工作要求，根据石峰区区委、区政府的疫情防控工作要求，区物业服务指导中心（以下简称物业中心）从2月1日至2月11日，将中心全体工作人员分为5组，对区内物业住宅小区开展巡查工作，发现小区没有体温枪、消毒清洁次数不够等问题203个，向各街道共计发出23份整改通知，涵盖区内95个物业住宅小区。

疫情防控期间，物业中心为做好后勤保障工作，积极向上级部门争取各类防疫物资，截至3月底，物业中心向区内59家物业公司99个物业项目累计发放消毒液2500千克、医用酒精300千克、口罩9000只。

根据《株洲市城区物业服务企业疫情防控专项补助实施细则》的文件精神，从3月份开始，物业中心积极开展区内各物业住宅小区的疫情防控专项补助申请受理和初审工作，截止到4月中旬，全区共有107个物业住宅小区进行了补助申报，经物业中心与各街道、社区初步审核后，自动放弃3个，审核未通过8个，最后审核通过96个，物业中心并于4月24日将所有补助资料移交与市物业事务中心，圆满完成疫情补助的初审工作。

【房地产业服务】 2020年，区物业服务指导中心加大对“一城一策”政策的宣传落实，促进了更多优质企业来区投资，石峰区全年固定资产投资达28.14亿元，市区排名第四；商品房销售面积31.81万平方米，市区排名第一。加强“四上企业”培育工作，积极做好企业入统项目入库工作，年底完成4家企业入统入库，协调处理房地产项目配套设施建设及信访维稳问题23件。

【安置房分配】 区物业服务指导中心持续推进各安置小区分房工作，组织田心街道完成90户安置户对象的基本情况调查摸底和安置信息的核对工作。制定叫鸡岭安置房分房工作方案，完成每户房型匹配工作。井龙安置小区二期分房工作安置到位，叫鸡岭安置小区分房工作全部完成。

【保障性住房】 区物业服务指导中心严格按规定开展保障性住房资格受理工作，认真开展申请家庭保障资格初审，圆满完成资格申报登记工作，2020年，全区保障性住房资格审核通过共140户。积极配合株洲市住房保障中心保障性住房分房工作，通知辖区内253户在保对象进行集中选房，让困难无房家庭真正做到居有其所。

【加装电梯】 区物业服务指导中心全年完成加装电梯申报受理56部，超额完成全年50部申报受理工作任务。其中2部电梯已完成施工，已完成线上图审工作并动工的7部，进入线上图审阶段的 4 部。通过老旧小区加装电梯，进一步完善小区住宅功能，提升小区居住品质。

【无物业小区业主自治】 区物业服务指导中心按照市对区 80 个无物业小区业主自治工作任务要求，多措并举持续推进无物业小区自治工作。截至年底，已完成无物业管理小区业主自治任务目标 80 个，确保小区“保洁、保安、保运转”。

【开展调研】 为夯实工作基础，根据区委区政府的指示，2 月物业中心积极开展石峰区内 2 栋以上住宅小区的摸底调查，调查统计出小区 211 个，其中有物业的小区 99 个，无物业管理小区 112 个，已成立业委会的小区有 149 个，未成立业委会的小区 62 个，有 68 个小区具备建小区门卫的条件，为 2021 年全部建立小区业主委员会打好基础。（吴敏骅）

街 道

清水塘街道

【概况】 清水塘街道位于北纬 27° 88′ 23″ ～27° 95′ 01″，东经 113° 04′ 83″ ～113° 10′ 55″。地处石峰区北部，东与井龙街道接壤，东南与响石岭街道相连，南与铜塘湾街道为邻，西与湘潭市岳塘区昭山乡毗连，北与长沙市雨花区交界。辖区东西直线距离 5.3 千米，南北直线距离 7.5 千米，总面积 21.02 平方千米。其中陆地 19.78 平方千米，占 93.5%；水域 1.2 平方千米，占 6.5%。2020 年，清水塘街道辖井墈、沈家湾、湘天桥、花果山、报亭、果园、华垅 7 个社区，大冲、白马和九塘 3 个建制村，下设 324 个居民小组，41 个村民小组。人口 44614 人，其中户籍人口 26757 人，常住人口 21811 人，流动人口 2184 人。

2020 年，清水塘街道现在编在岗人员 31 人，事业编制人员 11 人，行政编制人员 14 人，机关工勤编制人员 1 人，事业工勤人员 5 人。另有网格员 52 人，划分为 43 个网格。街道党委下设 6 个基层党委，4 个党总支，54 个党支部，有共产党员 3100 人。

清水塘街道以习近平总书记系列重要讲话精神为指导，大力弘扬“火车头精神”，深入推进小区党建、网格化管理、美丽乡村升级建设等中心工作，较好地完成各项工作任务。辖区人居环境、生态环境、经济环境持续提升，区域转型发展初见成效。

【党的建设】 将意识形态工作列入街道中心组学习的重要内容，中心组学习实行每月一讨论，每季度一研究，形成了从党工委到小区党支部、从党组织到党员、从内容到形式、从落实到考核的一套较为完善的抓意识形态工作机制。不断激发干部干事活力。将主题党日与“每月一日”下网格相结合，锤炼真抓实干之风。通过“进网格，解难题”活动，全年解决“三供一业”和老旧小区遗留问题 69 件。全年开展街道和社区（村）作风督察 15 次，处置不合格党员 2 名。注重培训入党积极分子。严格落实党员发展程序，继续推行发展党员全程纪实，坚持成熟一个发展一个，切实把好党员队伍“入口关”。5 月 25 日至 27 日，组织 11 名入党积极分子进行集中培训，为党的组织发展，储备一批先进积极分子。

软弱涣散党组织整顿工作。根据上级部门的部署，通过对村（居）两委运行情况调研以及全面深入摸底排查，确定白马村党总支和清水塘老年医院为街道 2020 年软弱涣散党组织。

然后明确联点领导，派驻第一书记。通过召开座谈会、走访调研、征求意见等途径进行摸底调查，结合单位实际，制定整顿工作方案。清水塘老年医院党支部针对活动阵地不规范的问题，按照党支部“五化”建设“七有”标准，于2020年8月完善阵地建设和设施配置。白马村党总支针对党组织凝聚力不强、服务水平不高、群众满意率低和村级党组织带富能力欠缺、集体经济薄弱等问题，以农村集体产权制度改革为契机，运用白马村股份经济合作社，完成土地流转2公顷，引进1家大棚体验式农业大户来村发展壮大集体经济。以“乡邻空间站”建设为契机，规范建设便民服务大厅、文化活动室和办公场地，于年底前完成村级组织活动场所的搬迁工作。大力整顿群众反映集中的“马路市场”安全隐患，新建白马集贸市场，完成白马马路市场整治搬迁，加强白马集贸市场安全监管，为村民打造一个安全舒适的消费场所。

推行小区党建。2020年，按照“因地制宜、应建尽建”原则，经全面摸排，完成了清石嘉苑、融城雅园、齐修塘二期、中成化工小区、广汇小区、新容湾散户、天顺品阁7个小区党建阵地建设和小区党支部组建工作，选出第一届支委班子并及时召开第一次议事会。同时，将街道29个网格党支部更名为小区党支部。

实行社区（村）书记、主任“一肩挑”。2020年，制定《清水塘街道社区（村）书记、主任“一肩挑”工作实施方案》，成立工作组，深入各社区（村）采取召开座谈会和个别谈话的方式，掌握社区（村）书记、主任思想动态。8月，全面完成10个社区（村）书记、主任“一肩挑”工作任务。社区（村）“两委”换届。2020年7月，大冲村从外出务工经商返乡人员中补选2名35周岁以下、本科以上文化程度的党总支委员，优化村“两委”成员的年龄和文化结构。为做好社区（村）“两委”换届选举筹备工作，深入开展“三必谈”（街道党工委书记与社区（村）书记、主任必谈，街道联点班子成员与其社区（村）“两委”干部必谈，街道联点干部与党员、组长必谈）活动。全年共谈心谈话2800人次，切实打牢换届选举前的思想基础。为做好社区（村）“两委”换届选举筹备工作，街道班子成员分别逐社区（村）开展换届前工作调研，围绕社区（村）基本情况、党员群众思想状况、班子现状和后备人选等，广泛征求意见，形成综合分析报告，供换届选举时参考。

抓好党员教育管理工作。2020年，街道对株冶、株化、广铁机务段等40余家移交企业党员信息进行核对，全年共接收70余名退休党员。对2名不合格党员进行处置，并报区委组织部进行审批，还对2名不合格党员进行自行脱党除名处置。按照全年培训党员不少于党员总数的25%的要求，街道采取“集中培训、参观考察、党员自学”的方式开展党员轮训培训，全年共开展“光影铸魂”电影党课活动60余次，“党课开讲啦”40余次。截止到11月，全街道已组织1000名党员参加轮训培训活动。

全面落实城市居民小区党建工作要求和部署，将有55名党员的报亭社区党支部升格为报亭社区党总支，分别在广汇小区、新容湾散户设立2个党支部。2020年5月，按“调查摸底—召开会议研究—报上级党组织批准—公示—颁发聘书”程序进行选聘，对10名街道兼职“大工委”委员上报区委进行审批，对49名社区“兼职委员”审批后，及时颁发聘书。

发挥党员先锋模范作用。2020年，街道组织2766名党员捐款234469元用于支持疫情防控工作。16名党员缴纳大额党费16600元用于新型冠状病毒肺炎疫情防控工作。为打赢新型冠状病毒肺炎疫情防控阻击“战疫”，沈家湾社区成立了由市科协、区人大、街道联点干部、火炬物业公司、社区党员志愿者等50名党员组成的疫情防控工作临时党支部，共同参与疫情防控。各社区（村）组织近千名党员志愿者，参与对主干道设卡进行严格管控，对进出车辆及人员进行信息登记和测量体温。

【文明创建】 为扎实做好文明城市复检工作，2020年，清水塘街道成立了由街道党工委书记、办事处主任为组长和副组长的创建工作领导小组，并下设办公室和 7 个社区具体工作小组，对辖区实行责任制，定期检查、指导和督促，全面形成以“党工委为核心，各部门为基础，居民群众为主体，社区单位共同参与”的文明创建方式。明晰职责，强化督查督办，确保文明城市建设的各项工作有条不紊地开展。通过广泛开展新时代文明实践活动，调动辖区居民参与全国文明城市创建的积极性、主动性和创造性，营造全民参与创建的良好氛围。

街道党工委立足于创建整洁、文明的工作生活环境，坚持不懈地抓好环境卫生综合整治。坚持做好城市保洁和管理工作。继续加大街路清扫力度，实施全天候保洁，实行生活垃圾日产日清，实施常态管理和突击整治相结合，定期组织志愿者对重点路段集中整治，清理卫生死角。强化责任意识和属地管理，加强对居民、商户、建筑企业的管理，与相关责任人签订责任书，杜绝乱扔乱倒、乱贴乱画、随意倾倒建筑垃圾的现象。抓好农村人居环境整治工作，做好农村垃圾堆放点、抓好房前屋后和庭院卫生，确保家园清洁。加大河渠沟塘清障清淤、截污治污力度，确保水源清洁。组织社区对城中村、城乡接合部和居民区的明沟暗渠实施清理，清除“四害”滋生地。迎检期间，城中村文汉堂两次经省预检病媒生物均获得好评。按照“五统一”“三饱和”原则，开展全方位、大面积以灭鼠为重点的春秋季除“四害”活动。联合金卫病媒生物公司修补毒饵站 200 个，投放除“四害”药物 400 千克，全面喷雾消杀 2 次。联合辖区的物业公司，对绿化带开展修剪除虫和消除蚊蝇行动。

【安全生产】 全面完成烟花门店退出工作，街道与辖区内（原）持证的 6 家烟花爆竹零售店全部签署《石峰区烟花爆竹经营门店退出奖励协议》，统一发放退出奖励。按照相关规定协助辖区内企业复工复产，并帮助企业联系消毒用品、口罩等防疫物资的购买渠道。让企业做到安心复产，有序复产。开展安全生产集中整治，完成白马马路市场搬迁，消除马路市场安全隐患，活跃村集体经济。开展交通顽障痼疾整治。在老 320 公路与白马路交叉路口涵洞处道路边缘增设安全防护栏，涵洞口增设凸透镜，增设减速慢行警示标牌。开展石峰区打通“生命通道”集中攻坚行动：在建筑物出入口、宣传栏、住宅小区单元门口张贴通告和严禁占用消防通道的宣传标语、海报。5 月 9 日至 5 月 15 日开展了为期一个星期防灾减灾宣传周活动。活动通过线下、线上相结合的方式开展应急防灾知识宣传，提高全民安全文明素质。6月，结合“消除事故隐患”宣传主题，筑牢安全防线。开展为期一个月的安全生产宣传月活动。6 月 23 日上午，街道抽调 10 名工作人员参加石峰区森林火灾和油罐火灾事故应急处置综合演练。全年共组织集中执法检查企业 103 家，出动执法人员 206 人次，排查发现安全隐患 113

处，存在的隐患经复查后都已整改到位。

【计划生育】 2020年，共办理一孩生育服务证81本，二孩生育服务登记证71本，再生育服务登记证2本。配合社区卫生服务中心完成居民个人健康体检1849人次；管理高血压患者2517人；管理糖尿病患者971人。对辖区65岁以上老年人进行健康管理4577人，完成老年体检627人。发放孕妇保健手册75人，高危产妇管理128人，产后家庭访视110人，电话随访319人。举办网上孕妇课堂30次，开展孕妇学校课堂3次，听课人数90余人次，发放健康教育资料150余份，免费发放叶酸52人。辖区妇女“两癌”免费筛查436人次。0—6岁以下儿童系统保健管理2028人（含流动），辖区幼儿园儿童免费体检859人。实行预防接种信息化管理的儿童5142人，按免疫接种要求适时接种疫苗，0—6岁儿童共接种一类疫苗3402人次，共接种二类疫苗5192人次。0—3岁儿童中医健康管理数682人，中医调养249人。老年人中医健康管理与中医体质辨识共1849人次。组织开展“科学坐月子”“新型冠状病毒肺炎疫情你知道多少”“家庭医生签约服务”“小学生青春期健康教育”4次讲座。组织辖区居民参加“疫情期间孕产妇心理保健”“疫情之下如何保护耳朵”2次线上健康讲座。开展“世界家庭医生日”“麻风病宣传”“世界无烟日”3次义诊。通过线上、线下的方式对辖区村卫生室、幼儿园、小学进行结核病知识宣传。管理精神病人243人，体检27人。脑卒中免费筛查2000人，其中高危276人。积极开展优生优育工作，截至年底，共完成40对任务数。计生奖励扶助109人，计生家庭特扶148人。

【农村农业】 积极配合清水塘国土所完成入户房地一体确权登记2482户。完成白马马路市场搬迁，消除马路市场安全隐患，活跃村集体经济。进一步加大农村人居环境整理力度，以九郎山美丽乡村建设为契机，开展“四类房”整治。按照市、区扶贫工作要求，做好“扶贫回头看”工作，整村推进以农民增收为重点，以全面脱贫为目标，带领村干部走访上户，全面完成381户非建档立卡户脱贫工作。大冲村民居及三边改造工作基本完成，九塘村新村级活动场所建设实现“三通一平”。白马、九塘村完成彩霞苗木、爱民种养殖农场、中华蜂养殖3家大棚体验式农业大户落户。2020年，街道被湖南省民盟列入乡村振兴实践基地。

【便民服务】 2020年，街道便民服务中心综合受理事项1782件，其中，即办事项387件，流转事项505件，其他咨询事项890件。办结率达到98%，做到了业务办理零投诉。不断完善便民服务软硬件设施，服务中心前台共设四个综合服务窗口，均可受理就业、社会救助、社保、退管、计生、残联、老年证办理等事项，即办件做到“一件事一次办”，真正做到让群众少跑路。2020年新增城镇就业人员1943人，办理失业证305人，困难认定285人。按月做好失业人员确认及“311”跟踪服务工作。对系统内已死亡、退休和就业的人员及时做好注销登记。掌握失地农民基本情况，开展一次大面积的辖区人员、企业的就业意向和招工意向问卷调查，同步推进石峰就业的关注率和使用率。共摸排上报企业用工调查数据1110条，个人就业意愿数据3728条。通过前期网格员对失业人员、企业用工意愿摸底调查工作，将调查数据同步至网格化管理平台，匹配到每个网格员的就业模块。网格员对各自网格内就业重点人群进行走访和定期联系，做好 11 名重点帮扶人员的结对帮扶工作。上半年，街道迎接省人社厅来街道视察辖区稳就业工作，视察网格平台系统登记的 2948 失业人员情况。通过街道、社区网格员帮扶、走访、跟踪联系，全年实现就业 2162 人，就业完成情况受到省人社厅高度赞扬。招聘信息通过网格派单，及时发布到网格内居民微信群，做到信息技术对接和定点发布。统筹调度社区失业人员参加职业技能培训，共报名培训人员 189 人。2020 年新接进退休人员 3417 人；截至年底，街道共接管 160 余家企业退休职工 13058 人。完善更新退休人员台账信息 5800 人次。社区内属地调整 14 人次。为退休人员建模认证 676 人次，申报传统认证 45 人次，协助异地退休人员认证 12 人次，养老金发放问题查询 729 人次 ，养老金账号信息变更 29 人次，补办退休证 6 人次，养老金退票问题处理 68 人次。申报死亡停保 169 人次，协助家属申领丧葬费抚恤金 890 余万元。医保异动停保申报 35 人次。处理省市社保下发疑点数据退休人员信息核查上报 6 人次。做好低保、社会救助工作。规范城乡低保动态管理，全年共办理新申请低保 37 户 50 人，取消、退出低保 48 户 15 人，低保家庭经济状况信息核对 420 户 625 人，动态管理上户核实 137 户。办理临时救助 26 人，实际发放救助金额 12500 元。从 4 月开始，街道所有城乡低保、特困供养家庭 457 户的低保金实现湖南省惠民平台的一卡通系统发放，确保低保资金安全及时足额发放。2020 年受理公共租赁住房申请 40 份，对资料核查后，已经报送 28 人至市房产局专线平台。

【网格化管理】　通过网格员日常走访巡查，将人口、房屋、门面、出租房、流动人口等的信息在数据库中及时进行更新。2020 年，人口信息更新至 43811 条，房屋信息至 21909 条，两新组织登记 1348 条。2020 年事件登记 2261 条，事件结案 2256 条。教会居民使用“石峰发布”微信公众号随手拍功能。疫情期间，组织企业、居民组成志愿者，加强疫情联防联控。统计复工复产人员 2541 人，并结合人口普查、石峰区平安建设专项行动等，对系统数据进行全面更新。

【综治维稳】　巩固和完善各类信息员队伍，形成覆盖全街道的信息员网络。社区（村）层层建立信息员队伍，社区（村）配备信访信息员并设立奖励机制，做到了信息灵通，心中有数。加强排查调处，全年共排查 12 次，将排查出来的不稳定因素，实行“五包一”管控制、责任制。深入实施项目风险评估，做到底子清、情况明、盯得住、抓得紧。

【重点工作】　狠抓重点工程项目建设进度，为保证重点工程顺利推进，街道党工委牵头，班子成员带领机关干部分户包干分头落实时间和进度。北星小区棚改项目一周内全面完成签约，清水储备地块项目按任务时间进度有序推进，已完成签约 19 户，化校旧城区改造项目已完成签约 121 户。聚焦污染防治，全面完成田心干渠河道两岸违章建筑拆除 1072 平方米，整治渠道沿线菜地 6673 平方米，取缔沿线养殖场所 3 户，关停小作坊 2 家，清运垃圾近 50 余车。着力解决居民急难愁盼问题，株洲冶炼厂、株洲化工厂、广铁机务段等生活小区“三供一业”改造全面收尾。引导群众广泛参与，启动锦云小区、蔬菜公司生活区等 7 个老旧小区完成提质改造，共拆除违章建筑 53 处 3000 平方米，拆违和旧改收费率、油烟机和电梯安装目标也全面完成。结合“三供一业”和旧城改造，引导群众自己的事自己办，卫生“打包”全面脱钩，广铁、清水、中城等无人管理小区，全面实现业主自治。（徐　麟）

响石岭街道

【概况】 响石岭街道位于株洲市石峰区西南部，东与田心街道相邻，南与芦淞区贺嘉土街道毗连，西同铜塘湾街道相接并与天元区嵩山街道隔江相望，北与清水塘街道接壤。辖区东西直线距离 3.7 千米，南北直线距离 3.7 千米，辖区总面积 8 平方千米。其中陆地 7.2 平方千米，占 90%；水域 0.8 平方千米，占 10%。

响石岭街道地处长株潭“两型社会”建设前沿，京广铁路、湘黔铁路贯穿全境，湘江、白石港河流经其境，交通优势和区位优势十分明显。2020 年末，响石岭街道辖白石港、杉木塘、金盆岭、李家冲、万泥塘、先锋、响石岭、新建村、杨古老、云峰阁、石峰头 11 个社区居委会。常住人口 8 万人。街道党工委下设基层党组织 70 个，管理党员 2667 名，其中社区党委 7 个，社区党支部 4 个，小区党支部 47 个，非公有制企业党支部 8 个，机关支部 2 个（含离退支部）。街道办事处在编工作人员 32 名。

【党建工作】 2020 年，领导班子带头，全面开展组织生活。通过建立并落实党工委书记抓党建工作月度清单机制，发挥好党工委“头雁作用”，发动广大党员积极参加组织生活。街道党工委书记带头讲党课 3 次，带头参加党员活动 30 余次。各联点领导依托“石峰号主题党日”和“一周一次主题走访”活动分别指导社区开展党员活动 20 余次。

严格扩大“五化”阵地，聚力巩固基层基础。率先完成社区“两委”换届选举，选优配强社区干部，年龄结构和知识结构得到明显提升。采取新建、更名、合并等方式，完成 47 个小区党支部组建，其中昱峰花园、仁和小区被评为市级四星级小区党支部。严格扩大“五化”阵地，整顿软弱涣散党组织 1 个。全面完成 11 个社区“一门式”服务场所改造。着力打造“便民服务进万家”品牌，集成理发、裁缝、修锁等服务，定时定点服务小区居民，深受群众欢迎。

完善管理制度，贯彻落实主题教育。通过街道整体提质改造，引进现代化设备，为职工塑造一个良好的工作环境。同时，建立街道各项规章制度 11 个，强化机关工作人员的“规矩意识”。通过建立党工委会第一议题制度，逢会第一个议题必学习近平新时代中国特色社会主义思想及中央省市区重要指示精神，围绕主题教育，全年组织 3 场专题讲座、3 次专题考试，班子成员讲党课 13 人次，按时完成主题教育规定动作和创新动作。

【服务民生】 2020 年，响石岭街道办事处着力做好民生工作，争取为各类人员提供最好的服务和最大的帮助。在帮扶救助中，街道城乡享受最低生活保障的家庭共计 965 户 1441 人，金额 659140 元。截至 12 月，为 152 人进行临时救助，发放金额 276100 元；为 75 人办理大病救助，已经救助 44 人，发放金额 86300 元；为 250 位 65 岁以上老人办理了老年优待证。在住房保障中，建立和完善了城镇廉租房制度，全年为 67 户家庭办理廉租房补贴和实物配租的资料审核。

在就业创业服务工作中，做好辖区内就业信息数据统计、辖区内企业、就业失业人员的动态信息管理和信息更新，及时掌握辖区人员的就业情况和小微企业、个体工商户用工信息。4月，摸排录入2849个中小微企业、2085名重点人群至“石峰就业”公众号；对失业人员和就业困难人员开展就业帮扶工作，及时传递最新用工信息，配合上级部门组织开展职业培训，及时组织辖区内被征地农民、大中专院校毕业生、退伍军人、下岗失业人员等求职人员进场参加市、区举办的招聘会。截至11月，街道城镇新增就业人员1905人，其中失业人员再就业1293人，就业困难人员实现再就业253人。全年共办理失业登记700余人，办理《就业失业证》700余本。为347人认定困难对象。为24名初审符合条件的人员办理小额担保贷款的报批手续。做好城镇新增就业、就业困难人员再就业、失业人员再就业等台账。摸排录入至“石峰区网格化信息服务管理平台”就业关注人群1313人，对10名重点一对一帮扶人员跟踪服务。为高校毕业生提供免费政策咨询和职业介绍服务，对100名大学毕业生进行跟踪回访，通过发布招聘信息、电话咨询、微信发布等多种方式调查大学生的就业意愿、就业意向地、意向岗位、期望薪资、就业服务需求和意愿培训等，帮助高校毕业生充分就业。组织辖区内失业人员、被征地农民、退役军人、未继续升学初、高中毕业生和大中专院校毕业生等符合条件的340人参加中西式面点师、育婴师、电工、焊工、茶艺师、电子商务师和计算机管理等免费技能培训。

认真做企业退休人员进入社会管理的接管工作，不断健全和完善20000余名退休人员的档案，及时掌握退休人员的增减情况。2020年，为100余名已故退休人员办理丧葬费及救济费的申报及发放手续。为100余名已故退休人员办理医保报停。为240余名灵活就业人员办理退休手续。全年共接待1000余名退休及灵活就业人员查阅档案和政策咨询，为100余名行动不便的退休人员做了手工认证并申报。为退役军人及4名公益性岗位人员及时做好社保缴纳及各项补贴报表、资料申报，并及时将补贴发放到位。

在关心关爱残疾人工作中，利用爱耳日、全国第29次助残日、全国第25个爱眼日、关爱残疾人健康体检活动，发放贫困残疾人家庭需求的残疾人助听器、轮椅、闪光门铃等。各社区建立健全残疾人康复规章制度和康复档案，全年共发放残疾人两项补贴46万元。

春节期间，对10户困难老人家庭进行走访慰问，对60岁以上高龄老人进行再摸底和上门走访调查。经过摸排，街道60岁以上老年人人数为13527人，其中，失能伤残613人，贫困老年人154人，空巢老人189人，80岁以上高龄补贴发放人数为2053人，按时发放老年人津贴1221800元。

【网格化管理】　按照区委、区政府要求，通过每周召开网格化工作例会，街道网格中心定期对各社区网格员随机进行工作督查，督促网格员按照A、B岗设置要求熟练掌握网格内所有事项信息，包含人口、两新组织、特殊人群等各类信息。依托每月一次大走访、“1+3”工作机制和每月上户为居民代办一件事，了解居民所需，对居民迫切需要解决的问题及时进行上报处置。通过落实网格中心工作人员轮流跟班制度，将“精细化管理、精细化服务”的网格化管理思路理念，贯彻到城市管理各项工作中，切实解决居民到政府办事“门难进、脸难看”的问题，为居民办事提供便利，为实现“最多跑一次”奠定基础。

【征拆工作】 先锋路棚户区建设项目（集体土地），征地面积22.73亩，于2017年9月15日发布拟征地公告，2018年10月下旬正式入户协商，涉征33户。2020年6月，完成先锋路扩宽工程道路线型内全部签约和倒房任务，确保先锋路扩宽工程顺利施工。石峰公园西门城管游园项目系市政府督办项目，涉征土地7亩，街道范围内涉征房屋2栋，于2020年4月启动征拆工作，12月初完成全部房屋签约及倒房任务，确保项目顺利开工建设。烟山棚户区项目竹山储备地块（三）于2020年1月发布征地公告，2020年3月发布安置公告，集体土地涉征43栋房屋，国有土地涉征9栋房屋，5月正式启动征拆签约工作。截至年底，集体土地签约、倒房31户，国有土地完成全部签约、倒房任务。清水塘棚改二期项目（集体）D1、D2、D3地块，征地面积181.3亩，涉征210户，2家集体企业，共212户，2020年共计签约、倒房16户。海利土地收储项目共有15户需要帮助腾房，截至年底，已完成6户的腾房工作。

【控违拆违】 2020年，响石岭城管中队协助响石岭街道拆除违建面积合计12223平方米。其中金盆岭社区3650平方米；白石港社区765平方米；李家冲社区175平方米；先锋社区1935平方米；石峰头社区1548平方米；杉木塘社区2028平方米；云峰阁社区460平方米；新建村社区351平方米；杨古老社区872平方米；响石岭社区439平方米。响石岭城管中队还全力配合协助街道对金盆岭干渠周边河道环境卫生及河岸边违规种菜及违规搭建等顽瘴痼疾开展集中清理行动，共出动城管队员60余人次，清理违规菜地4000余平方米，拆除违规建筑物800余平方米。因受场地限制，人工清运各类杂草、垃圾废弃物10余吨。

【城管工作】 响石岭街道派驻城管中队于2019年5月1日正式成立。共有人员34人，城管队员28人（其中，执法队员3人、协管队员25人），环卫绿化职工6人。中队设中队长1人、副中队长1人、分队长2人。2020年，响石岭城管中队对杉木塘路样板街、建设北路示范街、株百后巷进行220余次的集中整治，合计出动2600余人次，出动车辆220余台次，劝离占道游商4600余人次，整治出店经营门店2400余家，针对出店经营下达责令整改通知单100余份，处理牛皮癣2000余处，发放《株洲市城市综合管理条例》500余份，办理自产自销菜农证100余份。

响石岭中队全年共拆除违规广告牌、店招牌150余块，拆除面积2000平方米。拆除20余处大型违规广告牌，如万博珑楼上的圣象地板和金麦传媒；白石港路的株洲农商银行；建设北路的四季天伦；人民北路圣得西家具、圣得西床垫、大浪淘沙整体软装等。对人行道违停机动车抄牌贴单820余台，劝离1200余台次。对人行道违停非机动车辆劝导600余次，对停放点不够的路段补充停放点10处。杉木塘路一辆停放已久的僵尸车在队员的劝导下，店主已配合清理干净。进行夜宵整治20余次，出动队员120余人次，车辆1台次，劝导出店经营400余次，下达责令整改通知单20余份，签订《夜店经营户规范经营承诺书》30余份。

【建立数字化案卷】 2020 年，信息采集协管员共上报系统立案案卷 50493 条，处置 47896 条，结案率 94.85%。微信举报处置 586 条，市民通过微信公众号上报立案的，结案率 96.38%。视频案卷问题处理 9339 条，结案率 96.36%。城管中队 2020 年执法案卷立案 63 件，处罚金额 32700 元，案件类型有出店经营、店外堆物、店外作业和违规摆摊设点等。2020 年，处理网格平台事件 390 余条。

【信访工作】 建立街道党工委牵头抓总、社区属地管理的层级管理体系，明确党工委书记牵头、分管副职具体负责、班子成员包社区的责任落实体系，逐级压实责任，形成层层有人管、事事有人抓的工作格局。把年轻干部和得力干将调整充实到信访一线岗位，充分发挥“传帮带”作用，以老带新，以新促老，有效解决力量不够、活力不足的问题。

实行一案一策，因案选人。针对不同案件，深入分析问题症结，找准化解路径，制定可行方案，并结合信访人特点，安排合适人员劝导说服，做到人进得了门，化解方案落得了地。坚持用心用情，关怀到位。全年共解决历史遗留问题 5 起。2020 年，充分发挥矛调作用，提早介入，及时调处宋家墓伤人案、吉祥茶楼值班人员工亡案等各类大小矛盾纠纷 100 余起，避免矛盾发酵升级，确保社会稳定。全年受理信访案件 200 余件，回复办结 200 余件，接待群众法律咨询 200 余次，未出现新增信访问题。

【卫计工作】 2020 年，街道卫计工作扎实推进，上半年审核办理生育服务登记证的资料，及时录入系统，按时办结一孩、二孩生育服务登记证合计 130 本，协审生育服务登记合计 109 条。上报妊娠信息 248 条，上报出生信息 242 条，上报避孕节育信息 221 条，注销档卡 216 条。及时处理全员人口信息平台的各类通报、移交等信息 1202 条。按时完成区级下发的各类计生审核及医院派出所等综治单位名册的核对。疫情数据大排查 5400 条，发热门诊和药店名单排查 4000 条。根据上级传达高、中低风险区疫情信息变化及时做好防控宣传和监督，时刻提醒居民提高防范意识，并重视秋冬季疫情防控形式。

收集办理、审核及录入城镇独生子女父母奖励新增对象资料 160 人。办理申报计划生育特别扶助对象资料 34 人，并建立计划生育特殊家庭帮扶“双岗”联系人情况表。新增农村部分计划生育奖励对象 4 人及独生子女保健费 12 人。组织优生检查对象 33 例，及时对所有对象进行孕前、孕期的随访服务以及对辖区需要使用避孕药具的育龄妇女进行统计、发放工作。根据上级指示，将失独家庭住院护理保险纳入失独家庭帮扶工作的总体部署，给予经费和政策保障，让失独家庭充分了解保障内容，享受保障政策。街道享受失独家庭护理补贴共计 87 个人。全面有效的实施宫颈癌、乳腺癌筛查工作。组织辖区内的农村适龄妇女，到街道社区卫生服务中心进行“两癌”免费检查。参加“两癌”筛查的妇女共 368 人，提高“两癌”早诊早治率。

建立网格卫生联络机制。社区卫生服务中心卫生专业人员与街道 72 个网格建立联系制度，确保每一个网格有一名卫生专业技术人员提供健康知识宣传、咨询、转诊等服务。街道社区卫生服务中心实现家庭医生签约服务制度全覆盖，网格员参与家庭医生签约服务团队。建立“巡诊工作机制”全覆盖。在街道辖区建立流动巡诊点，在日间照料站、养老机构、居民小区等人群聚集场所，定期开展医疗巡诊服务。全辖区65岁以上老年人、残疾人、计划生育特别扶助对象等重点人群，实现“应签尽签，应巡尽巡”。根据上级要求及街道爱国卫生工作的实际需要，对街道爱卫会组织进行调整，并组织召开爱国卫生工作会议，和国卫复审工作动员大会，结合街道辖区内的11个社区的实际情况对爱卫工作进行安排和部署。开展以除“四害”为重点的病媒生物防制工作，降低“四害”密度，全年免费向社区及居民发放蟑螂药、鼠药、粘鼠板共500余份，除“四害”工作收到了较好的效果。

【安全生产】 2020年，在辖区电子屏幕滚动播出安全生产宣传标语100余条，辖区企业悬挂安全生产宣传横幅20余条，并在20多个网格群对居民进行安全用电用火的消防知识宣传。全面增强企业责任主体意识，严格开展自查自纠工作。辖区各企业开展安全生产集中培训20余次，自查自纠隐患30余条。组织各部门联合消防、公安开展烟花鞭炮专项检查，共清查门店10余家，收缴烟花鞭炮50余封。每月开展危化、涉氨液氨粉尘爆炸、存在重大安全隐患企业和其他重点监控企业安全生产大检查。全年共检查企业70家，完成简易执法14次，处罚金额3200元，发出执法文书18份、下达责任整改指令35条。街道通过对下河街172户居民家庭、房屋等基本情况进行调查，鉴定34户住户为D级危房，28户为C级危房。对居住在下河街的8户D级危房住户进行劝离，其余住户的避险安置方案正在落实中。

（刘 洁）

田心街道

【概况】 田心街道因境内田心电力机车厂命名。地处石峰区东部，东与荷塘区明照乡接壤，南与响石岭街道相连，西与清水塘街道为邻，北与井龙街道毗邻。办事处驻东门社区。辖区东西直线距离2千米，南北直线距离3.7千米，总面积9.8平方千米，其中陆地面积9.7平方千米，占总面积99%；水域面积0.1平方千米，占总面积1%。

境内汉朝时属长沙国。三国时属东吴建宁郡。唐朝时随株洲并入湘潭县。宋、元、明、清朝至民国时期仍属湘潭县。1949年8月，属湘潭县一区株洲镇。1951年6月，属郊东区。1959年6月，设立田心区人民委员会。1960年7月，设立田心城市人民公社，与田心区人民委员会合署办公。1970年1月，撤销田心区，设立株洲市东区，境内属东区。1997年7月，株洲市调整区划，境内属石峰区。

2020年街道辖田心、东门、北岭、泉塘湾、叫鸡岭、南峰及田心村7个社区居委会，下设178个居民小组，11个村民小组，常住人口4.5万人。街道党工委直属党组织21个，党员总数2955名，其中包含1912名企业退休党员。

2020年，田心街道始终坚持以习近平新时代中国特色社会主义思想为指导，全面贯彻区委全会精神，围绕“百年田心、工业小镇”目标定位，狠抓重点工作，不断提升自身管理水平和党员干部能力素质，推动街道各项工作再上新台阶。

【党建水平】 严格落实意识形态工作责任制，党工委全年专题研究意识形态工作2次，开展理论中心组学习12次，召开研讨会2次。开展党员干部学习教育32次，开展专题学习和业务培训9次。接收中车株机等11家国有企业1939名退休党员。发展党员7名。按照因地制宜原则，完成30个小区党支部新建、更名工作，其中叫鸡岭啤酒厂区党支部作为示范点在城区范围内首创“居民议事会制度”，获五星党支部称号，莱茵小镇小区党支部示范点获四星党支部称号。对照“五化”建设标准，下属党支部实地自查验收全面达标。顺利完成社区（村）“两委”换届选举工作。

【廉政建设】 全年党工委专题会议研究部署党风廉政建设和反腐败工作4次。深入开展监督与服务微信群工作，共收集办理整改微信群内线索问题92条，市纪委交办线索问题的核实整改40件。认真推进巡察整改工作落实，积极落实整改巡察“回头看”反馈问题，督促问题基本整改到位。

【老旧小区改造】 2020年，共计拆除辖区违建182处，面积16116.93平方米。其中，拆除小区内违建111处，面积达5218.3平方米，完成计划拆除的113.7%。改造完成收费903户，完成率为105.61%。7个涉改小区完成安装油烟净化机装945台，完成率为100%。积极推行“老旧小区加装电梯”利民工程，完成老旧小区电梯加装申报16部，其中7部正在施工建设中，2部已竣工验收。

【征地拆迁】 2020年，完成新苏国贸中心项目、轨道科技城商住配套项目共计签约40户，倒房99栋。完成全区最后一个安置小区田心安置房分房工作。

【民生项目】 2020年，完成啤酒厂小区党建活动室建设等26个“票决制”惠民项目。田心小道、雪峰岭公园11人制足球场、北岭公园、紫藤苑自治广场等全年重点工程全部完成，为辖区居民休闲健身提供了更好的服务。

【疫情防控】 严格落实属地责任，小区进出严格管控，外防输入、内防扩散。摸排非株籍未经湖北返株人员2694人、摸排出租户3165户，并做好动态监督管理。完成门店、小微企业复产、复工人员摸排3000余人。依托网格化管理模式，引导辖区企业、工地和“五小”行业有序复工复产，做到疫情防控与服务经济发展两手抓、两不误。

【网格化管理】 全年派遣和处置网格事件3567件，已结案3547条，结案率为99.5%。社区“一门式”受理场地改造全部完成并正式投入办公，方便群众办事。细致开展失地农民养老保险政策宣传和摸底核实工作，共计申请926人。完成失业人员再就业620人，就业困难人员再就业170人，第三季度提前完成全年目标。

【企业服务】 对中车株机厂门口摩托、电动车乱停乱放现象开展专项整治行动，规范停车秩序。配合中车株机顺利完成中车五周年美食节现场秩序维护及环境管理工作。根据中车株机情况反映，帮助拆除迎宾路旁群力村2处违章建筑，拆除面积660平方米，维护企业形象。开展专项占道经营整治行动40余次，累计查处整治占道经营800人次，加强对占道经营有序管理。

【社会秩序】 时刻绷紧安全生产这根弦，全年走访辖区企业254家，排查发现一般安全隐患 54 起，已整改 54 起，累计排查重大事故隐患数量 16 起，已全部销号。持续开展“强执法防事故”“大排查大管控大整治”等执法活动 218 次，出动执法人员 104 人次，检查生产经营单位 254 家，经济处罚 16 家计 3500 元。2020 年被推荐为全市安全生产先进街道，并完成省安全生产示范街道验收。

【经济指标】 全力做好协税护税，全年累计完成协税护税任务 400 万。认真落实固定资产投资统计，累计完成固定资产投资额约 31690 万元，投资入库约 47178 万元。新增 8 家私营纳税大户，全年完成商品销售总额 4266 万元，同比增长 21%。（黄　丽）

铜塘湾街道

【概况】 铜塘湾街道位于北纬 27° 85′ 44"～27° 89′ 02"，东经 113° 04′ 08"～113° 11′ 19"。地处石峰区西北部，东临石峰大道与响石岭街道相连，南隔湘江与天元区栗雨街道相望，西与湘潭市岳塘区双马镇接壤，北与清水塘街道交界。2020 年，辖有铜塘湾、杨梅塘、清水塘、丁山、清竹、清霞、映峰、湘河 8 个居委会，建设、长石、霞湾新村 3 个村委会，共有居民小组 91 个，村民组 45 个。辖区户籍人口 3.2 万人，常住人口 2.8 万人。街道党工委下设 4 个基层党委，40 个党（总）支部，其中社区（村）党（总）支部 30 个，非公企业党（总）支部 8 个，机关党支部 1 个，退休干部党支部 1 个，党员 1398 名。

【党的建设】 突出党建引领。严格落实党工委书记抓党建第一责任人职责，通过多种形式组织广大党员干部深入学习习近平新时代中国特色社会主义思想、十九届五中全会以及上级关于党建相关指示精神。完成丁山社区广场、麻坡组地质灾害点治理、长白路拓宽路基建设等民生项目。做好统战、武装、平安建设等工作，其中街道武装部获评“市先进基层武装部”称号，设立信访接待室化解信访积案做法或市、区肯定。

夯实党建阵地。全面完成 34 个五化党支部达标验收工作、8 个新建小区党支部阵地建设、11 个社区（村）一门式改造及“两委”换届选举任务。建成香博堡和清莲小区睦邻吧，完成街道、霞湾新村等 7 个单位党群服务中心选址。

发挥党员作用。组织党员深入一线防疫，提出小区卡点管控“九条硬举措”，探索实行“两证两表两榜一池”管理模式，目前辖区暂无确诊及疑似病例。围绕新城建设，组织党员深入征拆一线攻坚克难，顺利完成了市重点项目电力管廊、新增项目成都置信签约任务。

坚持勤政廉政。全年组织开展廉政教育 3 次，查处违纪案件 1 起，党纪处分 2 人。督促完善街道财务和公车管理制度，与相关人员开展廉政谈话 3 次。抓好巡察整改“回头看”工作，确保整改真正落到实处。

【项目建设】 征地征收成果丰硕。选派精干力量投入征拆战场集中攻坚，加快新开征项目推进和交地清零扫尾工作。新开征项目方面：完成株冶昊华 96 户签约。产业中心科创园项目 54 亩土地青苗设施补偿、霞湾储备地块二项目 89.748 亩土地青苗设施补偿、招商中心夹缝地块代征项目 11.803 亩土地青苗设施补偿、三一重工株洲基地石油智能储备地块一、二项目第一批土地青苗设施补偿、临江路项目土地青苗设施补偿、177 亩代征项目完成土地青苗设施补偿、荷花片石洞项目 28 亩个人设施补偿全部到位。世行治理项目完成 180 亩青苗设施补偿，三一重工二期、清霞路三期土地青苗设施补偿全部到位。电力管廊项目 42 户完成签约、倒房、土地青苗设施补偿，成都置信项目 78 户全部签约，会展中心项目剩余 1 户正在攻坚中。

交地清零方面：完成清水塘大道一期、清水塘大桥等 13 个项目交地清零和清水塘片区、响石片区、清水片区土壤治理项目施工协调工作。重金属环境污染治理项目完成 Y68、Y69 两户签约并清零。

【疫情防控】 广泛宣传摸排。组织党员深入网格，与社区网格员和志愿者一起，通过电话摸排、微信接龙、上户摸底等方式，开展三轮地毯式宣传和摸排，共计摸排上报风险疫区返乡人员 326 人，涉外返乡人员 14 人，居家隔离 327 人，集中隔离 142 人，经常需要出差的 132 人，株洲以外重点人群大排查 1957 人，小区外来人员 1597 人，辖区复工复产人员登记 3212 人。对重点群体，创新摸排方式，对小区租户“白天看贴条、晚上看灯”，实时监控外来租户是否返株，对外来民工“白天看工地、晚上看宿舍”，确保人员摸排不漏一户一人。

严格设卡值守。将小区作为内防输入的重点，组织党员志愿者和热心群众在小区门口设卡，每天 14 个半小时值守，严格盘查进出人员和车辆，仔细做好登记工作。探索实行两证（上班人员出入通行证，非上班人员出入通行证）、两表（常住人口进出登记表，外来人口自主申报表）、两榜（红白榜）、一池（消毒池）的管理模式，做到管理规范、进出有序。

开展贴心服务。对社区居家隔离对象，街道推行结对服务，组织志愿者、网格员与隔离对象结对子，定期上户送物资、测体温，代购生活必需品。

【民生实事】 推进惠民票决制工作。全面完成 2020 年惠民实事项目票决工作，共票决出惠民项目 34 个，资金 164.3 万元。各社区均对照项目清单列出推进措施、时间节点和责任人，全力以赴抓好落实。引导鼓励实地农民就业创业。办理面点师培训班三期，培训 100 余人，提供就业信息，引导鼓励失地农民灵活就业。

切实抓实便民项目。修缮池塘 3 个，拓宽乡村道路 1 千米，修建小型游乐园 1 个，完成宏盛环保等 3 家绿心地区退出企业的土地覆绿工作和麻坡组地质灾害治理，方便群众生产生活。完成丁山社区广场、映峰社区麻坡组地质灾害点治理等项目建设，推进长白路拓宽提质工程，为群众提供优质服务。积极开展老旧小区改造和“三供一业”改造，拆除违章建筑 5497 平方米，极大改善居民居住条件。街道 7 个城市社区垃圾分类工作全面铺开。

【网格管理】 街道网格中心完成辖区内房屋、人口等基础数据登记及维护。做好事件登记与办理，年度共登记事件 2126 条，已办结 2112 条，办结率为 99%。运用网格大数据进行疫情防控，建立健全疫情期间人员及两新组织管理台账，实现居民电子健康卡全覆盖。指导 11 个社区（村）全部完成“一门式”改造。摸排“6+3”人员 600 余人，分别对接街道相关部门落实管理、管控及走访措施，为街道的平安创建奠定基础。推进“进网格、解难题”专项行动，9 个事项均已销号或移交至其他责任单位。统筹组织网格员配合开展创文、创卫人口普查等工作。探索多元化网格宣传，运用抖音公众号，结合网格化工作制作了文明创建、综治维稳、平安创建等宣传视频，居民反映良好。

【生态环保】 抓实生态环保，打造宜居环境。以“治垃圾、治污水、治厕所、治村容村貌”为重点，扎实开展农村人居环境整治行动，湘河社区在全区率先实施农村生活垃圾分类试点工作。评选最美庭院431户，整治四类房60处、旱厕39处，清理违章建筑7362平方米，绿化道路10千米，植树1000余颗，使村容村貌大为改观。加快“四好”农村道路建设，硬化道路700米，修补路面910平方米，疏通沟渠6.6千米，新开挖沟渠3.6千米。协调推进清水塘区域环境治理项目建设，配合做好清水湖、铜塘湾、映峰片区和世行借地治理等生态修复工作，关停3家非法养猪场，环境质量得到提升。

【经济建设】 推进经济建设，提升发展后劲。深入推进“产业项目建设年”活动和温暖企业行动，配合落实惠企政策，党政领导带队深入基层，开展安全生产大检查80次，排查安全隐患118处，整改率为100%。2020年，街道安全形势总体平稳，未出现重大事故。积极开展轻资产招商行动，完成固定资产上报入库项目5个，项目总投资16981万元。全年完成四家“四上”企业培育及三家大个体申报工作。

【政法综治】 切实维护稳定，营造和谐氛围。充分发挥网格管理的信息优势，及时掌握维稳动态，落实“五包一”责任机制，做好早发现、早处置、早化解。以开展“三无”街道创建活动为抓手，加大信访案件处理，共回复网上信访件70余件、市长热线500余件，办理息访息诉10件。8月，在全市率先成立街道信访接待室，做到“四访”，完善“四个设施”，班子成员每天轮流坐班接访，将矛盾化解在基层，全年共处理各类纠纷60余件，化解信访积案7个，工作成绩获得市、区两级政法系统领导的肯定。

【农业农村】 打造亮点。完成长石村相邻空间站建设、长石村文化广场建设、湘河社区小游园、霞湾村小游园建设、长石村300亩湘莲种植基地建设。

推进“河长制”进程。按照市区两级建设标准，深入开展河长制工作标准化建设，从组织体系、工作机制、业务工作、河长履职、河湖（库）成效、宣传培训六个方面开展工作。记录街道级河长每月3次的巡河情况，在河长巡河过程中发现的问题做到及时整改，共给相关社区（村）交办整改任务7次，督促整改到位。及时完成区河长办交办的督办任务，完成区河长办交办的整改任务11次。做好工作资料及资料分类归档，上报宣传信息12次。做好国务院扶贫“回头看”工作。组织相关村对五类人员进行调查摸底，共摸底五类人员316户，其中285户录入“湘扶贫检测”App。上户了解五类人员收入、教育、住房、医疗等情况，对316户五类人员房屋进行了等级鉴定，并悬挂了住房安全等级明白卡。共发现问题18个，已及时整改到位。其中，解决五类人员住房安全问题3户，解决五类人员未成年人失学问题2户，解决未缴纳医保问题1户。

开展房地一体确权登记颁证工作。街道辖区内有4750宗集体房屋，已全部完成权籍调查、资质确认，正在配合石峰国土所进行颁证工作。

扎实开展防汛防火工作。紧盯春节、清明

节等重要节点，召开森林防火工作部署会，安排人员执行24小时值班制度，严防森林火灾。清明节期间，街道开展了“菊花换鞭炮，火源不上山”活动，从根本上做到火源不上山，杜绝火灾隐患。汛期将至，街道未雨绸缪，制定防汛方案，对辖区渠道、涵闸等防汛设施进行全面检查，完成霞湾新村中湖组闸门修理、湘江河堤杂草清除、湘江河堤老鼠洞修补等5处防汛隐患的整治。（张叶佳）

井龙街道

【概况】 井龙街道成立于2005年2月，位于北纬27°89′67″～27°91′52″，东经113°11′09″～113°14′71″。地处石峰区东北部，东与龙头铺镇相连，南与田心街道为邻，西与清水塘街道毗邻，北与长沙市雨花区跳马镇接壤。辖区东西直线距离3.6千米，南北直线距离2.2千米，总面积23.65平方千米，其中陆地面积21.15平方千米，占89%；水域面积2.5平方千米，占11%。2019年末辖有新民、时代、井龙3个居民委员会，茅太新村、九郎山、郭家塘3个村民委员会，辖区总人口20439人。下辖5个党总支、22个党支部，共有党员710人。

2020年，井龙街道紧紧围绕区委制定的“一极三区”总目标，紧扣区委制定的“转型升级”总基调，凝心聚力，攻坚克难，不断推动街道征地拆迁、环境整治、民生实事等工作水平稳步提升。

【党建引领】 严把发展党员入口关，培养入党积极分子10人，接收预备党员9人，如期转正7人。打造了时代雅园、时代新城2个小区党建示范点。选强配优基层班子领头羊，全面完成社区村书记、主任一肩挑。认真抓好村（社区）换届选举工作，全面完成6个村（社区）“两委”换届选举工作。对标对表完成26个“五化”党支部的验收工作。研究部署党风廉政建设工作4次，严格落实监督与服务微信群工作要求，督促社区村网格及时回应群众合理诉求，市、区微群办督办事项均及时办结。狠抓巡察问题整改，目前已整改21件，2件正在整改。分三批次组织270余名党员参加轮训，加强党员教育管理。开展理论中心组集中学习10次，专题研究意识形态工作2次。举办6场微宣讲活动、14场新时代文明实践活动，弘扬主旋律、传播正能量、提振精气神，牢牢把握党对意识形态工作的领导权。

【项目攻坚】 发扬吃苦耐劳的奋斗精神和敢于亮剑的斗争精神，精细研究、精准施策，先后完成长郡中学地块、井龙社区储备地块和九方铸造项目等拆迁任务。强化攻坚意识，狠抓征拆清零攻坚，坚决拔掉时代雅园三期一户硬钉子，中车大道南段一期代征2户全部完成签约倒房，克服困难完成420地块5栋房屋倒房，完成荷花家园储备地倒房、中锐智能项目所有放线工作签约17户，剩余1户。藏龙路二期签约18户，剩余2户。轨道科技工业地块五完成线内调查12户，线外调查3户。今年共签约40户，倒房46栋，完成九方铸造、147地块（15亩）等4个项目交地，为园区道路施工和产业项目落地打下坚实的基础。

【建管并重】 做好建设和管理两篇文章，突出抓好城市和农村环境综合整治，努力打造干净整洁、美观舒适的人居环境。按照“四位一体”工作思路，发挥网格化基层治理效应，引导广大居民理解参与，全面推进以加装电梯、安装油烟净化设备、收集居民自筹资金和拆除违章建筑为主要内容的老旧小区改造。安装油烟机360户，安装电梯10台，完成起重生活小区改造。深入开展以“五大一改”专项行动为主要内容的农村人居环境整治，兴建茅太农民公园，完成水系清淤和3.9公里游步道铺设，石拱桥、吊桥、观景台、凉亭、停车场等主要设施全部完工，增设动力水单车、喊泉等游乐设施，统一进行民居改造。重拳出击，铁腕整治，拆除郭家塘村违章建筑 27 处，拆除面积 4352 平方米，旧改拆违 941 平方米。对田心干渠两岸（新民路段支渠四）开展综合整治行动。采取新建生态化粪池及接入主排污管的方式，整治新民路散户生活污水直排入支渠四水系的环境问题。

【为民服务】 面对突如其来的新冠肺炎疫情，严格落实“四级干部下沉”要求，发挥网格化优势，通过走访上户、大数据核对实现地毯式摸排，累计摸排人员近 4 万人次。以居民小区和村民小组为单位，街道、社区、村干部全部上阵，发挥党员居民、业委会、物业公司作用，筑牢联防联控、群防群治防线。全力服务复工复产，加强与园区企业对接，确保重点人员摸排管控100%到位，数据报送零差错，辖区未出现一例确诊病例。圆满完成井龙安置小区二期分房工作，妥善解决田林路二期B标15户拆迁户的安置问题，维护群众的正当合法权益。按照“群众自筹、社会帮扶、政府支持”的思路，多方筹集99.3万元帮助九郎山村龙塘组43户老百姓喝上自来水。投入 150 万元，完成九郎山村泉水塘组 4 户居民地质灾害避险安置重建工作。积极开展就业政策服务，全年共通过信息平台发布岗位信息2500余条，推荐756人参加招聘会，双方达成用工协议 106 人，其中就业困难人员64人。积极对接钻石、安培等技能培训学校，发动征地农民、下岗人员、就业困难对象报名进行技能培训，已累计开班 5 个，培训173人，获得技能证书154人；对16名灵活就业人员进行社保补贴9.21万元，均已补贴到位，为群众解决后顾之忧。（李建利）

石峰区主要机构部门负责人名录

中共石峰区委及其工作部门负责人

中共石峰区委（株洲清水塘循环经济工业区党工委）

书　记	张建勇
副书记	邹志超
副书记	李　军
常　委	汤小红（女）
	李立新
	刘文星
	宋长征
	张建武
	朱　斌
	杨瑞斌
	何　柢（女）
	丁步亭

区人大常委会

党组书记、主任	颜曼文
党组成员、副主任	周立君
	罗　艳（女）
	李登岗
	唐　军
副主任	单湛君（兼）

区人民政府

党组书记、代区长	邹志超
党组副书记、副区长	宋长征
党组成员、副区长	丁步亭
	周文安
	言晓军
	彭　梁
	贺吾晋
	易　辉
党工委委员、管委会副主任	江洪治
	乐　翔

区政协

党组书记、主席	钟水根
党组副书记	李立新
党组副书记、副主席	龙　峰
副主席（兼）	曾　嵘
	娄　健（女）
	谢　洁（女）
党组成员、副主席	周立峰
区人民法院党组书记、院长	刘新文
区人民检察院党组书记、检察长	李云开
区人大常委会原党组书记、主任，二级巡视员	屈邵阳

区政协原主席，正县级干部　黄幼刚
区人大常委会原副主任，
二级调研员　潘一帆
区人大常委会原党组副书记、
副主任，二级调研员　翁领先
区人大常委会原党组成员、
副主任，二级调研员　阳　健（女）
原株洲清水塘循环经济工业区党工委委员、
管委会副主任，二级调研员　陈国林
区政协原党组副书记、副主席，
二级调研员　王湘琳（女）
区政协原副主席　杜三元
区政协原副主席（兼）、
工商联原会长　郭　岚
区总工会党组书记、主席，
四级调研员　王育薇
株洲国家高新区田心高科技工业园
党工委副书记、管委会主任　陈　军

区纪律检查委员会、区监察委员会

区纪委书记、区监察委员会主任　汤小红（女）
区纪委常务副书记、区监察委员
会副主任　廖辉亮
区纪委副书记、区监察委员会副主任　冯　静
区纪委常委、案件审理室主任（兼），
二级主任科员　程卫国
区纪委常委、党风政风监督室
主任（兼）、区监察委员会委员　唐　娜（女）
区纪委常委　黄彦斐
区纪委常委、区监察委员会委员，
二级主任科员　胡敏波
区监察委员会委员、二级主任科员　刘泰文
区纪委监委第一纪检监察室主任　唐铂辉
区纪委监委办公室主任　肖　鑫
区纪委监委信访室主任　陈海伟
区纪委监委第三纪检监察室主任　黄小红
区纪委监委二级主任科员　胡　婕（女）
何　涛
言　畅（女）
区纪委监委三级主任科员　陈玉清
区纪委监委四级主任科员　丁晓耘
黎传荣
田心街道原党工委委员、
纪工委书记　焦国元

区委巡察领导小组办公室

主　任　曾　敏（女）
副主任　黎晓东

区委巡察组

组　长　袁　智
刘　辉（女）
副组长、四级调研员　孙道明
副组长　谢　莹（女）

区委办公室

主　任　朱　斌
常务副主任　陈建峰
副主任　黄红英（女）
文　武
区委办督查专员、督查室主任（兼）　严　婧（女）
区委办四级主任科员　梁云箭
马修婷（女）

区档案馆（区党史和区志研究室）

馆　长　翁雄伟
副馆长　刘君燕（女）
曾　晖

区轨道交通产业服务中心

主　任　廖荣武
副主任　阳　学
　　　　余小兵
区政绩评估事务中心主任　胡勇建

区委组织部

部　长　何　柢（女）
常务副部长、四级调研员　李俊杰
副部长、区非公有制经济组织和社会组织党工委书记（兼）　刘　志
副部长、区老干局局长（兼）　李　娜（女）
区委组织部二级主任科员　方政红
区委组织部主任科员　苏志红（女）
区委组织部二级主任科员　吴　冬
区委组织部党员教育中心主任　李茜倩（女）
区委非公有制经济组织和社会组织工作委员会副书记　赵　璟（女）
区老干部服务中心主任　江　彤（女）

区委机构编制委员会办公室

主任、区委组织部副部长（兼）　胡建红（女）
副主任　彭慧颖（女）
区机构编制事务中心主任　颜　惠

区委宣传部

部　长　刘文星
常务副部长　朱　晖（女）
副部长　侯　璨（女）
　　　　黄永兵
一级主任科员　黄　萍（女）
四级调研员　胡应群
区融媒体中心主任　林　琳（女）

区文学艺术界联合会

党组书记、主席　黄　波（女）

区委网络安全和信息化委员会办公室

主　任　魏丽华（女）
副主任　汤玉婷（女）

区委统一战线工作部

部长、区政协党组副书记　李立新
常务副部长　王　华（女）
副部长　张　健
副部长、区民宗局局长（兼）　张璟铭（女）
二级主任科员　张焕新
区归国华侨联合会副书记（主持工作）　陈年华

区委政法委

书　记　杨瑞斌
常务副书记、四级调研员　倪小波
副书记　郭　勇
　　　　刘治国
副书记、四级调研员　张国忠
政治部主任　徐　杰
区纪委机关派驻政法委纪检组长　程靖闳（女）
二级调研员　李义华
四级调研员　吴小海
四级调研员　张今笑

区委党校

校　长　唐夏芳（女）
副校长　王泽辉

网格化管理服务中心

主　任　陈　翔

副主任 肖志武
章雯璐（女）

区政府办公室

党组成员、政府办党组书记、主任 文志
党组成员、副主任，四级调研员 晏建回
党组成员、副主任 夏春来
党组成员、督察专员、督查室主任（兼），四级调研员 汤利春
党组成员、副主任 陈哲（女）
副主任 吴萍（女）
曾彦琼
党组成员、副主任 覃小菁（女）
区经济研究中心副主任 何平（女）
翁天波

区发展和改革局

党组书记、局长，一级主任科员 黄斌
党组成员、副局长 黎志刚
副局长 朱振华
二级主任科员 杨长江
一级主任科员 刘海军

区教育局

党委书记、局长 韦娜（女）
党委委员、副局长、二级主任科员 何自力
党委委员、区纪委机关派驻教育局纪检组长 奚志宏
党委委员、区人民政府教育督导室主任督学、二级主任科员 邓石军
党委委员、副局长 禹继来
丁婷婷（女）
四级调研员 达世进
周自平
李拥
一级主任科员 刘继
教育教学研究指导中心主任 刘忠

区科技和工业信息化局

党组书记、局长 陈明
党组成员、副局长 唐志强
党组成员、副局长、二级主任科员 王强
党组成员、副局长 蒋佳（女）
二级调研员 张经科
三级调研员 郭忠
四级调研员 殷富强
四级主任科员 谭丽红（女）
方宏宇（女）
阳立斌
区科学技术局原党组成员、副局长 易辉（女）

区民政局

党组书记、局长、区社会组织党工委书记 刘虎
党组成员、副局长 何元平
杨湘黔
二级主任科员 吴晓辉
三级主任科员 蒋玲（女）
区慈善事务服务中心主任 吴晓谊（女）
区慈善事务服务中心干部（副科级） 皮友芳（女）

区司法局

局长 李文波

党组成员、副局长、二级主任科员
张　能（女）
党组成员、副局长　胡　毅
四级调研员　那　伟
向　前
一级主任科员　王玉安
主任科员　袁　龙
二级主任科员　唐伟其
周彦岑
侯首鸿（女）
二级主任科员（清水塘街道司法所所长）
龙　华
四级主任科员（井龙街道司法所所长）
周　鹏
四级主任科员（铜塘湾街道司法所所长）
毛检军
四级主任科员（响石岭街道司法所所长）
张　翕

区财政局

党组书记、局长　张沙洲（女）
党组成员、副局长　王菊香（女）
财政局党组成员、区纪委机关派驻
　财政局纪检组组长　彭迎科
党组成员、副局长、二级主任科员
周　青
党组成员、副局长　张钊培
总会计师　周文君（女）
四级调研员　陈雁峰
四级主任科员　瞿　敏（女）
李　莎（女）
区乡镇财政服务中心主任　汤　丽（女）
区乡镇财政服务中心原主任　欧阳时吾（女）
区国库集中支付核算中心主任　蒋素英（女）

区人力资源和社会保障局

党组书记、局长、区委组织部
　副部长（兼）　黄文斌
党组成员、副局长　易建林
程晒花（女）
三级调研员　周　晋
二级主任科员　吴浩谊
杨　萍（女）
三级主任科员　宾陵花（女）
沈德忠
区人力资源服务中心主任　简　莉（女）
区社会保险服务中心主任　刘慧兰（女）
区劳动保障监察大队大队长　贺校明

区自然资源局（林业局）

党组副书记、局长　谭玉明
区土地储备中心主任　万小强

区住房和城乡建设局（人民防空办公室）

党组副书记、局长、四级调研员　雷春明
党组书记、区人防办副主任　贺　涛
党组成员、副局长　李　斌
黄红清（女）
党组成员、总工程师、二级主任科员
黄宏富
一级主任科员　易建华
二级主任科员　贺子发
沈文斌
邓涵予（女）
四级主任科员　徐松灿（女）
副主任科员　鲁　穗
区城乡建设技术服务中心主任　龚志红（女）

区交通运输局

党组书记、局长　董　勇

副局长　郭东明

区农业农村局

党组书记、局长　李　阳

党组成员、副局长、一级主任科员　龙慧英（女）

党组成员、副局长、二级主任科员　谭　琳

党组成员、总农艺师　程　璐（女）

二级主任科员　袁建政

覃翔中

李福春

文　慧（女）

区农业农村事务服务中心主任　陈子腾

区绿心保护事务中心主任　赵　骞

区河道事务服务中心主任　尹煜尔

区商务和粮食局

党组书记、局长　杨　凌

党组成员、副局长　潘黎波

杨　洁（女）

一级主任科员　王铁山

一级主任科员　冯跃能（女）

二级主任科员　袁　维

三级主任科员　黄绛仙（女）

区文化体育和旅游局

党组书记、局长　王环宇

党组成员、副局长、二级主任科员　袁艺文（女）

党组成员、副局长　刘　斌

二级主任科员　文红卫（女）

三级主任科员　李红艳（女）

区文化馆馆长　谭娟芳（女）

区卫生健康局

党组书记、局长、三级调研员　刘纲德

党组成员、区纪委机关派驻卫生和健康局纪检组长　吴晓明

党组成员、副局长、二级主任科员　肖　伟

党组成员、副局长、二级主任科员　袁　湘

党组成员、副局长　杨　照（女）

四级调研员　胡进平

一级主任科员　何湘华

二级主任科员　倪　铭（女）

二级主任科员　凌　波

二级主任科员　易应良

区妇幼保健计划生育服务中心主任　艾立珠（女）

副主任　刘　凰

区卫生健康综合监督执法大队长　张　华

区疾病预防控制中心主任　刘　杰

区原政务服务中心党组成员、副主任　尹毅华

区审计局

党组书记　朱真里

局长、一级主任科员　张迎春（女）

党组成员、副局长、二级主任科员　付宁花（女）

副局长　曾广洗

区投资审计中心主任　曾文伟

区退役军人事务管理局

党组书记、局长　易升文

党组成员、副局长　周　磊（女）

党组成员、副局长、二级主任科员 罗剑斌

区应急管理局

党组书记、局长、一级主任科员 宋　彪
副局长、一级主任科员 邓元满
党组成员、副局长 朱正光
三级调研员 彭自兴
二级主任科员 林永雄
二级主任科员 梁　虹（女）
四级主任科员 刘声琪

区城市管理和综合执法局

党委书记、局长 康久清
党委委员、副局长、四级调研员 颜　宇
党委委员、副局长、二级主任科员 邓平荣
殷　文
副局长、区城市管理综合行政执法大队大队长（兼），二级主任科员 罗　煜
主任科员 刘明辉
区城市管理综合行政执法大队四级主任科员 周亚南
原区治理违法建设综合管理大队副队长 杨娟娟（女）
黄昌国
原区治理违法建设综合管理大队党支部书记 彭建华
区市政维护服务中心主任 段建飞
区环境卫生服务中心主任 翁友文
区原环境卫生管理处主任 佘　理
区治理违法建设综合管理大队副队长（主持工作） 黄　勇

区市场监督管理局

党组书记、局长 汪海峰
党组成员、副局长、二级主任科员 王小军
党组成员、副局长 江广念
谭桂寿
四级调研员 刘汉祖
一级主任科员 胡亚鹏
吴　刚
二级主任科员 宋晋闽
汤　荡
莫　建
廖　陈
三级主任科员 方　慧（女）
四级主任科员 何志伟
张益华
副科级干部 黄　照

区统计局

党组书记、局长 田　亮
党组成员、副局长、三级主任科员 赵　蕾（女）
党组成员、副局长 钟　莎（女）
三级主任科员 刘清奇
区经济社会调查服务中心二级主任科员 沈红斌（女）
区统计局普查中心主任 李文佳

区政府金融工作办公室

党组书记、主任 龙显革
副主任 贺小华（女）

区信访局

党组书记、四级调研员　倪得珉
局长、区政府办副主任（兼）　陈新跃
副局长、三级主任科员　龙　晖
党组成员、副局长　吴雄辉
区信访接访服务中心主任　文紫建

区医疗保障局

局　长　杨湘红（女）
副局长　王秀莉（女）
二级主任科员　龙晓春（女）
城乡居民医疗保障事务中心主任　温卫平（女）

区行政审批服务局

党组书记、局长　周　明

区人大常委会办公室

党组成员、办公室主任、机关党组书记、四级调研员　朱长喜
副主任　陈妍菲（女）
四级调研员　赵克西
二级主任科员　易海燕（女）
选举任免联络工作委员会主任、机关党组成员　程　黎（女）
选举任免联络工作委员会副主任　唐有平（女）
环境与资源保护委员会主任委员、四级调研员　潘　凯
三级调研员　彭　侃
监察和司法委员会主任委员　焦莹莹（女）
教育科学文化卫生委员会主任委员　李　玢（女）
财政经济委员会主任　周志勇
财政经济委员会副主任　唐艺予（女）
二级主任科员　付红霞（女）
农业与农村委员会主任委员　陈培峰（女）
四级调研员　黄　水
周红雨（女）
机关党组成员、社会建设委员会主任委员　张　哲

区政协办公室

政协党组成员、办公室主任、秘书长、机关党组书记　刘淑华
办公室副主任　文　俊
四级调研员　晏明安（女）
社会法制和民族宗教委员会主任　杨玉圆（女）
二级主任科员　李金洧（女）
提案和委员学习联络委员会主任、四级调研员　杨万强
区政协机关党组成员、文教卫体和文史委员会主任　陈琳敏（女）
文教卫体和文史委员会副主任　赵　萍（女）
经济科技和外事委员会主任　黄志成
经济科技和外事委员会原副主任　丁　畅（女）
农业农村和人口资源环境委员会主任　陈　义
二级调研员　陈孝寅
三级调研员　周晓青

区工商业联合会

主　席　曾　嵘
党组书记　叶庆强
党组成员、副主席　黄　述（女）
四级调研员　谢红兵
二级主任科员　唐　莉（女）
朱　洲

区总工会

党组书记、主席　王育薇
党组成员、副主席　唐湘平（女）
　余建强
二级主任科员　管玉辉
四级主任科员　李　伟

区共青团石峰区委

团区委副书记　周亚昕（女）

区妇女联合会

党组书记、主席、一级主任科员　黄　莺（女）
副主席　吴　琼（女）
二级主任科员　李　伟（女）

区残疾人联合会

理事长　娄　健（女）
党组书记　江　泓
党组成员、副理事长　宋　娟（女）
四级调研员　王建国

区科学技术协会

主席　黄孟星
副主席　黄艳芝（女）
一级主任科员　付　伟

区计划生育协会

会　长　单湛君
党组书记、常务副会长　张扬定
党组成员、秘书长　胡重春（女）

区红十字会

会长　谢　洁（女）
党组书记、常务副会长　罗　俊

区物业服务指导中心

党组书记、主任　言独立
副主任　徐水燕
　邹　娟（女）

区优化营商环境协调事务中心

党组书记、主任　凌江鹏
副主任　李　冰
　雷志娟（女）
　李兆丰
区原投资项目服务中心主任　刘利剑（女）

区土地事务服务中心

党组书记、主任　李建武
党组成员、副主任　阳华东
副主任　陈　攀
原区土地储备中心副主任　冯　微

区工程建设服务中心

党组书记、主任　王华荣
党组成员、副主任　张建刚
副主任　刘俊才

区机关事务服务中心

党组书记、主任　黄勇军
副主任　龙小文（女）
　王月祥
主任科员　余虎能
原政务服务中心党组成员、副主任　王振云

区清水塘关停企业事务中心

副主任（主持工作）　申　明
副主任　贺　熙

株洲国家高新区田心高科技工业园管理委员会

党工委副书记、主任 陈　军
党工委副书记、纪工委书记（兼） 张　莉（女）
党工委委员、副主任 杨冰峰
李舒敏（女）
党组成员、副主任（挂职一年） 范　思
招商产业科科长 唐　波
办公室主任 覃　磊
规范建设科科长 颜爱华
四级调研员 王绍忠
汤永清（女）

轨道公司

副总经理 杨　昊

循环集团

党委书记、董事长 丁建国
党委副书记、董事、总经理 钟　江
党委副书记、纪工委书记 周　丹（女）
党委委员、监事会主席 许　昕（女）
党委委员、董事、副总经理 刘新辉
副总经理 栗子龙

响石岭街道

党工委书记 付铁琪
党工委副书记、
办事处副主任（主持工作） 周　骥
党工委副书记、政法委员 张正良
党工委委员、人大工作委员会主任
刘　兵
党工委委员、政协联络工作负责人
肖建军
党工委委员、组织委员、宣传统战委员
唐子轸（女）

党工委委员、纪工委书记 张家瑞
党工委委员 曹　莉（女）
党工委委员、办事处副主任 贺利明
办事处副主任、二级主任科员 王　雅
原“两保”站站长 张海峰
副主任科员（工会主席） 杨卫平
二级主任科员 杨拥军
四级主任科员 代千均

清水塘街道

党工委书记 殷　彬（女）
党工委副书记、办事处主任 吉济平
党工委副书记 彭　泉
党工委委员、人大工作委员会主任、
政法委员 易铁军
党工委委员、政协工作联络处主任 张　勇
党工委委员、办事处副主任 罗运林
党工委委员、纪工委书记、
二级主任科员 王　钢
党工委委员、组织委员、宣传统战委员
彭　婵（女）
副主任 尹李娟（女）
徐　萍（女）
原“两保”站站长 刘　岭

田心街道

党工委书记 覃志名
党工委副书记、办事处主任 马　智
党工委副书记 张　宇
党工委委员、人大工作委员会主任 周赞武
党工委委员、组织委员、宣传统战
委员、政协工作联络处主任 陈战辉
党工委委员、纪工委书记 王　东
党工委委员、副主任、政法委员、

二级主任科员　朱　韧
办事处副主任　邹爱华（女）
何荣洲
原“两保”站站长　罗利军
四级调研员　朱起炎

井龙街道

党工委书记、四级调研员　管响民
党工委副书记、办事处主任　张志峰
党工委副书记、政法委员　刘　尧
党工委委员、人大工作委员会主任　苏建政
党工委委员、政协工作联络处主任、宣传统战委员　胡　琼（女）
党工委委员、组织委员、　刘星明
党工委委员、纪工委书记　张　帆
办事处副主任　沈松佳
原“两保”站站长　殷　俊
三级主任科员　袁建兰（女）
四级主任科员（工会主席）　唐　勇
四级主任科员　鲁小苗（女）

铜塘湾街道

党工委书记　王　勇
党工委副书记、办事处主任　占忠建
党工委副书记、政法委员　唐　赛
党工委委员、人大工作委员会主任　黄罗佳
党工委委员、纪工委书记、
二级主任科员　胡炬丽（女）
党工委委员、二级主任科员　江春游
党工委委员　袁　浩
党工委委员、副主任、宣传统战委员　杨　琪
办事处副主任、组织委员　谭旭琦（女）
办事处副主任、二级主任科员　罗新山
原“两保”站站长　董　艳（女）
原党工委委员　郭春阳

区人民法院

党组书记、院长　刘新文
党组副书记、副院长　张训贵
党组成员、审判委员会专职委员　晏寿林
副院长、正科级审判员　尹　强
党组成员、副院长（执行局局长）　王　健
党组成员、政治部主任　张　剑
四级调研员　马燕歌
原党组成员、副院长、正科级审判员　张漫松
原党组成员、政工科科长　何朝晖（女）
原党组成员、审判委员会专职委员　肖中和
四级高级法官　朱　宏
二级主任科员　李欣洲
张新华
四级主任科员　谭　蓉（女）
一级法官　龚　浩
周运生
李欣欣（女）
龙政文
吴登高

区人民检察院

党组书记、检察长　李云开
副书记、副检察长　李津梁
党组成员、副检察长　肖明月
副检察长、正科级检察员　陈　源（女）
党组副书记、检察委员会专职委员（侦查监督科科长）　旷　野

党组成员、检察委员会专职委员（公诉科科长） 熊　雄
党组成员、政工科长 李飞鹏
四级调研员 刘自力
李少华
四级高级警长 郭慧石
二级主任科员 晏伯轩
一级检察官 谢永忠
二级检察官助理 文　伟
唐　玲（女）
谭　俐（女）
二级警长 方阳怀
四级检察官助理 李　哲（女）

石峰区“双管”机构负责人

市公安局石峰分局

党委书记、局长 贺吾晋
市局副调研员、党委副书记、政委 胡登龙
党委副书记、常务副局长 刘塘文
党委委员、副局长 王大林
胡　翔
汤志新
刘　钢
党委委员、纪委书记 罗叶剑
工会主席 刘　鸿

石峰区公安消防大队

大队长 何卫国
政治教导员 李勇军

市石峰区市场监督管理局

党委书记、局长 汪海峰
党委委员、副局长 江广念
谭桂寿

市石峰区税务局

党委书记、局长 刘俊杰
党委副书记、副局长 刘迎春
党委成员、副局长 龙胜勇
宾松林
郭建文
易建华
胡　海
杨伟德
方　杰
党委成员、纪检组组长 曾　闻
工会主席 罗　艳（女）

市公安交警支队石峰大队

大队长 王海峰
教导员 张金明
副大队长 周　伟
向　真
罗之璞
周显元

市环保局石峰分局

党支部书记、局长 李青山
副局长 王文胜

市国有土地上房屋征收处石峰中心

主　任 陈玲辉
副主任 汤　赞

重 要 文 件 选 登

中共株洲市石峰区委办公室 株洲市石峰区人民政府办公室 关于印发《落实化债工作要求加强增收节支管理的六条措施（试行）》的通 知

株石办发〔2020〕8 号

2020 年 3 月 18 日

落实化债工作要求加强 增收节支管理的六条措施（试行）

为贯彻落实党中央国务院和省委省政府关于防范化解债务风险的决策部署，牢固树立过“紧日子、苦日子”的思想，强化节支也是增收的理念，根据《党政机关厉行节约反对浪费条例》及有关财经管理办法，结合我区实际，就节支管理规定如下：

第一条 严格落实中央、省、市化债工作有关规定。各单位必须确保年度内一般性支出比上年压减不低于 20%、“三公”经费[1]比上年压减不低于 30%；除中央和省、市安排以外，不得因公出国出境；不得购置、新建或擅自租用、修缮办公用房；不得新购置公务用车；区委、区政府及部门负责人公务出行按下调一级的标准执行；区有关主要领导和相关部门主要负责人的综治奖、文明奖、绩效考核奖、双薪中的津补贴部分均按副职档次标准发放。

第二条 细化、刚化科目预算。各单位需将区本级年初预算安排的机关运行经费[2]按如下标准编制细化到相关经济分类科目：公务接待费不得超 5%，办公费不得超 20%，印刷费不得超 20%，会议费不得超 15%，其他经费不得超 40%。各单位应在收到预算批复后 7 日内编制好年度《机关运行经费计划支出明细表》（附件 1），经负责人签字并加盖单位公章后报区财政部门备案。科目预算一经确定，报账中必须“账票相符”“账实相符”，严禁跨科目调剂报账。

第三条 按季度均衡支出。自 2020 年 3 月起，不再对机关运行经费预算指标逐笔申报用款计划，改由区财政部门按季度按科目预算均衡下达用款计划。超过规定进度本季度内一律暂停报账，待下季度予以报账支付，年度经费原则上不结转到下年。

第四条 坚持先审批后支出。对培训、办公设备购置（电脑、打印机、复印机、办公家具等）、专用服装、专用设备购置、委托业务[3]、电话及信息网络安装、修缮、政府购买服务等支出，必须经区增收节支办审核并报增收节支领导小组组长审批同意后方能列支。严格执行

“无预算不支出、有预算要节支”，凡提交区委常委会、区政府常务会议集体研究审议涉及资金列支的事项，必须先书面报请区增收节支办提出审核意见，明确资金来源和保障渠道，否则不予上会研究。

第五条 实行年度检查全覆盖。各单位每月15号以前将上月《机关运行经费支出汇总表》（附件2）上报区国库集中支付核算中心。加大节支检查力度，区增收节支办牵头，区纪委监察委、区财政、区审计等部门参与，按月联合开展检查。年度内实现区内预算单位检查全覆盖，对检查中发现的问题，由区增收节支办予以督促整改，情节严重的进行严肃追责、问责区委财经委、区人大常委会不定期听取节支情况汇报。

第六条 落实增收节支责任。成立区增收节支领导小组，常务副区长任组长，领导小组办公室设在区财政局，财政局局长兼办公室主任，纪委监察委、财政局、审计局等部门相关负责人为成员。区增收节支办负责审查各单位机关运行经费支出计划、审核非经常性支出、定期开展节支检查、督促问题整改县级领导要带头执行节支相关规定，强化单位负责人[4]增收节支管理的“第一责任人”责任，要主动履责，对不主动履职、管理不规范、问题整改不到位的，区增收节支办及时报区委、区政府按有关规定从严处理。

本通知暂试行一年，此前区级制定的有关规定与本通知不一致的，按本通知执行。

注释说明：

1.“三公”经费：公务接待费、因公出国（境）费用、公务用车购置及运行维护费。

2.机关运行经费：公用经费（不含车改补贴）、业务性专项经费。

3.委托业务费：因委托外单位办理业务而支付的费用，如调研、核查、编制咨询等。

4.单位负责人：常委部门常务副职、人大分管财务的副主任、政协分管财务的副主席、各行政事业单位主要负责人。

中共株洲市石峰区委员会 株洲市石峰区人民政府 关于调整石峰区产业链和链条参与领导及责任部门的通知

株石发〔2020〕2号

2020年3月18日

为更好地发挥产业链优势，优化整合资源，发挥龙头企业和行业协会作用，不断做大产业链，经区委、区政府研究同意，对产业链和链条参与领导及责任部门进行调整，通知如下：

一、轨道交通产业链

李红任常务副链长，陈志新（中车株机）、刘可安（中车株所）、晋军（中车电机）、周文安、陈军任副链长，责任部门为田心高科园。

二、清水塘片区转型产业链

邓元连任链长，陈红云（清水塘公司）、栾宏（株洲中交清水塘投资公司）、李登岗、陈国林任副链长，责任部门为区清水塘搬迁指挥部。

三、建筑及房地产业链

屈邵阳任链长，宋长征、阳永安（建筑行业协会）、张伟（房地产行业协会）、聂雅莉（建筑装饰材料协会）、彭丽君（湖南芙蓉建设集团）任副链长，责任部门为区住建局。

四、商贸物流产业链

颜曼文任链长，李红、宋长征、曾嵘、曾湘江（中车物流）任副链长，责任部门为区商粮局。

五、工业文旅产业链

李军任链长，丁步亭、言晓军任副链长，责任部门为区文旅体局。

六、IGBT 产业链

宋长征任链长，周立君、吴煜东（中车时代半导体）任副链长，责任部门为区科工信局。

中共株洲市石峰区委 株洲市石峰区人民政府 关于印发《石峰区网格服务管理工作规则》的通知

株石发〔2020〕4 号

2020 年 6 月 1 日

石峰区网格服务管理工作规则

第一章　总　则

第一条　根据《中国共产党章程》《中华人民共和国城市居民委员会组织法》《湖南省物业管理条例》、国家、省、市城乡社区网格化服务管理规范及有关法律法规和政策，为全面贯彻落实推进国家治理体系和治理能力现代化，完善党委领导、政府负责、民主协商、社会协同、公众参与、法治保障、科技支撑的社会治理体系，建设人人有责、人人尽责、人人享有的社会治理共同体，构建基层社会治理新格局，结合本区实际，制定本规则。

第二条　本规则所称的网格，是指按照城乡社区网格化服务管理规范有关标准，由石峰区人民政府在城市社区以 400—500 户或 1200 人左右为标准划分的基层综合服务管理单元（行政村为 1 个网格）。各网格根据规模大小配备 1—2 名网格管理员（以下简称网格员）具体从事网格服务管理工作。

第三条　本规则所称的网格服务管理，是指网格单元在社区党组织领导下，依靠群众自治，运用信息化、数据化手段开展小区治理、便民服务、综合治理等工作。

第二章　基本组织体系

第四条　小区党支部。以居民小区为单位组建基层党支部。在街道、社区党组织的领导下，发挥对小区业主委员会、业主监督委员会和物业服务企业的政治引领作用，参与重大事项商议、矛盾纠纷调解、社区管理服务等，推动实现业主自治和小区建设、小区治理的有机统一。

（一）小区直管党员（组织关系在社区的党员）3 人以上的，可根据党员结构、小区治理实际成立小区党支部。

（二）小区直管党员不足 3 人的，可与邻近小区成立联合党支部。

（三）网格内所有小区都不具备成立党支部条件时，可以成立网格联合支部，开展党的工作。

（四）人数较多的党支部，可以成立若干个党小组。党小组在党支部委员会领导下开展工作。

第五条　小区自治组织。原则上以小区为单位，成立居民业主委员会，开展小区自治工作。

（一）对于一些规模小的无人管理小区，根据居民意愿，就近加入邻近小区进行管理。

（二）株化、株冶、株机等规模较大的小

区，根据居民意愿，按照便民利民的原则，分设多个小区进行管理。

第六条 网格社会组织。围绕义务巡逻、文体娱乐、志愿服务、矛盾调解、邻里互助等方面，网格自治组织组建或引进一些社会组织，提供公益性服务，推动形成基层社会治理社会化、多元化新格局。

第三章 基本工作内容

第七条 网格服务管理必须坚持党建引领，在社区党组织的领导下，建立社区公共服务清单、群众自治清单和有偿服务清单“三张清单”，将社区基本职能延伸到网格单元，推行全科网格员，实行全覆盖服务管理，各社区书记兼任网格长，统筹辖区内网格员开展工作。网格员的基本工作内容如下：

（一）党的建设。协助网格内小区党支部开展党的建设工作，发挥党组织的战斗堡垒作用；协助居住在本网格内的党员参与小区治理，开展党内组织生活，发挥党员的先锋模范作用。

（二）信息采集和动态管理。对网格内的“人、地、事、物、情、组织”等基础信息进行采集并录入区网格化信息服务管理平台，对网格内党员、“五类”重点人员、两保人员、残障人士，以及征兵、卫健、就业失业、重大公共安全隐患、重要矛盾纠纷两新组织、业委会、物业公司、志愿者队伍、消防文体设施等内容建立基础台账，形成网格要情，实施动态管理，及时予以更新。

（三）走访巡查和事件报送处置。采取定期和不定期、日常和重点走访巡查相结合的方式，对网格内居民进行入户走访，对网格内进行巡查，对发现的各类综合治理、城市管理、应急安全、生态环保、公共卫生、市场监管等方面的问题进行登记上报、先期处置和监督反馈。

（四）宣传教育。建立和管理网格居民微信群，通过线上线下多途径对中央路线、方针，以及各级党委、政府的各项政策、法律法规、重大决策、重要工作进行宣传教育，对社情民意进行收集反馈。

（五）便民服务。根据公共服务清单，为居民提供窗口业务受理以及“上门办”“预约办”“帮代办”等服务。

（六）矛盾调解。发挥网格内党员、业委会成员、楼栋长、“两代表一委员”、热心且有影响力的居民、志愿者的作用，协助网格民警，对街坊邻里、家庭之间的小矛盾、小纠纷及时进行调解；协助、配合司法部门做好网格内较大矛盾纠纷的化解和调处工作。

（七）居民自治。引导居民依法依规开展自治活动。利用网格居民微信群拓宽群众参与监督小区治理的渠道。引导制定居民公约，培育向上向善民风社风。

第四章 基本管理制度

第八条 党员教育管理制度。以网格为单位落实小区党支部“三会一课”制度、民主评议党员制度、流动党员管理制度、党员积分管理制度、党员公开承诺制度等制度，通过理论学习、主题教育、谈心谈话、组织生活、党员活动等方式开展党员教育管理工作。

第九条 “清单式”管理制度。制定出台社区公共服务清单、群众自治清单、有偿服务清单三张清单”，厘清政府部门、社区网格和居民自治的社会治理职能。实行社区（村）公共服务事项清单准入制度，强化群众自治主体责任；推行有偿服务清单，构建“共商、共建、共治、共享”的基层治理新格局。

第十条 网格效能评估制度。依据网格内家庭户数、人口数、党员人数、“两新”组织个数、五类人员数、无人管理小区数等基础信息，设定网格治理综合规模（难度）系数，对网格党建、小区物业、居民自治、人社就业、拆违控违和网格服务管理等重点工作设定效能指标。每月根据重点工作效能指标完成情况，结合综合规模（难度）系数，得出网格治理成效，以此评估该网格社会治理效能，并作为网格员绩效考核的重要依据。

第十一条 民生实事“票决”制度。对网格内基础设施维护、文体公益活动、环境卫生治理、社会组织培育等涉及民生的重大事项进行民事民议，组织“两代表一委员”、网格员、党员和居民代表，以票决方式确定并实施。

第十二条 网格事件处置制度。运用石峰区网格化信息服务管理平台进行事件上报、指挥派遣、处置反馈、核查结案、综合评价、事件归档等工作。事件处置全程公开透明并实行网上流转主体明确、符合既定事件处置标准的网格事件直接通过平台流转至职能部门办理；疑难复杂网格事件由街道或区级“四个平台”牵头单位组织相关部门研究处理。由区委督查室每月随机抽取事件实行跟踪督办，对督办发现的不作为、缓作为和慢作为的单位人员交由区纪委监委进行问责。对于重大涉稳涉黑等不便公开报送的信息，使用平台密报渠道进行报送并处置。

第十三条 网格便民服务帮代办制度。根据便民利民的原则，由网格员主动为网格内残疾人、孕妇、高龄老年人等行动不便群体、困难群体提供帮代办服务，对事项受理实行首问责任、一次性告知、限期办结制度。

第十四条 网格员队伍管理制度。区网格化管理服务中心负责全区网格员队伍建设和管理，对人员招录、岗位职责、薪酬待遇、日常管理、考核奖惩等进行明确，形成规范化、制度化的管理体系。区网格化管理服务中心每年统筹相关部门制定年度培训计划，采用线上与线下、视频与现场、分开与集中相结合的方式，对网格员开展意识形态、平台系统操作、部门业务等内容的培训。其中，部门业务培训一般每年不少于两次，其他培训根据工作需要随时进行安排，每年度组织开展一次以上网格员业务能力测试。

第五章　基本工作方法

第十五条 全科网格员。推行“一门式”服务管理，社区（村）便民服务站按照社会化管理、多功能服务的要求，结合党群管理服务、社会事务服务、网格化管理服务等职责，设置1～2个综合窗口，负责接待群众办理政务服务、社会事务等所有事项，实现群众办事只需要进一扇门。网格员轮流在综合窗口值班，负责所有事项的受理及派发，并做好台账登记、资料整理、信息汇总等基础工作。

第十六条 网格周例会。各社区建立周例会制度。每周依据实际需求，由网格长召集网格内“1+N”人员召开工作例会，互通信息情况，安排、调度、部署本周重点工作。

第十七条 A、B岗工作法。建立网格员交叉上户工作机制，实行A岗（社区坐班办公）、B岗（网格走访巡查）轮岗工作制度。网格员每天走访巡查不少于2个小时，主动与居民沟通交流，开展政策宣传、情况摸查、矛盾调处、便民帮代办等服务管理工作，做到重大事件“每日必报”、重点人群“每月（季）必访”网格居住户“每半年必到”。

第十八条 网格居民微信群管理和监督。以网格为单位建立居民微信群，由网格员担任群主，联点干部、网格党员、楼栋长社区医生、法援律师、电力维护、物业公司等人员加入群内。网格员负责微信群的日常管理与运维，利用该平台及时发布惠民政策、政务事项办理须知、居务公开信息、社区活动等内容，居民可随时在群里反映问题。区微巡办负责对网格微信群内居民诉求回复和办理情况，予以实时监督管理。

第十九条 每月一日集中下网格。将每月第一个星期五定为全区无会日，全区办点领导和联点干部统一下网格对网格内主要问题和疑难事件进行现场办公。当月没有具体事件需要办理时，则开展宣传教育、特殊群体走访、隐患排查等工作，各单位下网格办公的情况需在规定期限内通过平台反馈上报。

第二十条 网格“1+N”联动机制。“1”即网格员，“N”即网格警员、网格城管员、网格保洁员、网格市场监管员等各方工作力量，明晰各自职责，打通部门壁垒，形成网格治理合力，提升网格内事项处置效率，做到“小事不出格”。

第六章 基本待遇保障

第二十一条 网格员薪酬待遇由岗位基本工资、绩效奖金。其他奖金及福利待遇构成，列入财政预算，由区财政局和服务单位予以保障。除老体制人员以外的网格员均设立服务年限补贴，建立每三年一次的工资增长机制，具体增资标准另行制定。

第二十二条 对取得社会工作者职业水平证书的网格化工作人员，服务单位给予一次性奖励（助理社会工作师1000元、社会工作师1500元、高级社会工作师 3000 元），由区民政局区人社局审批后发放；对取得社区工作者职业水平证书的社区网格员按月发放补贴（助理社会工作师200元/月、社会工作师300元/月、高级社会工作师500元/月），由区财政局据实拨付给区网格化管理服务中心或者各街道予以发放。

第二十三条 在社区网格员工作岗位满 2 年，且年度考核结果均为“合格”等次及以上的，可按审批程序纳入城市社区专职工作者队伍，其职业薪酬具体参照《株洲市城市社区专职工作者管理办法（试行）的通知》（株组发〔2019〕60 号）执行。

第二十四条 网格员作为社区干部队伍重要后备力量，优先推荐进社区两委班子成员。按照省市有关要求，推进社区专职工作者和社区两委干部交叉任职，在全区事业单位招考中拿出一定比例，面向网格员公开招考，充分调动网格员工作积极性。

第七章 附 则

第二十五条 本规则由各街道负责组织实施，由区委组织部会同区民政局、区司法局、区网格化管理服务中心等职能部门负责解释。各条款若与国家法律、法规、规章、办法规定相冲突，则以法律、法规、规章、办法为准。

第二十六条 本规则自发布之日起施行。

中共株洲市石峰区委办公室 株洲市石峰区人民政府办公室 关于印发《开展学习贯彻 习近平总书记在湖南考察时 重要讲话精神暨“进网格、解难题” 专题活动实施方案》的通知

株石办发〔2020〕40 号

2020 年 10 月 12 日

开展学习贯彻习近平总书记在湖南考察时重要讲话精神暨“进网格、解难题”专题活动实施方案

为贯彻落实习近平总书记关于湖南工作“三高地、四个新、五个重点”的新目标新定位新要求，经区委、区政府研究决定，在全区开展学习贯彻习近平总书记在湖南考察时的重要讲话精神暨“进网格、解难题”专题活动，推动广大党员干部下沉网格，从群众最关心的身边事抓起，真正打通服务群众“最后一公里”让人民群众拥有实实在在的获得感、幸福感，坚定不移推动习近平总书记重要讲话精神在石峰落地生根、开花结果。

一、坚持问题导向，突出活动重点

深入开展“进网格、解难题”活动，坚持把小事当大事干，踏踏实实把正在做的事情做好。重点做好以下五个方面工作：

（一）老旧小区改造（含“三供一业”改造小区）“回头看”整改。一方面，围绕已经完成的老旧小区（三供一业）改造项目开展“回头看”，针对群众反映的屋面漏水、房屋外墙美化消防设施配备不足、小区地面塌陷等实际问题进行整改，全面巩固提升老旧小区改造效果。另一方面，聚焦正在推进的老旧小区改造项目，广泛深入群众，听取意见建议，督促做好小区拆违、居民自筹资金归集、油烟治理和电梯安装等工作，真正把老旧小区改造工程变成民心工程。

（二）网格事件办理督查整改。全面梳理网格事件办理平台和“随手拍”栏目交办事件，开展网格事件办理情况督查整改专项行动，督促核实群众反映的事情是否在规定时限内予以办结销号，切实推动路灯不亮、下水道堵塞、环卫工人工资拖欠居民生活区夜间抢劫、护坡垮塌、人行道围墙开裂等一批群众急难愁盼的疑难问题得到解决，确保做到件件有回音、事事有着落。

（三）督促惠民实事加快办理。针对今年实施的144个社区惠民资金项目进行专项督导，对没有启动的惠民实事项目，督促其加快启动；对已经启动的惠民实事项目，督促其加快推进；对已经完成的惠民实事项目，督促其尽快实施项目验收，发挥实际作用，真正让老百姓受益。

（四）加强小区物业管理。结合迎接国文国卫复审，加快推动老旧小区业主委员会组建全覆盖，推进小区业主自治，引进专业性物业管理公司进行管理，扎实做好小区卫生保洁、绿化养护、设施更新维护等工作，全面整治乱扔垃圾、占道经营、乱搭乱建、车辆乱停、随意晾晒、绿地种菜、家禽放养等陋习，不断规范小区管理服务，持续净化美化居住环境。

（五）推动社区（村）“一门式”服务改革全覆盖。一方面，对丁山、北岭、先锋、茅太等 33 个已经完成“一门式”服务改造的社区（村），精心组织服务窗口人员开展系统平台操作业务培训，确保业务熟悉、服务规范、形成示范。另一方面，对响石岭、铜塘湾等 5 个未完成改造的社区（村），加快场地装修设备安装、系统调试等工作进度，确保10月份中上旬完成改造。同时，对白马、叫鸡岭等 7 个处于临时办公场所、暂不启动改造的社区（村），按综合窗口模式进行办公，为群众提供“一门式”办理、“一站式”服务。

二、创新方式方法，确保活动实效

（一）实施县级领导联点网格。坚持以县级领导“五个一”活动为抓手，在县级领导联

点社区的基础上，进一步延伸联点工作触角，实行县级领导联点网格、督导工作机制，定期组织后盾单位、联点党员干部进网格、解难题，及时针对网格居民反映的问题进行交办、督办，并明确时间节点，推动各类问题有效解决

（二）强化督导落实。成立五个工作督导组，分别派驻 5 个街道，开展为期 1 个月的专项督导，既督导解决问题，又发现交办问题。其中，第一督导组组长彭侃、副组长唐莉，负责督导响石岭街道办事处；第二督导组组长周晓青、副组长李伟，负责督导田心街道办事处；第三督导组组长那伟、副组长黄昌国，负责督导井龙街道办事处；第四督导组组长谢红兵、副组长刘利剑，负责督导清水塘街道办事处；第五督导组组长唐伟其、副组长尹李娟，负责督导铜塘湾街道办事处。同时，每个督导组在街道社区设立群众意见箱，公开联系电话，广泛收集群众意见建议，全面增强督导实效。

（三）注重边督边改。坚持问题导向、目标导向，对督导发现的问题，建立台账，明确责任，划定时限，并第一时间向被督导单位反馈交办，持续跟踪督办，直至问题整改销号。同时，及时在网格居民微信群公开督导整改情况，接受群众监督，确保整改实效、群众满意。

三、夯实工作保障，浓厚活动氛围

（一）加强组织领导。成立“进网格、解难题”活动领导小组，由区委副书记、代区长邹志超担任第一副组长，区委常委、区纪委书记、监委主任汤小红，区委常委、区委组织部长李军，区委常委、区委办主任朱斌，区委常委、区委政法委书记杨瑞斌担任副组长，区委办、区政府办、区人社局、区民政局、区行政审批服务局、区网格中、区物管办等为成员单位，领导小组办公室设在区委办，由朱斌兼任办公室主任，牵头负责日常督导调度工作。

（二）强化定期调度。实行每周一调度、一通报，定期召开“进网格、解难题”活动领导小组联席会议，通报督导整改工作情况，对督导过程中发现的困难和问题及时进行协调调度，研究具体解决办法，明确责任单位和工作时限，确保发现交办的问题及时有效解决。

（三）营造浓厚氛围。全区各级党组织要带着感情、带着责任、带着使命，精心组织落实，全力推动学习贯彻向基层延伸，确保覆盖到每一个党员干部。区直部门、联点党员领导干部要深入社区网格、小区党支部进行宣讲，抓实抓好学习宣传贯彻工作，切实把习近平总书记对湖南人民的亲切关怀传递到千家万户。

中共株洲市石峰区委关于批转《株洲市石峰区民生实事人大代表票决制工作实施与监督办法》的通知

株石委〔2020〕4 号

2020 年 12 月 31 日

株洲市石峰区民生实事人大代表票决制工作实施与监督办法

（经 2020 年 12 月 30 日株洲市石峰区第五届人民代表大会常务委员会第三十八次会议审议通过）

第一章　总　则

第一条　为更好地发挥人民代表大会制度优势，进一步推动决策民主化、科学化、法治

化，根据相关法律法规和《中共中央办公厅印发〈关于健全人大讨论决定重大事项制度、各级政府重大决策出台前向本级人大报告的实施意见〉的通知》（中办发〔2017〕10号）、《中共株洲市委关于进一步加强和改进新形势下人大代表工作的意见》（株发〔2017〕16号）和市人大常委会《关于进一步深化我市民生实事人大代表票决制工作的有关意见》等文件精神，结合我区实际，制定本办法。

第二条 民生实事人大代表票决制（以下简称票决制），是指区人民政府在广泛征求人民群众意见建议基础上提出民生实事候选事项，提交区人民代表大会会议审议，经全体代表以投票表决方式决定民生实事正式事项，再交由区人民政府组织实施，并接受人大代表和人民群众监督的制度。

第三条 纳入票决制的民生实事，主要是以区本级财政性资金投入为主、由区人民政府在本行政区域内实施、具有普惠性、公益性和社会效益较为突出的民生事项。民生实事原则上应为当年度可完成，若属跨年度分步实施的，则应明确年度阶段性目标。

第二章 征集和初选

第四条 民生实事建议事项由区人民政府组织征集。

第五条 民生实事建议事项的征集原则：统筹兼顾、突出重点；尊重民意、突出民生；公益均等、普惠共享；量力而行、先急后缓；可评可检、注重绩效。

第六条 民生实事建议事项征集对象：各街道、村（社区）、人大代表和人民群众。民生实事建议事项征集可以采取网络征集、书面征集、座谈征集、调研征集等多种方式。

第七条 民生实事建议事项应符合以下要求：

（一）符合中央方针政策，贴近群众生产生活实际，实施条件比较成熟，具有可操作性；

（二）在布局上，应具有代表性、全局性、惠及面广、受益面大、社会效益显著等特点；

（三）在资金安排上，应具有可行性，有明确的预算安排，尽可能把有限的财力和资源优先保障和改善民生；

（四）在建设周期上，应具有可控性，一般能够在当年度完成或取得阶段性成效。

第八条 区人民政府对征集到的民生实事建议事项，应当进行分类、整理、初选，提出民生实事备选事项报区人大主任会议研究讨论后，再提交区人大常委会会议审议。经区人大常委会审议通过后，形成民生实事候选事项。民生实事候选事项数应当多于拟确定的民生实事事项数的20%～30%。

第三章 审议和票决

第九条 区人大常委会审议通过的民生实事候选事项，由区人民政府提请区人民代表大会审议。

第十条 区人民政府在区人民代表大会会议期间，要将民生实事候选事项的具体情况，包括事项名称、主要内容、实施主体投资额度、完成时限等，向区人民代表大会全体会议或主席团会议作说明，并书面印发全体代表。

第十一条 会议期间对民生实事候选事项进行审议时，区人大代表可以就有关情况提出询问，区人民政府相关负责人应当到会进行回答和说明。

第十二条 民生实事候选事项经各代表团分团审议后，在区人民代表大会全体会议或各代表团会议上进行投票表决。

第十三条 投票表决采用无记名投票方

式。根据每个事项累计得票数，从高到低排列后，按照预定的应选数确定，确定事项得票数应超过到会代表半数以上。如遇票数相等不能确定入选事项时，由大会主席团决定。票决确定的民生实事事项由大会主席团向大会宣布，并向社会公布。

第四章 监督和评估

第十四条 区人民政府应在区人民代表大会会议结束 1 个月内，将民生实事实施计划书报区人大常委会。区人民政府要建立定期通报机制，每季度向区人大常委会或主任会议通报民生实事进展情况。

第十五条 区人大常委会要将民生实事的实施情况列入年度监督工作计划，运用执法检查、听取审议专项工作报告、预决算审查监督、专题询问以及组织代表视察、专题调研等形式，加强对民生实事实施情况的监督检查。

第十六条 区人大及其常委会各专门委员会和有关工作机构要建立以人大代表为主体、有关专业人员参与的监督小组，对民生实事实施情况定期进行监督检查与评估，并将检查结果反馈给实施单位。

第十七条 区人民政府及有关部门（单位）应积极配合区人大常委会组织的各类监督检查活动，对区人大代表提出的意见和建议，应当及时办理和答复。

第十八条 区人民政府要将民生实事完成情况，向区人大常委会或区人民代表大会报告，并由区人大常委会组成人员或全体代表通过无记名投票方式进行满意度测评。

第十九条 区人民政府在民生实事实施过程中，遇到不可抗力，无法在预定时间内完成或需要中止、调整的，应当通过议案的形式向区人大常委会提出，由区人大常委会审议决定，并报下次区人民代表大会备案。

第二十条 对因故未能按期完成的民生实事，区人民政府应当向区人大常委会作出说明，同时提出下一步实施计划。对执行不力造成严重后果的，区人大常委会将依法启动质询、特定问题调查、提出撤职案等监督方式。

第五章 附 则

第二十一条 本办法自通过之日起实施。

统 计 资 料

表 10　　2020 年石峰区主要经济指标完成一览表

指标名称	单位	2020 年经济指标	同比增减（%）
一、地区生产总值（GDP）			
1. 总量	万元	3104015	4.9
第一产业	万元	21454	2.8
第二产业	万元	2033776	5.5
#工业	万元	1910096	6.1
建筑业	万元	123795	－10.3
第三产业	万元	1048785	3.3
#交通运输、仓储和邮政业	万元	65089	－3.3
批发和零售业	万元	207560	6.3
住宿和餐饮业	万元	29192	－8.5
房地产业	万元	123468	6.8
营利性服务业	万元	439579	3.1
非营利性服务业	万元	161072	3.9
2. 产业结构			
第一产业	%	0.7	—
第二产业	%	65.5	—
工业增加值占 GDP 比重	%	61.5	—
第三产业	%	33.8	—
二、农业			
1. 农林牧渔业总产值	万元	20853	2.8
2. 主要农产品产量			
粮食	万吨	3072	1.2
出栏生猪	万头	0.21	3
出笼家禽	万羽	11.9	4.8
出栏率	%	0.14	－1.6

续表 10

指标名称	单位	2020 年经济指标	同比增减（%）
三、工业			
1. 规模工业增加值	万元	1568150	7.2
#国有及国有控股企业	万元	1345569	8.3
#非公有制经济	万元	86206	−0.4
#大中型工业企业	万元	1470693	7.7
#小微型工业企业	万元	97456	0.7
按主要行业分			
交通运输设备制造业	万元	895857	6
电力、热力生产和供应业	万元	37353	−5.3
非金属矿物制品业	万元	26307	−3.8
计算机、通信和其他电子设备制造业	万元	509696	12.3
2. 规模工业销售产值	万元	5940698	6.6
#出口交货值	万元	150266	−48
规模工业产品销售率	%	99.4	−1
3. 规模工业总产值	万元	5977863	6.7
#新产品产值	万元	3224491	−8.8
4. 规模工业综合能源消费量	万吨标准煤	70.2	6.4
万元规模工业增加值能耗降低率	%		−0.7
5. 高新技术产品			
高新技术产品总产值	万元	4086732.0	23.78
高新技术产品增加值	万元	2027406.4	22.95
高新技术增加值占规模工业比重	%	129.3	17.06
6. 规模工业主要经济指标（上月数）			
主营业务收入	万元	5116695.6	1.87
利税总额	万元	572473.2	−3.75
利润总额	万元	437190.4	−9.11
亏损企业亏损额	万元	871.8	−62.70
企业亏损面	%	13.0	−13.30
工业经济效益综合指数	%	458.8	27.31
#总资产贡献率	%	8.8	−0.68
资产保值增值率	%	108.8	6.20
资产负债率	%	45.3	−2.59
流动资产周转率	次	2.0	0.00
成本费用利润率	%	9.9	−0.98
全员劳动生产率	元/人	570011.8	10.01

续表 10

指标名称	单位	2020 年经济指标	同比增减（%）
四、社会消费品零售总额	万元	594980	－2.5
#限上社零总额	万元	126830.7	4.0
餐饮收入	万元	16873.3	－3.2
商品零售	万元	109957.4	5.1
五、固定资产投资额	万元	1997156	8.2
高新技术产业投资	万元	395256	60.1
工业投资	万元	943063	5.8
#工业技改投资	万元	668147	1
房地产投资	万元	281413	－10.9
#房屋建筑施工面积	万平方米	176.0283	－27.9
商品房屋销售额	万元	192970	21.1
商品房销售面积	万平方米	31.8104	40.1
城市基础设施投资	万元	452386	－1.3
六、招商引资			
实际利用外资金额	万美元	20703	17.6
实际到位省外境内资金	万元	778391	23.4
七、财政			
1. 一般公共预算收入	万元	116435	－23.08
#地方收入	万元	63124	－21.64
税收收入	万元	99538	－23.04
非税收入	万元	16897	－23.35
2. 一般公共预算支出	万元	174715	－23.01
一般公共服务	万元	18121	－22.81
教育	万元	22243	-43.83
科学技术	万元	31621	45.50
社会保障和就业	万元	22565	33.10
城乡社区	万元	33060	－62.43
八、人民生活			
居民人均可支配收入	元	52069	5.0

注：因为统计计算口径原因，固定资产投资中工业投资和城市基础设施投资项目部分重复，所以工业投资和城市基础设施投资部分数据重复计算。

索 引

说明：

1. 本索引采用分析索引方法，按索引词首字汉语拼音顺序排列（阿拉伯数字开头的索引词转成对应的汉语再按拼音顺序排列），首字母音序相同者，按第二音序排列，依次类推。

2. 类目、分目、人名作索引词的用加粗黑体字标明。

3. 索引词后的阿拉伯数字表示内容所在页码，拉丁字母 a、b 表示左、右栏。

4. 特载、大事记、统计资料未作索引。

A

B

C

D

E

F

G

K

L

R

S